Old Testament Key

Bible Key

바이블 키 성경대학 **구약의 키**

초판 1쇄 펴냄 | 2015년 1월 6일
개정판 1쇄 | 2018년 3월 23일
지은이 | 김성수
펴낸곳 | 도서출판 생명의 양식
등록 | 제22-1443호(1998년 11월 3일)
주소 | 06593 서울특별시 서초구 고무래로 10-5(반포동) 2층
전화 | 02)533-2182
팩스 | 02)533-2185

교열 | 이기룡, 김홍일, 손언약
북디자인 | 이성희

ISBN 979-11-6166-026-4 03230

www.edpck.org

이 도서의 국립중앙도서관 출판예정도서목록(CIP)은 서지정보유통지원시스템 홈페이지(http://seoji.nl.go.kr)와 국가자료공동목록시스템(http://www.nl.go.kr/kolisnet)에서 이용하실 수 있습니다.(CIP제어번호: CIP2018009253)

바이블 키 **성경대학**

Old Testament Key

Old Testament Key **구약의 키**

Bible Key

Old Testament Key

Old Testament Key

생명의 양식
THE BREAD OF LIFE

O l d T e s t a m e n t K e y

바이블 키 구약 머리말

필자는 오래 전부터 교회에서 교역자들이나 지도자들이 구약의 내용을 전체적으로 쉽게 가르칠 수 있는 교재를 만들고 싶었다. 하나님께서 우리에게 주신 말씀의 큰 그림이나 조감도를 제공하는 책에 대한 소망이었다. 그런 소망을 가지고 수년 동안 신학교에서 구약개론, 구약성경신학, 구약통독 등의 강의를 하거나 교회에서 '구약의 삶'이라는 제목으로 구약을 가르치면서 조금씩 강의안을 다듬어갔다. 그러다가 총회교육원에서 운영하는 바이블 키 성경대학 지도자 교육을 여러 차례 하면서 교육원 연구원들과 의논한 끝에 바이블 키 지도자용 교재 겸 바이블 키 보조교재로 이 책을 출판하게 되었다. 이 모든 것이 하나님의 도우심 가운데서 진행되었음을 믿으며 하나님께 감사를 드린다.

이 책을 만든 의도는 먼저, 본서의 제목이 시사하듯이 구약 각 성경의 '키'가 되는 내용을 일목요연하게 정리해주는 것이다. 또한, 도표와 지도를 첨부하여 내용을 쉽게 이해할 수 있게 하고, 전체를 꿰뚫는 하나의 주제로 각 책들이 가진 신학적 의미를 제공하는 것이다. 그래서 성경을 읽고 통독하는 분들은 이 책을 옆에 놓고 함께 읽으면 성경 내용을 이해하는 데 많은 도움을 받을 수 있을 것이다. 또한 바이블 키를 운영하는 지도자들은 바이블 키 학생들에게 강의를 할 때 진도에 맞추어 이 책을 사용할 수 있을 것이다.

이 책은 나의 저서라고 부르기 어려운 책이다. 많은 책들의 도움을 받았고, 실제로 이 책에는 다양한 책에서 인용한 내용들이 많이 들어 있다. 책의 성격상 일일이 각주 처리를 하지 못했고 독자들의 더 깊은 연구를 위해서 참고문헌으로 정리를 해 두었다.

이 책의 출판을 위해 많은 분들의 도움을 받았다. 무엇보다 이 책이 나오기까지 필자의 청중이 되어준 수많은 신학생들과 성도님들, 그리고 바이블 키 지도자 세미나에 참석하셨던 많은 교역자들의 질문들과 격려가 가장 큰 힘이 되었다. 이 책이 완성될 수 있도록 편집과 퇴고와 교열 등 많은 노고를 아끼지 않아 주신 총회교육원 이기룡 목사님과 김홍일 강도사님께 진심으로 감사를 드리며, 도표나 지도를 정성스럽고 예쁘게 만들어주신 디자이너 이성희씨에게도 진심으로 감사를 드린다.

김성수 교수 | 2014년이 저물어가는 천안 고려신학대학원 교정에서

추천사

대한예수교장로회(고신) 총회교육원이 오랜 기간 동안 심혈을 기울인 성경교육 프로젝트 바이블 키가 시간이 지날수록 하나님을 아는 지식이라는 결실을 맺고 고신 교회 안팎으로 영향을 미치게 됨을 축하합니다. 이번에 바이블 키 지도자 매뉴얼을 우리 교단의 젊은 구약과 신약의 학자들이 집필하여 출판하게 됨을 기뻐하며 적극 추천하는 바입니다.
_**전광식 박사**(고신대학교 총장)

'바이블 키 성경탐구'는 평신도들이 1년 동안 성경 자체에 대하여 체계적으로 공부할 수 있도록 구성되어 있습니다. 이 과정을 통해 신구약 전체를 보다 쉽고 재미있게 이해할 뿐만 아니라 성경에 관한 새로운 눈이 열리게 될 것입니다. 또한 가르치는 교역자들도 성경에 관한 내용을 잘 정리할 수 있을 것입니다. _ **현유광 박사**(고려신학대학원 실천신학)

성경연구에 있어 가장 좋은 방법은 성경을 직접 읽고 핵심 내용을 조목조목 살피는 것입니다. '바이블 키'는 이 두 가지 모두를 만족시키는 좋은 교재입니다. 교역자와 성도 모두에게 추천합니다. _ **정주채 목사**(향상교회 은퇴목사, 바른교회 아카데미 이사장)

그리스도인에게 있어 가장 중요한 것은 성경적 세계관을 확립하고 이 세계관에 근거하여 살아가는 것입니다. 바이블 키는 성경에 대한 이해뿐 아니라 성경적 세계관을 확립하는 데도 좋은 지침이 될 것입니다. _ **김성수 박사**(고신대학교 전 총장)

성경공부의 가장 좋은 방법은 처음부터 차근차근 읽어 내려가는 것입니다. 그런 면에서 바이블 키는 신앙성장의 내실을 다질 수 있는 좋은 교재라 생각되어 추천합니다. 교역자와 성도들이 하나님의 말씀을 함께 조목조목 잘 가르치며 배울 수 있을 것입니다.
_**김상수 목사**(안양일심교회 원로목사, 《바보목사》 저자)

성경을 공부하는 데는 여러 가지 방법이 있지만 제 개인적인 경험으로는 '바이블 키'나 큐티처럼 성경을 직접 대면하여 하나님과 자신과 세계를 보는 것이 좋은 방법이라 생각됩니다. _**박상은 장로**(안양 샘병원장)

많은 그리스도인들이 말씀묵상은 많이 하면서도 성경을 지속해서 꾸준히 공부하지는 않습니다. '바이블 키'는 성도들이 성경을 쉽고, 편리하게 공부할 수 있도록 도와주는 안내서가 될 것입니다._**이상룡 선교사**(성경번역선교회, 네팔 선교사)

'바이블 키' 성경탐구는 체계적인 성경공부를 통해 신앙과 인격의 성숙과 삶의 변화를 이끌어 줄 수 있는 실제적인 방법입니다. 한국교회에 성경공부와 함께 제자훈련 교재로 강력히 추천합니다. _**송길원 목사**(행복발전소 Hi-Family 대표)

Old Testament Key

차례

Old Testament Key

시가서

선지서

소선지서

Bible Key

Old Testament Key

Old Testament Key

구약성경 안내

1

Old Testament Key

1

Old Testament Key

구약성경 안내

구약성경(Old Testament)

구약(Old Testament, 고후 3:14)은 신약성경(New Testament)을 전제하는 이름이다.[1] 구약은 새 언약인 신약성경에서 완성될 하나님나라의 모습을 기록한 옛 언약이라고 할 수 있다. 디모데후서 3:15-17에서 말씀하듯이, 구약성경은 하나님께서 예수 그리스도를 믿음으로 말미암는 구원의 지식에 이르게 하고, 그리스도인들을 교훈하여 하나님의 완전한 사람으로 만들기 위해 쓰신 하나님의 말씀이다. 즉 구약성경은 신약성경과의 관계 속에서만 올바르게 이해할 수 있는 그리스도인의 성경이다. 그러므로 구약성경을 읽으면서 우리는 그리스도와 신약의 교회와 연결시키고, 구약 본문의 내용들이 오늘날 우리들의 삶에 대해서 교훈하는 바들을 잘 적용해야 한다.

> 딤후 3:15-17 "또 어려서부터 성경을 알았나니 성경은 능히 너로 하여금 그리스도 예수 안에 있는 믿음으로 말미암아 구원에 이르는 지혜가 있게 하느니라 모든 성경은 하나님의 감동으로 된 것으로 교훈과 책망과 바르게 함과 의로 교육하기에 유익하니 이는 하나님의 사람으로 온전하게 하며 모든 선한 일을 행할 능력을 갖추게 하려 함이라."

구약성경의 저자

디모데후서 3:16이 말하듯이 구약성경의 궁극적인 저자는 하나님이시다. 하지만 성경 자체가 증거 하듯이 구약성경은 또한 성령의 감동을 받은 사람들이 기록하였다(신 31:9; 렘 36:4, 32; 벧후 1:21 등). 그러므로 성경은 정확하고 흠이 없는 하나님의 말씀이자 인간의 역사를 반영하고 있으며 인간 저자들의 문학적 기교와 기술 등을 통해서 세상과 인간을 향한 하나님의 뜻을 전달하고 있다. 그래서 우리는 하나님께서 사용하신 저자들의 기록 목적과 본문들의 시대적 배경과 언어와 문학적 특징들을 파악하면서 읽어야 하나님의 뜻을 바르게 찾을 수 있을 것이다.

구약의 언어

구약성경의 대부분은 히브리어로 기록되었고, 일부(다니엘 2:4b-7:28, 에스라 4:8-6:18, 7:12-26, 창세기 31:47과 예레미야 10:11 등)는 아람어로 기록되었다. 다니엘과 에스라에서 아람어로 기록된 부분은 당시 페르시아 제국에서는 아람어가 공용어였기 때문이다. 당시의 독자들은 히브리어와 아람어를 동시에 읽을 수 있었을 것이다. 히브리어와 아람어는 둘 다 북서 셈어에 속해 있었고 마치 사촌관계와도 같이 많은 공통점을 가진 언어들이다. 초기의 히브리어 글자는 페니키아 알파벳이었지만, 아람어가 신바벨론 제국의 공용어가 되면서 히브리어 알파벳도 정방형의 아람어 알파벳으로 바뀌게 된 것으로 보인다.

구약의 지리와 지형과 기후

구약성경의 주요 무대는 현재 팔레스타인 땅으로 불리는 가나안 땅(레반트로 불리기도 함[2])이었다. 현재 이 땅은 북으로부터 시리아, 레바논, 이스라엘, 팔레스타인, 요르단 등의 나라가 있는 곳이다(아래의 현대 중동의 지도 참조).

첫째, 이곳은 고대 인류 문명의 발상지로 불리는 메소포타미아 지역(현대의 이라크, 현대 중동 지도 참조)과 이집트 사이에 자리 잡고 있다. 즉 고대 이스라엘이 자리 잡고 있었던 땅은 두 지역을 연결하는 가교의 땅이었다. 메소포타미아와 팔레스타인과 이집트를 잇는 지역의 모습을 초승달을 닮았다고 하여 '비옥한 초승달 지대'라고 부르기도 했다. 이스라엘의 조상인 아브라함이 메소포타미아의 갈대아 우르에서 나왔기에 메소포타미아는 이스라엘에게 '아버지의 땅'이라고 부를 수 있다. 하지만 이 지역은 이스라엘 왕국이 세워진 이후에 앗수르와 바벨론 제국이 세워져서 남북 이스라엘을 멸망시킨 지역이기도 하다. 현대의 이란 땅에서 발흥한 페르시아 제국은 바벨론 제국을 제압하고 메소포타미아와 팔레스타인 땅 전역을 지배하기도 했으며, 이 때 바벨론에 포로로 잡혀갔던 이스라엘의 포로들이 예루살렘으로 귀환했다. 한편, 이집트 땅은 야곱의 가족들이 요셉의 인도로 들어가서 400년 이상 머물면서 큰 민족으로 자란 곳이기에 이스라엘에게 '어머니의 땅'이다. 동시에 이집트는 큰 민족으로 자란 히브리(이스라엘) 민족을 억압하고 죽이려고 했던 압제의 땅이었기에 하나님께서는 압제하는 이집트를 심판하고 이스라엘을 거기서 구원해 내셨다. 하지만 그 이후에도 이스라엘은 이집트나 메소포타미아와 많은 영향력을 주고받았다고 할 수 있다. 이스라엘 왕국은 늘 이 '아버지의 땅'과 '어머니의 땅' 사이에서 정치적인 줄다리기를 했다고 볼 수 있다.

둘째, 팔레스타인 땅은 고대 역사에서는 북으로부터 아람(시리아), 두로와 시돈(페니키아, 레바논), 블레셋('팔레스타인'이라는 이름의 기원), 동쪽으로 암몬, 모압, 에돔(현대의 요르단) 등의 나라들이 섞여서 살던 땅이었다(고대 중동 지도 참조). 그러므로 이스라엘의 역사에서 하나님의 백성들은 이들에 의해 징계를 받기도 하고(예: 사사기), 이들을 장악하여 하나님나라의 통치를 실행하기도 했다(예: 다윗과 솔로몬).

셋째, 팔레스타인 땅의 지형은 서쪽으로부터 대해(지중해) → 해안평야(예: 샤론 평야, 블레셋) → 블레셋 동쪽의 낮은 산지(쉐펠라, 예: 아얄론 골짜기, 신 1:7, 수 9:1 등에서 '평지'로 번역됨)와 중앙산지(예: 북에서 남으로 레바논 → 갈릴리 지역 → 이스르엘 골짜기 → 사마리아 → 에브라임 산지 → 예루살렘 → 유다 산지 → 네게브) → 요단강과 양쪽의 골짜기 (북에서 남으로 헤르몬 산 → 갈릴리 호수 → 요단 강 → 아라바 남부) → 요단 동편의 고원 지대(예: 바산, 길르앗, 암몬, 모압, 에돔) → 아라비아 사막의 순서로 펼쳐져 있다. 이스라엘의 삶의 중심지는 남북 이스라엘의 수도가 있었던 중앙산지였다고 볼 수 있을 것이다. 해안평야지역과 중앙산지, 특히 이스르엘 골짜기는 비가 많이 내려 비옥한 땅이었다.[3]

넷째, 팔레스타인의 기후는 4계절보다는 대략 건기인 여름과 우기인 겨울로 나눌 수 있다. 여름은 동쪽에서 불어오는 뜨거운 바람의 영향으로 매우 메마르고, 겨울에는 서쪽에서부터 시작되는 비가 내린다.[4] 1년은 둘로 나뉘는데 첫 번째 분기는 니산 월(오늘날의 3-4월)로 시작하고 두 번째 분기는 일곱 번째 달인 티쉬리 월로(오늘날의 9-10월) 시작한다(아래의 '히브리 달력과 절기' 참조). 겨울철에는 봄과 여름에 수확할 작물을 재배했고, 여름에는 작물을 수확하고 포도원과 과수원에서 여름 과일을 재배했다(암 8:1-2; 미 7:1; 삼하 16:1).[5] 비는 1년 동안 보통 세 차례에 걸쳐 내렸다. '이른 비'와 '늦은 비'(신 11:13-17; 렘 5:24)와 그 사이에 내리는 비다. 이른 비는 장막절 직후(9-10월)에 가볍게 흩뿌릴 정도로 내려 굳은 땅을 부드럽게 해주고 경작하기 좋게 만든다. 한편 강수량의 75%는 12월과 2월 사이에 내린다. 그래서 11월과 12월에는 씨를 뿌리고, 늦은 파종은 1월에 이루어진다. '늦은 비'는 4월에 내려서 곡식을 자라게 한다. 그 이후부터는 건기지만 추수의 계절(칠칠절, 장막절이 포함됨)이기도 하다. 비는 주로 유다, 에브라임, 갈릴리 산지에 집중적으로 내린다.

예루살렘을 통과하는 이스라엘 동서 단면도[6]

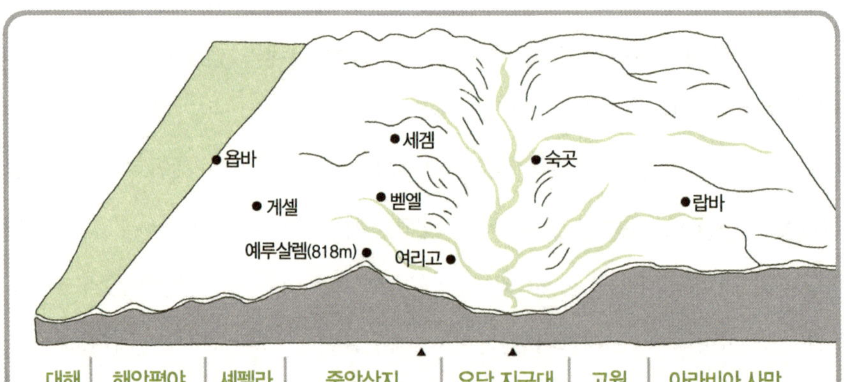

고대 중동의 지도[7]

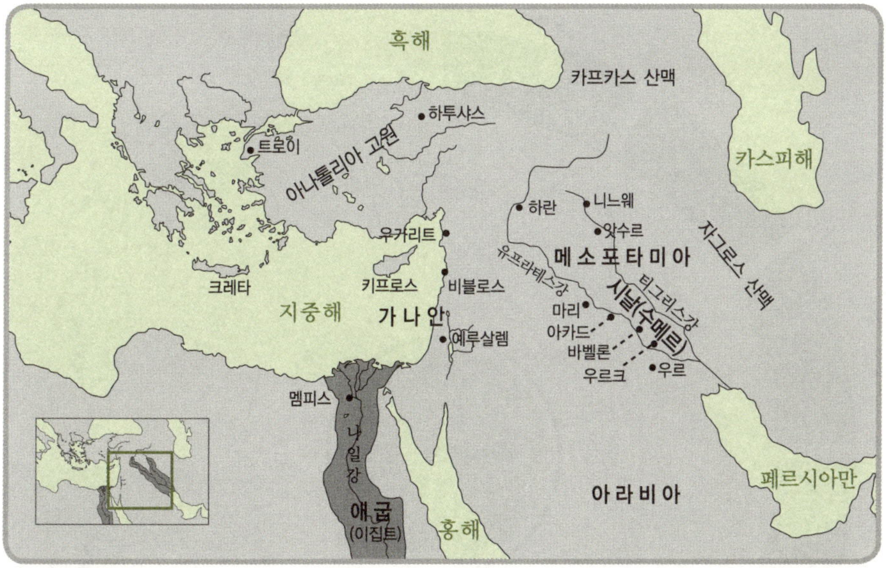

현대 중동의 지도

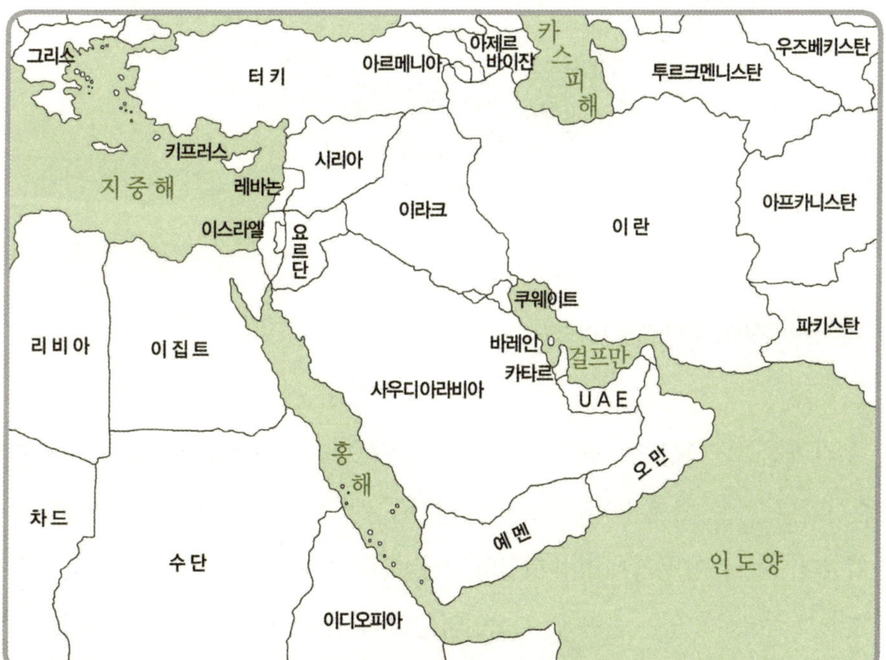

히브리 달력과 절기[8]

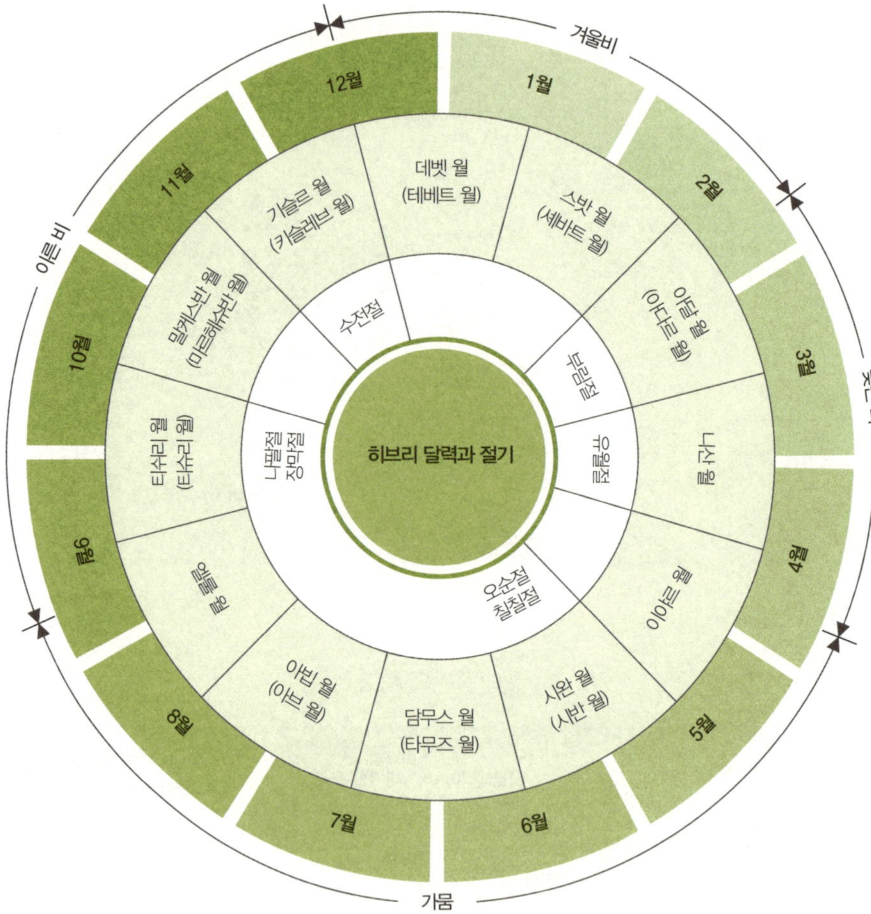

구약성경의 구성과 배열

우리 개신교 구약성경의 경우, 정경의 범위는 히브리어 성경을 따르고 그 각 책의 배열순서의 틀은 주전 3세기 이후 히브리어 성경을 번역한 헬라어 성경(칠십인역)의 순서를 따른다. 히브리어 성경은 정경 형성의 역사적인 순서를 따라 율법서, 선지서, 성문서의 순서로 삼분하고 있는 반면에, 칠십인역은 율법서, 역사서, 시가서, 선지서로 사분하고 있다. 칠십인역은 신구약 중간기 문헌들인 외경을 포함하고 있고 한글 성경의 순서와는 약간의 차이를 보인다. 현재 한글 성경의 순서는 칠십인역이 아닌 라틴어 성경의 그것을 따른다.[10] 히브리 성경의 율법서, 선지서, 성문서는 대강 주전 5-3세기경에 정경의 권위를 지니기 시작한 것으로 보인다. 그리고 이 히브리어 성경을 기독교회는 이미 2세기경에 기독교 경전의 한 부분으로 받아들여 그 권위를 인정하다가 마침내 4세기 말 신약의 정경화 과정이 마감될 때 공식적으로 그것을 선포하게 된다.[11]

아래의 도표에서 보듯이 하나님나라(세계+이스라엘)의 역사는 율법서와 역사서에서 대체로 시대 순으로 기술되어 있고, 특별히 율법서에는 모든 역사의 기준이 되는 하나님나라 법(율법)이 들어 있다. 시가서(시편과 지혜서)는 하나님나라 역사 가운데서 꼭 필요했던 하나님나라 백성들의 일상적인 예배(개인+공동체)와 삶의 지혜들을 담고 있다. 선지서에는 이스라엘 왕국 시대 중 8세기 이후부터 하나님께서 선지자들을 통해서 이스라엘과 열방에 대해 예언하신 심판과 구원의 말씀들이 기록되어 있다. 역사와 율법을 동시에 갖고 있는 모세오경은 5권, 국가 이스라엘의 역사를 담고 있는 역사서는 12권으로 합해서 17권이다. 이와 유사하게, 분량이 긴 선지서인 대선지서는 5권, 분량이 상대적으로 적은 소선지서는 12권으로 합해서 17권이다. 이 사이에 들어 있는 시로 기록된 시가서는 모두 5권이다. 이런 구조를 도표화하면 다음과 같다.

구약의 구조[12)]

	율법 + 역사 17	시가서 5	선지서 17	
율법서 5	1. 창세기 2. 출애굽기 3. 레위기 4. 민수기 5. 신명기	18. 욥기 19. 시편 20. 잠언 21. 전도서 22. 아가	23.이사야 24. 예레미야 25. 예레미야애가 26. 에스겔 27. 다니엘	대선지서 5
역사서 12	6. 여호수아 7. 사사기 8. 룻기 9. 사무엘상 10. 사무엘하 11. 열왕기상 12. 열왕기하 13. 역대상 14. 역대하 15. 에스라 16. 느헤미야 17. 에스더	5 + 12 5 5 + 12 = 39권	28. 호세아 29. 요엘 30. 아모스 31. 오바댜 32. 요나 33. 미가 34. 나훔 35. 하박국 36. 스바냐 37. 학개 38. 스가랴 39. 말라기	소선지서 12

이상의 구조는 우리가 구약을 읽을 때에 글의 종류, 즉 율법과 역사와 시가와 예언이라는 글의 형식을 존중하면서 읽어야 제대로 이해할 수 있음을 보여준다. 모든 구약성경을 역사로 읽어서는 안 된다는 말이다. 먼저 모세오경인 창세기부터 신명기에서는 이스라엘이 영토를 확보하기 전의 하나님나라의 역사뿐만 아니라 그 나라의 삶의 원리가 되는 율법의 중요성과 내용을 파악하면서 읽어야 한다. 여호수아에서 에스더에 이르는 역사서를 읽을 때는 모세오경에서 주신 하나님의 언약이 어떻게 성취되어 가는가와 약속의 땅에 세워진 하나님나라가 어떻게 흥왕하고 실패해 가는가, 백성들의 불순종에도 불구하고 하나님의 열심과 은혜는 어떻게 그것을 극복해 가는가에 초점을 맞추어서 읽어야 한다. 욥기부터 아가서에 이르는 시가서를 읽을 때는 에스더 다음의 역사 이야기

로서가 아닌 모든 시대의 하나님의 백성들에게 적용될 수 있는, 시로 표현된 보편적인 교훈으로 읽어야 한다. 특별히 반복과 비유와 평행법 등의 시적인 특징들에 유의하면서 읽으면 유익할 것이다. 이사야-말라기까지의 선지서들 중 대부분은 왕국시대 후반부터 예루살렘 멸망까지의 시대에 하나님이 주신 예언들을 담고 있다. 이 외에 에스겔과 다니엘은 포로기에 주신 예언을, 학개, 스가랴, 말라기는 포로기 이후 시대에 주어진 하나님의 심판과 구원의 예언을 담고 있다. 선지서를 읽을 때 독자들은 하늘 왕이신 하나님께서 선지자들을 통해서 백성들에게 주시는 심판과 구원의 말씀들 가운데서 하나님의 마음을 느끼고, 시대와 삶의 방향을 예측할 수 있어야 할 것이다.

시대별 책의 순서는 아래의 도표와 같이 정리될 수 있다.[13]

	레	신		룻		대상		대하		에	
창	출	민	수	삿	삼상	삼하	왕상	왕하	포로기	스	느
								시, 잠, 전, 아, 욥			
								선지서 12	겔, 단	학, 슥	말

레위기는 시내 산에 머물 때 주신 율법들을 기록한 책이며, 룻기는 사사시대 중에 일어난 일을 기록한 책이고, 역대기는 왕정 시대와 포로기를 아우르며, 에스더는 에스라의 성전건축 기사와 에스라의 귀환 사이에 위치한다. 한편 시편들은 주로 다윗 시대부터 왕정시대를 거처 포로기와 포로귀환 이후의 시대에 걸쳐서 지어졌기에 특정 시대에 한정시킬 수 없다. 전도서와 아가서는 솔로몬 시대에, 잠언은 솔로몬부터 히스기야 시대에 이르는 기간 동안 기록되었다고 볼 수 있고, 욥기의 기록 연대는 훨씬 후대로 잡을 수 있다. 선지서들 중에서 12권은 바벨론 포로 전에 기록되었고, 에스겔과 다니엘은 포로기 중에, 학개와 스가랴와 말라기는 포로 귀환 이후에 기록되었다. 내용상으로 보자면 신구약 중간기의 페르시아, 헬라, 로마 제국 시대에 대한 예언이 다니엘서에 나오고 있다. 그렇게 본다면 다니엘서는 구약과 신약을 연결시키는 통로의 역할을 한다고 할 것이다.

구약성경은 신약성경과 더불어 하나님나라의 시작과 완성이라는 큰 주제를 다루고 있다고 볼 수 있다. 이러한 큰 주제로 신구약성경을 개관한다면 다음과 같은 도표로 정리될 수 있다. 도표의 각 항목은 하나님나라 역사의 중요한 주제와 해당되는 성경들과 중요한 언약을 담고 있다.

하나님나라 관점에서 본 신구약성경 개관

창조
하나님나라의 시작
(생명나무, 생명수, 보석)
모세오경(창세기)

→

타락(바벨 성)
일그러진 나라, 구속사의 시작
죄와 사탄의 세력의 번성
노아 언약(세상 보존의 언약)

→

아브라함과 족장들
지상의 하나님나라 약속
아브라함 언약(민족, 땅, 복, 법, 믿음)

→

출애굽과 시내 산
하나님나라 백성의 탄생과 헌법의 수여
모세오경(출애굽기–신명기) 주전 1400년경
모세 언약(축복과 저주의 언약)

→

가나안에서의 이스라엘 왕국
하나님나라 땅, 율법과 왕에 의한 통치, 성전예배
역사서(여호수아–역대하) 주전 1400–586년
다윗 언약, 선지서(이사야–스바냐), 시편, 지혜서

→

바벨론 포로
하나님나라의 유배
메시아 예언 주전 586–536
새 언약, 시편, 지혜서

→

포로에서의 회복 그러나 이스라엘의 실패
예배와 율법 중심의 하나님나라로의 회복과 실패
역사서(에스라–에스더) 주전 536–400년경
선지서(학개–말라기), 다니엘, 시편, 지혜서

→

예수 그리스도
하나님나라(왕, 백성, 땅, 법)의 결정적 회복
복음서 주전 4년–주후30년
구약성경의 성취

→

성령과 교회의 시대
하나님나라의 세계화
사도행전, 서신서(로마서–유다서)
주후 30년–

→

예수님의 재림과 하나님나라의 완성
하나님나라에 대한 모든 예언의 성취, 죄와 사탄의 세력의 멸망, 영원한 하나님나라
요한계시록(창세기 2장–계 21–22장) 새 하늘과 새 땅(생명수, 보석, 생명나무)

구약성경의 바이블 키

성경	바이블 키	성경	바이블 키
창세기	하나님나라 시작, 죄와 세상나라(바벨)의 시작, 하나님나라의 새로운 시작 (아브라함 언약)	이사야	시온의 구원, 심판, 회복, 하나님 신뢰 "이스라엘의 거룩하신 분"
출애굽기	구원(출애굽)과 하나님나라 백성 이스라엘, 시내 산 율법 (하나님나라의 법), 성막 건설	예레미야	예루살렘 멸망, 말씀의 고난 새 언약
레위기	제사(예배, 속죄), 제사장, 거룩한 삶	애가	예루살렘의 멸망 애도
민수기	두 번의 인구조사, 광야 40년의 실패와 성공	에스겔	성전 영광의 소멸과 회복 예언 "인자", "여호와인 줄 알리라"
신명기	두 번째 설교, 축복과 저주	다니엘	세상제국을 이기는 하나님나라 믿음
여호수아	하나님나라 영토 확보	호세아	음부 같은 북이스라엘에 대한 남편 하나님의 심판과 사랑
사사기	심판, 사사들을 통한 구원	요엘	메뚜기 재앙, 여호와의 날 성령 강림과 회복 예언
룻기	희생적인 사랑, 다윗의 조상	아모스	불의한 북이스라엘에 대한 심판과 구원 예언
사무엘	사무엘, 사울, 다윗 왕국으로서의 하나님나라 확립	오바댜	에돔 멸망 예언
열왕기	솔로몬과 성전, 분열왕국 멸망 선지자(엘리야, 엘리사)	요나	이스라엘의 불순종 니느웨의 회개와 구원
역대기	족보, 예배와 왕국의 회복 소망	미가	불의한 유다에 대한 심판과 구원(메시아) 예언
에스라	성전 재건, 율법의 회복	나훔	니느웨의 멸망 예언
느헤미야	성벽 재건, 삶의 개혁	하박국	유다의 징계를 넘어선 바벨론 멸망에 대한 '믿음'의 기다림
에스더	디아스포라의 구원, 부림절	스바냐	여호와의 날, 시온의 심판과 구원

욥기	고난 속에서 믿음을 지키는 지혜	학개	성전 재건 촉구
시편	개인과 공동체의 예배 (기도, 감사, 찬양, 교훈, 메시아)	스가랴	성전 재건 촉구, 시온의 구원(메시아)
잠언	일상적인 삶의 지혜	말라기	예배 형식화 책망, 엘리야가 올 것
전도서	허무를 이기는 지혜-'누리기'		
아가	부부 사랑의 아름다움		

구약성경을 올바르게 이해하려면

- 구약성경을 일차적으로 지금 우리 자신들과 교회에게 주시는 하나님의 말씀으로 읽어야 한다. 단순한 인간적인 호기심이나 학문적 탐구의 대상이 아니다.
- 구약성경을 기록하신 저자의 의도대로 성경을 읽어야 한다. 이 책에서는 하나님나라의 설립과 완성이라는 관점으로 읽을 것이며, 하나님나라의 운영 안에 구속사와 언약을 포함시킬 것이다.
- 신약성경의 관점에서 구약성경을 읽어야 한다. 즉 그리스도와 그분의 교회 안에서 구약의 의미들과 예언들이 어떻게 성취되었는가의 관점에서 읽어야 한다.
- 구약성경 본문들이 가지고 있는 독특한 역사적, 문화적, 사회적 특성과 문학적 특징들을 고려해야 한다. 원 독자들에게 주신 의미가 무엇인지를 먼저 알아야 우리에게 훨씬 구체적으로 적용할 수 있다.
- 각 본문은 그 본문이 속한 책과 구약성경 전체의 문맥 속에서 이해하려고 노력해야 한다.
- 구약성경을 반복해서 읽고 구약의 언어들과 지리들과 주제들에 친숙해져야 한다.
- 항상 '삶에 적용하는 성경읽기', '생명을 구원하는 성경읽기', '교회를 세우는 성경읽기'가 되도록 노력해야 한다.

Old Testament Key

모세오경

2

2

Old Testament Key

모세오경

모세오경은 이집트에서 나온 이스라엘에게 하나님께서 모세를 통해서 주신 말씀이다. 하나님의 백성들에게 여호와 하나님이 누구시며 인간과 이스라엘은 어떤 존재인지, 이 세상과 역사의 목표는 무엇이며 이스라엘은 이 목표를 위해서 어떻게 살아야 하는지를 알려주는 '하나님의 말씀'이다.

모세오경은 이스라엘이 가나안 땅에 국가로 세워지기 전의 역사를 기록하고 있다. 하나님나라로 창조된 이 세상이 인간의 죄와 불순종으로 일그러졌을 때, 그 대안으로 아브라함을 부르시고 그의 후손들을 통해 하나님나라를 재건하시는 하나님의 열심을 보여주는 역사다. 에덴 동산의 이상적인 하나님, 인간, 세상의 관계가 아브라함과 그의 후손들을 통해서 어떻게 재건되어 가는지도 보여준다(아브라함 언약). 그런 면에서 족장들과 광야 이스라엘의 역사는 우리에게 교훈을 주는 모범적인 역사이다. 하나님이 아브라함에게 주신 약속대로 이집트에서 구원받은 이스라엘이 마침내 하나님나라 백성이 되고, 그 백성에게 하나님나라 법인 시내 산 율법이 주어진다. 백성은 그 법을 지켜 기어이 멋진 하나님나라를 이루고야 말겠다고 하나님과 언약을 맺는다(시내 산 언약). 하나님은 광야 이스라엘의 왕으로서 성막을 만들어 그들과 동행하시면서 그들의 모든 필요를 공급하시고, 성막에서 그들을 만나 그들의 부정함과 불순종을 고쳐 거룩하게 하시며(예배), 광야의 위험을 물리쳐 약속의 땅으로 전진하게 하신다.

모세오경은 특별히 '율법들'을 많이 담고 있다는 측면에서 '율법서'라고 불린다. 이 율법은 인간의 죄로 타락한 세상을 하나님나라로 회복시키시기 위해 창조주 하나님이 주신 것이다. 세상나라에서 구원받은 이스라엘은 타락한 세상의 법이 아니라 하나님의 법을 따라 삶으로써 하나님나라를 이 땅에 이루게 될 것이다. 그래서 율법은 하나님나라의 헌법이며, 하나님의 백성들로 부름 받은 이스라엘이 살아가야할 새로운 삶의 길이다. 그 길은 세상이 창조의 질서로 돌아가게 하는 기본적인 하나님의 뜻이자 백성들과 세계의 행복을 보장하는 길이다. 하나님나라의 질서를 반영하고 있는 하나님나라의 밑그림이다. 그래서 이 율법들은 여호수아서(여호수아 1장 참조) 이후에 나오는 역사서들을 이해하는 기초가 되고(왕국 멸망의 이유와 왕국 회복의 근거), 시편과 지혜 문학의 목적이 되며(시편 1편 참조), 선지자들의 예언의 기준이 된다(심판의 이유).

모세오경은 창세기-출애굽기-레위기-민수기-신명기로 구성되어 있다. 그 역사와 내용이 어떻게 연결되는 지를 다음과 같이 개괄해 볼 수 있을 것이다.[1)]

창세기(에덴-이집트-약속의 땅을 떠남)
주전 19세기 이전

신명기(모압 평지-약속의 땅을 앞두고)
모세의 두 번째 율법

출애굽기(이집트-광야-시내 산)
첫 번째 율법, 주전 1446년경 출애굽

민수기(시내 산-광야-모압 평지)
약 40년간의 광야 방랑

레위기(시내 산)
성막 예배관련 율법 수여

위의 구조는 서로 대칭적인 모습을 보여준다. 창세기에서 약속의 땅을 떠나 이집트로 들어가는 장면으로 끝이 나는 반면에 신명기는 약속의 땅을 바라보면서 약속의 땅에서의 삶의 원리를 교훈하면서 끝이 난다. 창세기와 신명기 사이에는 이스라엘이 이집트를 나와서 약속의 땅으로 가는 과정이 소개되고 있다. 출애굽기가 이집트에서 홍해를 건너 시내 산까지 가는 광야에서의 이스라엘의 불순종을 기록하고 있다면, 민수기는 시내 산에서 율법이 주어진 이후 약속의 땅이 보이는 모압 평지까지 가는 광야에서의 이스라엘의 불순종을 이야기한다. 그리고 이 두 광야의 책들 사이에 성막에 좌정하신 왕이신 하나님을 예배하는 법이 담긴 레위기가 위치한다. 레위기의 이런 중심적 위치는, 이스라엘 백성이 약속의 땅으로 가는 과정이나 약속의 땅에서 사명을 이루는 모든 과정에서 하나님을 예배하는 일이 중심이 되어야 함을 강조한다. 이 다섯 권의 모세의 책들은 아래와 같은 바이블 키로 개관될 수 있다.

성경	바이블 키
창세기	하나님나라 시작, 죄와 세상나라(바벨)의 시작, 하나님나라의 새로운 시작(아브라함 언약)
출애굽기	구원(출애굽)과 하나님나라 백성 이스라엘, 시내 산 율법(하나님나라의 법), 성막 건설
레위기	제사(예배, 속죄), 제사장, 거룩한 삶
민수기	두 번의 인구조사, 광야 40년의 실패와 성공
신명기	두 번째 설교, 축복과 저주

창세기

창세기는 시작(Genesis)의 책이다. 하나님나라로서의 이 세상 역사의 시작, 인류의 시작, 죄와 인간나라의 시작, 구원역사의 시작, 언약의 시작 등을 담고 있다. 하나님나라는 힘차게 출발하였지만 인간의 범죄와 그로 인한 세상의 타락으로 일그러지게 된다. 온 세상은 인간의 죄악으로 삼켜질 것처럼 보였다. 바벨 성은 그런 인간 나라의 전형이다. 이런 상황에서 하나님께서는 아브라함을 부르셔서 이 땅에 하나님의 민족, 하나님나라를 건설하실 것을 약속하시고 언약을 맺으신다. 이후의 역사는 이 언약이 어떻게 역사 속에서 펼쳐져 가는지를 보여준다. 창세기에 나오는 세상의 역사와 이스라엘 족장들(아브라함, 이삭, 야곱, 야곱의 열두 아들)의 이야기는 이스라엘과 믿음의 후손들이 반드시 묵상해야 할 하나님의 은혜와 신실하심, 믿음, 복, 축복의 통로 등의 중요한 주제들을 담고 있다. 이들과 동일하게 하나님나라를 살아가는 우리 그리스도인들의 삶에 쉽게 적용할 수 있는 보석 같은 교훈들을 제공한다.

구조

창세기는 '족보' 혹은 '후예' 등으로 번역되는 단어인 톨레돗(Toledoth)으로 구분이 되어 통일성을 이루고 단락이 나뉘고 있다. 창 1:1-2:3이 서론이고, 열 개의 톨레돗(2:4 '천지창조'; 5:1 '아담'; 6:9 '노아'; 10:1 '셈과 함과 야벳'; 11:10 '셈'; 11:27 '데라'; 25:12 '이스마엘'; 25:19 '이삭'; 36:1, 9 '에서'; 37:2 '야곱')으로 구성된 에피소드가 뒤따른다. '톨레돗'이라는 단어는 주로 이 단어와 함께 언급된 인물의 족보나 에피소드의 시작을 나타낸다. 예를 들면 아담, 셈과 함과 야벳, 셈, 이스마엘, 에서 등의 톨레돗은 이들로부터 시작되는 후손들의 족보를 기록하고 있다. 하지만, 데라, 이삭, 야곱의 톨레돗은 각각 데라의 후손들(특히 아브라함)과 이삭의 후손들(특히 야곱)과 야곱의 후손들(특히 요셉)의 이야기를 다룬다. 데라의 톨레돗은 아브라함의 죽음으로, 이삭의 톨레돗은 이삭의 죽음으로, 야곱의 톨레돗은 야곱과 요셉의 죽음으로 마무리되고 있는 것이 특징이다.

내용상으로 창세기를 크게 둘로 구분한다면, 대개 1-11장의 창조와 세상의 역사(원 역사—'the primeval history') 부분과 12-50장의 족장들의 역사로 나눌 수 있다. 그리고 이러한 구조는 모두 하나님나라라는 관점에서 볼 수 있다. 하나님께서 원래 의도하신 하나님나라의 모습이 창세기 1-2장에 들어 있다고 한다면, 타락 이후에 하나님께서 다시 세워 가시는 하나님나라의 구도는 나머지 장들에 들어 있다. 특별히 아브라함을 부름으로 시작되는 특별한 한 민족, 나라의 선택은 하나님나라의 구체적인 그림을 보여준다. 즉 창세기는 두 창조를 보여주는데, 하나는 하나님나라로서의 천지 창조이고 나머지 하나는 아브라함 언약을 통한 '하나님나라'의 재창조이다. 이러한 창세기의 구조는 아래와 같이 도표화될 수 있다.

창조와 세상의 역사(원 역사) 1-11장		족장들 이야기 12-50장		
1-2장	3-11장	12:1-25:18	25:19-36장	37-50장
천지의 창조	타락과 죄의 세계화	아브라함	야곱	요셉
하나님나라 시작	인간나라 시작	(데라 가정+이삭)	(이삭 가정)	(야곱 가정)

내용

하나님나라로서의 세상의 창조와 타락(1-11장)

창 1:1-2:3은 하나님나라로서의 이 세상의 창조를 선언하고 2장의 나머지 부분은 천지창조 이후에 에덴 동산에서 시작한 최초의 인간 가족의 이야기를 소개한다. 앞부분이 큰 그림을 보여준다면 뒷부분은 구체적인 시간과 공간 속에서 하나님과 인간과 세계의 큰 그림이 어떻게 구체적으로 작동되는지를 보여준다. 왕이신 하나님의 명령으로 창조된 세계는 하나님나라로서의 구조를 갖는다. 창조의 질서는 하나님과 인간과 세계와의 관계 가운데 나타나며, 이러한 질서가 바로 서 있는 세상은 하나님이 보시기에 심히 좋은 하나님나라의 모습이다. 이 나라의 왕이시자 주인은 창조주 하나님이시고 백성은 인간이며 영토는 창조 세계이다(아래의 도표 참조). 하나님은 인간을 당신의 형상으로 창조하셔서 당신과 교제하는 백성으로 만드셨을 뿐만 아니라 당신의 나라를 대리해서 다스리게 하신다. 하나님의 형상인 인간은 하나님의 대리 통치자로서 이 세상에 번성하여 이 세상을 하나님의 뜻대로 정복하고(돌보고 개발하고) 다스리라는 하나님의 소명과 복을 받았다(1:28). 즉 하나님께서 창조하신 질서를 꽃 피우는 것이다. 하나님은 인간이 이 사명을 감당하는 데 필요한 모든 것을 공급하셨다. 그것은 1:29 이하에서 하나님께서 먹을 양식을 공급하시는 것으로 나타난다. 이것이 바로 하나님께서 인간에게 베푸시는 사랑의 표현이다. 이런 사명을 수행하면서 인간은 하나님의 하나님 되심, 그분의 선하심, 그분의 창조의 목적을 더욱 더 뚜렷하게 깨닫게 될 것이다. 이런 사명의 수행 속에서 인간의 행복, 이 세상의 행복은 극대화되고 하나님의 나라는 완성되어갈 것이다. 하나님의 안식은 바로 하나님의 창조가 그분의 뜻대로 이루어졌음을 나타내며 창조에 대한 하나님의 즐김, 향유, 복 주심을 나타낸다. 하나님 안에서 인간은 창조의 질서와 하나님의 복을 누리게 될 것이다.

창세기 2장은 하나님나라 건설에 있어서 핵심적인 것은 하나님에 대한 인간의 자발적인 순종, 자발적인 하나님 사랑이라는 것을 보여준다. 선악을 알게 하는 나무는, 인간이 세상을 다스리는 일, 즉 창조 세계에 좋고 나쁜 일을 판단함에 있어서 스스로 하지 않고 창조주이신 하나님과 상의해야 함을 상징한다. 정말 인간이 인간에 대한 하나님의 사랑과 창조 세계를 위한 선한 계획을 믿는다면 선악을 알게 하는 나무의 열매를 먹지 않을 수 있을 것이다. 물론 인간 스스로의 판단으로 이 세상을 다스리려 한다면 그 열매를 따먹게 될 것이다. 그렇게 되면 인간뿐만 아니라 인간이 다스리는 세상에도 죽음이 오게 될 것이다. 이러한 사실은 하나님이 인간을 로봇처럼 아무런 감정이나 하나님에 대한 사랑 없이 일만 하는 존재로 만드시지 않았음을 보여준다. 인간은 하나님나라 건설의 막중한 책임을 부여받은 동참자인 것이다. 하나님과 인간 간의 이러한 사랑과 신뢰의 관계는 인간 상호 간에도 실현되어야 하는데, 그것의 가장 기본적인 형태가 부부 관계이다. 하나님의 형상, 하나님의 사랑을 받은 만큼 그것은 다른 인간에게 그리고 다른 피조물들에게 실현되어야 한다. 아담이 하와에게 하는 고백은 그러한 사랑과 신뢰의 관계를 나타낸다. 인간이 하나님께 순종하는 한 그런 아름다운 관계는 지속적으로 발전될 것이다. 그리고 그런 가정을 통해서 하나님 형상의 세계 충만이 실현될 것이다.

창세기 1,2장이 보여주는 하나님나라의 그림은 아래와 같이 그려질 수 있을 것이다.[2)]

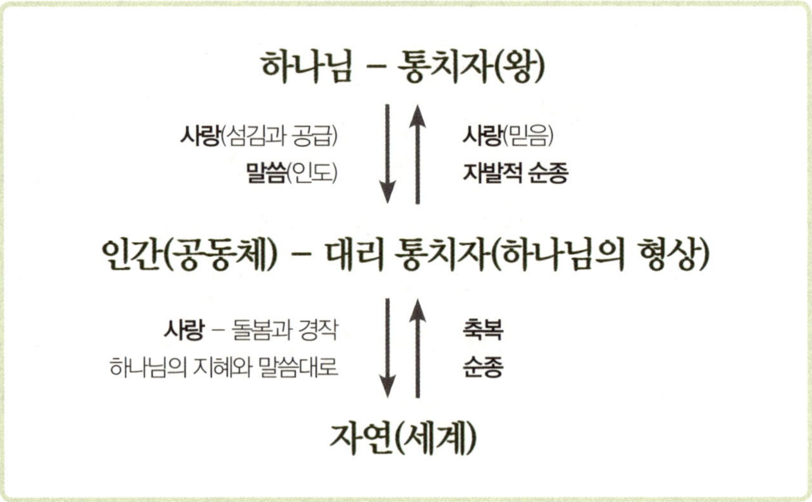

3–11장 죄와 타락과 죄의 세계화

3장 죄와 타락, 쫓겨남

4장 가인과 아벨, 가인의 계보, 셋과 에노스

5장 아담 자손의 계보–죽음

6장–8장 홍수–심판과 구원(반창조 → 재창조)

9장 노아 언약–새로운 창조, 노아와 그 아들들

10장 노아의 아들들의 후예

11장 바벨 탑(세상 나라 혹은 인간 나라), 셈의 후예, 데라의 후예

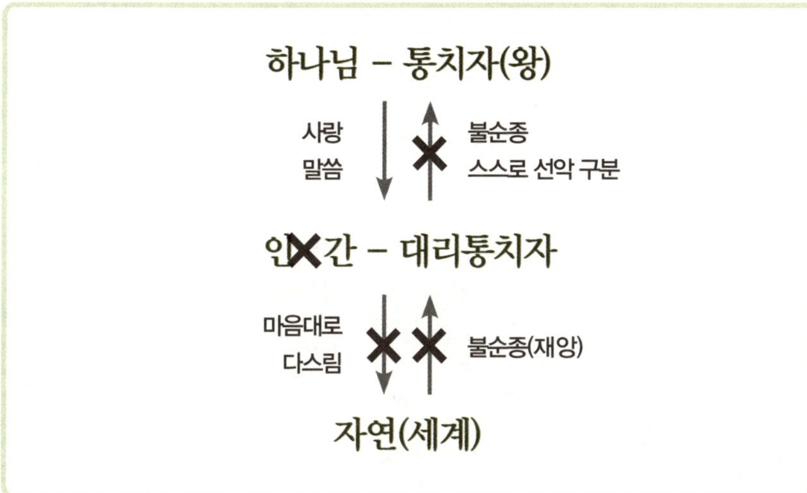

창세기 3-11장은 인간의 범죄와 그로 인한 세상의 타락의 역사를 보여주면서 동시에 얼마나 하나님께서 우리들을 사랑하시는가를 보여준다. 선악을 알게 하는 나무의 열매를 인간이 먹은 것은 하나님을 우리 삶과 세상의 주인으로 믿고 인정하기를 거부한 사건이다. 이것을 죄라고 하는데 죄는 선악(좋고 나쁜 것)을 인간이 스스로 구분하여 마음대로 인생과 세상을 다스리고자 한 것을 말한다. 이것은 2장이 말한 창조 질서, 하나님 나라의 근본적인 관계를 파괴한 것이다. 인간이 저지른 하나님과의 관계 파괴는 인간 사이의 관계, 인간과 세상과의 관계 파괴로 이어지며, 세상의 타락을 초래하고 만다. 인간은 하나님을 두려워하기 시작했으며, 인간들은 옷을 필요로 하게 되었고(서로에 대한 신뢰의 상실을 나타냄), 창조계도 저주 아래 있게 된다. 이러한 파괴와 저주와 타락의 모습은 '정녕 죽으리라'는 하나님의 선언으로 표현될 수 있을 것이다. 이때부터 인간과 세상은 하나님이 원래 의도하신 풍성한 생명이 아니라 고통과 갈등과 육체적 죽음이 따르는 죽음을 맛보게 된 것이다.

그러나 인간의 실패는 하나님의 실패를 말하지 않는다. 인간의 실패에도 불구하고 하나님은 당신의 나라를 이루어 가실 것이다. 하나님은 타락한 인간과 세상을 구원하실 것을 계획하시고 그 구원의 역사를 펼쳐 가신다. 이 세상의 역사는 여자의 후손(창 3:15)에게 초점이 맞추어지는데 그 이유는 그 후손을 통해서 하나님나라가 재건되고 완성될 것이기 때문이다. 이후의 역사는 여자의 후손들, 즉 경건한 사람들, 하나님을 사랑하는 사람들(예: 셋, 노아, 셈, 아브라함)과 그렇지 않은 뱀의 후손, 하나님을 사랑하지 않는 사람들(예: 가인, 라멕, 함, 바벨)로 구분되어 진행된다.

노아의 후손들과 민족

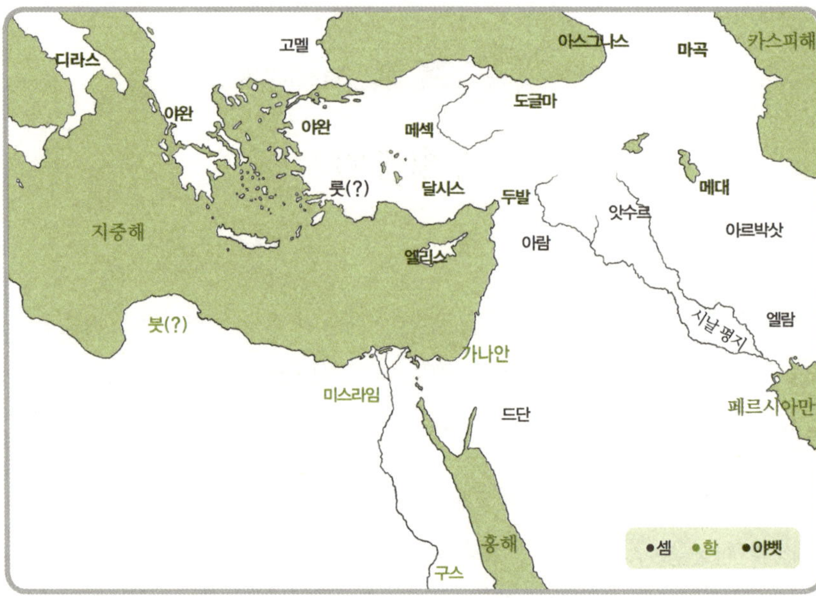

3장에서 11장의 이야기들은 인간들이 저지르는 죄와 반역이 시간이 흐름에 따라 강화되고 있음을 보여준다. 아담의 불순종에서 가인의 살인과 라멕의 폭력과 온 세상의 탐욕과 부패와 인간성 말살로 이어진다.[3] 4장부터 6:8까지는 타락한 세상의 참 모습을 보여준다. 한마디로 그것은 하나님의 심판을 도저히 피할 수 없는 죄로 가득한 세상이다. 6:9부터 시작되는 노아의 홍수 사건은 바로 이러한 세상에 대한 하나님의 궁극적인 심판(반창조)[4]을 보여준다. 하지만 노아의 방주는 하나님을 경외하는 사람에 대한 구원과 의인 노아를 통한 이 세상의 구원도 알려준다. 하나님은 인간들의 죄성에도 불구하고 노아와의 언약을 통해서 이 세상을 새롭게 시작하시고(재창조), 마지막 날까지 보존하실 것을 약속하신다(9장). 하나님나라는 바로 그 보존되는 세상 가운데서 끊임없이 발전할 것이다. 10장은 9:1-7에서 제2의 아담인 노아에게 하나님께서 약속하신 인류 번성의 축복이 이루어지고 있음을 보여준다. 하지만, 11장은 홍수 이후의 타락한 세상의 모습이 바벨 성과 탑을 쌓는 사건에서 절정에 이르고 있는 모습을 그린다. 그 바벨 성의 모습은 한마디로 하나님과 관계없이 인간들이 중심이 되는 인간의 왕국을 이루는 것이다. 인간의 왕국은, 힘이 센 인간 지도자(예: 니므롯)를 중심으로 자신들이 만든 신을 섬기면서 자신들의 이름을 내고, 창조세계의 복지와 관계없는 자신들의 사업을 추구하는 왕국이다. 그래서 극명하게 하나님나라와 대조된다. 하나님은 언어를 혼잡하게 하셔서 이런 인간 나라를 온 세상에 흩어지게 하심으로써 창조의 사명을 강제적으로라도 감당하게 하신다. 또한 뱀의 후손들로 가득한 세상에서도 노아와 셈과 아브라함으로 이어지는 경건한 여인의 후손들을 보존하신다. 아래의 지구라트 그림은 바벨 탑의 모습과 유사할 것으로 추정된다.

고대 지구라트의 모형

결론적으로, 창세기 3-11장은 죄로 인해서 하나님의 창조의 목적, 즉 하나님나라의 질서가 파괴되었으며 그로 인해 이 세상이 무질서와 혼돈에 빠졌음을 알려준다. 이러한 세상에 대한 하나님의 대책은 죄에 대한 분명한 심판이지만, 궁극적인 심판이 이를 때까지는 인내와 사랑으로 세상을 보존하시는 것이다. 아브라함으로부터 시작되는 하나님나라 재건의 긴 여행은, 하나님께서 죄의 끊임없는 도전 속에서도 인간을 완전히 심판하지 않으시고 인내와 사랑으로 재창조의 사역을 해 가심을 보여준다.

족장들의 이야기(12-50장)

12장부터는 11장에서 그 절정에 이른 인간왕국과 극명하게 대조되는 하나님나라의 모습을 보여준다. 그것은 하나님의 주도권에 의해서 시작되는 것이며 하나님께서 인간을 부르시고 은혜를 베푸시고 약속을 주심으로써 시작되는 나라이다. 하나님은 아브라함을 부르시고, 은혜를 베푸시고, 언약을 맺으신다. 아브라함에게 약속하신 땅과 큰 민족과 축복은 바로 하나님나라의 기본적인 구조를 보여주는 것이다. 하나님은 이 세상 가운데 이 세상에 복을 주실 통로로 큰 민족을 세우실 것이고 그들에게 땅을 주시고 복을 주실 것이다. 그리고 아브라함은 그 민족의 조상이 될 것이다. 그러므로 12장 이후의 족장들의 이야기는 그들의 가정 안에서 하나님께서 아브라함에게 하신 약속이 어떻게 성취되는가를 보여준다. 동시에 이들의 이야기는 하나님나라의 성격, 하나님의 백성들의 모습이 어떠해야하는지를 대표적으로 보여준다. 아브라함과 이삭과 야곱과 그의 열두 아들은 하나님나라의 약속을 창세기 가운데서 펼쳐가는 족장들(가족 중심의 사회를 이끌어 가는 지도자들)이다. 이 부분은 아브라함, 야곱, 요셉 중심의 세 이야기로 구성되어 있다. 이삭의 이야기는 아브라함 부분에 포함된다고 생각하면 될 것이다.

아브라함(데라의 족보) 이야기(11:27-25:18)

- 사실상 아브라함의 이야기는 11:27-32부터 시작된다. 이 부분은 데라의 족보로서 아브라함의 이야기를 통해서 데라의 후손들(예: 아브라함, 롯, 나홀의 후손들) 이야기를 한다. 특별히 이 족보는 아브라함을 이전의 세상의 역사와 연결시킨다. 아브라함을 부르신 것은 여전히 죄악으로 가득 찬 인간 왕국으로부터이다. 인간 왕국에서 부름 받은 아브라함을 통해서 하나님나라를 새롭게 시작하심을 보여준다. 아브라함 이야기에는 아브라함의 생애 중 하나님의 언약과 관련된 중요한 에피소드들이 연결되어 있다.
- 신앙(창 12:1-9; 13-14장; 15:6; 18장; 22장; 23장)과 불신앙(창 12:10-20; 15:3; 16장; 20장) 사이를 왔다 갔다 하는 아브라함의 생애는 바로 하나님과 그분의 언약, 특별히 후손에 대한 믿음이 어떻게 완성되어 가는지를 잘 그려준다. 그의 생애 속에서 믿음이 자랄수록 하나님나라도 성장해 간다. 그런 의미에서 믿음은 하나님나라를 추진시키는 원동력이다. 하나님나라에서 가장 중요한 것은 그 백성들의 하나님에 대한 신뢰이며, 그것은 하나님에 대한 자발적인 순종, 사랑으로 나타난다. 아브라함의 모든 삶은 이처럼 '믿음'이라는 관점에서 볼 필요가 있다. 아브라함이 하나님에 대한 믿음을 삶으로 잘 표현했을 때 하나님은 그것을 '언약'으로 격

려하신다(15장). 하지만 그가 믿음의 삶을 살지 못했을 때는 '할례'의 언약으로 경고하기도 하신다(17장).

아브라함의 이동 경로

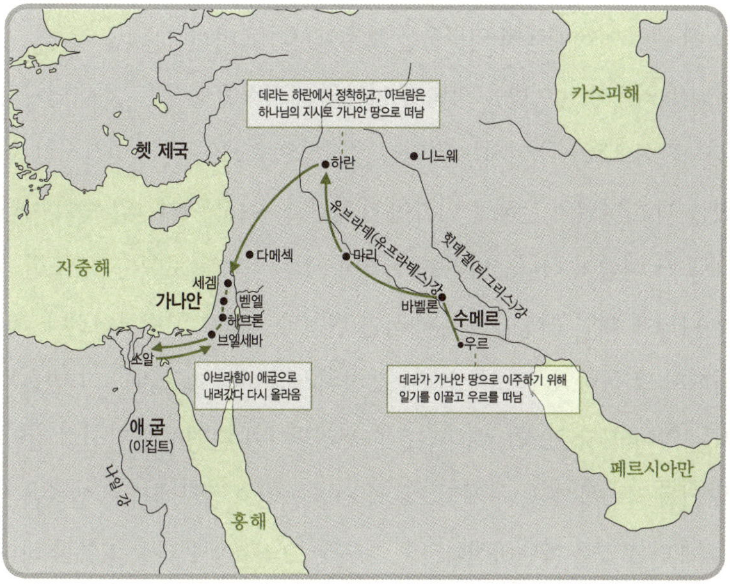

- 하나님에 대한 믿음은 반드시 '의'의 열매를 맺는다. 이집트에서 세상나라의 왕을 제압하신 하나님나라 왕의 능력을 경험한 아브람(12장)은 13-14장에서 조카 롯에게 좋은 땅을 양보할 뿐만 아니라 잡혀간 롯을 구하기 위해서 목숨을 건다. 아브라함이 하나님과 그분의 약속을 믿었을 때 하나님은 그것을 의로 여기셨다(15:6). 18장에서는 지나가는 나그네들(천사들)을 극진히 대접했다가 하나님의 놀라운 약속을 듣게 되며, 죄악으로 가득한 소돔과 고모라 성을 위해서 의인의 기도를 드리기도 한다. 그래서 여호와께서는 18:18-19에서 아브라함을 통해서 이루실 하나님나라의 모습을 다음과 같이 천명하신다. "아브라함은 강대한 나라가 되고 천하 만민은 그로 말미암아 복을 받게 될 것이 아니냐 내가 그로 그 자식과 권속에게 명하여 여호와의 도를 지켜 정의와 공의를 행하게 하려고 그를 택하였나니…" 아브라함을 통해서 이루어질 하나님나라는 만민에게 복이 되는 나라이다. 왜냐하면 그 나

라가 이 세상에 하나님의 정의와 공의를 이룰 것이기 때문이다. '정의와 공의'는 율법의 정신을 요약한 표현이다. 한편 아브라함의 불신앙적인 모습으로 말미암아 하갈과 이스마엘이 고통을 당하고 있을 때 의로우신 하나님께서 그들의 미래를 책임져주심으로써 아브라함의 실수를 만회시키신다. 아브라함의 거짓말 때문에 죄를 범할 뻔 했던 아비멜렉의 의로움을 보호하시기도 하신다.

- 하나님의 약속을 이어받을 상속자 이삭의 기적적인 출생은, 하나님나라가 하나님의 전능하심으로 이루어지는 것임을 상징적으로 보여준다. 인간적인 소망이 다 끊어졌을 때 하나님의 은혜로 이삭이 태어난다. 이것은 인간의 뜻이 아닌 하나님의 뜻으로 난 사람이 하나님나라를 이루어 가는 것임을 보여준다. 또한 하나님나라는 하나님에 대한 백성들의 절대적인 헌신과 믿음으로 이루어진다. 심지어는 하나님께서 그 하나님나라의 상속자를 바치라고 하실 때조차도 그 믿음은 실현되어야하는 것이다(창 22장). 하나님은 아브라함에게 분명하게 당신의 언약을 지킬 것임을 거듭 약속하셨고, 구체적으로 400년 동안 이집트에서 큰 민족을 이루었다가 그 후에 나올 것을 예언하신다(15, 17장). 그리고 아브라함을 통한 하나님나라 건설을 확실하게 하시기 위해서 15, 17장에서 두 번이나 언약을 체결하신다. 23장의 매장지 사건은 아브라함이 얼마나 하나님의 약속을 신실하게 믿었는지를 보여준다. 자신의 죽음 너머에서 하나님나라를 이루어 가실 하나님에 대한 믿음을 표현한 것이다.

가나안 땅의 아브라함과 이삭

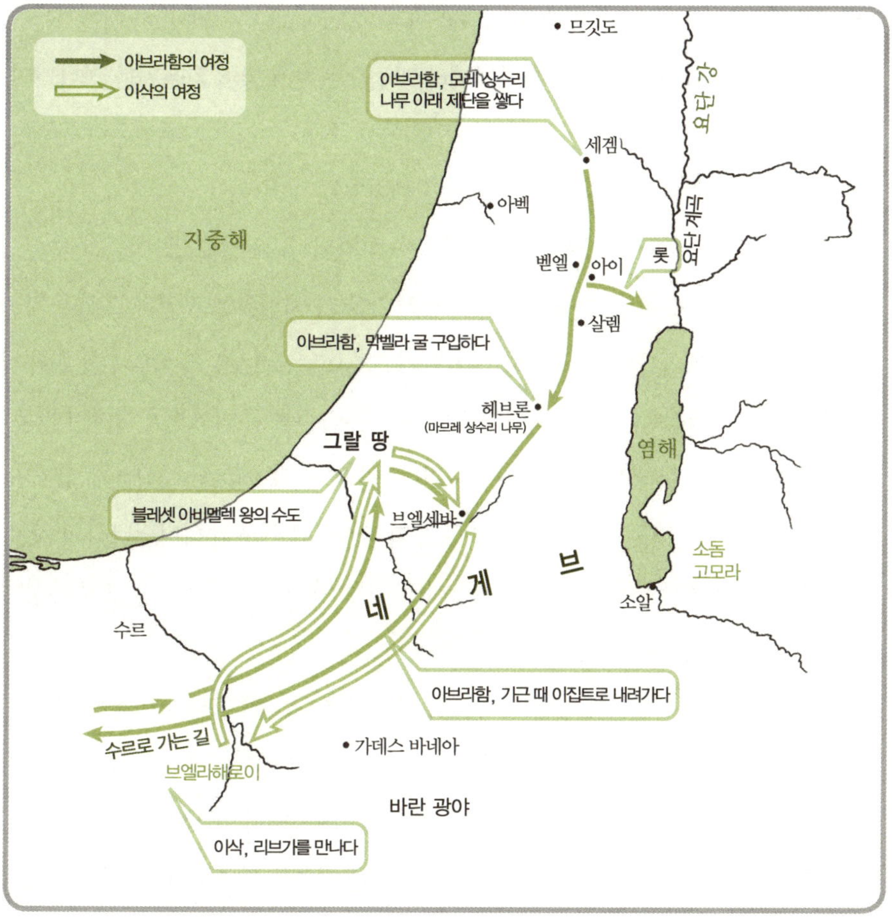

- 24장에서 리브가를 이삭의 아내로 택하는 부분은 약속을 이루는 상속자 부인의 중요성을 보여주고, 하나님에 대한 믿음 때문에 아브라함처럼 본토 친척 아비 집을 떠날 수 있는 리브가의 모습을 강조한다. 더불어 12장과 20장에 나오는 사라를 누이로 속이는 에피소드 또한 하나님의 약속을 성취함에 있어서 '사라'의 중요성을 강조하고 있다. '사라'는 '이삭'과 더불어 하나님의 약속을 이룰 표징이다. 하나님은 사라가 낳은 이삭과 언약을 맺으셨다(창 17:19,21).

야곱 이야기('이삭의 족보' 25:19-36장)

- 야곱의 이야기는 이삭의 후손들(야곱과에서)의 이야기다. 그래서 이 이야기는 역기능적인 이삭 가정이 어떻게 하나님나라 가정으로 변화되어 가는지를 하나님과 야곱과 에서의 관계를 통해서 보여주는 일화들로 구성되어 있다. 핵심은 야곱의 변화로 이삭 가정의 하나님나라가 한 단계 진보한다는 것이다.
- 태중에 있었던 야곱과 에서 중에서 야곱을 하나님나라의 계보를 이어갈 후손으로 선택하셨다는 계시는 일종의 예언이다. 하지만 이 예언은 장자권과 그것이 가져다주는 부와 명예와 권력에 집착하는 야곱의 모습이나, 거짓말과 속임수를 통해서라도 장자의 축복을 받으려하는 야곱과 리브가의 술수를 통해서 이루어지지 않는다. 오히려 그러한 집착과 편애와 술수는 가정을 깨뜨리고 에서와 이삭에게 상처만 남긴다. 이 가정을 하나님나라 가정으로 변화시키시기 위해서 하나님나라의 왕은 철저하게 인간적인 탐욕과 술수로 무장하고 있는 야곱과 동행하시며 그의 세상나라적인 모습을 벗겨내신다.
- 32장의 브니엘 사건, 즉 얍복 강가에서 야곱이 하나님의 천사와 씨름한 사건은 믿음의 진수를 보여준다. 인간적인 뜻을 완전히 포기하고 하나님의 뜻에 온전히 맡겼을 때 하나님은 영적인 측면에서 그가 하나님과 씨름해서 이겼다고 하신다. 그리고 그에게 하나님나라의 이름이 될 '이스라엘'이란 이름을 부여하신다. 변화된 야곱은 에서에게 일곱 번이나 절하고, 자신이 그토록 고생해서 얻은 하나님의 '복'을 에서에게 나눠준다. 장자가 되는 것은 인간들과의 씨름을 통해서 되는 것이 아님을 절감했기 때문이다. 이렇게 해서 야곱이 이삭 가정의 복의 통로가 된다. '이스라엘'이란 이름이 상징하듯이 하나님나라는 하나님을 온전히 믿어서 하나님과만 씨름하는 백성들로 구성되는 것이다. 그리고 그런 자들에게 하나님의 복이 주어진다.
- 하나님나라 가족인 야곱과 화해한 에서에게도 하나님은 민족과 나라(에돔)를 허락하신다(36장의 '에서 곧 에돔의 족보'). 그들도 결국은 야곱의 나라 '이스라엘'을 통해서 하나님나라의 복을 받아야 할 자들이다.

야곱과 야곱의 아들들

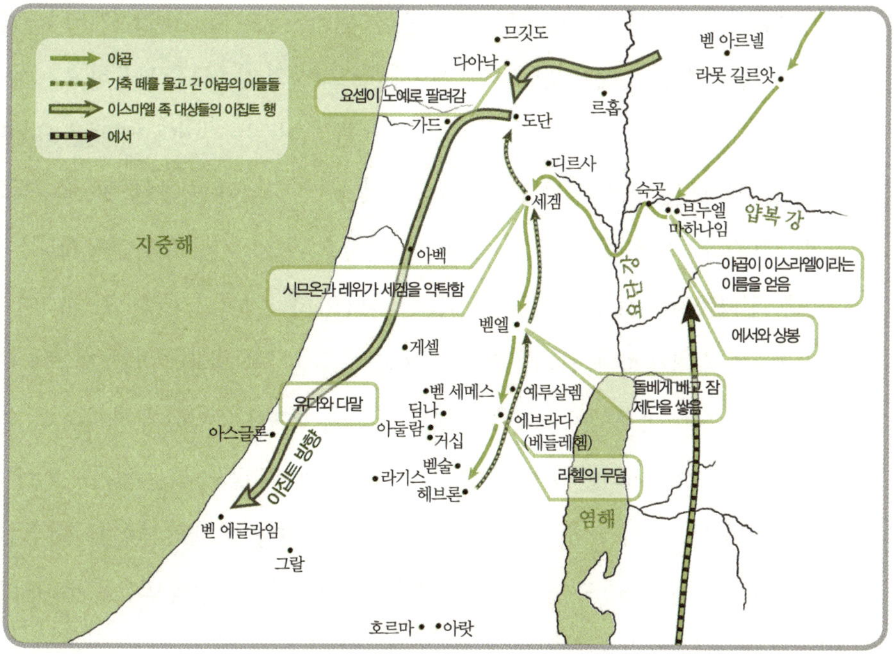

아브라함부터 야곱의 12 아들까지

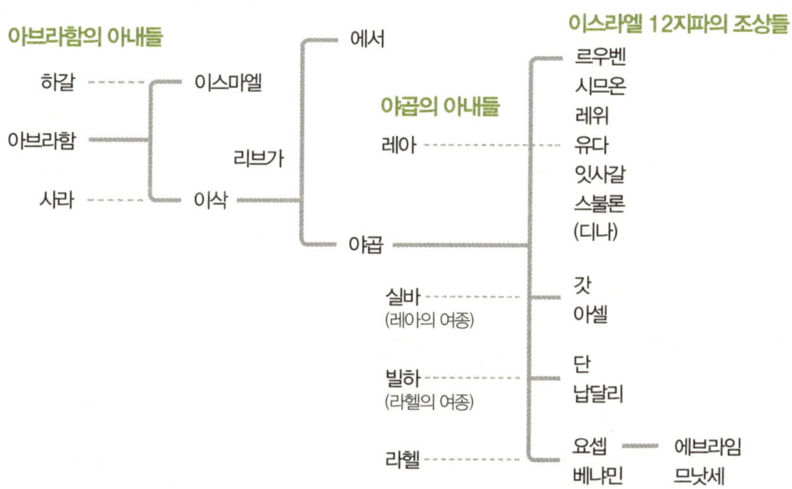

요셉 이야기('야곱의 족보' 37-50장)

• 37장 이후의 역사는 요셉(야곱의 후예)이 중심인물이 되어서 이끌어 나가는 야곱

의 가족, 즉 이스라엘과 열두아들에 대한 이야기이다. 요셉의 이야기는 단순히 요셉이 하나님께 순종하여 애굽의 총리가 된 것만을 말하지 않는다. 이 이야기의 목적은 믿음의 사람 요셉을 통해서 하나님의 상속자 이스라엘의 가족들을 보존하고 세상을 위한 복의 통로가 되게 하시려는 하나님의 섭리를 보여주는 것이다. 이것은 요셉이 후에 형들에게 말한 데서 정확하게 표현되고 있다. "하나님이 큰 구원으로 당신들의 생명을 보존하고 당신들의 후손을 세상에 두시려고 나를 당신들보다 먼저 보내셨나니 그런즉 나를 이리로 보낸 자는 당신들이 아니요 하나님이시라"(45:7-8). "두려워하지 마소서 내가 하나님을 대신하리이까 당신들은 나를 해하려 하였으나 하나님은 그것을 선으로 바꾸사 오늘과 같이 많은 백성의 생명을 구원하게 하시려 하셨나니"(창 50:19-20) 이러한 요셉의 역사에서도 결정적인 역할을 하는 것은 언약에 대한 하나님의 신실하심과 하나님에 대한 요셉의 믿음이다. 요셉의 믿음을 자라나게 하시고 요셉을 세상나라의 지도자로 세우신 하나님께서는 요셉의 믿음을 통해서 야곱의 가정을 이집트의 한 영역에서 보존하시고 번성시키신다.

- 요셉은 이집트라는 나라에서 하나님나라를 대표하는 자로서 서 있으며, 그를 통해서 만민이 생명을 보존하고 복을 받는다. 이것은 아브라함의 후손들이 세울 나라가 만민을 위한 복의 통로로서의 사명을 감당해야 함을 그림으로 보여주는 것이다.
- 이 부분에서 눈여겨보아야 할 것은 이스라엘 열두 지파의 조상이 될 야곱의 열두 아들의 관계이다. 아버지의 사랑을 받기 위한 시기와 경쟁의 관계는 하나님나라 가족의 모습이 아니다. 시기로 인해서 요셉을 팔아버린 형제들이 나중에 그것을 후회하고 요셉과 재회하는 과정은 하나님의 사랑을 받은 하나님나라 가족들이 어떤 관계를 형성해야 하는지를 잘 보여준다. 그런 의미에서 요셉을 파는 일에 결정적인 역할을 한 유다(10명의 형들의 대표)의 이야기가 38장에 삽입된 것은 중요하다. 38장은 약 20년간의 이야기에 대한 압축으로 하나님께서 어떻게 유다를 변화시켰는지를 보여준다. 이런 과정을 통해서 하나님의 말씀을 지키지 못하고 형제들을 사랑하지 못했던 유다가 베냐민 대신 자신을 잡아둘 것을 요청하는 모습으로 변화되고 있다(43-44장). 이것은 유다뿐만 아니라 요셉의 형제들, 즉 이스라엘의

시조들이 믿음의 사람들로 변화되는 과정을 그리고 있다. 형제(요셉의 동생 베냐민)를 위해 대신 죽을 수 있는 희생적인 모습의 유다는 그의 후손으로 오실 예수님을 예표한다.

- 하나님은 요셉을 족장들의 역사와 출애굽 사건을 연결하는 인물로 세우셨다. 49장에서 보듯이 하나님은 이스라엘과 열두 아들을 보존하심으로써 그들을 통해 이루어질 하나님나라의 모습을 계시하신다. 그러나 그것은 이집트에서 이스라엘이 400년 동안 큰 민족을 이룬 후에 가능하다. 요셉과 야곱은 자신들의 죽음을 통해서 그 죽음 너머에 있는 하나님의 약속을 이스라엘 백성들에게 전달한다. 그들의 나라는 하나님나라이며 그 나라는 이집트가 아닌 가나안에서 이루어질 것이다.

결론

창세기는 모든 인류역사의 서론으로서 우리가 어떤 역사의 흐름 가운데 서 있으며 어떻게 그 역사 가운데서 살아야할 것인가를 보여준다. 하나님의 나라는 하나님의 주권 가운데서 신실하게 이루어져가고 있으며, 그 나라의 백성으로 선택되고 부름 받은 백성들은 오직 믿음으로 그 나라 건설에 동참한다. 하나님에 대한 사랑과 의, 하나님의 백성들에 대한 사랑과 의, 우리들을 통해 세상에 전달될 하나님의 복이 바로 우리들의 삶을 결정짓는다.

창세기 1-3장의 창조는 계시록 21-22장의 새 하늘과 새 땅의 창조, 즉 하나님의 재창조의 완성과 밀접하게 관련되어 있다. 여러 가지 어휘들과 주제의 공유가 그것을 보여준다. '생명나무', '생수', '하나님의 형상-어린 양의 신부의 아름다움', '빛-하나님 자신의 빛', '죄인이 들어갈 수 없는 하나님나라', '죄로 인한 고통의 발생-죄의 제거와 고통의 제거' 등이 그 예들이다. 하나님나라는 결국 하나님의 열심에 의해 완성될 것이다. 창 3:15의 뱀(사탄)과 여인의 후손과의 싸움은 여자에게서 나신(갈 4:4) 예수 그리스도에 의해 끝이 날 것이다(롬 16:20).[5] 창 11장의 바벨 성에서 혼잡케 된 언어는 오순절 성령강림으로 회복되고 있다(행 2장). 아브라함에게 주신 하나님의 언약은 예수님을 통해서 완성된다. 예수님은 '아브라함의 씨'이시고 복의 근원이시다. 그리고 아브라함의 믿음의 삶은 히 11:8-19에서 말하고 있듯이 신약 교회가 예수 그리스도에 대해서 갖는 믿음의 삶으로 연결되고 있다. 아브라함이 자신의 씨를 통해 세워질 하나님나라를 소망하며 살았던 것처럼, 그리스도인들은 그리스도를 통해서 완성될 하나님나라를 소망하면서 모든 고통을 믿음으로 이기면서 사는 자들이다.[6]

출애굽기

출애굽기는 하나님께서 족장들에게 하신 약속을 따라(창 15:12-16 참조) 이스라엘 백성을 이집트로부터 구원하신 것과 그 이후의 1년간의 광야 생활을 기록한 책이다. 한마디로 출애굽기는 세상나라로부터 이스라엘을 불러내어 하나님나라의 백성을 만드는 역사를 담고 있다. 이집트에서 바로의 노예로 살던 데서 하나님의 백성으로 구원받은 이스라엘이 하나님나라 백성으로서의 정체성을 확립하기 위해서 시내 산에서 하나님나라의 법인 율법을 받는다. 그리고 가나안으로 가는 광야의 여정 동안 당신의 백성과 함께 하실 하나님을 상징하는 성막의 설립도 이루어진다.

야곱 가족의 애굽 이주	출애굽	시내 산	모압 평지
BC 1876	BC 1446	BC 1445	BC 1406

구조[1]

<table>
<tr><td>1:1–15:21</td><td colspan="2">출애굽 - 하나님께서 이집트로부터 이스라엘을 구원하심 (홍해까지)</td></tr>
<tr><td>15:22–18장</td><td colspan="2">광야의 이스라엘 (홍해에서 시내 산까지의 여정)</td></tr>
<tr><td rowspan="5">19–40장</td><td colspan="2">하나님께서 시내 산에서 이스라엘에게 율법을 주심</td></tr>
<tr><td>19–24장 시내 산 언약의 체결</td><td>25–40장 성막에 대한 율법과 건설</td></tr>
<tr><td>20–23장 십계명과 율법</td><td>25–31장 성막에 대한 율법</td></tr>
<tr><td>24장 언약식</td><td>32–34장 금송아지 사건</td></tr>
<tr><td></td><td>35–40장 성막의 건설</td></tr>
</table>

내용

하나님나라 왕이 세상나라로부터 자기 백성을 구원하심(1:1-15:21)

창세기 46:6-7의 하나님의 말씀대로 이집트에서 이스라엘 백성들은 급속하게 번성하게 된다. 70여 명으로 이집트에 들어갔던 야곱의 가족들이 400여 년의 기간 동안 200만 명 이상의 인구로 불어난 것이다. 이것은 오직 하나님나라 왕이신 여호와의 놀라운 은혜로 이루어진 것이다(1:1-7).

세상나라 왕인 바로는 이것에 대해 위협을 느끼고 이스라엘을 압제한다. 요셉의 은혜를 입은 왕조가 몰락하고 새로운 왕조가 세워졌다. 새 왕조의 왕은 과거 왕조와 가까웠던 히브리 민족을 핍박하게 되고, 급기야는 유아들을 죽여서라도 그들의 세력을 감소시키려 한다. 하지만 바로의 이러한 계획은 왕실(공주)에서부터 실패하게 되고, 히브리 산파들이나 모세의 어머니 요게벳과 같이 하나님을 왕으로 믿는 믿음의 여인들에 의해서 좌절된다. 그들은 세상나라를 호령하던 바로보다 하나님을 더 경외했던 것이다. 이 여인들의 믿음의 승리는 하나님나라의 승리를 예고한다(1장).

하나님나라의 왕은 세상나라의 압제 아래 고통당하는 이스라엘의 부르짖음을 들으시고 그들을 돌보신다(2:23-25). 비록 이스라엘이 모세의 지도력을 인정하지 않고 배척했지만 하나님은 모세를 이스라엘 백성의 구원자로 부르신다. 그도 물에서 '건짐'을 받은 자였다. 모세는 바로의 왕궁에서 호위호식하기보다는 자신의 동족을 위하여 자신을 희생한 지도자였다. 하나님은 이스라엘의 배척 때문에 40년동안이나 미디안에서 지내던 모세를 부르셔서 이스라엘을 바로의 압제로부터 구원하는 일을 위한 지도자로 세우신다(3-6장). 하나님께서 이스라엘 백성들의 배척 때문에 주저하는 모세를 끝까지 설득하셔서 이스라엘을 진정으로 사랑하는 지도자로 세우시는 장면은 감동적이며, 이것이 이스라엘의 구원의 제1단계였다.

하나님은 모세를 바로에게 보내신다. 이스라엘을 '내 백성'이라고 하시면서 그들이 하나님을 '섬기도록'(예배하도록) 보내라고 하신다(7:16; 8:1). 하늘 왕이 땅의 왕에게 내리는 명령이다. 바로가 이것을 거부했을 때 하나님께서는 징계의 표현으로 열 가지 재앙을 내리신다. 물론 하나님께서는 바로와 애굽 백성들에게 돌이킬 수 있는 기회를 열 번이나 주고 계시는 것이다. 그런 의미에서 열 가지 재앙은 하나님나라 왕이신 여호와께서 당신의 백성을 불의하게 압제하는 세상나라 왕을 징계하신 사건이자, 세상나라 왕과의 대결에서 승리하시고 당신의 백성을 구원해 내신 사건이다. 이 재앙에서 하나님은 창조주로서의 능력을 나타내신다. 12장의 유월절은 열 가지 재앙의 성격을 잘 보여주는 절정의 사건이다. 하나님나라를 대적하는 세력에 대한 최후의 심판이자, 하나님의 백성들에 대한 결정적인 구원이다. 이스라엘의 구원은 양의 피를 문설주에 바름으로써 가능했다. 이것은 이스라엘 백성이라 할지라도 하나님의 말씀에 대한 믿음으로만 구원을 받는 것을 나타낸다. 이스라엘 백성들이 믿음으로 바른 양의 피를 보고서 하나님은 이스라엘 집들은 넘어가셨다(유월). 양이 그들을 대속한 것이다. 하지만 이 구원은 이집트 사람들에게도 열려 있었다. 이것은 바로 예수님의 대속의 십자가를 예표한다. 그분으로 인해 우리의 생명이 구원을 얻고 그를 먹고 마심으로써 우리는 그분과 하나가 된다.

14, 15장 홍해 사건 – 하나님나라의 결정적인 승리와 이스라엘의 완전한 해방

홍해는 이집트와 약속의 땅의 경계이다. 이스라엘이 오직 하나님의 절대적인 주권과 능력으로 죽음의 바다를 건너야 하나님의 백성으로서의 새로운 정체성을 갖게 된다. 이스라엘은 이 죽음의 영역을 넘음으로써 노예의 땅이자 바로의 억압과 우상숭배의 땅으로부터 완전히 벗어나게 된다. 새 생활이 시작된다. 이것은 바로 옛 사람의 죽음과 새사람의 탄생을 의미하는 세례와 같다(고전 10장). 새 생활의 목적은 '나를 섬기리라'고 하신 하나님의 종이 되어 하나님을 자유롭게 섬기는 것이다. 바로의 종에서 하나님의 종이 되는 것이다. 그래서 15장에서 이스라엘은 자신들을 위해서 싸우신 용사이신 하나님을 찬양한다. 구원의 완성은 찬양이며 이 찬양은 열방에 이스라엘의 하나님 여호와만이 온 세상의 왕이심을 선포하는 것이다.

출애굽과 광야 여정

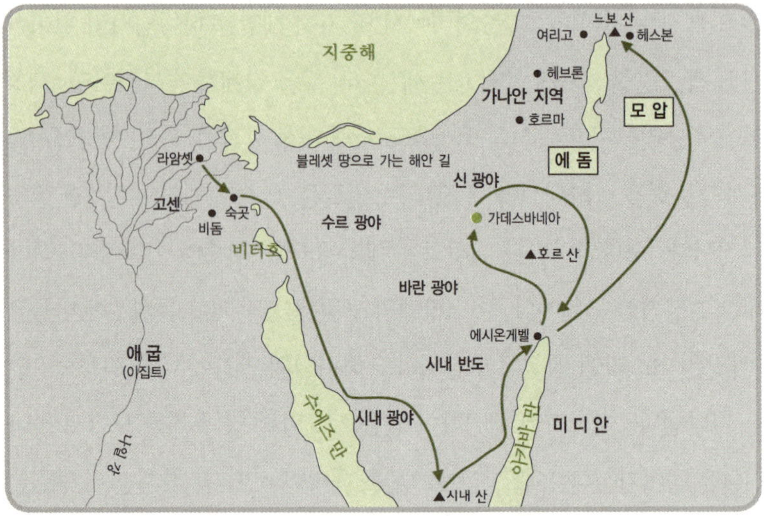

홍해에서 시내 산까지의 광야 여정(15:22-18장)

광야 생활은 하나님의 백성으로서 하나님께 순종하고 하나님만을 의지하는 것을 배우는 훈련의 시간이다(15:25-27). 광야는 먹을 물과 양식이 턱없이 부족한 곳이다. 즉 생존수단이 없어서 사람이 자기의 힘이나 능력으로는 살 수 없는 땅이다. 쓴물을 식수로 바꾸시며, 바위를 터뜨려서 물을 내실 뿐만 아니라, 만나와 메추라기로 먹이시고 구름기둥 불기둥으로 함께하시는 하나님의 능력으로만 살 수 있는 땅이다. 하나님만 의지하고 그분께 순종하지 않으면 생존할 수 없는 땅이다. 이스라엘이 약속의 땅에 들어가기 전에 그들은 이러한 믿음의 삶을 훈련해야 했다. 하지만 이스라엘은 계속 불평했고(15:24; 16:2,7-9; 17:3; 14:11-12) 이집트의 노예 생활로 돌아가려고 했다. 그럼에도 불구하고 하나님은 끝까지 그들을 참으시고 그들의 불평을 들으시고 필요를 채워주신다. 이러한 모습은 민수기에서의 광야 생활과는 다른 모습이다. 민수기에서는 그들의 불평에 대한 심판이 따른다. 이것은 출애굽 직후의 이스라엘 백성들의 영적인 상태가 어림을 보여준다. 동시에 시내 산에서 하나님의 뜻이 담긴 율법이 반드시 그들에게 주어져야 함을 강조한다.

하나님나라 통치 원리로서의 율법 수여(19-40장)

19-24장 시내 산(모세) 언약

하나님의 율법이 믿음과 순종을 단련하는 수단으로서 광야에 있는 이스라엘에게 주어졌다. 이집트에서는 이집트 왕의 법을 따라 살았지만 이제는 하나님의 법, 하나님나라의 법을 따라 살아야 한다. 그런 의미에서 율법은 하나님의 백성으로서 살아가는 길이며 하나님의 성품을 깨닫는 방편이다. 19: 4-6에서 하나님이 말씀하시는 것처럼 '하나님의 소유'(보배), '제사장 나라,' '거룩한 백성'으로 살아가게 하는 하나님의 안내서인 것이다. 그 율법을 지킬 때 이스라엘은 '제사장 나라'로서 하나님을 온 세상에 전하는 복의 통로가 될 수 있다. 하나님을 가까이 모셔 섬기는 '제사장 나라' 이스라엘의 가장 중요 특징은 거룩함이다. 거룩함이 없으면 교회는 그 존재 의미를 상실하게 된다. 이 거룩함을 통해 이스라엘이 하나님의 복을 세상에 전달하는 사명을 감당한다. 거룩함은 하나님 말씀을 순종함으로써 이루어지는데, 거룩한 민족으로서 거룩함을 이루는 수단으로 율법이 주어졌다. 하나님은 율법을 구원을 얻는 도구로 주신 것이 아니다. 이미 당신의 능력으로 구원하신 백성에게 은혜의 도구로 주신 것이다.

24장에서 이스라엘은 하나님께서 허락하신 율법을 지킴으로써 거룩한 백성, 제사장 나라로 살겠다고 맹세하면서 하나님과 언약을 체결한다. 이러한 언약의 체결은 이제 자신들의 왕이 바로가 아니라 여호와 하나님이심을 고백하는 것이다. 자신들을 놀라운 능력과 은혜로 구원하셔서 '하나님의 백성'으로 삼으신 여호와께서 자신들의 하나님 되심을 고백하는 것이다. 앞으로의 이스라엘 민족의 역사는 이 시내 산 언약에 근거하여 평가될 것이고, 이 언약을 통해서 그들이 들어갈 가나안 땅이 거룩한 땅이 될 것이다.

25-40장 성막에 대한 율법과 건설

시내 산 꼭대기에서 율법을 주신 하나님은 광야를 여행하는 이스라엘과 동행하시기 위해 성막을 건설하라고 하신다. 성막은 텐트이다. 광야에서 텐트를 치면서 약속의 땅까지 가야하는 백성들 한가운데에 하나님께서 자신의 텐트를 치셨음을 의미한다. 성막은 하나님께서 제사를 통해서 이스라엘을 만나시고 그들의 죄를 용서하시는 예배의 장소이다. 또한 성막은 이스라엘을 위험과 배고픔과 목마름으로부터 보호하시면서 그들의 길을 한 걸음 한 걸음 인도하시는 통치의 장소이기도 하다. 그런 의미에서 성막은 하나님나라 왕이 하나님의 백성들과 함께하시면서 그들을 다스리시는 일종의 이동식 왕궁이다. 이스라엘과 온 세계와 역사를 다스리는 왕의 결정이 하나님의 보좌에서 이루어지는데, 이 하나님의 보좌를 상징하는 것이 성막의 법궤이다. 이스라엘은 광야를 이동하는 동안 이 하늘 왕의 지시와, 인도와, 말씀에 따라 진치고 움직이고 순종하여 살게 되어 있었다. 25-31장에서는 성막 건설에 대한 지시가 자세하게 기록되어 있는데 이것은 성막 제사를 통하여 하나님을 만나고 예배하는 일은 철저하게 하나님의 뜻에 따라 이루어져야 함을 보여준다. 이스라엘은 이방인들처럼 자신들의 마음대로 하나님을 섬겨서는 안 된다. 오직 하나님께서 보여주신 대로 섬기며 순종해야 했다.

성막의 규정과 성막의 건설

성막 건설에 대한 지시와 실행을 다루는 본문들(아래의 도표[2] 참조) 가운데에 금송아지 사건이 등장한다(32-34장). 이것은 바로 아론과 이스라엘 백성들이 하나님의 지시대로가 아니라 자신들 마음대로 하나님을 예배하려고 했던 시도로서, 하나님께서 성막을 통해서 이루려고 하시는 것과 정반대의 모습을 보여준다. 또한 이 부분은 죄를 범한 이스라엘을 위한 모세의 중보사역의 중요성을 부각시킨다. 모세의 기도를 들으시고 이스라엘을 용서하시고 다시 이스라엘과 함께 가시기로 마음을 돌리시는 하나님의 인자하심이 강조되고 있다.

성막의 진정한 의미는 예수 그리스도와 그분이 보내신 성령님을 통해서 완성되었다. 예수 그리스도는 우리 가운데 '거하시는'(장막을 치신, 요 1:14; 2:19-21) 하나님이시자 우리가 하나님을 만나 예배하는 성전이시다. 예수님의 이름으로 우리는 하나님께 기도하면서 진정한 하나님의 통치를 받게 되며 하나님의 백성다운 삶을 살 수 있게 된다. 한편 성령님은 우리 가운데 거하시는 하나님으로서 우리가 하나님의 말씀대로 거룩하게 살 수 있도록 말씀을 가르치시고, 깨닫게 하시고, 순종할 수 있는 능력을 베푸신다.

또한 우리와 동행하시면서 죄악과 위험으로부터 우리를 지키신다.

출 29:44-46 내가 그 회막과 단을 거룩하게 하며 아론과 그 아들들도 거룩하게 하여 내게 제사장 직분을 행하게 하며 내가 이스라엘 자손 중에 거하여 그들의 하나님이 되리니 그들은 내가 그들의 하나님 여호와로서 그들 중에 거하려고 그들을 애굽 땅에서 인도하여 낸 줄을 알리라 나는 그들의 하나님 여호와니라

성막 건축 관련 지시(25:1-31:17)		지시 실행(35-39장)	
25:1-9	예물	35:1-3	안식일 규정
25:10-22	언약궤, 속죄소	35:4-29	예물 드림
25:23-30	진설병 상	35:30-36:7	일꾼 임명
25:31-39	등잔대	36:8-38	성막 제조
26장	성막	37:1-9	언약궤
27:1-8	번제단	37:10-16	진설병 상
27:9-19	울타리, 뜰	37:17-24	등잔대
27:20-21	등불 기름	37:25-28	분향단
28장	제사장 옷, 판결 흉패	37:29	관유, 향
29장	제사장 위임식, 제단 성별	38:1-7	번제단
29:38-46	매일 드리는 번제	38:8	물두멍
30:1-10	분향단	38:9-20	울타리, 뜰
30:11-16	속전	38:21-31	재료 물자 목록
30:17-21	물두멍	39:1-31	제사장 옷, 판결 흉패 제작
30:22-38	관유, 향	39:32-43	모세의 검사
31:1-11	일꾼 지명	40장	성막 봉헌
31:12-17	안식일 규정		

성막의 구조

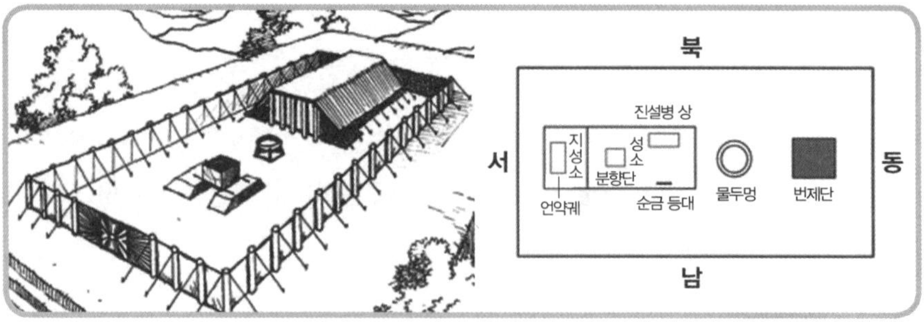

성막의 기구들

• 언약궤(출 25:10-22)

• 물두멍(출 30:17-21)

• 번제단(출 27:1-8)

• 순금 등대(출 25:31-40)

• 진설병 상(출 25:23-30)

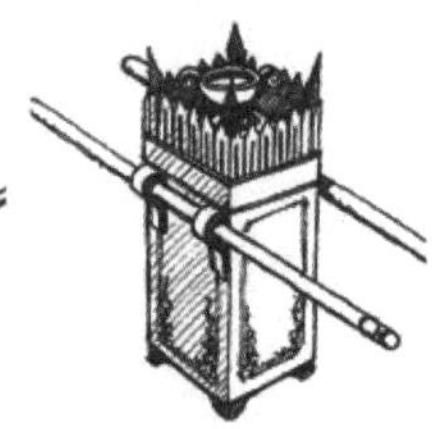

• 분향단(출 30:1-10)

결론

출애굽기는 구원의 책이자 하나님나라 백성의 탄생을 알리는 책이다. 또한 하나님나라의 헌법이 그 백성에게 주어지고 그 법이 실행되도록 성막을 통해 하나님께서 함께 하시는 하나님의 사랑을 보여준다. 유월절 어린양의 피를 바른 이스라엘이 구원받았던 것처럼, 신약에서는 유월절 어린 양 되신 예수 그리스도(요 1:29, 36)의 희생을 믿음으로 받아들인 자들이 구원을 받고 하나님의 교회를 세웠다. 그리고 그 교회는 하나님의 말씀들을 신실하게 지킴으로써 세상과 구별된 하나님나라의 거룩한 백성들로 살 수 있었다. 하지만 교회는 오직 성령의 임재 안에서 그렇게 살 수 있었다. 성막이 이스라엘과 함께했던 것처럼.

레위기

레위기는 출애굽기 40장에서 성막이 완성되고 난 다음, 이스라엘 백성들이 시내 산에서 출발하기 전에 하나님께서 모세에게 주신 교훈을 기록하고 있다. 그래서 레위기의 대부분은 율법들, 특별히 세워진 성막과 관계된 제사법이나 정결의식 등에 관한 율법들로 채워져 있다. 그런 의미에서 레위기는 예배의 책이라고 할 수 있다. 레위기는 모세 오경의 한가운데에 위치하면서 예배가 얼마나 중요한 지를 강조한다. 사실상 출애굽의 목적도 '하나님을 섬기는(예배하는) 것'이었다(출 8:1,8,20). 구원의 목적은 하나님과의 교제이다. 그래서 레위기는 하나님의 '거룩한 백성'(출 19:6)이 된 이스라엘이 성막 예배를 통해서 거룩함을 회복하고 유지하여 모든 삶의 영역에서 그 거룩함을 나타내야 함을 강조한다.

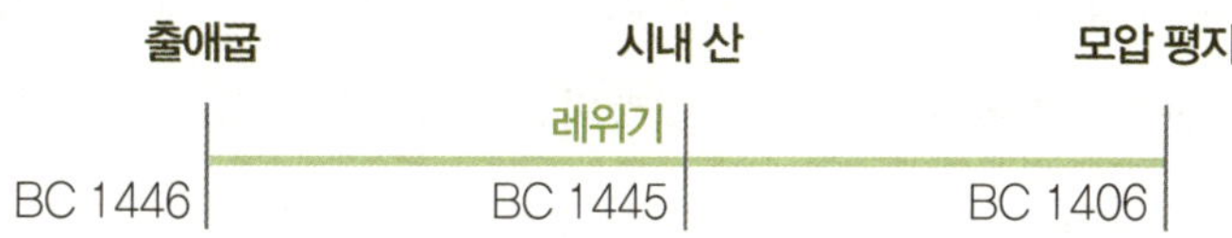

구조[1)]

제사와 제사장(1-10장)	거룩함의 율법들(11-27장)
1-7장 5제사 규정과 의식 거행 규정	**11-15장** 정결규정(동물, 산모, 피부병, 유출병)
8-10장 제사장의 위임과 제사의 시작	**16장** 속죄일 규정
	17-26장 성결과 관련된 다양한 규정들 (제물, 성, 제사장, 절기, 안식년, 축복과 저주)
	27장 추가 규정(서약, 헌물)

레위기는 위의 구조가 보여주듯이 크게 두 부분으로 나뉜다. 1-10장이 주로 제사와 제사장과 관련된 예배의 법이라면, 11-27장은 거룩한 예배를 드리는 성도들의 성결하고 거룩한 삶에 대한 법들을 담고 있다. 그 중심에 16장의 속죄일 규정이 위치한다. 하

나님의 거룩하심과 같이 거룩해야 하는 하나님나라 백성들은 근본적으로 하나님의 속죄의 은혜에 기초해서 그렇게 살아갈 수 있음을 보여준다. 또한 26장은 시내 산에서 주어진 율법의 순종 여하에 따른 축복과 저주를 선언하는 결론 부분으로서 모압에서 다시 선포된 율법의 결론 부분인 신명기 28(-30)장의 축복과 저주 부분과 연결된다.

내용

제사와 제사장 (1-10장)

레위기 1-10장은 이스라엘 백성의 삶이 하나님으로부터 출발한다는 사실을 보여준다. 하나님께서 왕으로 임재해 계시는 성막에서 드리는 제사로부터 이스라엘의 삶은 시작된다. 제사를 통해서 이스라엘은 하나님을 예배하고(예물을 드리고 하나님과 교제하고) 하나님의 죄 용서함을 받는다. 이미 하나님의 백성으로 회복된 이스라엘 백성들이지만 그들은 율법을 범하고 부정함에 접촉되어 거룩함을 상실할 수 있다. 그때에 하나님은 제사를 통해서 그들의 죄를 용서하시고 정결함을 회복시키심으로써 다시 그들을 거룩하게 하시기를 원하셨다. 죄가 하나님과 그 백성 간의 교제를 단절시키지만 하나님께서는 제사제도를 통해서 그 교제의 회복을 허락하고 계신다. 레위기에서는 다섯 가지의 제사를 이야기하고 있는데, 이 모든 제사는 백성들이 하나님을 만나고, 하나님 앞에서 서로 교제하며, 하나님의 용서를 통하여 거룩함을 회복하는 수단으로서의 의미를 갖는다. 제사제도를 통해서 백성들의 죄가 용서받는다는 사실을 상징적으로 확인하게 되고 다시 거룩한 삶을 살기 위해서 세상으로 나갈 수 있게 된다. 하지만 제물 그 자체나 그 제물의 죽음(피)이 죄를 사하는 것은 아니다. 그 제도를 허락하신 하나님께서 하나님의 자비를 구하면서 나아오는 백성들을 그 제물을 받으시고 용서하시는 것이다. 중요한 것은 부정하게 되었을 때나, 죄를 범했을 때에 하나님의 용서를 믿고 그분께로 나아가는 것이다.

제사의 종류(5대 제사)[2)]

제사	본문	제물	목적
번제	레 1장, 6:8-13; 8:8-21 ;16:24	수송아지, 숫양, 새 등의 제물 전부를 불태움	속죄, 온전한 헌신, 위임, 온전한 복종
소제	레 2장, 6:14-23	곡물, 가루, 감람유, 유향, 구운 떡, 소금 등의 제물로 번제나 화목제와 함께 드리는 제사	하나님이 주신 양식에 대한 감사, 헌신
화목제	레 3장, 7:11-34	소나 양, 떡들, 감사제, 서원제, 낙헌제	감사와 교제(공동 식사)
속죄제	레 4:1-5:13; 6:24-30; 8:14-17; 16:3-22	수송아지, 숫염소, 암염소 혹은 어린 양, 새, 고운가루	부지 중에 범한 죄의 속죄
속건제	레 5:14-6:7; 7:1-6	수송아지, 숫양 혹은 어린 양	보상(+20%)을 요구하는 부지 중에 지은 죄에 대한 속죄

제사를 드리는 방법

- **화제** – 태워 드림
- **요제** – 흔들어 드림
- **전제** – 기름 등의 액체를 부어 드림

한편 이처럼 자세하게 제사제도를 기록하게 하신 것은 제사제도가 자칫하면 우상숭배로 전락할 위험이 있었기 때문이었다. 하나님께 대한 예배는 하나님께서 정하시는 것이다. 그 예배를 통해서 하나님을 만나며 하나님이 어떤 분이신지를 깨닫게 되기 때문에 이스라엘 백성들이 자기들 마음대로 이방의 풍습을 따라 제사를 드려서는 안 되었던 것이다. 그 예배를 통해서 이스라엘은 하나님의 거룩하심을 경험하게 되고 그들도 하나님처럼 거룩한 삶을 살아야 한다는 사실을 알게 되는 것이다. 우리는 예수 그리스도와 성령에 의해서 참된 예배를 배운다. 요한복음 4:23-24에서 '영과 진리'로 예배한다고 했을 때 그것은 예수 그리스도와 성령 안에서 참되신 하나님을 예배함을 의미한다. 그런 의미에서 예수님은 진정한 예배를 회복시키신 분이다.

제사를 주관하는 제사장은 레위기에서 중심 되는 인물이다. 제사장은 하나님이 임재하고 계시는 성막에서 하나님을 섬기는 중재자였다. 그는 백성들을 대표하여 하나님께 나아가지만, 하나님의 대표로서 백성들에게 사죄를 선언하기도 하였다. 그래서 그들을 세우는 의식은 참으로 중요했다(8장). 제사의 성패는 그들의 손에 달려 있었다고 해도 과언은 아니다. 10장에 있는 나답과 아비후의 죽음은 얼마나 제사장의 임무가 중요한지를 상징적으로 보여주는 것이다.[3] 그러나 그들도 죄가 있었기 때문에 먼저 자신들의 죄를 씻어야 했다. 또한 그들의 모습과 삶은 철저하게 하나님의 거룩함을 나타내야 했다. 21장에서는 제사장들이 여호와 하나님의 거룩함을 온전히 나타내야 함을 강조하고 있다. 예수 그리스도는 완전한 중보자로서 우리를 하나님께로 데리고 가시고 하나님의 사죄의 은혜와 구원의 은총을 우리에게 주시는 우리의 대제사장이시다. 예수님 안에서 우리는 하나님의 은혜의 보좌로 담대하게 나아간다(히 4:14-16).

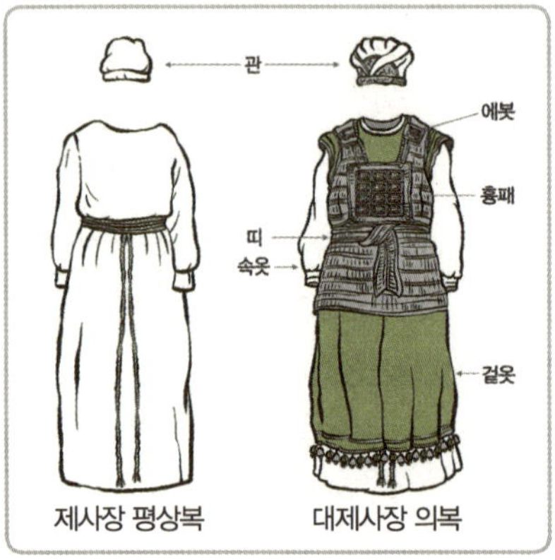

제사장 의복[4]

거룩함의 율법들 (11-27장) -"내가 거룩하니 너희도 거룩하라"

성막에서의 제사, 즉 예배를 통하여 거룩한 하나님을 만나고 자신들의 삶을 상징적으로 바친 하나님의 백성들의 삶은 바로 하나님의 거룩하심을 드러내는 삶이어야 한다. 그것은 하나님께서 그들의 일상적인 삶에 대해 말씀하신 율법을 지키는 것으로 이루어질 수 있다. 그래서 그런 율법을 기록하기 시작한 11:44, 45부터 거룩함에 대한 명령이 나온다.

> 레 11:44-45 나는 여호와 너희의 하나님이라 내가 거룩하니 너희도 몸을 구별하여 거룩하게 하고 땅에 기는 길짐승으로 말미암아 스스로 더럽히지 말라 나는 너희의 하나님이 되려고 너희를 애굽 땅에서 인도하여 낸 여호와라 내가 거룩하니 너희도 거룩할지어다

[레 20:7; 20:8; 20:26; 21:6; 21:7; 21:8; 21:15; 21:23; 22:9; 22:16; 22:32]

정결규정(11-15장)

일상적인 삶에서의 성결 율법은 많은 상징성을 가지고 있다. 11장에서의 부정한 동물과 정한 동물의 구별은 그 당시 사회가 가지고 있던 동물들에 대한 상징적 이미지에 하나님께서 영적인 의미를 부여하신 것이라고 볼 수 있다. '굽이 갈라지지 않거나 되새김질을 하지 않는' 짐승이나 '비늘이나 지느러미가 없는' 물고기는 당시 사람들에게 부정하게 여겨졌을 가능성이 크다. 이 정결규정들은 특별히 창조 질서의 뚜렷한 경계와 구분을 강조함으로써 '부정함'과 '정결함'의 개념을 일상생활 속에서 늘 인식하도록 했다. 성적인 관계를 다루는 율법에서 근친상간이나 동성연애나 수음을 금한 것도 창조질서에서의 구분과 거룩함을 적용하는 예들이 될 수 있다. 그 외에도 남녀가 같은 옷을 입거나 두 종류의 씨를 혼합해서 뿌리는 것 등을 금지한 것도 바로 이런 구분(거룩함)을 상징적으로 보여주기 때문으로 해석할 수 있다. 또 12장의 출산 이후의 부정함이나, 13-15장의 피부병(나병), 유출병 등에 관한 율법도 보건상의 이유에서뿐만 아니라 부정함이나 정결함을 인식시키는 상징적 차원에서 주어졌을 것이다. 그러므로 오늘날에는 이 율법들이 다른 의미를 지닐 수밖에 없다. 입고, 먹고, 보고, 일하고, 자는 일상적인 삶의 모든 영역에서 어떻게 거룩하게 구분되고, 어떻게 하나님의 거룩하심을 나타낼 것인지에 대해서 우리는 고민해야 한다. 레위기의 율법들을 통해서 한 가지 기억해야 할 것은 하나님께서는 이러한 부정함으로부터 회복될 수 있는 길을 동시에 말씀하고 계시다는 사실이다. 가장 일상적인 삶에서부터 이스라엘은 거룩한 삶을 철저하게 훈련해야 했고, 부정해졌을 때에라도 하나님께로, 또 공동체로 회복되는 은혜의 경험도 동시에 할 수 있었다.

속죄일 규정(16장)

16장은 속죄일에 대한 규례를 다루고 있다. 이 장은 레위기에서 가장 중심 되는 장이라고 해도 과언이 아니다. 이스라엘이 거룩한 하나님 앞에 설 수 있는 유일한 근거는 바로 하나님의 용서하심 때문이다. 두 마리의 염소는 모두 이스라엘의 죄를 지고 가는 제물이자 회개하는 자들의 죄를 동에서 서로 멀리 옮겨버리듯이 용서하시는 하나님의 은총을 보여주는 그림이다. 이 은총 덕분에 또 다시 하나님의 백성들은 거룩함을 회복하고 하나님께로 나아갈 수 있게 되는 것이다.

성결과 관련된 율법들(17-26장)

17장은 하나님께 드리는 제사제도의 엄격성을 단적으로 보여주는 동시에 하나님께 드리는 제사가 얼마나 거룩해야하는지도 보여준다.

18-20장은 도덕적인 성결을 주로 다룬다. 하지만 이스라엘 백성에게는 11-17장의 의식적인 성결이나 도덕적인 성결 간에 아무런 차이가 없었다. 모두 하나님의 명령이었고, 동일하게 하나님의 거룩하심을 나타내는 법이었기 때문이다. 18장과 20장은 근친상간과 성적인 타락을 금하는 율법을 다루고 있다. 하나님의 백성들이 이 부분에서 이방인들과 동일하게 된다면 그들도 가나안 족속들처럼 땅에서 쫓겨날 수밖에 없다(18:24-30; 21:22 참조). 19장은 다양한 도덕적, 상징적인 율법들을 통해서 이스라엘의 거룩한 삶을 강조하는데, 특히 18절의 '이웃 사랑하기를 네 몸과 같이 하라'는 율법은 하나님의 거룩함이 백성들 간의 관계 속에서는 사랑하는 것을 통해서 분명하게 나타나야 함을 보여준다(25장의 희년법 등을 참조하라, 마 22:39에서의 예수님의 인용).

21-22장은 제사장의 부정함과 거룩함, 성막의 성물들의 성결함을 다루고 있고, 23장은 이스라엘이 거룩한 삶을 유지하는 데 핵심이 되는 거룩한 날들과 절기들을 말하고 있다. 안식일과 유월절, 칠칠절, 초막절 등을 통해서 그들은 다시 하나님의 거룩하심을 함께 경험하게 된다. 이 절기들은 또한 하나님의 구원과 은혜를 기념하고 현재화하는 공동체적인 축제이기도 하다. 24장에는 성막 안의 등잔, 기름, 떡과 관련된 법이 추가되어 있다.

25장은 안식년과 희년에 대한 법을 다루고 있는데 이는 모든 거룩한 삶이 지향해야 할 목적지는 바로 하나님 안에서 누리는 안식임을 가리키고 있다. 특별히 진정한 안식은 모든 관계들의 회복을 통해서 질서가 다시 잡혀졌을 때 가능한 것임을 희년은 분명하게 선포하고 있다. 희년은 어떤 이유로 인해서든지 파산당한 사람들이 하나님나라 공동체 안에서 다시 땅과 지위를 회복하여 함께 하나님의 은혜를 누리게 하는 것이다.

26장은 레위기의 결론으로서 하나님의 법을 지켰을 때 받을 축복과 지키지 않았을 때 받을 저주를 기록하고 있다. 신명기 28장이 모압 평지에서 모세가 설교한 율법에 대한 결론이라면 레위기 26장은 시내 산에서 모세에게 주신 율법에 대한 결론으로서 주어진 말씀으로 보인다. 이 축복과 저주의 말씀에서 기억해야 할 것은 불순종으로 인하여 징계를 받았을지라도 언제든지 회개하고 돌아올 수 있다는 것이다. 이것은 바로 제사제도를 마련하신 하나님의 자비하심에 근거한 것이다.

27장은 서원에 대해서 말씀하고 있는 레위기의 부록과 같은 율법이다.

구약의 절기들과 거룩한 날들[5)]

명칭	구약의 참조 구절	구약시대	현대	내 용	신약의 참조 구절
안식일	출 20:8-11; 31:12-17; 레 23:3; 신 5:12-15	제7일	동일함	사람과 짐승의 안식	마 12:1-14;28:1; 눅 4:16; 요 5:9; 행 13:42; 골 2:16; 히 4:1-11
안식년	출23:10,11; 레25:1-7	제7년	동일함	땅 휴경, 안식의 해	
희 년	레 25:8-55; 27:17-24; 민 36:4 ; 사 61:2	제50년	동일함	빚 탕감, 노예 해방, 토지를 되돌려 줌	눅 4:19
유월절	출 12:1-4; 레 23:5; 민 9:1-14 ; 28; 신 16:1-7	첫째달 (아빕월) (14일)	3-4월	출애굽 기념, 어린 양, 쓴 나물, 무교병 함께 먹음	마 26:17; 막 14:12-26; 요 2:13;11:55; 고전 5:7; 히 11:28
무교절	출 12:15-20; 13:3-10 ; 23:15; 34:18 ; 레 23:6-8; 민 28:17-25; 신 16:3-4, 8	첫째달 (아빕월) 15-21일	3-4월	출애굽 기념, 무교병 먹음, 성회와 제사	막 14:1,12; 행 12:3; 고전 5:6-8
초실절	레 23:9-14	첫째달 (아빕월) 16일	3-4월	보리 추수의 첫 수확을 거제로 드림, 번제와 소제를 드림	롬 8:23; 고전 15:20-23
칠칠절 (오순절)	출 23:16 ; 34:22; 레 23:15-21 ; 민 28:26-31 ; 신 16:9-12	셋째달 (시완월) 6일	5-6월	밀 추수 감사 축제, 의무제와 자원제, 밀 수확의 첫 열매를 드림	행2:1-4 ; 20:16; 고전 16:8

명칭	구약의 참조성구	구약시대	현시대	내 용	신약의 참조성구
나팔절 (신년절)	레 23:23-25; 민 29:1-6	일곱째달 (티쉬리월) 1일	9-10월	새해 첫 나팔과 제사로 기념, 안식의 날, 성회	
속죄일 (욤키푸르)	레 16장;23:26-32; 민 29:7-11	일곱째달 (티쉬리월) 10일	9-10월	안식과 금식의 날. 제사장과 백성을 위하여 속죄의 제사가 드려짐, 성막과 제단의 성결	롬 3:24-26; 히 9:7;10:3, 19-22
초막절 (수장절)	출 23:16 ; 34:22; 레 23:33-36, 39-43; 민 29:12-34; 신 16:13-15; 슥 14:16-19	일곱째달 (티쉬리월) 15-21일	9-10월	출애굽 시의 광야 기념, 초막에 거주, 제사를 드림	요 7:2,37
부림절	에 9:18-32	열두번째달 (아달월) 14,15일	2-3월	에스더 때에 이스라엘이 구원받 은 것을 기념하는 기쁨과 축제 의 날로서 선물을 주고 받음	

결론

레위기는 하나님의 은혜로 출애굽한 하나님의 백성들이 어떻게 거룩하게 되며 어떻게 거룩한 삶을 살 수 있는가를 보여준다. 예배를 통해 용서받고 예배를 통해 하나님의 거룩하심을 덧입게 되고, 그 거룩하심으로 거룩한 삶을 살게 된다. 이것은 우리들의 삶에도 그대로 적용될 수 있다. 그리스도 안에서 거듭나서 거룩하신 하나님을 만난 우리들의 삶은 거룩한 삶이다. 예수 그리스도 안에서 만난 하나님께서 거룩하시므로 우리도 삶의 모든 영역 속에서 거룩해야 한다. 하지만 우리의 거룩함은 늘 불완전하므로 예수 그리스도를 통해서 끊임없이 하나님 앞에 나아가 용서를 받아야 한다. 그런 용서의 과정을 통해서 우리는 점점 하나님의 거룩하심에 가까이 나아가게 되는 것이다.

민수기

민수기(民數記)는 이스라엘이 이집트 땅에서 나온 제 이년 이월 일일부터 가나안에 들어가기 직전의 약 39년 동안의 광야 생활을 기록한 책이다. 즉 시내 산에서 가데스 바네아까지, 가데스 바네아에서 모압 평지까지 이동한 역사를 기록하고 있다. 민수기라는 이름은 이 책에 두 번이나 기록되고 있는 백성들의 수를 조사하는 사건과 관계가 있다(민 1장; 26:5-51). 하나님께서는 하나님의 군대를 정비시키시고 가나안 땅에서의 땅의 분배를 위해서 인구 조사를 명령하셨다. 하나님께서 약속하신 땅으로 가는 이스라엘 백성들은 하나님께서 직접 왕이 되셔서 싸우시는 전쟁을 준비해야 했다. 그것은 다른 민족들과의 싸움이기도 했고, 하나님에 대한 믿음을 강화시키는 여러 가지 시련들과의 영적인 싸움이기도 했다. 두 번의 인구 조사가 있어야 했던 것은 이스라엘의 불순종으로 인한 40년간의 광야 방황기간이 있었기 때문이다. 민수기를 읽으면서 우리는 이스라엘이 얼마나 노예근성에 깊이 젖어 있는지를 거듭되는 그들의 반역 가운데서 확인할 수 있다. 동시에 하나님께서 얼마나 많이 당신의 백성들을 인내하시고 용서하시며, 또 얼마나 신실하게 약속을 지키시는지를 다시 한 번 확인할 수 있다. 그런 면에서 민수기는 광야의 여행 중에 있는 그리스도의 교회가 어떻게 믿음을 지키며 하나님의 전쟁을 수행해 가야하는지를 보여준다.

구조[1]

1:1-10:10	하나님의 군대(출애굽 1세대)의 출정 준비-시내 산
10:11-20:13	하나님의 군대의 반역과 심판 – 가데스 바네아와 주변 지역 (가나안 입성 40년 연기)
20:14-36:13	출애굽 2세대의 승리 – 가데스에서 모압 평지까지

내용

성막을 중심으로 한 하나님 군대의 출정 준비 1:1–10:10(시내 광야)

• 1장 인구조사: 전쟁과 기업과 분배를 위해서(603,550명, 26장의 두 번째 인구조사 시의 601,730명과 비교됨)

• 2–4장 진 편성 및 행진 순서, 레위 지파 인구 조사와 임무

진 배치도

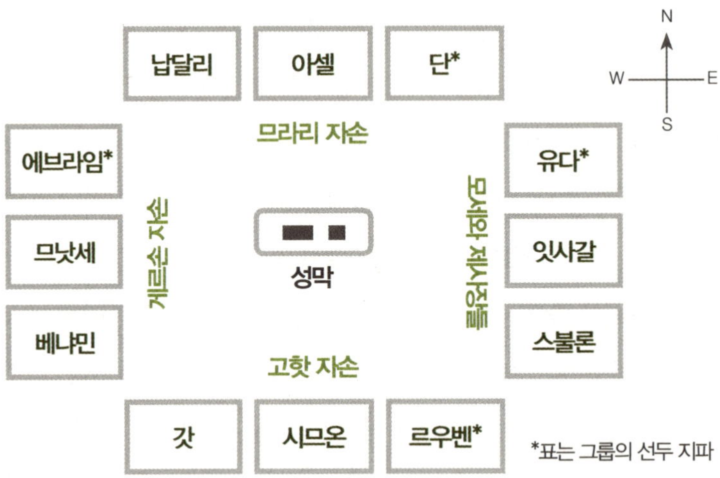

*표는 그룹의 선두 지파

위에 그려진 이스라엘의 진의 구조는 이스라엘이 머무를 때의 구조이다. 이 진은 하나님의 성막을 중심으로 동서남북으로 배치되어 있다. 일반 지파들은 타민족과의 전쟁을 준비하는 위치에 있고, 레위 지파는 전쟁보다는 성막을 보호하는 특별한 위치에 있다. 이동할 때는 하나님의 법궤를 든 레위인들이 제일 앞장서고, 그 다음으로 1진인 유다, 잇사갈, 스불론이 뒤따르며, 그 다음으로 게르손과 므라리 자손이 성막을 들고 가며, 그 다음으로 2진인 르우벤, 시므온, 갓이 뒤따르며, 그 다음으로 고핫 자손이 성막 기구를 들고 행진하며, 그 다음으로 3진인 에브라임, 므낫세, 베냐민이, 그리고 마지막으로 4진인 단, 납달리, 아셀 지파가 뒤따른다.

도표에서도 알 수 있듯이 이스라엘의 진에서 가장 중요한 요소는 성막이다. 진의 중

심에 있는 성막은 군대의 지휘관이자 왕이신 하나님의 장막이 있다. 하나님은 이스라엘에게 율법을 던져주시고는 그들을 광야에 내버려두지 않으시고 그들과 함께하시며 자신의 백성들을 통치하신다. 광야를 여행하는 이스라엘을 보호하시고(구름기둥, 불기둥), 앞장서셔서(법궤) 백성들을 인도하시며, 광야에서 음식을 제공하시며(만나, 물), 전쟁의 지휘관으로서 그들을 지휘하신다. 그래서 이스라엘 백성들은 이런 진의 구조로 머물고 이동함으로써 자신들이 하나님의 백성들이라는 사실을 분명하게 나타낸다. 이스라엘은 하나님나라로서 하나님의 거룩한 전쟁을 수행하게 될 것이다. 출애굽 시에는 하나님께서 직접 싸우셨지만 광야에서는 노예가 아닌 하나님의 군대로서 이스라엘이 하나님을 대표해서 싸우게 될 것이다.[2] 그래서 하나님의 뜻에 따르고 하나님의 지휘에 순종해야 한다. 그렇지 않을 때에는 패배할 수밖에 없고 가나안 땅에 이를 수가 없게 된다. 그들의 여정은 하나님의 여정이다.

이러한 신학적인 의미는 민수기 곳곳에 등장하는 율법들(5-6장; 15장; 18-19장; 28-30장)에 의해서도 나타난다. 이 율법들은 출애굽기나 레위기에 나온 율법 규정들을 보충하는 성격을 띠고 있다.[3] 특별히 15장 이후의 율법들은 가데스 바네아에서의 불순종으로 인해 가나안 입성이 40년 연기된 이후에 보충된 것들이라 할 수 있다. 광야를 여행하는 이스라엘의 진중에 성막으로 거하시는 거룩하신 하나님께서 이스라엘 백성의 거룩함과 온전한 예배를 요청한다.

성막을 중심으로 한 진 구조

- 5–6장 진영의 정결에 대한 율법(부정, 죄, 아내의 간통 처리 법, 나실인 법, 제사장의 축복)
- 7장 각 지파의 지휘관들이 드린 헌물
- 8장 레위인들의 업무와 관련된 지시
- 9:1–10:10 두 번째 유월절 준비 지시, 구름의 인도를 따른 행진, 나팔 신호

성막을 중심으로 한 하나님나라 군대의 광야 여행: 반역과 순종(10:11–36:13)

10:11–20:13 가데스 바네아 주변 지역

가데스 바네아에서의 이스라엘의 반역과 하나님의 심판(10:11–14장)

- 10:11–36 하나님께서 명하신 순서대로 출발
- 11장 이스라엘의 원망과 메추라기 사건: "여호와의 손이 짧으냐"
- 12장 모세의 권위에 대한 아론과 미리암의 도전과 하나님의 재확인: 모세의 지도권 확립, 모세의 지도권은 그를 세운 하나님의 지도권이므로 아무도 그것을 시비할 수 없다.
- 13장 12 정탐꾼의 가나안 정탐
- 14장 정탐꾼들과 백성들의 반역 / 모세의 중보기도 / 하나님의 심판 –가나안 입성의 40년 연기

가데스 바네아 사건은 민수기에서 매우 중요한 사건이다. 이스라엘의 가나안 입성을 무려 40년이나 연기시킨 사건이기 때문이다. 하나님은 백성들에게 아무렇게나 가나안 땅을 주시지 않는다. 중요한 것은 하나님나라의 백성으로서의 그들의 자질과 태도이다. 그들이 하나님께 믿음으로 반응하지 않는다면 하나님의 약속은 연기될 수밖에 없다. 그런 의미에서 정탐꾼 사건은 근본적으로 하나님의 약속과 그분에 대한 믿음을 저버린 사건이다. 그들은 놀라운 기적으로 이집트에서 그들을 이끌어내신 하나님이 그들과 함께 계시고, 하나님의 분명한 약속이 있고, 20세 이상으로 전쟁에 참여할 수 있는 군사 603,550명(1:46)이 있었음에도 불구하고 가나안 땅 부족들의 거대함을 더 두려워했다. 뿐만 아니라 그들은 무서워하는 데서 그치지 않고 새로운 지도자를 세워 이집

트로 돌아가는 것까지 계획한다(14:4). 이것은 하나님 여정의 궁극적 목적에 대한 정면 도전이다. 이집트로 돌아가려는 것은 출애굽의 역사를 번복하자는 것이다. 출애굽 이후부터 지금까지 보여준 하나님의 기적과 인도하심을 무효화하자는 주장이다. 하나님을 거부하는 것일 뿐만 아니라 이스라엘이 하나님의 언약의 공동체임을 부인하는 것이다. 단순한 반항과 불순종의 범위를 넘어선 하나님과의 관계 자체를 단절하려는 시도인 것이다.

출애굽 1세대는 여호수아와 갈렙 외에는 아무도 가나안 땅에 들어가지 못할 것이지만 2세대는 들어갈 것이다. 이러한 하나님의 결정은 출애굽 세대들에 대한 심판임과 동시에 용서이다. 이스라엘의 불순종에도 불구하고 하나님의 약속은 유효하고 그들을 하나님나라로 만드시려는 하나님의 사랑과 열심은 계속된다.

이스라엘의 분순종과 하나님의 심판(15–20장)

- 15장 제사 규례 / 안식일 어긴 자의 처형 / 옷 술에 기록하는 계명
- 16–17장 고라 당의 반역과 아론의 제사장직 확인(아론의 싹 난 지팡이)
- 18장 아론과 레위인들의 직무와 그들의 생계(십일조)
- 19장 성결케 하는 잿물
- 20장 므리바에서의 불순종 / 모세가 가나안에 못 들어가게 됨 / 아론의 죽음

이상의 민수기의 사건들은 가데스 바네아를 중심으로 하는 이스라엘의 불순종과 모세의 중보기도와 하나님의 심판과 용서를 보여준다. 특징적인 것은 시내 산에서 하나님의 율법을 잘 지킬 것을 하나님과 언약한 이스라엘의 끊임없는 불순종이다. 그들은 광야에서의 불편함과 어려움을 참지 못하고 하나님께 끊임없이 불평을 한다. 먹을 것, 마실 것, 지도력, 대적들에 대한 불평들이 쉼 없이 터져 나온다. 이 모든 것은 이스라엘의 참된 왕이신 하나님과 그분이 세우신 지도자 모세에 대한 불신에서 비롯된 것이다. 모세나 아론의 지도력에 대한 반역적인 사건이 여러 차례 등장한다. 이 사건들 가운데서 두드러지는 것은 모세의 겸손한 지도력이다. 자신의 생명보다 백성들의 구원을 위해서

중보 기도하는 모세의 온유함은 이 세상 모든 지도자들에게서 볼 수 없는 하나님나라의 지도자의 모습이다. 결국 그는 므리바에서의 이스라엘의 불순종으로 인해 가나안 땅에 들어가지 못하게 되는 데까지 이르게 된다.

불순종으로 점철된 이상의 기사들 가운데서도 하나님의 용서는 빛이 난다. 비록 하나님께서 징계하시지만 완전히 그들을 멸하시지는 않는다. 40년 동안 광야를 방황해야 하는 그들과 기꺼이 동행하시며, 새로운 용서의 길들을 보충적인 율법들을 통해서 제공하고 계신다(15, 19장).

20:14-36:13 가데스에서 모압으로, 출애굽 2세대의 남방 및 요단 동쪽 땅 정복

헤스본 왕 시혼과 바산 왕 옥을 물리치다

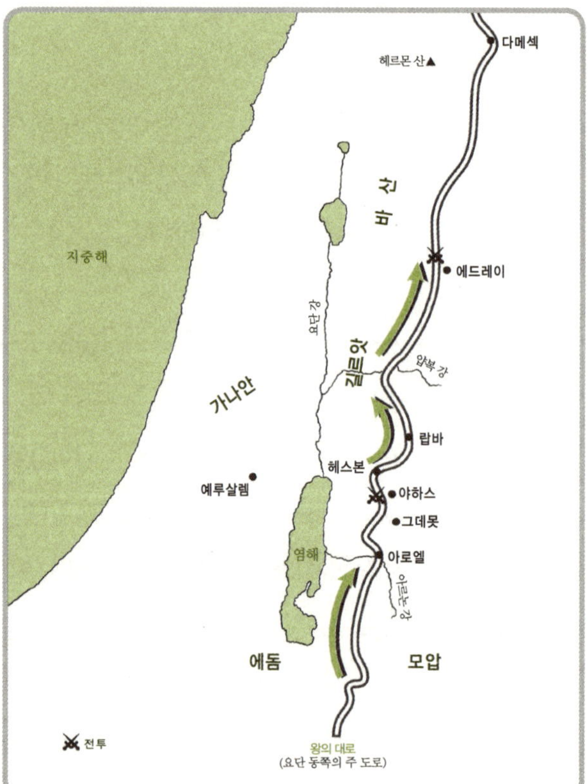

• 21장 아랏 족속에의 승리 / 불뱀과 놋뱀 사건 / 아모리 왕 시혼, 바산 왕 옥의 정복

- 22-24장 모압 왕 발락의 음모와 발람의 예언(이스라엘 축복)

  아름다운 문체로 기록된 이 발람의 예언 부분은 이스라엘의 불순종에도 불구하고 하나님께서 얼마나 이스라엘을 특별하게 여기시며 그들에게 얼마나 복 주시기를 원하시는지를 분명하게 보여준다.
- 25장 바알 브올 숭배 사건과 염병 / 모압 여인들과의 음행 / 비느하스의 의분(평화의 언약)
- 26장 인구조사(40년 후의 재정비): 전쟁과 기업 분배를 위해서 (601,730명)
- 27장 슬로브핫의 딸들의 기업 상속 / 지도권 위임(여호수아, 엘르아살)
- 28-29장 각 절기와 예물
- 30장 여자의 서원의 유효성에 관한 규정
- 31장 미디안에 대한 복수(25장 참조)와 전리품 분배
- 32장 르우벤, 갓, 므낫세 반 지파의 동쪽 땅 분배
- 33장 40년간의 노정, 가나안 거민 축출 명령
- 34장 요단 강 서편의 가나안에서 얻을 땅의 경계, 땅 분배 책임자들의 이름
- 35장 레위인의 성읍들과 도피성 제도
- 36장 슬로브핫의 딸들의 상속권과 혼인 문제에 대한 처리

이스라엘의 광야 40년의 기간은 반드시 필요한 기간은 아니었다. 하나님은 이스라엘을 시험하시기 위해서 일부러 그 기간을 주시지 않았다. 그 기간은 이스라엘의 불순종에 대한 심판의 기간이었다. 많은 결핍과 질병과 위협이 있는 광야의 40년은 이스라엘에게는 매우 고통스럽고 힘든 시간이었을 것이다. 그럼에도 불구하고 하나님은 원래 의도하신 대로 이스라엘을 약속의 땅으로 인도하시는 일을 결코 포기하지 않으셨다. 죄를 범한 출애굽 1세대들에게도 용서와 교제의 문을 닫지 않으셨고, 의식주 공급과 율법을 통한 교육도 중단하시지 않으셨다. 무엇보다 출애굽 2세대들을 광야 가운데서도 보호하셨고, 말씀에 순종하는 그들에게 기필코 승리를 맛보게 하셨다. 이 모든 것은 이스라엘의 능력이나 신실함이 아닌, 용서하시고 인내하시는 하나님의 은혜와 언약을 지키시는 하나님의 신실하심이 결국은 이스라엘을 약속의 땅으로 인도할 것임을 보여준다.

광야 40년 동안 이스라엘 백성들은 온갖 시험과 환난 가운데서 철저하게 하나님을 신뢰하는 법을 배웠다. 그들이 하나님나라로서 어떤 모습을 가져야 하는지를 몸으로 체험한 것이다. 또한 요단 강 동편 땅의 분배는 요단 서편 땅의 정복과 분배에 대한 맛보기로서 이스라엘 백성들에게 확신을 제공해 주었다. 슬로브핫의 딸들의 사건은 이스라엘 백성들 중에 아무도 땅을 갖지 못하는 일은 없을 것임을 분명히 보여준다.

결론

민수기는 광야에서의 이스라엘의 실패와 끝까지 약속을 지키시는 하나님의 신실하심을 대조적으로 보여주는 책이다. 하나님은 우리의 왕으로서 우리를 구원하실 때뿐만 아니라 우리가 교회로서 하나님나라를 향해 나아갈 때도 우리의 왕이시다[광야의 생활]. 예수님은 40일간의 시험에서 오직 하나님에 대한 '믿음'으로 승리하심으로써 우리에게 이미 승리를 보장하셨다. 우리의 영적인 전쟁은 하나님의 전쟁이며 우리의 여정은 하나님의 여정이다. 우리의 힘과 능력으로 나아갈 수 있는 일은 하나도 없다. 오직 하나님 중심으로 하나님에 대한 믿음으로만 나아갈 수 있는 여정인 것이다. 우리의 믿음을 시험하는 의식주, 지도력, 고난에 대해서 오직 우리와 동행하시는 성령의 능력을 의지하여 믿음으로 승리해야 한다. 교회는 물질과 권력을 탐하여 세속화되지 말아야 하고, 교회의 지도자들은 모세와 같은 겸손함으로 성도들을 섬겨야 한다. 그것이 하나님나라 군대인 교회의 사명이다. 그럴 때에 하나님의 약속의 땅은 선명하게 우리에게 체험될 것이다. 민수기 한 부분 한 부분을 읽을 때마다 우리는 믿음을 배우고 하나님의 신실하심을 배우게 될 것이다. 한편 이스라엘에 대한 발람의 저주를 끝내 축복으로 바꾸시는 하나님은 그리스도의 교회에도 분명한 복과 승리를 보장하신다. 그리스도의 부활과 승천에서 마지막 날에 있을 하나님나라와 교회의 승리는 보증되고 있다.

신명기(申命記, Deuteronomy)

신명기는 '두 번째(헬라어 *deutero*-, 한자 '신'은 '두 번째'라는 뜻) 율법'(-*nomy* [*nomos*])이다. 신명기는 이스라엘 백성들이 이집트를 나온 지 제40년 11월 1일에 요단 동편 모압 평지(1:5)에서 모세가 새로운 세대에게 율법을 다시 설교한 내용을 다루고 있다. 다시 율법을 설명하는 이유는, 시내 산에서 율법을 들었던 출애굽 1세대들이 거의 대부분이 광야에서 죽었고 조금 후면 새로운 세대가 약속의 땅으로 들어갈 것이기 때문이다. 또한 광야에서 보여준 이스라엘의 삶은 하나님의 말씀에 대한 불순종으로 일관한 삶이었기 때문에 율법이 다시 강조되지 않으면 안 되었다. 죽음을 앞두고 모세는 유언과도 같이 새로운 세대에게 율법의 중요성을 다시 설명하고 있다. 광야 40년 생활을 회고하면서 모세는 하나님과 이스라엘의 관계가 궁극적으로 사랑의 관계임을 천명한다. 이스라엘은 진심으로 자신들을 구원하신 하나님을 사랑해야 한다. 그것은 율법을 순종하는 것과 이웃에 대한 사랑으로 나타나야 한다. 율법을 순종하느냐 하지 않느냐에 따라서 약속의 땅에서의 그들의 삶은 생명 아니면 죽음이 될 것이다. 이제 약속의 땅으로 들어갈 이스라엘은 하나님 앞에서 모세의 설명을 듣고 그들의 조상들이 맺었던 하나님과의 언약을 갱신하게 될 것이다('모압 언약' 29:1-31:29).

구조[1]

1:1-5	서언
1:6-4:43	역사적인 회고
4:44-26장	율법에 대한 순종 촉구(-11장)와 율법의 내용에 대한 설교
27-30장	축복과 저주
31-34장	지도권의 위임과 모세의 죽음

내용

서언 (1:1–5)

서언은 신명기가 어떻게 기록되었는가에 대한 배경을 설명해 준다. 신명기는 제40년 11월 1일 요단 저편 모압 땅에서 모세가 율법을 다시 설명한 것을 기록하고 있는 책이다(1:3, 5). 3절에서 명시한 것처럼 이스라엘은 무려 40년 이상 광야에서 방황하였다. 이런 상황에서 모세는 왜 그들이 그럴 수밖에 없었는가를 설명하고 앞으로 이스라엘 백성들이 어떻게 해야 하는지를 보여 준다. 그런 관점에서 율법을 해석하고 설교하고 적용한다. 광야 생활에서 불순종한 출애굽 1세대들이 다 죽고 난 다음 제2세대들에게 모세는 다시 하나님의 율법을 가르치고 있다. 그 이유는 율법에 대한 그들의 순종 여부에 따라서 앞으로의 그들의 삶이 결정될 것이기 때문이다. 그것이 모세가 광야 생활을 통해서 내린 결론이었다.

역사적인 회고 (1:6–4:43)

모세는 이 단락에서 시내 산을 떠날 때부터 현재까지의 광야 여정을 회고하면서 하나님께서 주신 약속과 베푸신 은혜와 그에 대한 이스라엘의 불순종을 대조시킨다. 민수기의 역사를 다시 요약하고 있는 셈이다(주로 민수기 13–14장과 20–21장의 내용). 광야 여행에서 배운 교훈의 핵심은 하나님을 믿고 순종하면 생명이지만 불순종하면 죽음밖에 없다는 것이다. 4:1–43은 왜 다시 율법을 설명해야 하는가와 이스라엘이 어떤 태도로 하나님의 말씀을 들어야 하는가에 대해서 모세가 서론적으로 말하고 있는 부분이다. 이 부분은 사실 신명기 전체의 기록 목적을 정확하게 보여준다. 이스라엘을 지극히 사랑하셔서 그들을 종 되었던 이집트 땅에서 인도하여 내실 뿐만 아니라, 온갖 이적으로 그들을 광야에서 보호하셨고, 특별히 그들에게 하나님을 경외하는 도리를 기록하여 율법으로 전해 주셨다. 이 모든 것들이 그들에게 복을 주시기 위한 하나님의 사랑의 표현이었다. 그런 사랑의 표현을 이스라엘은 잘 기억하고 가나안 땅에 들어가더라도 그 율법을 충실하게 지켜야 한다. 의무감에서가 아니라 지극한 하나님의 사랑에 대한 당연한 반응으로서 지켜야 하고, 그것이 그들에게 복과 생명을 더하는 길이기에 그렇게 해야 한다.

율법에 대한 순종 촉구와 율법 설명 (4:44-26장)

모세는 호렙 산에서 하나님께서 출애굽 1세대와 맺으신 언약(출 24장)이 제2세대에게도 유효한 것임을 선언하면서 십계명을 시작으로 다시 시내 산 율법들을 설명한다. 11장까지는 율법 순종의 원칙과 목적을 설명하고 순종을 촉구하는 서론적 설교이다. 여전히 하나님께서는 그들을 사랑하시므로 앞으로 온갖 사랑으로 그들을 보호하시고 지키실 것이다. 그러나 그들이 하나님께 불순종하고 계속해서 하나님의 율법을 지키지 않는다면 그들은 망하고 말 것이다. 이것이 언약의 핵심 내용이다. 12장부터 26장까지에는 시내 산과 광야에서 하나님께서 주신 율법과 새롭게 첨가된 율법들이 등장하고 있다.

- 5장 십계명에 대한 설명이다.
- 6장 율법을 주신 궁극적인 이유와 그 율법에 대한 이스라엘의 태도가 어떠해야 하는지를 설명하고 있다. 율법을 주신 것은 하나님을 경외하며 그것을 지켜 행함으로 이스라엘이 복을 받게 하기 위함이다. 그리고 그것은 이스라엘이 얼마나 하나님을 사랑하는지를 표현하는 것이다(6:4-5). 그들은 부지런히 그 율법을 마음에 새기고 자녀들에게 가르쳐야 한다. 그것만이 그들이 살길이기 때문이다(6:24-25). 이러한 교훈은 신명기 전체를 통해서 계속해서 반복된다.
- 7장 가나안 족속들을 두려워 말고 진멸하라. 그리하지 아니하면 그들의 풍속을 따르게 될 것이다(6-11절).
- 8장 광야에서 여호와께서 어떻게 인도하셨는가를 늘 기억하고 겸손하게 여호와 하나님을 섬기라(1-6절).
- 9장 이스라엘에게 가나안 땅을 주시는 것은 그들이 의로워서가 아니라 가나안 족속들이 악하기 때문이고 하나님의 약속을 지키기 위함이다(4-7절), 하나님의 용서 회고.
- 10장 여호와를 경외하여 사랑하라(12-22절).
- 11장 하나님께서 주시고 함께하실 아름다운 땅은 이스라엘의 순종 불순종 여부

에 따라서 복이 되기도 하고 저주가 되기도 할 것이다.

- 12장 우상 제단을 멸하고 오직 여호와께서 택하시는 한 곳에서만 예배하고 하나님의 은혜를 즐거워하라.
- 13장 다른 신들을 섬기자고 하는 모든 사람들, 마을들을 진멸하라.
- 14장 정결과 부정의 법(레위기 11, 21-22장), 십일조 제도(긴급구제 십일조)
- 15장 안식년(면제년), 종, 초태생에 대한 규례: 가난한 이웃들을 배려하라(하나님의 구속활동의 적용)
- 16장 유월절, 칠칠절, 초막절, 재판장에 대한 규례
- 17장 우상 숭배, 재판, 왕에 대한 규례
- 18장 레위인, 점쟁이들, 참 선지자에 대한 규례(15절)
- 19장 도피성 제도, 지계표 규례
- 20장 전쟁에 대한 여러 가지 규례들
- 21장 살인자를 모를 경우, 결혼, 패역한 아들, 나무 위에 단 시체에 대한 규례들
- 22장 이웃과 피조물에 대한 책임 규례들과 결혼을 파기하는 일들에 대한 규례들
- 23장-25장 각종 규례들(총회에 들어오지 못하는 사람들, 진영의 정결, 이혼, 전당, 유괴, 약자들을 위한 법, 태형, 이웃 사랑, 수혼, 공정한 저울추, 아말렉 진멸 명령)
- 26장 소산의 맏물과 십일조 제도(하나님의 친절과 자비를 가난한 자들에게 베풀 것)

축복과 저주 (27-30장)

- 27장 가나안에 입성했을 때 그리심 산과 에발 산에서 축복과 저주를 선언하라(여호수아 8장에서 실현)
- 28장 순종할 때의 축복(1-14절)과 불순종했을 때의 저주(15-68절) (=레위기 26장)

- 29–30장(모압 언약) 축복과 저주에 대한 재 선언과 언약의 갱신(cf. 30:11–14): 하나님의 말씀은 멀리 있는 것이 아니라 가까이 있고, 어려운 것도 아니요 먼 것도 아니다. 그것을 충분히 행할 수 있다. 그러므로 그것을 지켜 복을 받고 저주를 받지 말라.

지도권의 위임과 모세의 죽음

- 31장 모세는 백성들 앞에서 자신의 지도권을 여호수아에게 위임한다. 그리고 마음을 강하게 하고 담대하게 할 것을 당부한다. 하나님께서 앞으로의 전쟁을 지휘하실 것이고 하나님께서 늘 함께하실 것이기 때문이다.
- 32장 모세는 지도권을 위임하면서 마지막으로 하나님의 율법에 대한 노래를 지어서 이스라엘로 부르게 한다. 그들이 항상 암송하면서 그 율법을 떠나지 않도록 하기 위함이다. 이 노래는 신명기의 신학과 내용을 압축해 놓고 있다.
- 33장 모세가 느보 산에서 죽기 전에 이스라엘 자손을 위하여 열두 지파를 축복한 것을 담고 있다(창 49장: 야곱의 열두 아들 축복). 하나님은 그 백성들에게 율법을 주시는 왕으로 묘사되어 있다(5절).
- 34장 모세의 죽음을 기록하면서 율법을 받아 가르친 중보자, 위대한 지도자인 모세의 삶에 대해서 요약하고 있다. 모세의 지도력은 성문화된 율법과 여호수아를 통하여 이양되었다.[2]

신약적 관점에서 예수님은 '모세와 같은 선지자'로서(신 18:14–22; 행 3:22; 7:37) 광야에서 빵과 고기를 주었고(신 34:11–12; 요 6:14), 영원한 생수를 제공하였다(요 4장; 7장). 여호와에 대한 '아버지'라는 호칭(신 1:31; 8:5; 32:6)은 예수님이 요한복음에서 하나님에 대해 자주 사용했다. 또한 광야에서 시험을 당하실 때 예수님은 신명기의 말씀을 주로 인용하셨다(신 6:13,16; 8:3; 마 4:1–10).[3]

결론

신명기는 하나님의 백성인 우리의 신앙과 삶에 대한 위대한 지침서이다. 예수 그리스도를 통해 우리를 죄악의 권세에서 건지신 하나님, 우리의 행복을 위해 당신의 말씀을 기록하여 주신 하나님, 이처럼 놀라운 하나님의 사랑에 우리는 어떻게 보답할 수 있는가? 우리도 그분을 사랑하는 것이다. 하나님께서 주신 말씀을 따라서 그분을 섬기고 그 말씀에 순종하는 것이다. 그 순종은 마지못해서 억지로 하는 것이 아니라 그분을 진심으로 사랑하는 데서 나오는 삶의 고백이다. 그리고 그 순종조차도 우리의 힘이 아닌 우리 안에 거하시는 성령님의 도우심으로 하게 된다. 그러한 순종의 삶을 살 때 우리는 더욱 더 하나님을 잘 알게 되고 그분이 말씀에서 약속하신 무한한 복을 경험하게 될 것이다. 사람이 떡으로만 사는 것이 아니라 하나님의 입으로 나오는 모든 말씀으로 사는 것(신 8:3)을 확신하게 될 것이다.

O l d   T e s t a m e n t   K e y

Old Testament Key

역사서

3

O l d   T e s t a m e n t   K e y

3

Old Testament Key

역사서

여호수아부터 에스더서까지는 이스라엘이 가나안에 정착한 후부터 포로로 잡혀갔다가 다시 돌아오기까지의 역사를 기록하고 있다. 이 책들은 신학적 목적을 가지고 국가 이스라엘의 역사를 서술한다. 어떻게 여호와 하나님께서 족장들에게 하신 약속을 이루어 가시는지에 초점을 맞추면서도, 그 언약들이 이루어지기 위해서는 이스라엘 백성들이 여호와께서 허락하신 땅에서 하나님의 말씀대로 살아야 함을 반복적으로 강조하고 있다.

모세오경이 이스라엘의 역사를 해석하는 기준이 된다. 이스라엘 백성들을 이집트에서 구원하신 하나님이 여전히 동일한 구원과 은혜와 인내로 국가 이스라엘의 역사를 이끄시고 계심을 볼 수 있다. 또한 이스라엘의 참된 왕이신 여호와 하나님을 대표하는 인간 왕 다윗의 역할과 여호와께서 그와 맺으신 언약이 관심의 중심이 되고 있다.

전체적으로 이스라엘의 역사는 가나안 땅에 정착한 후부터 율법을 잘 지키고 가나안 땅을 회복시킨 역사로 보기 어렵다. 오히려 가나안의 풍속을 따라서 우상을 숭배하고 하나님의 말씀을 거역하여 가나안 땅을 더럽힌 역사라고 결론내릴 수 있다(수–왕하). 그래서 그들은 모세 언약에서 여호와께서 경고하신 대로 땅으로부터 토해 냄을 받았다. 즉 포로로 잡혀서 이방 땅에 거하게 된 것이다. 하지만 하나님은 모세 언약에서 약속하신 것처럼, 포로 되어 잡혀가 있는 당신의 백성이 계신 곳에서도 그들의 왕이 되셔서 그들을 구원하시고 열방을 다스리신다(에스더). 그리고 당신의 백성들을 포로 됨에서 회복시키시고 성전과 예루살렘과 땅을 회복시키신다(에스라, 느헤미야). 그러나 회복된 공동체에게 여전히 문제가 된 것은 하나님의 율법을 지키느냐 아니냐였다. 그런 면에서 역사서 전체의 결론은, 하나님만을 의지하고 그분의 말씀을 기쁨으로 지켜야 진정한 하나님의 백성 됨을 나타낼 수 있고, 온 세상에 복을 전달하는 통로가 될 수 있다는 것이다. 하지만 역사서의 마지막 부분은 이러한 역사의 목적을 완성하지 못한 채로 끝나고 있다. 그래서 역사는 완성을 기다린다. 참 이스라엘이신 예수님이 오셔서 새 역사를 시작하실 것이고, 하나님께서 이스라엘을 이 땅에 세우신 역사의 참 의미를 완성하실 것이다.

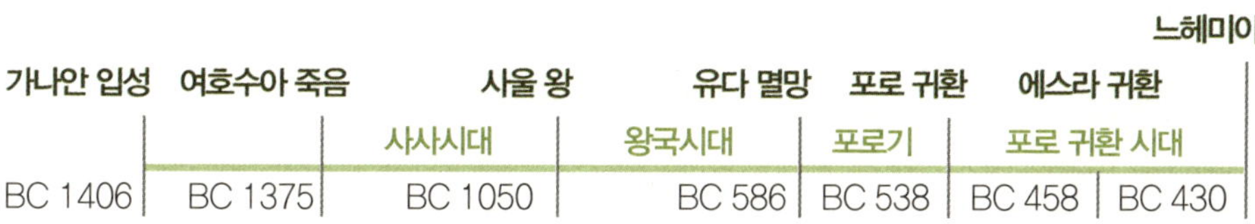

성경	바이블 키
여호수아	하나님나라 영토 확보-가나안 땅의 정복과 분배(주전 1406-1375)
사사기	이스라엘 심판, 사사들을 통한 구원, 왕의 필요성(주전 1375-1055)
룻기	사사시대의 희망 - 룻과 보아스의 희생적인 사랑을 통한 다윗 가문의 회복
사무엘	사무엘의 중보, 사울의 실패, 다윗의 성공을 통한 왕국 확립(주전 1100-971)
열왕기	솔로몬의 통치(주전 970-929)와 성전, 분열왕국 시대(주전 929-722), 남북 이스라엘의 멸망(주전 722, 586), 선지자(엘리야, 엘리사)의 말씀대로 진행되는 역사
역대기	포로 귀환 공동체의 족보, 예배와 왕국의 회복 소망(고레스 칙령, 주전 538년)
에스라	포로 귀환 공동체의 성전 재건(주전 520-516), 에스라의 귀환(주전 458)과 율법의 회복

느헤미야	느헤미야의 귀환(주전 445년)과 성벽 재건, 삶의 개혁
에스더	페르시아 시대(아하수에로 왕)의 이스라엘 디아스포라의 구원, 부림절

여호수아

여호수아서의 주제는 여호와께서 광야의 이스라엘을 당신이 약속하신(창 12:2-3; 15:18-21; 출 3, 6장) 땅에 들어가게 하시고 그 땅을 선물로 주신 것이다. 여호수아서는, 모세로부터 지도권을 위임받은 여호수아가 살아 있을 동안에 가나안 땅에 들어가서 그 땅을 정복하고 거기에 이스라엘을 정착시키는 역사를 기록하고 있다. 40년 동안 광야를 방황하던 민족에게 안식의 땅, 하나님나라의 영토가 주어진 것이다. 이것은 아브라함에게 하신 땅의 약속의 성취이다. 가시적인 하나님나라가 지정된 땅에 이스라엘이라는 나라로 세워지게 된 것이다.

구조[1)]

여호수아서는 아래의 도표에서 보는 것처럼 가나안 땅에 들어가서 땅을 나눠주는 정복과 분배가 핵심을 이루고 있다. 굳이 표현하자면 정복보다는 분배가 더 강조되고 있다. 요단 강을 건너는 것은 약속의 땅으로 입성하는 것이며 분배된 땅에서의 언약 갱신은 미래의 하나님나라를 견고케 하려는 준비다. 그것은 땅을 분배하신 하나님나라의 왕이신 여호와만을 섬기는 것이다.

입성(1:1-5:12)	정복(5:13-12:24)	분배(13-21장)	미래(22-24장)
요단 강을 건넘	중부 → 남부 → 북부	길갈, 실로에서의 분배	언약 갱신
중심동사: '건너라'	'취하라'	'나누라'	'섬기라'

내용

가나안 입성 (1:1–5:12)

가나안 정복에 대한 하나님의 명령(1장)

하나님께서는 여호수아에게 가나안 땅을 정복하라는 명령과 더불어 약속과 권면을 주신다. 가나안 입성과 정복은 철저하게 하나님께서 함께하심으로 가능하다. 하나님께서 함께하실 것이므로 두려워할 필요가 없다. 단지 여호수아와 이스라엘은 항상 마음을 담대하게 가지고 하나님의 율법 책을 가까이 하고 그 율법을 다 지켜 행하면 된다. 그리고 땅의 정복은 요단 동편 땅을 이미 확보한 지파들을 포함한 모든 이스라엘이 담당해야 할 사명이다. 하나님께서 여호수아에게 들어가서 정복하라고 명령하시는 땅은 하나님께서 그의 백성들에게 안식을 주시는 땅이다.

정복에 대한 확신을 주심(2장): 여리고 성에 보낸 두 정탐꾼 사건

두 정탐꾼은 기생 라합에게서 정보를 듣고 정복에 대한 확신을 갖는다(24절). 즉, 여호와 하나님께서 홍해와 가나안 땅에서 행하신 기적들로 인해 가나안 사람들의 간담이 녹았고 하나님을 심히 두려워하게 되었다(9–11절)는 것이다. 이로 인해 40년 전에 가데스 바네아의 정탐꾼들이 실패한 것을 두 정탐꾼은 만회하고 있다. 2장에서 또 한 가지 매우 중요한 사건은 기생 라합이 단지 하나님을 두려워하는 데서 그치지 않고 자신의 생명을 하나님의 손, 즉 이스라엘에 의탁한 사건이다. 이것은 이방인이라도 하나님을 믿음으로 구원을 받을 수 있음을 보여준다.

이스라엘이 요단 강을 건너다(3:1–5:1)

하나님께서는 거센 요단 강물을 상류에 쌓으시는 기적을 통해서 이스라엘에게 몇 가지 사실을 알리시고자 하셨다(3:7–10). 첫째는 "너(여호수아)를 온 이스라엘의 목전에서 크게 하여 내가 모세와 함께 있었던 것같이 너(여호수아)와 함께 있는 것"을 알게 하시는 것이다(7절). 둘째는 "살아 계신 하나님이 너희(이스라엘) 가운데에 계시"는 것을 알게 하시는 것이다(10절). 셋째는 하나님이 "가나안 족속과 헷 족속과 히위 족속과 브리스 족속과 기르가스 족속과 아무리 족속과 여부스 족속을 너희 앞에서 반드시 쫓아내실 줄"을 알게 하시는 것이다(10절). 그래서 하나님은 이것을 후대에 전하시기 위해서 강바닥에 있던 열두 돌을 세워서 하나님의 기적에 대한 기념물이 되게 하신다.[2)]

약속의 땅에서 다시 백성들을 성결케 하다(5:2–12)

할례, 유월절, 가나안 땅의 소산을 먹게 하심, 만나의 그침 등은 이스라엘이 광야 생활을 끝내고 약속의 땅으로 들어왔음을 상징한다.[3)] 이스라엘의 베이스캠프인 '길갈'은 이집트에서의 노예살이의 수치가 '굴러가게' 하셨음을 의미한다. 이스라엘은 할례와 유월절 의식을 통해 가나안 족속들을 정복하기 전에 그들이 하나님의 거룩한 백성이라는 사실을 확인하고 하나님만 의지해야 했다.

가나안 땅의 정복 (5:13–12:24)

- **여호와의 군대 장관의 현현(5:13–15)**: 하나님께서 전쟁터로 나가시는 모습이자 가나안 정복이 하나님의 거룩한 전쟁(聖戰)임을 나타낸다.[4)] 여호수아는 하나님이 이스라엘의 편인지를 묻지 말고 이스라엘이 하나님의 편인지를 먼저 물어야 한다고 요청받는다.
- **여리고 성의 정복(6장)**: 여리고 성의 정복은 명백하게 하나님께서 전쟁을 친히 지휘하신다는 사실을 보여준다. 여호와는 여리고가 가나안 땅의 첫 열매로서 당신께 온전히 바쳐지기를 원하셔서 모든 것을 철저하게 파괴하고 이스라엘이 아무것도 취하지 못하게 하신다. 파괴된 여리고 성의 폐허는 두고두고 하나님의 구원 역사를 증언하는 기념물이 될 것이다. 라합과 그 가족은 자신들의 생명을 하나님과 하나님의 백성들에게 의탁했기 때문에 약속대로 구원을 받고 이스라엘의 일원이 되었다. 그리고 라합은 예수님의 조상이 된다. 라합처럼 하나님의 이름을 믿고 항복하는 가나안 족속들은 이스라엘의 일원이 되어 하나님의 백성이 될 수 있음을

보여준다.

- **이스라엘의 불순종(아간의 범죄)으로 인한 아이 성 정복의 실패(7장)**: 여리고 성의 물건을 취함으로써 여리고 성이 온전히 하나님께 바쳐지지 않게 했다. 아간 가족의 몰살과 아골 골짜기의 돌무더기는 하나님의 백성의 영역에 있다 하더라도 하나님의 뜻에 불순종하는 자들은 그 백성 중에서 끊어질 수 있음을 보여준다. 라합의 경우와 대조적이다.
- **아이 성의 정복(8:1-29)**: 아간의 죄악을 제거한 이스라엘이 아이 성을 정복하게 된다. 아이 성부터는 그 전리품이 이스라엘에게 나눠지게 된다. 아이 성의 입구에 쌓인 돌무더기는 역시 하나님의 구원 역사에 대한 기념물이다. 여리고 성과 아이 성의 정복은 중부 가나안 지역의 정복을 가리킨다.
- **언약을 새롭게 하다(8:30-35)**: 모세의 명령을 따라(신 11:29; 27:1-26) 에발 산과 그리심 산에서 저주와 축복의 율법을 낭독하고 하나님의 말씀을 지킬 것을 다시 다짐한다. 1장에서 하나님의 말씀대로 전쟁을 치를 것을 맹세했는데 그것을 전쟁 중에 다시 새롭게 한 것이다. 에발 산에 세워진 단은 역시 하나의 기념물이 된다.
- **기브온 족속의 항복(가나안 중부 지역, 9장)**: 비록 기브온 족속이 속이기는 했지만 그들은 하나님의 이름을 두려워하고 그 이름을 믿었기 때문에 이스라엘을 대항하기보다는 항복하여 하나님의 성막을 섬기는 종으로 받아들여졌다. 라합처럼 믿음으로 구원을 받은 가나안 족속이다. 다른 족속들도 하나님을 믿음으로 항복하면 살 수 있었다.
- **남부 지역의 정복(10장)**: 예루살렘의 아도니세덱 왕과 동맹한 군대의 정복. 막게다 굴 입구에 쌓인 돌무더기는 역시 기념물이다. 기브온 전투에서 태양이 머무는 기적을 통해 하나님이 도우신다.
- **북부 지역의 정복(11:1-15)**: 하솔 왕 야빈과 동맹한 군대의 정복
- **가나안 정복의 요약(11:16-12:24)**: 이스라엘이 그토록 두려워하던 아낙 자손을 포함한 가나안 정복의 요약(11:16-23)과 모세와 여호수아 때에 정복한 모든 땅

에 대한 기록(12장)[5]이 있다.

이스라엘의 가나안 정복

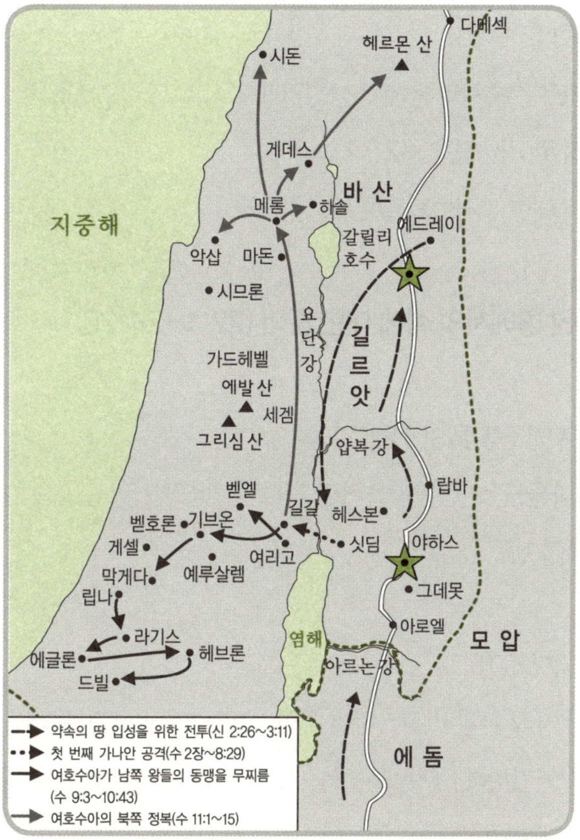

가나안 땅 분배 (13:1-21:45)

각 지파들에 대한 분배(13:1-19:51) - 지도상의 분배[6]

- 땅 분배에 대한 하나님의 지시(13:1-7)
- 요단 강 동쪽 땅 분배의 재확인(13:8-33, 르우벤, 갓, 므낫세 반 지파)
- 길갈에서 행해진 분배(14-17장): 유다 지파(14:1-15:63), 요셉의 두 지파(므낫세 반 지파, 에브라임 지파, 16-17장) ※ 유다 지파 갈렙의 적극적인 정복 의지

천명(14:6-15)과 요셉 지파들의 주저함(13:16-18)이 대조적이다.

- 실로에서 행해진 분배(18-19장): 땅 조사(18:1-10), 베냐민(18:11-28), 시므온(19:1-9), 스불론(19:10-16), 잇사갈(19:17-23), 아셀(19:24-31), 납달리(19:32-39), 단(19:40-48), 여호수아(19:49-51)

하나님의 공의로운 통치와 용서의 상징인 도피성의 지정(20장)

레위 지파에게 주어진 성읍들(21:1-42)

정복과 정착에 대한 기사들의 결론(21:43-45)

미래의 가나안 땅에서의 삶에 대한 준비 (22:1-24:28)

요단 강 동쪽 지파 군사들의 귀환(22장)

요단 동편 지파들도 서쪽 지파들처럼 하나님나라의 기업임을 증거 하는 요단 강 근처의 단이 기념물이 됨.

여호수아의 권면(23장)

분배받았지만 아직 완전히 정복하지 못한 땅을 완전하게 정복할 것과 가나안 족속과 혼합되지 말 것을 권면하다. 1장에서처럼 오직 모세의 율법 책에 기록된 것들을 다 지켜 행할 것을 명령하다(수미상관).

세겜에서의 여호수아의 언약 갱신('세겜 언약' 24:1-28)

'여호와만 섬기라. 오직 나와 내 집은 여호와를 섬기겠노라.' 언약 갱신은 하나님과 시내 산에서 맺었던 하나님과 이스라엘간의 언약을 재확인하는 의식이다. 하나님나라의 영토 가나안에서 이스라엘은 하나님을 왕으로 섬기는 하나님의 거룩한 백성이어야 했다. 언약 갱신을 기념하는 증거의 큰 돌이 역시 기념물이 되었다.

결론 (24:29-33)

여호수아가 죽고 장사되며, 이집트에서 가지고 왔던 요셉의 뼈가 세겜에 묻히며, 엘르아살 제사장이 죽어서 장사된 사건들이 기록되어 있다. 이것은 하나님의 약속대로 이스라엘이 가나안을 정복해서 정착했음을 알리고 여호수아의 세대가 지나갔다는 것을 알려준다.

열두 지파의 땅 분배

결론

여호수아서는 하나님께서 우리들에게 안식의 땅인 하나님나라를 선물로 주셨음을 보여주는 책이다. 하나님께서는 온갖 사탄의 방해에도 불구하고 제2의 여호수아이신 예수님의 결정적인 승리로 말미암아 우리들을 당신의 나라로 인도하셨다. 그러나 우리는 완전한 안식의 나라에는 아직 들어가지 못했다. 우리는 예수님을 통해 영적인 안식을 누리면서도 여전히 사탄과의 남은 전쟁을 치러야 한다. 말씀과 성령으로 사탄의 세력과 영적인 전쟁을 치러야 한다. 교회는 하나님나라 전투의 전위부대인 것이다. 사탄과의 전쟁을 통해서 우리는 다시 한 번 예수님께서 그들을 결정적으로 이기셨음을 체험하게 되고 하나님의 승리를 경험하게 된다. 그것이 바로 하나님나라 영토의 확장이다. 그러나 이 전쟁은 철저하게 하나님의 말씀대로 하는 성전, 왕이신 하나님을 철저하게 의지하는 전쟁이어야 한다(히 4:1-13).

사사기(Judges)

사사기는 여호수아가 죽은 다음부터(1-2장) 사무엘이 태어나기까지, 즉 왕이 세워지기 직전까지의 이스라엘의 역사(삼상 12:8-11; 삼하 11:21; 왕하 23:22; 사 10:26)를 기록하고 있는 성경이다. 이 역사는 특별히 '사사(Judge)'라고 하는 사람들을 중심으로 기록되어 있다. 사사는 왕이 세워지기 전에 이스라엘 백성들을 인도하던, 하나님께서 성령으로 세우신 지도자들을 일컫는 말이다. 그들은 왕처럼 정해진 임무를 수행하고 가계를 따라 세습한 사람들이 아니다. 그들은 이스라엘이 대적들로 인해 고통당하여 부르짖을 때 하나님의 부르심을 받아 이스라엘을 그 위기에서 구원한 사람들이다. 즉, 그들은 불순종하여 고통 가운데 부르짖는 이스라엘을 외면하시지 않고 구원하시는 하나님의 은혜를 대표한다. 그들은 이스라엘을 다스리고 재판을 하기도 했지만(4:5) 주로 이스라엘을 압제하는 이방 대적들에게서 구해내는 군사 지도자의 모습을 띠고 있다.[1)]

사사들의 시대는 하나님의 언약에 대한 이스라엘의 불충성과 남은 정복의 실패를 보여주는 기간이며, 가나안 신들을 섬기고 여호와를 떠난 극심한 배교의 기간이었다. 그럼에도 불구하고 사사기는 그런 이스라엘을 위해서 하나님이 사사들을 세우셔서 당신의 백성들을 구원하신 구원의 이야기이기도 하다. 사사기는 사사들의 통치에도 불구하고 거의 완전히 하나님나라의 모습을 상실할 지경까지 이른 이스라엘의 모습을 보여주고 있다. 그래서 하나님의 말씀대로 백성들을 인도할 왕, 그들을 죄악으로부터 건져낼 왕의 등장을 간절하게 사모하면서 끝난다. 그런 의미에서 사사기는 룻기와 사무엘서의 배경이 된다.

구조[2)]

사사기의 구조는 주제를 선명하게 드러내는 구조로 되어 있다. 1:1에서 3:6까지는 서론으로서 사사시대의 이스라엘이 실패한 두 부분, 즉 불순종으로 인한 정복의 실패와 배교를 보여준다. 이러한 두 서론은 부록 부분인 17-21장에 나오는 두 가지 에피소드와 수미상관을 이룬다. 부록과도 같은 이 에피소드들 역시 사사시대의 이스라엘의 불순종, 배교, 정복의 실패, 도덕적 타락으로 인한 하나님나라의 처참한 일그러짐을 드러낸다. 두 개의 서론과 두 개의 에피소드 사이에 본격적으로 사사들의 이야기가 등장한다(3:7-13:31). 일곱 명의 사사들의 이야기가 주요한 부분이지만 나머지 다섯 명의 사사들의 이름도 언급된다. 이 이야기들에서는 사사 기드온과 그의 아들 아비멜렉의 이야기가 중심을 이루면서 바알 숭배와 여호와의 왕권이라는 주제를 드러낸다. 이 이야기를 중심으로 이전 사사들의 신실함과 이후 사사들의 연약함이 대조를 이룬다. 그리고 전체를 감싸는 틀이 되는 두 문장이 있는데 그것은 "누가 먼저 올라가서 싸우리이까?", "유다가 올라갈지니라"(1:1-2, 20:18)이다. 하지만 서론부의 싸움의 대상이 가나안 사람인 반면에 부록에서의 싸움의 대상은 안타깝게도 베냐민 지파다. 이것은 사사시대의 어두움을 선명하게 드러내는 장치다. 이스라엘이 불순종하여 가나안 지파와 싸우는 것을 포기했을 때 결국은 자신들 서로가 싸우게 되었음을 강조한다.

<table>
<tr><td colspan="3">1:1-2:5 첫 번째 서론: 정복 실패</td><td colspan="4">2:6-3:6 두 번째 서론: 이스라엘의 배교</td></tr>
<tr><td>3:7-11
옷니엘</td><td>3:12-30
에훗</td><td>4:1-5:31
드보라</td><td>6:1-8:32
기드온</td><td>8:33-9:57
아비멜렉</td><td>10:6-12:7
입다</td><td>13:1-16:31
삼손</td></tr>
<tr><td colspan="4">17:1-18:31 첫 번째 부록: 종교적 타락, 정복 실패</td><td colspan="3">19:1-21:25 두 번째 부록: 도덕적 부패, 베냐민 멸절</td></tr>
</table>

내용

서론 (1:1-3:6): 이스라엘의 완전한 가나안 정복 실패와 배교

"누가 먼저 올라가서 가나안 사람과 싸우리이까?"(1:1) "유다가 올라갈지니라"

(1:2)[3]

1:1-2:5	2:6-3:6
정복을 완수하지 못한 이스라엘의 실패 여호와께서 가나안 족속들을 쫓아내지 않으실 것 (2:3)	이스라엘의 배교 여호와께서 가나안 족속들을 쫓아내지 않으실 것 (2:23)

이 부분은 사사들이 활동하던 이스라엘의 역사가 어떤 역사인지를 정리한 서론으로서 이스라엘의 완전한 가나안 정복의 실패(1:1-2:5)와 이스라엘의 배교(2:6-3:6)를 보여준다. 첫 번째 서론(1:1-2:5)은 유다 지파가 먼저 올라가서 가나안 땅을 정복하는 기사로 힘차게 시작하지만 그들의 정복이 불완전함을 보여주면서 끝이 난다. 여호수아와 그의 세대가 죽은 후에 이스라엘은 하나님의 언약을 잊어버리고 가나안 족속들을 다 쫓아내지 않았다. 그래서 남은 가나안 족속들은 이스라엘에게 가시가 되고 시험거리가 되었다. 완전한 안식의 땅이 되어야 할 가나안 땅이 가나안 족속 때문에 불안한 땅이 되었다. 그리고 이스라엘의 불순종으로 인해 믿음으로 이루어야할 하나님나라의 모습은 일그러지게 되었다.

이스라엘은 가나안 땅 정복의 실패에 머물지 않고 적극적으로 가나안 족속의 신들을 섬겼다. 여호수아 24장에서 여호와만 섬기겠다고 했던 언약을 깡그리 잊어버리고 배반한 것이다. 그들은 여호와 하나님을 왕으로 섬기며 그분의 통치를 받는 하나님나라의 모습을 가나안 족속들에게 보여주기는커녕 오히려 세상에 동화되고 말았던 것이다. 그래서 하나님은 그 주위의 적들에게 이스라엘을 침범하게 하심으로써 그들의 죄악에 대해 징계하셨다. 더 이상 남아 있는 가나안 족속들을 쫓아내시지 않으심으로써 그들이 계속 그들에게 가시와 같은 존재가 되게 하셨다. 그 고통 가운데서야 그들은 여호와 하나님을 생각하고 부르짖는다. 그때마다 하나님은 성령으로 특별히 세우신 사사들을 통해서 그들을 적들로부터 구원해 주셨다. 그러나 사사가 죽고 나면 이스라엘은 다시 죄악의 길로 달려갔고 다시 징계와 구원의 길을 반복한다. 2:16-23에 그런 사실이 잘 요약되어 있다. 그들의 역사는 불순종과 우상숭배 → 심판 → 부르짖음 → 사사를 통한 하나님의 구원 패턴이라는 악순환을 되풀이한다.

중심부분 – 하나님의 징계로서의 외적들의 압제와 성령의 감동을 받은 '사사' 구원자들에 의한 구원(3:7–16:31)[4]

<table>
<tr><th>3:7–11
옷니엘</th><th>3:12–30
에훗</th><th>4:1–5:31
드보라</th><th>6:1–8:32
기드온</th><th>8:33–9:57
아비멜렉</th><th>10:6–12:7
입다</th><th>13:1–16:31
삼손</th></tr>
<tr><td rowspan="2">나머지 사사들의 기사에 대한 문학적인 패러다임</td><td rowspan="2">고독자, 대중들의 영웅 동쪽으로부터 온 대적 베냐민 지파</td><td rowspan="2">수치스럽게 여인에게 의존하는 이스라엘</td><td>바알을 공격 여호와는 왕</td><td>바알의 이름으로 가나안 왕처럼 스스로 왕이 됨</td><td rowspan="2">수치스럽게 사회적으로 추방된 인물에게 의존하는 이스라엘</td><td rowspan="2">고독자, 대중들의 영웅, 서쪽으로부터 온 대적 단 지파</td></tr>
<tr><td colspan="2">바알 숭배와 여호와의 왕권이 이 부분의 주제이자 사사시대 전체의 중심 주제</td></tr>
<tr><td></td><td>A</td><td>B</td><td>C</td><td>C′</td><td>B′</td><td>A′</td></tr>
</table>

3:7부터는 사사들의 활동을 기록하고 있다. 열두 사사들은 죄악으로 고통 가운데 있는 이스라엘을 구원하고 다스리시는 하나님을 대표하는 사람들이다. 그래서 그들은 여호와의 신이 임함으로 세워진다. 그들은 모두 이스라엘 전역을 대상으로 활동했던 것이 아니라 지역적으로 제한되어 활동했기 때문에, 그들의 활동 시대가 겹쳐질 가능성이 많다. 그러므로 그들의 활동 기간을 합산해서 사사시대의 연대를 정해서는 안 된다.[5]

위의 도표에서 옷니엘은 사사들의 전형적인 사역을 기록하고 있다. 그런 다음 기드온과 그의 아들 아비멜렉 이야기를 중심으로 에훗과 삼손, 드보라와 입다가 각각 대칭을 이룬다. 중심을 이루는 기드온과 아비멜렉 이야기는 이스라엘의 참된 왕은 사사들이 아니라 여호와 하나님이심을 강조하고, 이스라엘이 여호와를 왕으로 섬기지 않고 바알을 숭배함으로써 세상나라가 되어 가고 있음을 부각시킨다. 그리고 기드온부터 사사들조차도 세상나라의 영향을 많이 받고 타락해가는 양상을 보이다가 삼손에서는 절정에 이르게 된다. 삼손은 사사시대의 이스라엘을 그대로 대표하면서 불순종으로 일관한다. 그럼에도 불구하고 하나님은 부족한 삼손조차도 자기 백성을 구하시는 일에 사용하신다. 이것은 하나님은 사사시대의 부족한 이스라엘조차도 당신의 나라로 다스려 가심을 보여준다. 다음의 도표[6]와 지도는 사사들의 활동과 지역을 나타낸다.

사사들의 활동 지역

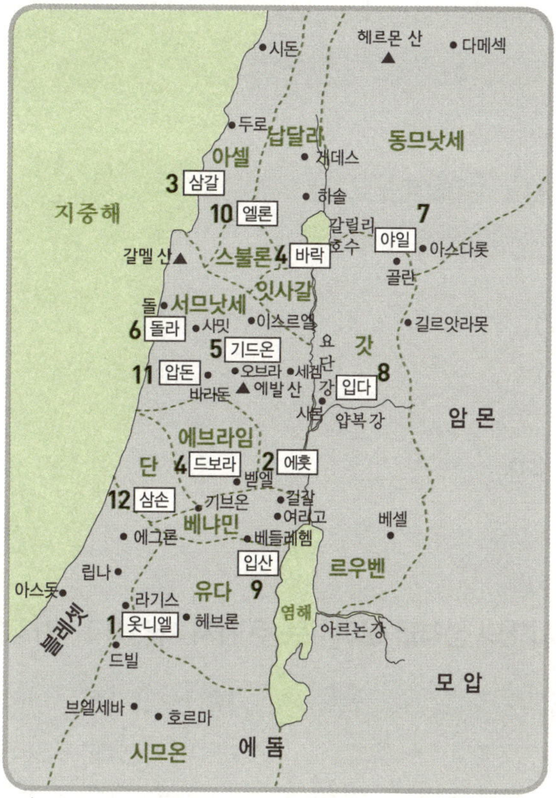

사사	대적	기간	특징
옷니엘(3:7–11)	메소보다미아 왕 구산 리사다임	40년	
에훗(3:12–30)	모압 왕 에글론	80년	혼자 모압 왕을 죽이다.
삼갈(3:31)	블레셋	?	소 모는 막대기
드보라 (바락; 4:1–5:31)	가나안 왕 야빈	40년	여선지, 헤벨의 아내 야엘을 통한 구원, 드보라의 노래(5장)
기드온(6:1–8:32)	미디안 왕 세바, 살문나	40년	300명의 용사, 바알이 아닌 여호와가 너희의 왕(8:22–23)
(바알의 이름으로 스스로 왕이 된 기드온의 아들 아비멜렉: 8:33–9:57)	이스라엘의 내부 분쟁		요담의 "왕 비유"(9:7–21), 여인의 맷돌에 죽은 아비멜렉

사사	대적	기간	특징
돌라(10:1-2)	?	23년	
야일(10:3-5)	?	22년	
입다(10:6-12:7)	암몬 족속	6년	입다의 딸, 길르앗과 에브라임의 싸움
입산(12:8-10)	?	7년	
엘론(12:11-12)	?	10년	
압돈(12:13-15)	?	8년	
삼손(13:1-16:31)	블레셋	20년	나실인, 장사, 기생 들릴라로 인한 죽음, 사사기의 이스라엘 백성의 삶의 모형

부록 – 사사시대의 성격을 보여주는 두 가지 사건 (17–21장)[7]

17:1-18:31	19:1-21:25
종교적인 혼란과 단 지파의 이동(600전사). 한 레위인이 유다로부터 단–베냐민 통로를 지나 에브라임 땅으로 가다.	도덕적 부패와 베냐민 지파의 멸절(600전사). 한 레위인이 에브라임으로부터 단–베냐민 경계를 지나 유다로 가다.

"누가 먼저 올라가서 베냐민 자손과 싸우리이까"(20:18)

"유다가 먼저 갈지니라"(20:18)

첫 번째 부분(17:1-18:31)에 있는 이야기는 이스라엘의 종교적인 타락상과 더불어 하나님께서 주신 기업을 함부로 떠나 좀 더 정복하기 쉬운 땅을 찾아 이동하는 단 지파의 불순종을 보여 준다. 그리고 두 번째 부분(19:1-21:25)에 있는 일화는 이스라엘의 도덕적인 타락과 베냐민 지파의 불순종과 그들이 받은 징계를 보여준다. 이 모든 일들은 하나님의 말씀으로 이스라엘을 잘 다스릴 왕을 기대하게 한다.

후렴구처럼 보이는 "그때에는 이스라엘에 왕이 없었으므로 사람마다 자기 소견에 옳은 대로 행하였더라"(17:6; 18:1; 19:1; 21:25)가 이 부분의 주제다. 이 주제 구절은 이스라엘에 왕이 없었다는 사실을 강조한다. 이것은 먼저, 이스라엘이 그들의 참된 왕이신 여호와 하나님을 왕으로 섬기지 않았음을 고발한다. 그러면서 삼손과 같은 무력한 사사가 아니라 그들을 말씀대로 강력하게 이끌어줄 인간 왕의 필요성을 강조한다. 사사기가 다윗 왕조 시에 기록되었다면, 이 주제 구절은 하나님께서 나중에 다윗과 같은 왕을 세우신 사건이 이스라엘을 구원하시고 당신의 나라에 안식을 주신 하나님의 은혜의 결과임을 강조하는 것이 된다.

부록의 두 일화가 보여주는 하나님나라 이스라엘의 모습은 처참하다. 하나님나라로서 주변 나라들에게 복이 되는 것이 아니라 주변 나라들에 동화되어 가나안 땅을 더럽히고 있다. 20:18은 가나안 땅을 정복하기 위해서 유다가 먼저 올라가는 기사로 시작한 사사기가 형제 지파인 베냐민을 정복하기 위해서 유다가 올라가는 비극적인 기사로 마무리되고 있음을 보여준다. 그리고 부록의 두 일화 모두 베냐민과 단 지파를 사이에 둔 유다와 에브라임 산지를 배경으로 하고 있고, 600명의 군사를 등장시키고 있다.

결론

사사기를 통하여 우리는 여러 가지 교훈을 받을 수 있다. 하나님의 엄청난 은혜로 구원받은 하나님의 교회는 하나님나라의 안식과 사명을 이 세상에 나타내야 한다. 만약 사탄과의 싸움을 거절하고 이 세상에 동화되는 안일한 삶을 산다면 우리가 이 땅에 존재할 목적은 사라질 것이다. 그런 교회와 성도들을 하나님께서는 징계하심으로써 하나님을 붙들도록 하실 것이다. 또 우리는 사사기를 통해서 교회의 지도자들을 위해서 기도해야 함을 교훈 받는다. 하나님의 말씀으로 하나님의 길을 보여줄 지도자들이 교회에 끊이지 않도록 간구해야 한다. 더불어 우리의 진정한 사사요 왕으로 오신 예수님의 구원과 통치에 감사드리며, 그분의 통치에 온전히 순종해야 한다. 그것이 우리를 사사기에 등장하는 이스라엘의 죄와 비참함으로부터 건질 수 있기 때문이다. 우리는 성령님의 역사하심 가운데서 그러한 통치를 받을 수 있다.

룻기(Ruth)

룻기는 사사시대에 베들레헴의 한 가정에서 일어난 사건을 기록하고 있다. 룻기의 주제는 룻과 보아스의 자기희생적인 사랑을 통한 나오미의 삶의 회복이다.[1] 또 룻기는 영적으로나 도덕적으로 타락했던 사사시대에 하나님에 대한 믿음을 끝까지 지킨 사람들의 모습을 제시한다. 문학적으로 완벽하고 아름다운 묘사들을 통하여 하나님나라의 회복에 대한 빛을 던져 주고 있다.

여호수아의 죽음 — **왕국의 시작**

사사들의 시대

BC 1375 — 룻과 보아스 — BC 1050

구조[2]

룻기는 서론과 결론을 제외하고 네 장면(Acts)으로 구성되어 있다. 각 부분은 완벽하게 주제를 부각시키고 있다. 1, 4장은 서로 대칭적으로 나오미의 텅 빔과 회복을 말하고 있고, 2, 3장은 그 회복의 과정이 모압 여인 룻과 보아스를 통해서 이루어지고 있음을 유사한 구조를 통해서 강조하고 있다.

	1장	2장	3장	4장
중심사건	나오미가 베들레헴으로 돌아오다 1-5 도입부	룻이 보아스의 밭에 가서 일하고 오다	룻이 보아스의 타작마당에 다녀오다	나오미가 베들레헴에서 기업 무를 자를 얻다 18-22 다윗의 계보
중심개념	돌아오다	이삭 줍다	눕다	기업 무르다

내용[3)]

주인공	1장 나오미가	2장 룻이	3장 룻이	4장 나오미가
중심사건	베들레헴으로 돌아오다	보아스의 밭에 가서 일하고 오다	보아스의 타작마당에 다녀오다	베들레헴에서 기업 무를 자를 얻다
짜임새	1–5 도입부(행동)	1–2 도입부(대화)	1–5 도입부(대화)	1–2 도입부(행동)
	6–19a 룻이 나오미를 따르기로 결심하고 실천하다	3–18 룻이 밭에서 보아스를 만나다	6–15 룻이 타작마당에서 보아스 곁에 눕다	3–12 보아스가 나오미와 룻을 맞아들이기로 결심하고 실천하다
	19b–22 나오미와 베들레헴 여인들의 대화	19–23 상황을 설명하는 나오미와 룻의 대화	16–18 상황을 설명하는 나오미와 룻의 대화	13–17 오벳이 태어나자 베들레헴 여인들이 나오미를 축하하다
				18–22 부록: 다윗의 계보
중심개념	돌아오다	이삭 줍다	눕다	기업 무르다
		2:1 유력한 자	3:11 현숙한 여자 (잠 31:10–31)	

나오미를 중심으로 기록된 도입부(1–5절)는 나오미의 가족이 기근을 피해 모압 땅으로 갔을 때 겪었던 참담한 고난을 간략하게 소개한다. 이 부분은 4:13–17에 나오는 결말과 더불어 전체 이야기의 틀을 형성한다. 이 사이에 나오는 이야기들은 황폐하게 된 나오미가 가득 채워지는 결말로 나아가는 과정이 된다.

1:6 이하에서는 '돌아오다'는 단어가 모두 열두 번(6, 7, 8, 10, 11, 12, 15, 15, 16, 21, 22, 22절)이나 사용되면서, 베들레헴을 떠났던 나오미가 황폐하게 되어 다시 베들레헴으로 돌아오는 것을 강조한다. 비록 나오미는 텅 비어서 돌아오지만 혼자가 아니다. '일곱 아들보다 더 귀한' 며느리, 모압 여인 룻이 함께 돌아옴으로써 그녀에게 희망의 빛이 비친다.

2장에서는 '(이삭) 줍다'는 단어가 열두 번(2, 3, 7, 8, 15, 15, 16, 17, 17, 18, 19, 23절)이나 반복되면서 룻이 시어머니를 공궤하기 위해서 이삭을 줍는 행동이 강조된다. 이것은 하나님의 자기희생적인 사랑을 받은 룻이 시어머니에게 나타내는 헌신적인 사랑(헤세드)의 행동이다. 룻의 이러한 헌신을 알아보고 엘리멜렉의 친척이자 '유력한 자'인 보아스도 룻과 나오미를 위해서 자기희생적인 사랑(헤세드)을 베푼다.

3장에서는 '눕다'는 단어가 모두 여덟 번(4, 4, 4, 7, 7, 8, 13, 14절) 등장하면서 룻이 타작마당에서 보아스의 장막에 눕는 행동을 강조한다. 룻은 시어머니의 지시를 따라 타작마당에 마련되었던 보아스의 숙소에 가서 보아스의 발치에 눕는다. 보아스에게 청혼을 하기 위함이다. 나오미는 정상적이지는 않지만 이런 행동을 통해서 며느리의 삶을 회복시켜 주려고 했고, 반면 룻은 현숙하지 못하다는 오명을 쓸 각오를 하면서 보아스와의 결혼을 통해서 나오미의 삶을 회복시키고자 했다. 보아스는 이 모든 정황을 알고 룻의 '현숙함'을 지켜주면서 신중하게 하나님의 법을 따라 일을 처리한다.

4장에서는 '기업 무르다' 혹은 '기업 무를 자'라는 표현이 모두 열세 번(1, 3, 4, 4, 4, 4, 4, 6, 6, 6, 6, 8, 14절) 등장하면서 보아스의 기업 무르는 행위를 통해 나오미의 삶이 회복되는 것을 강조한다. 보아스가 나오미의 기업을 무르고 룻과 결혼한 것은 역시 자기희생적인 사랑(헤세드)의 표현이다. 자기 재산에 손해가 있을 것을 두려워하여 자비 베풀기를 거부한 나오미의 가장 가까운 친척의 행동이 그것을 반증한다. 이러한 룻과 보아스의 자기희생적인 사랑으로 나오미의 삶은 완전하게 회복된다(13-17절). 보아스와 결혼한 룻이 나은 아들 오벳은 이 회복의 증표이다. "이는 네 생명의 회복자이며 네 노년의 봉양자라 곧 너를 사랑하며 일곱 아들보다 귀한 네 며느리가 낳은 자로다"(4:15)

부록으로 기록된 다윗의 족보(4:18-22)는 어두운 사사시대에 자기희생적인 사랑으로 나오미의 가문을 회복시킨 룻과 보아스의 후손으로 태어난 다윗 역시, 믿음과 자기희생적인 삶을 통하여 나오미처럼 불행하게 된 이스라엘을 회복시킬 것을 전망하게 한다.[4)]

※ 수혼 제도와 기업 무르는 제도

'수혼 제도'는 신명기 25:5-10에 기록되어 있는데, 이 법은 형이 아들을 남기지 못하고 죽으면 동생이 형수와 결혼하고 그의 형을 위하여 아들을 낳게 해주어서

형의 이름으로 기업이 지속되도록 하는 것이다. 이와 관계된 '기업 무르는 제도'는 레위기 25장에 나오는데 이것은 사람이나 물건(땅)이 증서에 의해서 팔렸을 경우에 친족이나 소유주가 속전을 지불하고 다시 무를 수 있는 제도를 말한다. 이 제도들은 하나님나라 백성들이 형제의 고난을 위해서 자신을 희생하는 사랑에 근거한 제도로서 자비의 법들이라고 할 수 있다. 룻기에서 보아스는 수혼 제도와 기업 무르는 제도 둘 다를 지킴으로써 나오미의 가문을 회복시키고 있다.[5)]

결론

모압 여인 룻과 보아스의 자기희생적 사랑은 그들이 참된 하나님의 백성임을 보여준다. 그리고 다윗 족보 중의 한 이야기로서 룻기는 다윗의 자기희생적인 헌신을 통해 사사시대에 텅 비어졌던 이스라엘이 가득 채워져 갈 것을 예고하고 있다. 궁극적으로 룻기는 룻과 '다윗의 자손'으로 오신 예수님의 구속 사역, 희생적인 삶을 통하여 완성된다. 룻은 마태복음 1장에서 예수님의 조상으로 등장하고 있고, 보아스는 '기업 무르는 자'로서 예수님의 자기희생적인 '구원'을 예표하고 있다.

사무엘상하

사무엘상하는 사사시대의 비참한 종말에도 불구하고 하나님께서 사무엘을 통해서, 그리고 사무엘로 기름 붓게 한 왕을 통해서 이스라엘을 암흑으로부터 구원해 내시는 역사를 그려준다. 사무엘상하는 사무엘의 탄생(주전 약 1100년경)부터 시작해서 사울 왕의 실패를 그린 다음, 다윗 왕의 통치에서 그 절정에 이른(주전 970년경) 하나님의 왕국의 모습을 보여 주는 것으로 마무리된다. 하나님나라는 하나님의 직접적인 통치(신정, theocracy)에서 인간 왕을 중심으로 하는 왕국(왕정, monarchy)의 형태로 지속된다. 그러나 그 인간 왕은 하나님의 통치의 대리자일 뿐이며 철저하게 하나님께 순종해야 한다.

구조

삼상 1-7장	삼상 8-31장	삼하 1-20장	삼하 21-24장
사무엘의 출생과 통치	사울의 통치와 다윗의 고난	다윗의 통치와 위기	부록

사무엘상 1-7장에서는 사무엘이 주인공이고, 8-15장에서는 사울이 주인공이며, 사무엘상 16장부터는 다윗이 주인공이다. 위의 구조는 이런 점을 고려하면서도 사울 왕국 시대와 다윗 왕국 시대를 고려한 것이다. '다윗 왕권'이 사무엘상하의 중심 주제다. 사무엘상 2장의 '한나의 노래'와 사무엘하 22장의 '다윗의 찬송'은 많은 어휘를 공유하면서 둘 다 여호와의 '기름부음 받은 자'(메시아)에 대해 언급함으로써 수미상관을 이룬다. 그리고 다윗 왕조의 영원성을 약속하신 하나님의 언약을 기록한 사무엘하 7장이 이 두 군데를 이어주는 다리 역할을 한다.[1)]

내용

사무엘의 출생과 통치(삼상 1-7장)

1장의 사무엘의 탄생 기사는 암울한 사사시대를 희망으로 열어젖힌다. 하나님은 불임과 브닌나의 핍박이라는 고통 가운데서도 바알이나 아세라가 아닌 여호와를 찾고 부르짖는 한나를 돌아보신다. 그녀의 기도를 들으시고 사무엘을 주신다. 그러자 한나는 맹세한 대로 자신이 구하여 받은 아들 사무엘을 나실인으로 하나님의 성막과 이스라엘의 회복을 위해서 성별하여 드린다. 이러한 한나의 신앙적인 모습은 사사시대의 이스라엘이 대적들의 공격으로부터 구원받을 수 있는 모범적인 길이다. 하나님만을 의지하고 자신들을 하나님께 거룩하게 드리는 것이다. 하나님은 자신만 붙드는 '작은 자'인 한나와 그의 아들 사무엘을 통해서 사사시대의 이스라엘을 회복시키는 일을 시작하신다.

2장을 시작하는 '한나의 노래'는 교만한 자들을 물리치시고 겸손한 자들을 구원하시는 하나님의 통치를 찬양한다. 이것은 한나 자신이 브닌나로부터 구원받은 것뿐만 아니라 다윗이 사울에게서, 이스라엘이 블레셋에게서 구원받을 것을 예고한다. 브닌나나 엘리의 아들들, 골리앗, 블레셋, 사울, 여부스 족, 미갈, 압살롬 등 교만한 자들은 망할 것이고, 한나, 사무엘, 다윗, 밧세바, 이스라엘 등 겸손한 자들은 구원받을 것이다.[2] 한나의 노래는 또한 하나님이 당신의 '기름 부은 자'(메시아, 왕)를 통해서 당신의 통치를 이루실 것을 예언한다.

사무엘은 왕국 수립을 위한 중보자이다. 그는 타락한 엘리 제사장 집안을 대신하는 제사장이자 선지자로서 하나님의 말씀으로 사사 시대의 이스라엘을 깨우고 회복시킨다(3-7장). 그가 전하는 하나님의 말씀은 하나도 땅에 떨어지지 않았다. 그는 미스바에서 온 이스라엘의 회개를 촉구하면서 중보기도를 통하여 블레셋으로부터 이스라엘을 구원한다(7장). 사무엘은 이스라엘 백성들에게 새로운 구원의 시대를 여는 인물인 것이다. 그의 사역은 자신이 세울 사울이나 다윗 왕을 통해서 온전히 꽃피게 될 것이다.

언약궤 이동

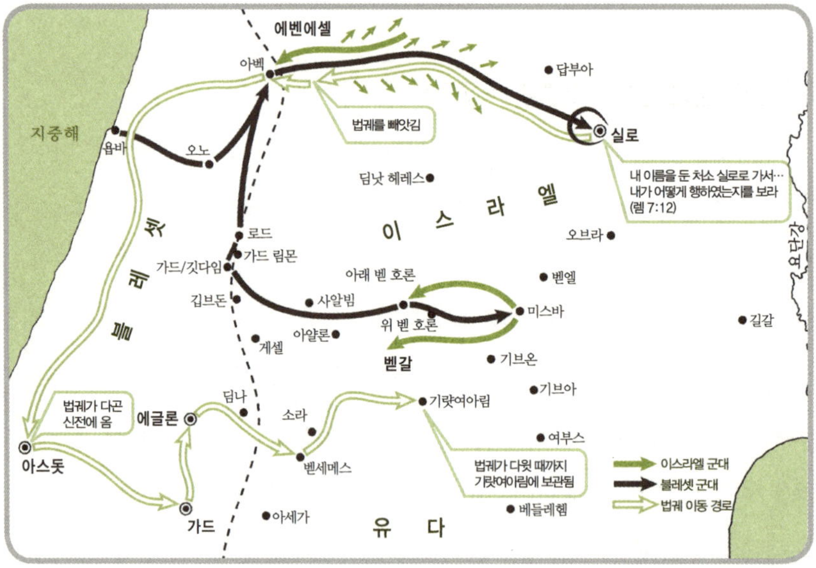

사울의 통치와 다윗의 고난(삼상 8-31장)

8-15장 사울 왕의 통치

사무엘상 8:5, 20에는 이스라엘이 사무엘에게 왕을 구하는 장면이 나온다. 이들은 여호와께서 왕이심에도 불구하고 '모든 나라와 같이' 전쟁을 잘하고 부국강병을 이루는 왕을 구하고 있다. 하나님은 사무엘을 통해서 이스라엘의 불신앙을 책망하시고 왕 제도의 위험성을 경고하시면서도 왕 제도를 허락하신다. 사무엘을 통해 사울을 왕으로 세우신다. 사무엘은 길갈에서 사울을 왕으로 세우면서 왕과 백성들이 하나님의 뜻에 순종할 것을 촉구하고, 자신이 해왔던 통치 사역을 기꺼이 내려놓고 전면에서 물러난다(고별 설교, 삼상 12:1-25). 사무엘이나 하나님께서 세우기를 원하셨던 왕은, 백성들에게 하나님의 길을 보여주고 하나님의 뜻대로 백성들을 다스려서, 결국은 백성들로 하여금 하나님만이 그들의 진정한 왕이심을 알게 하는 '하나님의 아들'(삼하 7:14)로서의 왕이었다. 하지만 사울은 하나님이 아닌 군사력을 의지하여 강한 왕국을 세워 보려는 백성들의 그릇된 열망에 부응하려는 모습을 보인다(13-15장). 그는 전쟁에서의 승리에 집착하는 이방 왕의 모습을 보인다. 심지어 하나님을 예배하는 일과 '금식'조차도 승리를 얻는 수단으로 사용하려 한다(13-14장). 가장 결정적인 것은 왕이신 하나님의 명령에 대한 불순종이다. 하나님나라의 대적인 아말렉 족속에 대한 전멸 명령을 불순종하고 자신의 승리를 백성들에게 자랑하려고 한다. 이 사건은 하나님께서 사울의 왕권을 폐하시기로 한 결정적인 사건이 된다. 왜냐하면 "순종이 제사보다 낫고 듣는 것이 숫양의 기름보다" 낫기 때문이다(15:22). 하지만 하나님은 사울이 자신의 죄를 깨닫고 돌이킬 수 있는 기회를 수년 동안 수차례 주신다. 그러나 이후의 그의 삶은 더욱 더 악화일로를 걷게 되고 결국은 블레셋과의 전쟁에서 죽게 된다(31장).

다윗이 왕으로 기름 부음 받고 국가적인 인물로 부상함(삼상 16-17장)

하나님은 사울을 이어 왕이 될 사람으로 다윗을 기름 부어 세우신다. 가장 중요한 이유는 하나님을 신뢰하고 순종하며 하나님과 그의 나라를 사랑하는 다윗의 '중심' 때문이었다(16:7). 이러한 그의 중심은 악령에 시달리는 사울 왕을 음악으로 치료하고(16:14-23), 목숨을 걸고 전장에 나아가서 거인 골리앗을 이기는 장면에서 나타난다(17장). 그는 왕이 아니었지만 백성을 지키기 위해서 왕이 해야 할 일을 목숨을 걸고 한 것이다.

다윗의 고난과 사울의 쇠퇴(삼상 18-31장)

자신의 자리에 집착하는 사울 왕은 다윗의 '중심'을 자신의 왕권을 위협하는 것으로 간주한다. 그때부터 사울의 공포정치는 시작되고(특히 22장의 제사장 학살 사건) 다윗은 사울 왕에게 쫓기는 신세가 된다. 그 가운데서도 하나님나라 왕으로서의 다윗의 중심은 더욱 더 빛이 난다. 사울에게 쫓겨 다니면서도 가난하고 고통당하는 백성들을 돌보고, 블레셋의 침략을 받은 그일라 성을 구하기도 한다. 사울을 죽일 기회가 두 번이나 있었지만(24,26장) 하나님의 때를 기다리며 사울의 왕권을 존중한다. 겉으로는 사울이 왕이고 다윗은 도망자였지만 악마가 되어가는 사울 왕은 점점 쇠퇴해간다. 반대로 많은 사람들(사울의 아들 요나단과 딸 미갈, 제사장 아비아달, 선지자 사무엘, 군인들 등)이 다윗을 돕고 다윗은 점점 왕적인 존재로 인식되기 시작한다.[3] 25장에서의 아비가일의 말 속에서 우리는 참된 왕이 어떤 사람이어야 하는지를 다시 보게 된다. 백성의 무고한 피를 흘려서는 안 되는 사람이다. 한편 다윗의 은혜를 받았으면서도 다윗을 배척하고 모욕한 아비가일의 남편 '나발'('어리석은 자')의 최후는, 자신에게 충성하는 다윗을 죽이려 한 사울의 최후를 미리 보여준다.[4] 신접한 여인까지 찾아가는 사울 왕(28장)은 결국 블레셋과의 전투에서 아들들과 함께 전사한다(31장). 한편, 다윗은 블레셋으로 피신하여 블레셋의 한 성 시글락에 거하게 된다(27장). 이후에 블레셋과 함께 이스라엘 군대와 싸워야 하는 위기를 맞게 되지만 하나님의 은혜로 그 위기를 모면하고(29장), 사울이 처리하지 못한 아말렉 족속을 치기도 한다(30장). 이 모든 장면들은 하나님께서 끝까지 불순종하는 사울을 버리시는 과정과 하나님과 그의 백성을 향해 온전한 중심을 가진 다윗을 세워 가시는 과정을 생생하게 보여준다.

다윗의 도피 여정

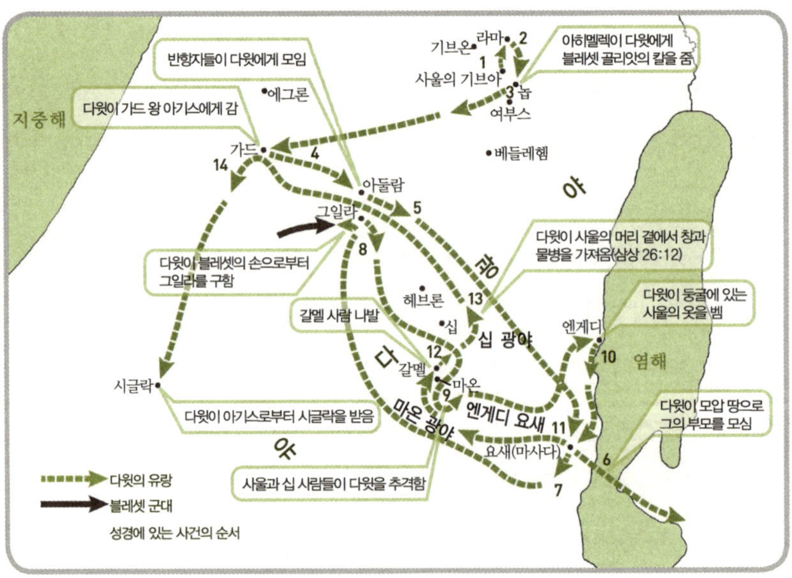

사울의 마지막 전투

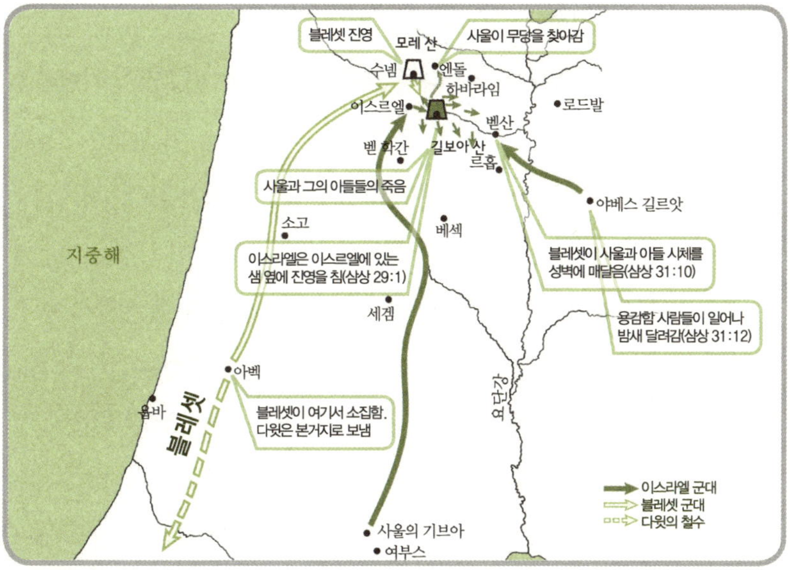

삼하 1-20장 다윗 왕의 통치와 위기

유다와 온 이스라엘의 왕이 되는 다윗(삼하 1:1-5:5)

다윗은 사울과 요나단의 죽음(1장), 그리고 사울의 군대장관이었던 아브넬의 죽음(3:32)을 진심으로 애도하는 모습을 통해서 하나님나라에 대한 사랑을 나타낸다. 그리고 백성들이 그를 왕으로 세울 때까지 기다린다. 그는 먼저 헤브론에서 유다의 왕이 되고(2:4) 이후에 온 이스라엘의 왕이 된다(5:1-5). 이런 결과는, 다윗이 기름 부음을 받고 난 이후에 사울에게 쫓겨 다니고, 블레셋에 거주하고, 헤브론에서 왕이 되면서 다윗이 한결같이 보여준 하나님과 그의 백성들에 대한 사랑과 헌신('중심')이 하나님과 사람들에게 인정받았음을 의미한다.

다윗 왕의 이상적인 통치(삼하 5:6-8:18)

- 다윗은 여부스 족속에게서 예루살렘을 빼앗아 '다윗 성'으로 삼는다(5:6-16). 남북 이스라엘을 아우를 수 있는 중앙 지역에 수도가 생긴 것이다. 그러자 두로 왕은

다윗을 이스라엘 왕으로 공식적으로 인정한다. 하나님나라의 왕이 거하는 예루살렘은 하나님나라의 지상수도가 된 것이다.

- 사사시대부터 사울의 시대까지 하나님나라 이스라엘을 가장 많이 위협하고 괴롭혔던 대적들이 마침내 다윗에 의해서 제압된다(5:17-25). 이 사건은 8장의 사건과 더불어 다윗 시대에야 하나님나라 이스라엘에 참된 안식이 찾아 왔음을 알린다.
- 다윗이 여호와의 법궤를 예루살렘으로 옮긴다(6:1-23). 이 사건은 예루살렘을 수도로 하는 이스라엘이 다윗의 나라가 아니라 하나님나라임을 천명하는 중요한 사건이다. 다윗은 여호와의 보좌를 상징하는 법궤를 왕도인 예루살렘에 옮김으로써 예루살렘이 하늘 왕이신 여호와의 왕도가 되게 한다. 예루살렘은 다윗의 성이기 이전에 이스라엘과 온 세상을 다스리시는 여호와 하나님의 성임을 천명하는 것이다. 이때부터 예루살렘(시온)은 하나님의 성이 되었고, 이 성을 통해서 하나님은 이스라엘과 다윗 왕가에 복과 은혜와 의로운 통치를 베푸신다.
- 하나님께서는 지금까지 왕이 되는 과정에서나 6장 사건에서 보여준 다윗의 온전한 중심을 귀하게 보시고 그의 왕국을 영원히 세우시는 언약을 다윗과 맺으신다(7:1-29). 7장에서 하나님은 다윗이 하나님을 위한 '집'(성전)을 짓기 전에 하나님께서 먼저 다윗의 집(왕조)을 세우실 것이라고 하신다. 성전은 다윗의 왕위를 이을 아들이 세울 것이라고 약속하신다. 이 약속은 소위 '다윗 언약'으로 불린다(삼하 23:5; 시 89, 132편; 사 55:3). 이 언약은 다윗 왕조의 지속을 통해 하나님나라 이스라엘이 참된 안식과 복을 누리고, 세상의 복의 근원이 될 것을 바라본다. 잠정적인 지도자들이 아닌 지속적으로 이어지는 왕국의 왕들을 통해 효과적으로 그 일들을 이루시겠다는 약속이다. 하나님의 종인 왕들은 신명기 17장이 명령하는 이상적인 하나님나라의 왕의 모습을 보여 주어야 한다. 만약 다윗과 그의 후손들이 하나님의 법을 잘 지킨다면 그의 왕국을 통해 온 세상에 하나님나라가 세워질 것이다. 만약 불순종 한다면 하나님은 왕들을 징계하실 것이다. 그들의 죄악이 심하면 왕들은 죽임을 당할 수도 있고 나라가 망할 수도 있을 것이다. 하지만 다윗 왕국에 대한 그의 약속은 영원할 것이며, 그 약속은 궁극적으로 '다윗의 왕위'를 이은 예수 그리스도에 의해서 온전히 성취된다.

• 다윗이 주변 나라들(블레셋, 아람, 암몬, 모압, 에돔 등)에 대해서 승리하여 이스라엘을 안전하게 하고 그들에게 자신의 통치를 행하는 제국을 설립하게 된다(8:1-14). 이것은 단순한 영토 확장을 넘어 하나님의 공평과 정의의 통치를 확장하는 것이며, 하나님나라의 복을 주변 국가들에 나눠주는 것이다. 한마디로 하나님나라의 확장인 셈이다.

다윗의 통치에 대한 위협과 문제들의 해결(삼하 9-20장)

• 삼하 9:1-13 사울 가정의 정리

다윗은 자신의 왕권에 잠재적인 위협이 될 수 있었던 사울 왕가의 문제를 지혜롭고도 은혜롭게 해결한다. 그는 유일하게 살아남은 요나단의 아들 므비보셋을 왕궁에 살게 하고 후대함으로써 요나단과 맺은 언약을 지키고, 북쪽 지파들의 중심인 사울 가의 반란을 차단하고 있다.[5]

• 삼하 10:1-19;12:26-31 아람과 암몬 군대의 도전과 응징

이 사건은 8장에 기록된 아람과 암몬의 완전한 제압 이전에 일어났던 도전을 말한다. 이 기사들은 외부적인 위협들을 다윗이 어떻게 처리했는지를 보여준다. 이 기사들이 전하는 전쟁 이야기는 그 중간에 기록된 밧세바 사건에 대한 배경이 된다.

• 삼하 11:1-12:25 밧세바와 우리아에게 행해진 왕권의 남용

이 사건은 단순히 다윗이 음행의 죄를 범했다는 것만을 말하지 않는다. 다윗 왕의 권력 남용에 의해서 생긴 하나님나라의 위기를 기록하고 있다. 다윗은 자신의 왕권이 철저하게 하나님과 그의 백성들을 '섬기기' 위해서 사용되어야 함을 잘 알았고 지금까지 그렇게 행해왔다. 즉, 그는 철저하게 하나님의 종으로서 살아왔던 것이다. 하지만 자신의 충성스러운 신하 우리아를 죽이고 그의 아내를 취하는 다윗의 모습은 자신의 권력을 이용하여 백성들의 재산과 소유를 빼앗는 이방 왕들의 모습과 같다. 더군다나 그가 왕으로서 그의 군대가 목숨을 걸고 싸우고 있을 때 이런 파렴치한 범죄를 저질렀다는 것은 그의 죄악을 더 무겁게 만든다. 하지만 나단 선지자를 통한 하나님의 책망에 귀를 기울이고 죄를 회개하는 다윗의 모습은 왕의 죄로 초래

된 국가적 위기를 어떻게 해결해야 하는지를 잘 보여준다. '왕의 회개'는 자신보다 크신 왕이신 여호와를 고백하는 행위였기에 하나님께서 그의 회개를 받으시고 문제를 해결해주신다. 밧세바가 낳은 아기의 죽음은 다윗의 죄에 대한 공적인 징계였지만 솔로몬의 탄생은 다윗 왕조에 대한 하나님의 은혜의 회복을 보여준다.

• 삼하 13:1-20:22 압살롬(13-19장)과 세바(20장)의 반란과 실패

이 부분은 다윗이 저지른 범죄의 영향력과 말년의 다윗의 통치의 실패들을 보여준다. 이것은 나단에 의해서 예고되었던 바들이다. 하지만 이 예고는 다윗이 아무리 잘해도 반드시 일어날 것을 말한 것은 아니다. 압살롬의 반역은 다윗이 암논과 압살롬에 대한 왕으로서의 징계를 잘 행했다면 일어나지 않았을 것이다. 밧세바 사건에서 저지른 죄의 영향력이 이후의 다윗의 통치에 얼마나 부정적으로 작용했는지를 잘 보여준다. 공평과 정의로 나라를 다스리던 다윗 왕의 분별력이 많이 흐려진 것을 알 수 있다. 다윗이 아닌 요압과 같이 정치적으로 민감한 사람들이 상황을 주도하기 시작한다.[6] 또한 베냐민 지파 세바의 반란도 약해진 그의 왕권과 남북의 분열을 반영한다. 하지만 이 사건들은 하나님의 신실하신 은혜도 강조한다. 다윗의 연약함과 그로 인해 초래된 위기를 다윗과 맺으신 언약에 신실하신 하나님께서 해결해 주신다. 땅의 왕이 초래한 위기를 하늘 왕께서 해결해주신다. 이스라엘이 하나님나라이며 이스라엘의 참된 왕은 여호와이심을 보여주는 것이다.

다윗의 가계도

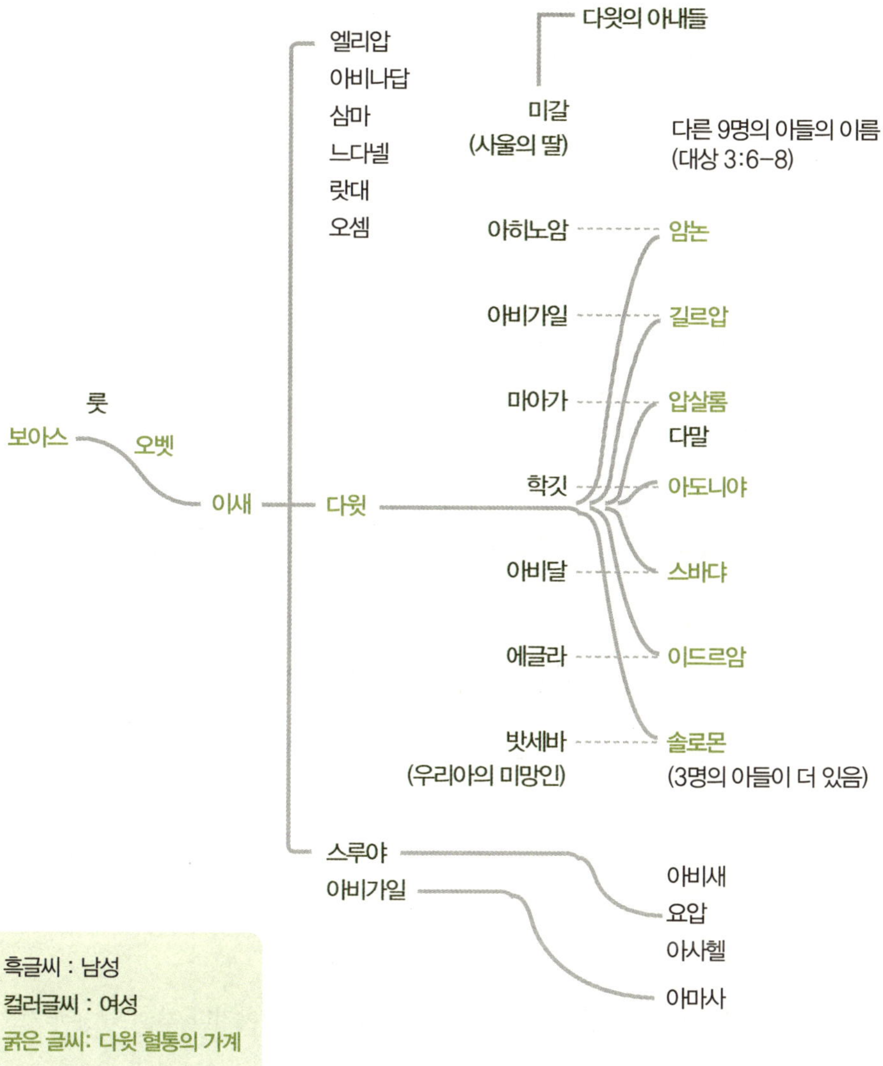

삼하 21-24장 부록

이 부록 부분은 20장 이후의 사건들을 기록한 것이라기보다는 다윗의 역사와 사무엘서 전체의 신학적 의미를 요약적으로 보여주는 일종의 맺음말이다. 이 부록의 기사들은 아래와 같이 교차대구적으로 배열되어 있다.[7]

A 삼하 21:1-14 사울 집안 때문에 일어난 재앙과 그 해결

B 삼하 21:15-22 다윗의 용사들의 목록과 그들의 공적

C 삼하 22:1-51 다윗의 승리의 노래-승리로 인한 여호와 찬양 (시 18편 참고)

C' 삼하 23:1-7 다윗의 '마지막 노래'- 다윗 언약에 대한 노래

B' 삼하 23:8-39 다윗의 용사들의 공적(특별히 블레셋에 대해)

A' 삼하 24 다윗의 인구 조사로 인한 재앙과 그 해결

제일 바깥 테두리인 21:1-14의 기사와 24장의 기사는 국가적으로 초래된 재앙의 문제를 다윗이 정의로운 통치와 하나님 앞에서의 회개로 돌파하고 있음을 보여준다. 죄는 공의롭게 처리되어야 하며 왕과 백성들의 집단적 죄는 반드시 하나님의 용서를 받아야 한다. 그래야 하나님나라는 올바르게 세워질 수 있다. 다윗의 용사들의 목록과 그들의 공적에 대한 기록(21:15-22, 23:8-39)은 다윗 왕의 업적이 그에게 충성을 맹세한 그의 신복들의 도움에 의해서 가능했음을 보여준다. 제일 가운데 부분인 다윗의 노래들은 다윗이 거둔 모든 승리와 다윗 왕가의 견고함이 모두 하나님의 은혜임을 강조한다. 하나님나라는 하나님께 헌신하는 당신의 종들과 함께하시는 하나님의 은혜에 의해서 세워진다.

결론

사무엘상하는 다윗 왕국을 통해 세워진 하나님나라의 이야기다. 사무엘상하 가운데서 다윗과 다윗 언약을 통하여 하나님께서 이루시려고 하셨던 하나님나라의 모습은 다윗의 참된 후손인 예수 그리스도에 의해서 온전히 이루어졌다. 다윗과 같이, 아니 다윗에게 있었던 조금의 연약함이나 죄도 없이 하나님과 하나님의 뜻에 헌신하신 예수 그리스도에 의해서 참된 구원과 안식이 그를 믿는 교회에 주어지게 되었다. 예수 그리스도, 하나님나라 왕 안에서 하나님의 구원과 승리가 이루어졌고, 공평과 정의의 통치가 실행되며, 그분 안에서 모든 사람들은 진정한 평화를 누린다. 여전히 그를 대적하는 세력들

이 활개를 치고 있는 세상 가운데서 교회는 철저하게 다윗의 후손이자 참된 하나님나라의 왕이신 예수 그리스도의 통치 아래 있어야 한다. 마지막 날에 그분께서 다시 오셔서 당신을 대적하는 모든 세력들을 심판하시고 영원한 안식이 있는 하나님나라를 완성하셔서 아버지 하나님께 돌리실 것이다.

열왕기상하 (Kings)

열왕기상하는 원래 한 권의 책으로서 다윗의 말년부터 바벨론에서의 여호야긴 왕의 죽음까지 약 420년(B.C. 970-550) 간의 이스라엘의 역사를 회고적으로 기록한 책이다. 특별히 이 역사는 바벨론 포로 기간 중에 기록되었기 때문에 그 기간의 관점에서 왕들의 행적을 평가하는 방식을 취하고 있다.[1] 열왕기는 이스라엘의 멸망을 왕들이 하나님과의 언약을 어겼기 때문에 하나님의 징계를 받은 것이라고 설명한다. 그러면서도 열왕기는 하나님께서 불순종하는 자기백성을 얼마나 오래 참으시고 얼마나 신실하게 당신의 언약을 지키셨는지를 보여준다. 특별히 다윗 왕조가 영원할 것이라고 하신 다윗 언약(삼하 7장)을 얼마나 소중하게 여기시는지를 보여준다. 포로로 잡혀간 하나님의 백성들이 희망과 믿음을 갖는 것은 바로 후자의 하나님의 신실하심 때문이다. 하나님께서 결국은 다윗의 후손인 메시아를 통해서 당신의 왕국을 온전하게 회복시키실 것이다.

이스라엘의 왕은 단순히 백성들을 대표하는 사람이 아니라 하나님의 통치를 중재하는 역할을 하는 사람이다. 그는 하나님 - 그분의 성품, 뜻, 나라 - 을 자신의 통치를 통해서 백성들과 주위의 나라들에게 보여주어야 하는 사람이었다. 그러나 그들이 그런 역할들을 충실하게 이행하지 못했을 때 하나님은 엘리야와 엘리사와 같은 선지자들을 보내셔서 경고의 메시지를 전달하신다. 열왕기의 많은 부분이 엘리야와 엘리사 선지자의 이야기로 채워진 것은 이 책이 단순히 역사를 다룬 것이 아니라 하나님의 예언적 관점에서 왕들의 역사를 해석한 것임을 암시하는 것이라고 할 수 있다.

구조[2]

왕상 1-11장	왕상 12장-왕하 17장	왕하 18-25장
솔로몬의 통치-통일왕국	분열 왕국 시대와 북왕국의 멸망	남왕국의 왕들과 남왕국의 멸망

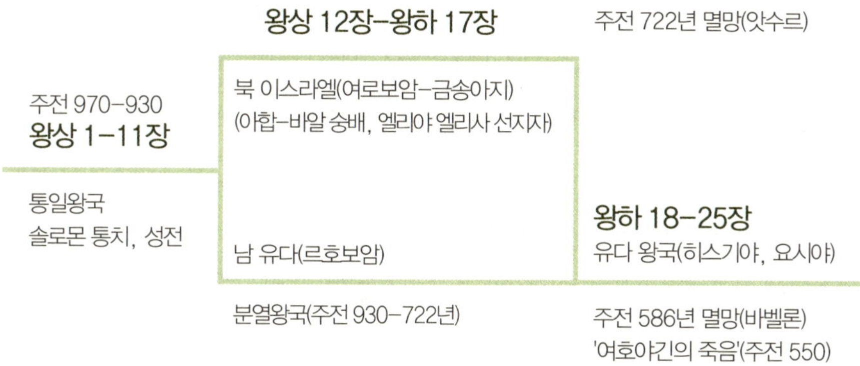

내용

1-11장 솔로몬의 통치(통일왕국)

솔로몬이 다윗을 승계할 때부터 르호보암이 솔로몬을 승계하기까지의 열왕기상 1-12장까지의 이야기는 아래와 같이 교차대구적인 구조로 배치되어 있다.[3)]

솔로몬의 다윗 승계(왕상 1:1-2:12)
　　견고하게 된 솔로몬의 왕위(왕상 2:13-3:3)
　　　　솔로몬의 지혜와 의로운 통치(왕상 3:4-28)
　　　　　　솔로몬의 통치의 특징(왕상 4장)
　　　　　　　　솔로몬의 성전과 왕궁 건축(왕상 5:1-9:9)
　　　　　　솔로몬의 통치의 특징(왕상 9:10-10:29)
　　　　솔로몬의 어리석음과 이방신 숭배(왕상 11:1-13)
　　위협받는 솔로몬의 왕위(왕상 11:14-43)
르호보암의 솔로몬 승계(왕상 12:1-24)

위의 구조에서도 알 수 있듯이 열왕기 기자는 솔로몬의 성전 건축을 그의 통치의 가장 위대한 업적으로 다루고 있다(5-9장). 성전은 하나님나라가 이 땅에 세워진 것을 상징적으로 보여준다. 하나님의 왕궁이 예루살렘에 있어서 그곳에서 이스라엘과 온 세상을 다스리는 것을 보여주는 것이다. 또한 이것은 삼하 7장의 예언의 성취이다(8:20). 다윗을 통해 안식을 주신 하나님께서는 다윗의 집(왕조)을 견고케 하신 이후에 다윗의 아들 솔로몬을 통해서 당신의 집(성전)을 짓게 하신 것이다. 솔로몬과 이후의 왕들의 통치는 성전에서 참된 왕이신 하나님을 예배함으로써 온전해질 수 있었다. 백성들도 성전 예배를 통해 하나님께 기도하고 찬양함으로써 개인적으로나 공동체적으로 하나님나라를 이룰 수 있었다. 성전의 존재는 왕과 백성들이 하나님을 믿고 순종하게 했고, 그래서 그 성전에 좌정하신 하나님으로부터 하나님의 복과 통치가 흘러나옴을 인식하게 했다. 성전의 봉헌식 때에 드린 솔로몬의 봉헌 기도(8장)는 성전의 신학적 의미를 잘 부각시켜 준다. 성전은 왕과 백성들뿐만 아니라 이방인들도 기도하면서 하나님의 용서와 도우심을 받을 수 있는 기도의 집이었다. 이러한 성전의 기능은 포로로 잡혀가 있던 독자들이 하나님의 용서를 구할 수 있는 근거를 제공했을 것이다.

이처럼 솔로몬이 하나님을 중심에 모시고 하나님의 뜻대로 다스리고자 했을 때 하나님은 그의 나라를 지극히 번성시키셨다. 솔로몬은 겸손하게 하나님의 지혜('듣는 마음')를 구하여 그 지혜와 말씀대로 공의롭게 나라를 통치하고자 했다(3장). 그의 지혜는 일반 통치와 성전 건축 모든 면에서 빛을 발한다. 다윗을 이어 왕이 된 솔로몬은 먼저 아버지 다윗의 유언을 따라(2:1-12) 하나님나라에 위협이 될 만한 세력들(아도니야, 아비아달, 요압, 시므이)을 처리한다(1-2장). 또한 솔로몬의 지혜는 행정체제, 경제, 무역과 건축 등의 치세에서도 빛을 발하여 하나님나라의 번성과 백성들의 '샬롬'을 가져다준다(4장; 9:10-10:29). 이런 면에서 하나님나라 이스라엘은 이방에 하나님의 지혜와 복을 전하는 역할을 한다(예: 4:34의 천하 모든 왕들, 10장의 스바 여왕). 영토적인 면에서도 솔로몬 시대가 가장 넓었다고 할 수 있다.

하지만 솔로몬의 지혜는 성전과 하나님 중심의 삶에서 떠날 때 어리석음으로 바뀐다. 11장은 이전의 장들, 특별히 3장과 극명한 대조를 이룬다. 솔로몬이 하나님의 지혜대로 통치했을 때 나라가 견고해지고 영화롭게 된 반면, 솔로몬이 정치적인 목적으로 이방 여인들과 결혼하고 이방신 숭배를 조장하게 되었을 때(11:1-13) 그의 나라는 금방 내외적으로 위기에 빠지게 된다(11:14-43, 하닷, 르손, 여로보암). 1-2장이 다윗 왕위를 솔로몬이 순조롭게 승계하는 것을 보여준다면, 12장은 솔로몬의 왕위가 위협받고 결국은 그의 아들 대에 나라가 남북으로 분열되는 심판을 받게 됨을 보여준다. 왕이 성전 중심의 통치, 하나님의 지혜를 버렸을 때 하나님나라는 위기에 처할 수밖에 없는 것이다.

다윗과 솔로몬 왕국

솔로몬의 12 행정구역

솔로몬 때의 무역

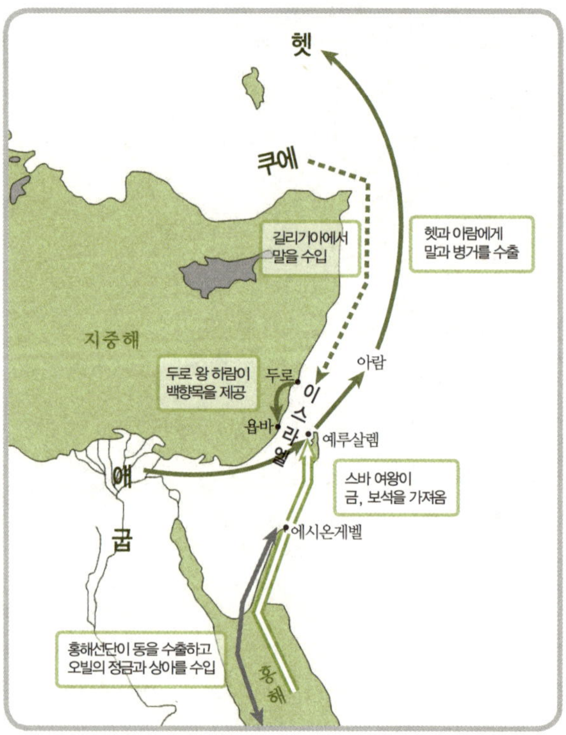

왕상 12장-왕하 17장 분열왕국 시대

분열된 이스라엘의 지도

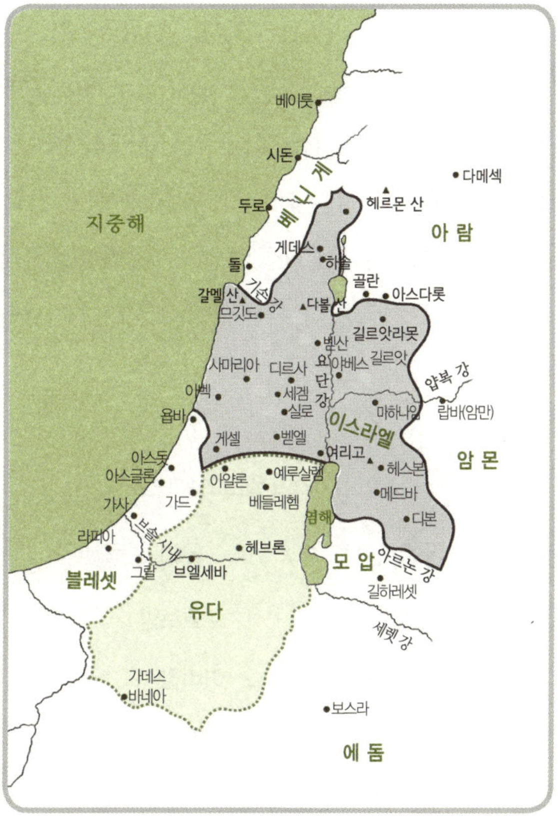

왕상 12:1-24에는 솔로몬의 죄와 그의 아들 르호보암의 폭정으로 나라가 분열되는 이야기가 기록되어 있다. 르호보암이 하나님과 백성을 섬기는 왕의 도리를 버리고 자신의 권력을 위해 백성들을 착취하는 세상 왕의 모습을 취했기 때문에 북 이스라엘이 배반하게 된다. 여기서부터 시작된 분열왕국의 역사가 열왕기하 17장까지 이어진다. 이 부분에는 북 이스라엘의 통치자 20명(디브니 포함)과 남 유다의 왕 19명(아달랴 제외)이 등장하고 있다. 왕들의 이야기는 사료들을 참조한 것이다. 각 왕의 통치는 등극공식과 종결공식으로 단락을 이루는데, 이 공식들에서 이들의 통치에 대한 평가가 나온다. 남 유다에는 불순종하는 왕들도 자주 등장하지만 이상적인 왕 다윗을 따르는 왕들이 계속

등장하고, 아달랴 시대의 위기를 제외하곤 멸망할 때까지 다윗 왕조가 지속된다. 이에 반해 북 이스라엘은 초기 24년 만에 왕조가 네 번 바뀌는 등 여러 왕조가 등장하는 불안정한 모습을 보인다. 북 이스라엘은 금송아지를 섬기는 여로보암 왕의 죄와 바알 숭배를 도입한 아합 왕의 죄에서 끝까지 회복되지 못하고 멸망당한다. 이 점을 강조하기 위해서 이 부분에서는 남 유다 왕들의 통치는 간략하게 처리되고 여로보암과 아합 왕, 그리고 엘리야와 엘리사 선지자의 사역이 길게 다루어진다. 특별히 엘리야와 엘리사 선지자의 사역은 가장 많은 분량을 차지한다. 이들의 사역은 북 왕국의 왕들이 제대로 왕 노릇을 못할 때 하늘 왕이신 여호와께서 직접 당신의 사자를 보내셔서 백성들을 돌보심을 나타낸다. 무엇보다 이들의 사역은 하나님나라의 역사가 하나님의 말씀대로 진행된다는 점을 강조한다.

남북 이스라엘의 왕들의 연대표[4)]

이스라엘 왕들	통치 연대	유다 왕들	통치 연대
1. 여로보암 1세	930-909	1. 르호보암	930-913
2. 나답	909-908	2. 아비얌	913-910
3. 바아사	908-886	3. 아사	910-869
4. 엘라	886-885		
5. 시므리	885		
6. (디브니)	885-880		
7. 오므리	885-874		
8. 아합	874-853	4. 여호사밧	872-848
9. 아하시야	853-852	5. 여호람(요람)	853-841
10. 여호람(요람)	852-841	6. 아하시야	841
11. 예후	841-814	7. (아달랴)	841-835
12. 여호아하스	814-798	8. 요아스	835-796

13. 요아스	798-782	9. 아마샤	796-767
14. 여로보암 2세	782-753	10. 아사랴(웃시야)	792-740
15. 스가랴	753		
16. 살룸	752		
17. 므나헴	752-742	11. 요담	750-732
18. 브가히야	742-740		
19. 베가	752-732	12. 아하스	735-732
20. 호세아	732-723/22	13. 히스기야	729-686
북 이스라엘 멸망	722	14. 므낫세	697-642
		15. 아몬	642-640
		16. 요시야	640-609
		17. 여호아하스	609
		18. 여호야김	609-598
		19. 여호야긴	598-597
		20. 시드기야	597-586
		남 유다 멸망	586

여로보암의 통치(왕상 12:25-14:20)

여로보암은 유다(+시므온) 지파를 제외한 이스라엘 열 지파를 연합하는 분열왕국의 왕이 된다. 그는 이스라엘과 유다를 정치적으로뿐만 아니라 종교적으로도 차별화하기 위해서 경쟁적인 제사제도를 만들고, 단과 벧엘에 신전을 만들고 금송아지를 세워 '여호와'라고 하며 섬기게 하였다. 이것은 이스라엘의 하나님을 이방신과 같은 차원으로 끌어내리는 행위이다. 제사 행위를 통해 신을 즐겁게 하고 신을 조종하여 자신들이 원하는 복을 받겠다는 것이다. 그러나 이스라엘의 하나님은 이방 종교의 신들과는 전적으로 차원이 다르다. 하나님은 백성들이 하나님을 사랑하여 말씀에 순종하는 삶을 기뻐하시며 자신에 대한 그들의 헌신된 마음을 원하신다.[5] 여로보암의 죄는 이후 모든 북왕국의 왕들이 답습하게 되고 결국은 그 죄로 인해 북 이스라엘이 멸망하게 된다.

엘리야의 사역

엘리사의 사역

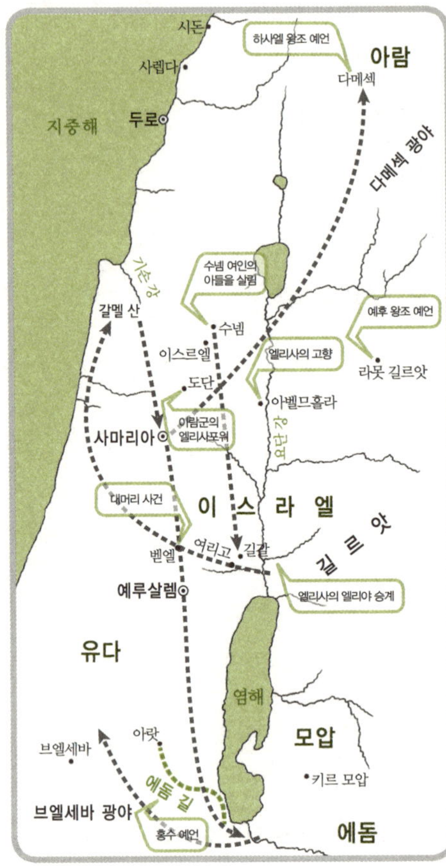

아합의 이스라엘 통치와 엘리야의 사역(왕상 16:29-22:40)

사마리아를 북 이스라엘의 수도로 삼은 오므리 왕조 중에서 아합 왕의 기사가 자세하게 기록되어 있다. 그는 엘리야의 사역과 대조되면서 여로보암과 함께 북 이스라엘 멸망의 또 다른 한 축으로 기록되고 있다. 아합 왕은 북 이스라엘 왕들 중에서 가장 악한 왕이라고 묘사되어 있다(16:30-34). 그는 특별히 시돈의 공주 이세벨과 결혼하여 가나안의 신 바알과 아세라 숭배에 열심을 내었다. 그리고 그는 나봇의 포도원을 갈취하는 사건에서 나타난 것처럼 백성들을 착취하는 왕이었다. 이처럼 가장 악한 왕이 통치하던 시대에 하나님께서는 엘리야 선지자를 보내셔서 당신의 능력 앞에서 우상들이 얼마나 무력한가를 보여주시며 악을 행하는 왕과 백성들을 향하여 심판을 선언하신다. 뿐만 아니라 하나님의 말씀을 가지고 있는 엘리야를 하나님께서 보호하시는 것을 통해서 무엇이 이스라엘의 근본이 되어야 하는지를 분명하게 보여주신다. 선지자를 통하여 나오는 하나님의 말씀이 근본이 되어야 하고 하늘의 왕이신 여호와만이 그들의 하나님이 되어야 하는 것이다. 하나님의 대리 통치자들인 왕들이 하나님의 말씀을 듣지 않을 때 하늘의 왕이신 여호와께서는 당신의 사자를 직접 보내셔서 백성들을 돌보시고 당신의 뜻을 전달하신다.

엘리사의 엘리야 승계와 엘리사의 사역(왕하 2:1–25, 4:1–8:15)

엘리야가 엘리사에게 자신의 자리를 승계하러 가는 길은 이스라엘이 가나안 땅에 들어온 행로를 거슬러 가는 길이다(길갈 → 벧엘 → 여리고 → 요단). 그리고 요단 강물이 갈라지는 것도 이스라엘이 가나안에 들어올 때와 유사한 장면이다. 엘리야가 요단 강을 건넌 다음에 하나님께서 그를 데려가신 것은 모세를 요단 강 동편에서 데려 가신 것과 유사하다. 그는 제2의 모세였던 것이다. 이런 모든 것은 엘리야가 모세와 같은 이스라엘의 진정한 지도자(구원자)였음을 보여주고, 엘리사가 이어가야 할 사역이 어떤 것인지를 분명하게 보여 준다. 특별히 엘리사가 승천하는 엘리야를 보며 "내 아버지여 내 아버지여 이스라엘의 병거와 그 마병이여"(2:12)라고 외친 것은 이스라엘을 지킨 진정한 지도자는 왕이 아닌 하나님의 사자 엘리야였음을 천명한 것이다.[6] 이런 의미에서 엘리야를 계승하는 엘리사는 제2의 여호수아이다. 엘리야의 영을 받은 엘리사는 역시 기적적인 방법으로 요단 강을 건너서 엘리야가 왔던 길을 거슬러 간다. 하나님에 의해 진정한 이스라엘의 선지자요 지도자로 인정을 받으면서 엘리야의 구원 사역을 이어받는다. 엘리사는 기적적인 방법으로 하나님의 백성들을 구원한다(예: 수넴 여인의 기적적인 잉태, 죽은 아들을 살림, 음식 기적, 아람과의 전쟁 시에 일어난 기적). 심지어는 이방인에게까지 구원을 베푼다(아람의 군대장관 나아만의 치유). 모두 하나님께서 주신 능력이다.

이러한 구원은 진정한 여호수아 예수('구원'이란 뜻으로 여호수아와 같은 말)님에게서 완성된다. 그런 면에서 엘리사는 예수님을 예표하며 엘리야는 세례 요한을 예표한다.

※선지자의 제자들(히브리어: '아들들')[7]

이 표현은 선지자들의 제자들을 가리키거나 '예언하는 일'(종교적인 무아경)에 참여한 사람들을 가리킬 수 있다. 엘리야와 엘리사와 관련된 이 공동체들(사무엘과 관련된 무리들도)은 전자를 가리킨다. 이스라엘이 종교적으로 황폐해지고 바알 숭배로 물들자 여호와만을 섬기고자 하는 사람들이 종교적인 공동체를 세웠을 것이다. 그리고 그들은 여호와의 선지자들에게 지도를 받았을 것이다. 물론 이 말이 사무엘이나 엘리야나 엘리사가 직접 학교를 세워서 제자들을 양육했다는 말은 아니다.

예후의 반역과 이스라엘 통치(주전 841-814, 왕하 9:1-10:36)

엘리사는 예후에게 기름을 부어 이스라엘의 왕이 되게 하여 하나님의 예언대로 오므리 왕조를 종식시키고, 이스라엘을 바알 숭배에 빠뜨린 이세벨을 비참하게 죽게 한다. 이로써 예후 왕조가 시작 되고 예후는 북 이스라엘의 왕들 중에서 가장 의로운 왕으로 인정을 받는다. 그러나 그도 여로보암의 죄에서는 떠나지 않았다.[8]

아달랴의 유다 통치와 제사장 여호야다의 항거(주전 841-835, 왕하 11:1-20)

바알 종교의 영향을 받은 아합의 딸 아달랴는 다윗 왕가에 시집을 와서 다윗 왕조의 씨를 말리고 바알 종교를 퍼뜨리고 세속적인 왕정을 시작하려 했다. 하지만 '다윗의 등불'(후손)을 끄지 않으시기로 언약하신 하나님의 신실하심과 그의 신실한 종인 제사장 여호야다에 의해서 아달랴의 반역은 실패로 돌아간다. 이는 하나님의 신실하심과 은혜로 왕조가 유지됨을 보여준다.

앗수르의 이스라엘 멸망과 인구 혼합 정책(왕하 17:7-41)

주전 722년 앗수르는 사마리아를 함락시켰고 북 이스라엘은 멸망을 당한다. 이스라엘의 멸망은 그들이 선지자들과 여호와의 말씀에 불순종하고 여로보암의 죄를 따르고 각종 우상을 섬겼기 때문이다. 열왕기 기자는 이스라엘의 멸망의 원인을 그렇게 밝힘과 더불어 앗수르의 인구 혼합 정책에 의해서 사마리아에 혼합 종교가 생기게 된 것도 설명하고 있다.

앗수르 제국 영토

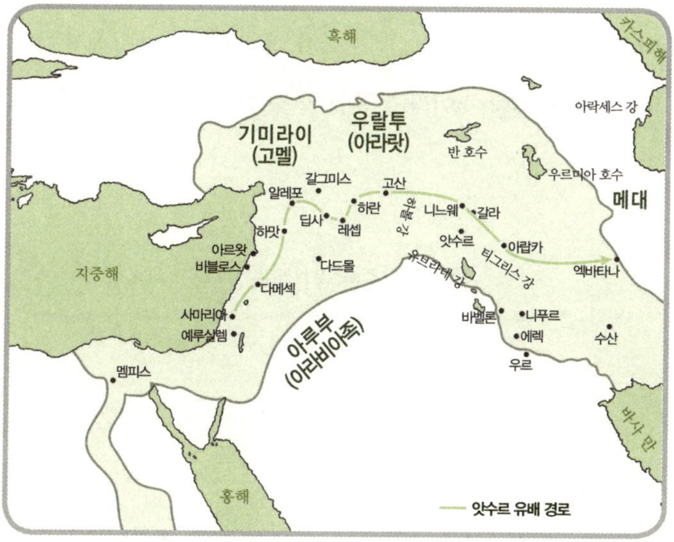

히스기야(주전 716-687년)와 요시야(주전 641-609년)의 유다 통치
(왕하 18:1-20:21, 22:1-23:30)

열왕기 기자는 북 이스라엘이 멸망당한 뒤에 히스기야와 요시야의 통치에 대해서 길게 기록한다. 독자들에게 하나님나라의 회복이 이 왕들처럼 우상숭배와 죄악에서 돌이켜 하나님의 말씀으로 돌아가고, 오직 하나님만을 의지하는 데 있음을 강조하기 위함이다. 히스기야와 요시야는 이전 왕들의 극심한 종교적 타락을 개혁하기 위해서 성전을 수리하고 대대적인 종교개혁을 단행한다. 히스기야는 앗수르의 예루살렘 포위 공격과 자신의 질병 앞에서 오직 여호와만을 의지함으로써 구원과 회복을 얻는다. 요시야는 하나님의 율법책을 읽고 그 율법대로 종교와 나라를 개혁하려고 애를 쓴다. 하지만 이 왕들도 죄악의 급류에 휘말린 유다를 돌이키지 못했다.

바벨론 왕 느부갓네살의 유다 멸망과 여호야긴의 회복(왕하 25:8-30)

주전 586년 8월에 바벨론의 느부갓네살 왕에 의해 예루살렘은 멸망을 당한다. 하나님의 도성이자 다윗 왕조의 도성인 예루살렘과 하나님의 왕궁인 성전이 파괴되었다. 성전의 성물들이 바벨론으로 옮겨지고 유다 백성들은 바벨론의 포로가 되었다. 모두 선지자들의 예언대로 왕들과 백성들이 하나님의 은혜를 배반하고 하나님의 말씀에 불순종한 결과이다. 끊임없이 경고하신 하나님의 경고를 무시한 결과이다. 하지만 포로로 잡혀갔던 야호야긴 왕의 회복은 엄청난 심판 이후에도 하나님께서 다윗에게 하신 약속, 즉 다윗의 왕조가 영원할 것이라고 하신 약속이 이루어질 것에 대한 희망을 보여주는 것이다.

바벨론의 침략과 바벨론 유수

결론

열왕기가 추구한 하나님의 대리통치자로서의 왕의 이상은 예수 그리스도에 의해서 성취되었다. 그리고 왕들의 통치를 받았던 하나님의 백성 이스라엘의 참 모습은 예수 그리스도를 왕으로 섬기는 주님의 교회에 의해서 성취되었다. 예루살렘에 있던 하나님의 지상 보좌, 성전의 의미도 성령께서 함께하시는 그리스도인들과 교회에서 새롭게 회복되었다. 즉 하나님나라의 왕이신 예수 그리스도께서 교회에 성령으로 좌정하셔서 교회와 이 세상을 다스리고 계신다. 교회는 의와 공평을 행하시며 철저하게 그 백성들을 섬기시고 그들을 올바른 길로 인도하시는 왕이신 예수님께 순종함으로써 하나님나라를 이루어 간다. 그렇게 될 때 교회는 이 세상을 다스리시는 예수님의 도구가 되어서 이 세상과 창조세계를 하나님나라로 회복하는 일에 참여하게 된다. 하나님이 보내신 사자 엘리야와 엘리사 등의 선지자들의 사역 또한 예수님의 사역 속에서 온전히 성취되었다. 주님이 행하신 기적과 가르친 말씀은 그들의 사역의 연장이었고, 하나님나라의 회복의 증표들이다. 이러한 회복의 사역들은 또한 교회의 선지자적인 직무를 통해서도 지속되고 있다.

역대상하 (Chronicles I, II)

역대상하는 원래 한 권의 책으로서 이스라엘의 남은 자들, 즉 바벨론에 잡혀갔던 포로들이 예루살렘으로 돌아와서 성전(에스라서)과 성(느헤미야서)을 재건한 후에 기록되었다. 성전과 성이 재건된 후에도 과거의 영광이 재현되거나 예언들이 성취될 기미가 보이지 않자 사람들은 신앙적인 위기를 느낀다. 그런 때에 역대기 기자는 과거를 되돌아보고 다시 해석하면서 이스라엘 백성들에게 믿음에 대한 새로운 방향을 제시하고 있다. 역대기 기자는 이 공동체에게 그들이 아직도 여호와의 언약 백성이며, 여호와께서 주신 언약은 반드시 이루어질 것이기에 여호와를 의지하면서 소망 가운데 기다릴 것을 교훈한다. 다윗과 솔로몬 같은 위대한 '다윗의 후손'을 통해서 성전 예배와 다윗 시대의 영광이 회복될 것이기에, 하나님께 불순종하고 하나님을 의지하지 않았던 과거의 과오를 되풀이하지 말고 오직 하나님만 바라봄으로 기다릴 것을 강조한다.[1]

역대기의 기록은 이상의 목적을 강조하는 방향으로 이루어졌다. 열왕기가 남북 왕국 왕들의 통치를 다루는 반면, 역대기는 다윗과 유다 왕국의 통치만을 다룬다. 특별히 다윗과 솔로몬 시대의 이상과 영광을 강조하면서, 이 왕들이 성전을 중심으로 하나님 중심적인 나라를 건설하려고 한 면을 부각시킨다. 즉, 역대기가 강조하는 하나님나라는 하나님을 예배하는 것을 중심으로 이루어지는 나라이다. 그래서 다윗의 다른 업적보다 성전 건축 준비 과정을 상세하게 다루고, 솔로몬의 성전 건축을 매우 강조한다. 이후의 왕들을 다룰 때도 성전 예배, 기도, 종교 개혁 등의 중요성을 강조한다. 그러면서도 성전과 예배를 소홀히 한 다윗 왕가의 왕들의 불순종과 우상숭배로 인해 백성들이 죄악에 빠지고 결국은 포로로 잡혀가게 된 것도 강조한다. 역대기는 '성전 예배'가 상징하는 하나님에 대한 순종은 복과 구원을 가져오지만, 하나님을 배반하고 순종하지 않는 것은 저주와 멸망으로 이끈다는 것을 '역사로 증명'하려 한다.[2] 하지만, 르호보암이나 므낫세처럼 악한 왕들조차도 회개했을 때는 하나님께서 용서하셨다는 '성전 신학'을 강조함으로써 독자들에게 성전을 통한 진정한 회복의 길도 제시한다.

다윗의 즉위	솔로몬의 즉위	유다의 멸망	고레스 칙령
BC 1010	BC 970	BC 586	BC 538

구조[3)]

대상 1-9장	대상 10-29장	대하 1-9장	대하 10-36장
족보(아담부터 포로귀환자들까지)	다윗의 이상적인 통치(성전 건축 준비)	솔로몬의 이상적인 통치(성전 건축)	분열 이후의 유다 왕들의 통치

내용

대상 1-9장 아담부터 포로귀환자들까지의 족보

족보는 과거의 역사에 대한 요약이며 이스라엘의 뿌리를 확인시켜 주는 역할을 한다. 즉 지금의 이스라엘이 과거의 언약공동체 이스라엘과 연속되는 것을 강조한다. 포로의 땅 바벨론에서 돌아온 자들은 그야말로 '남은 자'들로서 아담부터 아브라함과 다윗을 거쳐 지속된 하나님의 언약의 역사를 이어받는 자들임을 강조하는 것이다.[4)] 다윗의 계보와 레위인들의 계보가 중심을 이루고 있는데 이는 다윗과 같은 왕과 하나님을 예배하는 하나님 중심적인 삶을 통해 이스라엘이 회복될 것임을 암시한다. 그 외에도 이 족보에는 포로기 이후에 돌아온 사람들에 대한 기록(9장)이 눈에 띈다. 역대기 기자는 '온 이스라엘'(예-9:1; 11:1, 10; 12:38…)이란 표현을 자주 사용하면서 북 이스라엘 지파들의 족보들도 포함시켰다. 이는 통일왕국을 기대하고 있음을 보여준다.[5)]

대상 10-29장 다윗의 이상적인 통치

역대기는 다윗 시대 이상의 회복을 강조하고 있기 때문에 다윗의 일생과 그가 한 일을 자세하게 기록하고 있다. 특별히 성전 건축에 관련된 일과 성전을 섬기는 레위인들과 제사장들의 조직에 대한 이야기를 자세하게 기록한다. 13, 15-16장에서는 언약궤를 예루살렘으로 옮긴 이야기가 상세하게 그려지고 있고, 21-26, 28-29장에서는 성전 건축과 성전 봉사를 위한 준비가 자세히 다뤄지고 있다. 다윗이 얼마나 하나님을 예배하는 하나님 중심적인 왕국을 꿈꾸었는지를 강조한다. 하지만 이러한 이상에 배치되는 부분들(예: 밧세바 사건)은 생략한다.[6] 17장에는 사무엘하 7장에 기록된 다윗 언약에 대한 기사가 '다윗 왕조의 영원성'에 초점이 맞춰진 채 다시 기록되고 있다.

대하 1-9장 솔로몬의 통치

열왕기처럼 솔로몬의 지혜(1장)와 그의 통치의 영화(8-9장)를 기록하고 있지만 열왕기만큼 강조하지는 않는다. 또한 솔로몬이 이방 여인들과 결혼하여 이방신 숭배를 조장한 것도 기록하지 않는다. 대신 2-7장에 이르는 많은 장들에서 예루살렘 성전 건축과 봉헌을 상세하게 다룬다. 역대기 기자는 성전의 자리가 여호와께서 다윗에게 나타나셔서 다윗과 그의 백성을 용서하신 곳, 즉 여부스 사람 오르난의 타작마당인 것을 강조한다. 또한 그곳이 모리아 산에 위치하고 있다는 사실도 강조하면서 아브라함이 이삭을 바친 사건과 연결시킨다. 그리고 열왕기의 기록과는 달리 성전 건축과 출애굽기의 성막 건축을 긴밀하게 연결시킨다.[7] 5장의 언약궤를 옮기는 사건과 6장의 성전 봉헌식에서의 솔로몬의 기도는 역대기 신학의 절정을 보여준다. 특별히 솔로몬의 봉헌 기도는 성전이 하나님께서 당신의 백성들과 이방인들의 기도를 들으시는 '만민이 기도하는 집'(사 56:7; 마 21:13)임을 분명하게 보여준다. 또한 어떤 심판과 징계를 받았다고 하더라도 성전을 향해 회개하고 기도하면 하나님의 용서와 회복을 기대할 수 있음도 강조한다. 그래서 역대기 기자는 족보 중에 야베스의 기도를 넣었고(대상 4:10), 다윗, 솔로몬, 여호사밧, 히스기야, 므낫세 등의 기도를 강조한다.

"내 이름으로 일컫는 내 백성이 그들의 악한 길에서 떠나 스스로 낮추고 기도하여 내 얼굴을 찾으면 내가 하늘에서 듣고 그들의 죄를 사하고 그들의 땅을 고칠지라"(대하 7:14)

대하 10-36장 분열 이후의 유다 왕들의 통치

이 부분에서는 남북 분열 이후의 유다 왕들의 통치가 기록되어 있다. 열왕기에서는 강조되지 않았던 초기 유다 왕들인 아사(14-16장)와 여호사밧(17-20장), 요아스(22:10-24:27)의 통치가 상세하게 기록되어 있다. 이들은 모두 종교개혁을 일으키고 예배와 기도와 찬양을 회복시킨 왕들이다. 이들과 함께 히스기야와 요시야의 통치도 상술되고 있다. 이것은 이들이 다윗의 이상을 실현한 왕들로서 특별히 예배를 회복시켰기 때문이다. 또한 열왕기에서는 부정적으로만 기록된 르호보암과 므낫세 왕의 회개와 겸비함이 기록되어 아무리 악한 자라도 회개하면 하나님의 용서를 받을 수 있음을 부각시킨다. 반대로 아사나 요아스, 아마샤, 웃시야 왕처럼 처음에는 경건했지만 나중에 하나님께 불순종하여 심판을 당한 왕들의 모습도 강조한다. 유다 왕들의 통치에서는 하나님을 찾고 순종하는 자들에게는 하나님의 용서와 축복이 임하지만, 하나님을 버리고 불순종하는 자들에게는 심판이 내려지고 있다. 역대하 7:14에서 강조한 것처럼, 성전에 임하신 '하나님을 찾고' 하나님 앞에서 '겸비하여' 기도하고 돌이키는 자들은 행복하지만, 반대로 하나님을 '버리고' '죄를 범한' 자들에게는 재앙이 임한다.[8] 결국 유다는 후자를 택하여 하나님의 최종적인 심판인 멸망에 이르게 된다.

하지만 역대기는 심판으로 끝나지 않고 페르시아 제국의 '고레스 왕의 칙령'으로 끝남으로써 하나님의 회복의 역사가 시작되었음을 알리고 있다(36:22-23). 기도와 용서의 집인 성전에 임하셨던 이스라엘의 하나님 여호와는, 이 세상 역사를 주관하셔서 이스라엘을 멸망시켰던 바벨론을 멸하시고 페르시아의 왕을 통해 포로들을 예루살렘으로 돌리셨다. 이것은 예레미야의 예언을 성취하신 하나님의 놀라운 은혜였다. 이러한 희망적 결말은 역대기 독자들로 하여금 다시 한 번 겸비하게 하나님의 은혜를 구하여 다윗과 솔로몬 시대의 이상을 회복할 것을 촉구하는 기능을 한다.

결론

역대기의 독자들이 그토록 기대하던 다윗과 솔로몬 시대의 영광은 예수 그리스도에 의해 성취되었다. 성전을 중심으로 한 여호와 하나님에 대한 참된 예배도 진리와 영이신 예수 그리스도와 성령 안에서 실현되고 있다. 역대기 기자의 소망은 결코 헛되지 않았던 것이다. 이스라엘이 성전을 바라보고 기도할 때 하나님께서 그들을 돌보신 것처럼, 참 성전이신 예수님 안에서 참된 예배를 회복할 때 우리는 진정 하나님 중심의 삶을 살게 된다. 성령 안에서 겸비하게 하나님을 찾고 하나님의 용서를 구할 때 하나님의 용서와 회복은 임하게 될 것이다. 신약의 성도들도 다윗과 솔로몬과 여호사밧과 히스기야 왕들처럼 참되신 하나님을 신실하게 예배하고, 간절하게 하나님을 찾아야 할 것이다. 역대기 독자들이 처했던 희망이 없어 보이는 상황에서도 희망은 있다. 건물 성전이 아닌 성령 안에서 우리와 함께하시는 삼위 하나님이 늘 우리 곁에 계시기 때문이다. 우리가 바벨론 포로가 되었던 이스라엘보다 더 힘든 지경에 있다고 할지라도 예수님의 이름으로 하나님께 나아가기만 한다면 우리는 회복될 수 있다. 오늘날 교회의 모습이 아무리 세속화되고 황폐화되었다고 하더라도 하나님의 말씀과 기도를 회복한다면 다시 하나님나라로서의 진정한 모습을 회복할 수 있는 것이다.

주전 500년경의 페르시아 제국의 영토[9)]

에스라 · 느헤미야

에스라서는 포로에서 돌아온 자들의 성전 건축과 모세율법과 종교적인 삶의 회복을 강조하는 반면, 느헤미야서는 예루살렘 성의 재건과 일상생활에서의 율법의 회복을 강조하고 있다. 비록 이 두 책이 나뉘어져 있기는 하지만 바벨론에서 돌아온 지 오랜 후에 시작된 에스라와 느헤미야의 공동체 재건이야기가 두 책을 함께 다루는 일을 용이하게 한다. 에스라서가 고레스의 칙령으로 시작하는 것은 고레스의 칙령으로 끝나는 역대기의 역사를 잇고 있음을 보여준다. 에스라와 느헤미야는 포로들의 귀환, 예루살렘 성전과 성벽의 재건, 율법의 회복을 통해서 하나님나라의 회복 사역이 신실하신 하나님과 믿음의 사람들에 의해 온전히 이루어졌음을 강조하고 있다. 이런 주제를 강조하기 위해서 에스라-느헤미야의 저자는 다양한 명단과 목록과 편지들을 사용하고 있다. 성전 기명들 목록(스 1:9, 10), 포로 귀환한 자들의 명단(스 2:1-70; 8:2-14; 느 7:7-72), 예루살렘 주변의 대적들과 페르시아 황제들이 주고받은 편지들(스 4:9-16; 4:17-22; 5:7-17; 6:6-12), 성전을 위해 왕과 관리들에 의해 기증된 물건들 목록(스 8:26, 27), 이방 여인들과 결혼한 사람들의 명단(느 1:5-11), 성벽을 건축한 자들의 명단(느 3:1-32), 언약에 인봉한 사람들 명단(느 10:1-27), 예루살렘과 주변 지역 거주자 명단(느 11장), 제사장과 레위 사람들 명단(느 12:1-26) 등.

1차 포로 귀환	성전 재건		2차 귀환	3차 귀환		느헤미야 재귀환
스룹바벨		(에스더)	에스라	느헤미야		
BC 538	BC 516	(BC 484-465)	BC 458	BC 445	BC 433	BC 407?
고레스	다리오	(아하수에로)	아닥사스다	아닥사스다		

※ 페르시아(바사) 제국[1]

페르시아(바사) 제국은 역대기, 에스라-느헤미야서, 에스더, 다니엘 등 포로기 이후 시대 성경들의 배경이 되고 있다. 주전 539년 고레스 2세가 바벨론을 정복한 후 이 나라를 세웠고, 다리오 3세가 알렉산더 대왕에게 페르시아의 수도 페르세폴리스(Persepolis)를 빼앗긴 후 주전 330년에 죽음으로써 종말을 고하게 된다. 페르시아는 메소포타미아(오늘날의 이라크) 동쪽 지역에 세워진 나라로 오늘날 이란 지역에 해당한다.

페르시아 제국의 초기 왕들의 통치 연대[2)]

559–530 고레스 2세(Cyrus II) – 대하 36:22–23, 스 1:2–4의 '고레스 칙령,' 사 44:28, 45:1 참조

530–522 캄비세스(Cambyses)

522–486 다리오 1세(Darius I) – 스 5,6장 성전 건축 명령

486–465 아하수에로(Xerxes I) – 에스더 시대의 왕

464–423 아닥사스다 1세(Artaxerxes I, 롱기마누스) – 에스라, 느헤미야 시대의 왕

423–404 다리오 2세(Darius II Nothus)

404–359 아닥사스다 2세(Mnemon)

바벨론 포로와 귀환로

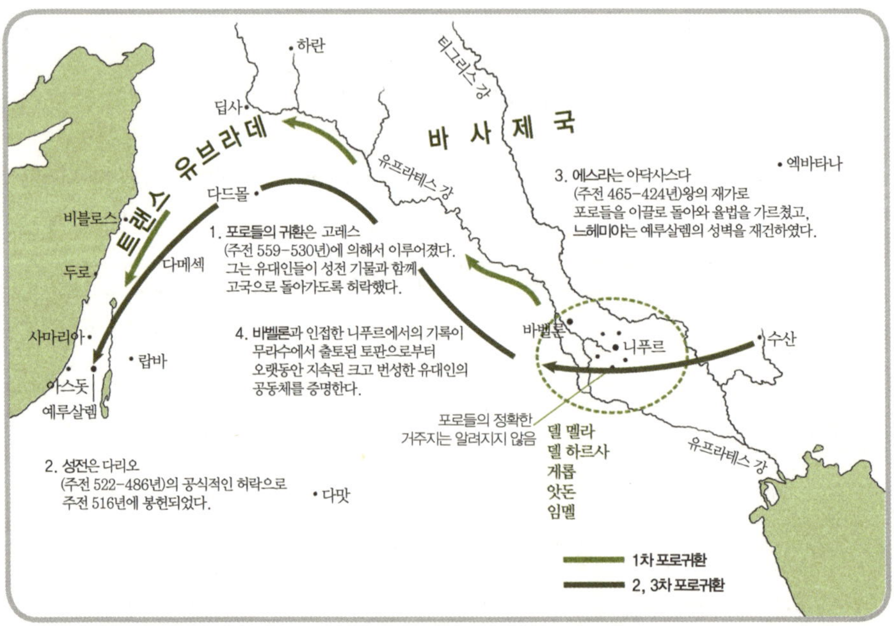

구조

에스라-느헤미야서는 성전 건축과 성벽 재건, 율법에 의한 개혁이라는 주제로 대칭적인 구조를 갖고 있다. 이것은 대개 역사적 순서대로 기록된 것이지만 주제 중심으로 기록했음을 보여주는 것이다.

에스라 1-6장	에스라 7-10장	느헤미야 1-6장	느헤미야 7-13장
1차 포로 귀환과 성전 건축	에스라 귀환과 모세율법 회복	느헤미야 귀환과 예루살렘 재건	학사 에스라와 총독 느헤미야에 의한 공동체 개혁

내용[3)]

에스라 1-6장	에스라 7-10장	느헤미야 1-6장	느헤미야 7-13장
성전의 회복 -황제의 칙령에 의한	모세율법의 회복 -아닥사스다의 칙령에 의한	예루살렘의 회복 -아닥사스다의 칙령에 의한	회복된 공동체 통치 -아닥사스다에 의해 임명된 제사장과 총독(에스라, 느헤미야)에 의한
	에스라의 회개기도 (스 9장)		공동체의 회개기도 (느 9장)
반대 세력들의 저항	에스라 지도하의 개혁	반대 세력들의 저항	느헤미야 지도하의 개혁

스 1-6장 1차 포로 귀환과 성전 건축

에스라서는 고레스의 칙령으로 시작한다. 이스라엘의 남은 자들이 예루살렘으로 돌아온 것은 경제적, 정치적인 독립을 위해서가 아니라 하나님의 성전을 건축하기 위함이었다. 즉 예루살렘에 여호와의 성전을 회복하고, 거기서 모세의 율법(스 3:2)과 다윗의 규례들(3:10)을 따라 여호와에 대한 예배를 회복하는 것이었다.[4)] 놀라운 것은 이 일이 이방 황제와 왕실의 명령과 지원 하에서 이루어진다는 사실이다.

성전을 재건한 주요 인물들은 다윗 왕가의 후손이었던 세스바살(곧 스룹바벨로 교체

됨, 아마도 스룹바벨의 삼촌, 대상 3:17-18 참조)과 아론의 제사장 혈통인 요사닥의 아들 예수아와 함께 돌아온 1차 귀환자들이었다. 이들은 주로 유다와 베냐민 지파에 소속된 사람들과, 제사장들, 레위인들, 느디님 사람들, 솔로몬의 종들의 후손들로 구성되었지만(스 1:5; 2장; 4:1; 6:14 등), 자신들을 '온 이스라엘'로 생각했다(2:70; 6:16, 17, 21; 7:7, 10, 13 등등).[5] 이들이 감격 속에서 처음 성전 기초를 놓은 것이 주전 536년이었지만 외부적인 방해와 내적인 신앙 동력 상실로 성전 재건은 중단된다. 귀환 공동체는 학개와 스가랴 선지자에 의해 경고와 격려를 받으면서 520년에 성전 재건을 다시 시작하여 다리오 왕 6년, 주전 516년에 완공하고 기쁨으로 봉헌했다(6:13-22). 새 성전을 봉헌할 때 그들은 온 이스라엘을 위해 제사를 드렸고, 자신들을 '이스라엘의 남은 자'로 보았다(6:17; 9:8; 9:15).[6]

스 7-10장 에스라 중심의 2차 포로 귀환과 모세 율법의 회복

이 부분에서 에스라는 1인칭으로 스룹바벨 성전이 봉헌된 지 58년 후인 주전 458년에 자신을 중심으로 한 2차 귀환자들이 예루살렘에 왔음을 기록하고 있다. 그는 자신들의 귀환이 하나님의 '선한 손'의 도움에 의한 것임을 강조한다(스 8:18,31). 에스라가 돌아온 목적은 성전을 재건하여 여호와 하나님을 예배하고 있던 이스라엘의 '남은 자'들에게 모세의 율법을 가르치기 위함이었다. 제사장 가문 출신인 에스라는 "이스라엘의 하나님 여호와께서 주신 모세의 율법에 익숙한 학자로서"(7:6) "여호와의 율법을 연구하여 준행하며 율례와 규례를 이스라엘에게 가르치기로 결심"하였다(7:10). 이것은 제사장들이 수행해야 했던 가장 중요한 책임이었다.[7] 하나님께서 페르시아의 황제 고레스를 통해서 바벨론 포로들의 귀환을 명령하게 하신 것처럼, 이번에도 이방 황제인 아닥사스다 왕을 통해서 이 일을 이루신다. 아닥사스다는 직접 에스라에게(7:12, 21) 조서를 내려서 예루살렘으로 돌아간 귀환 공동체를 모세의 율법과 제국의 법으로 다스리라고 명령한다. 하나님께서는 페르시아 황제를 통해서 당신의 백성들이 율법을 배우고 지키게 하심으로써 '이스라엘'로서의 그들의 정체성을 회복시키신 것이다. 예루살렘에 도착한 에스라는 "거룩한 자손이 그 지방 사람들과 서로 섞이게 하는" 이방인들과의 무분별한 결혼이 성행하고 있는 것을 목격한다(9:2). 귀환 공동체가 율법을 떠나 이방 풍속을 따를 위기였기에, 에스라는 먼저 하나님 앞에 민족의 죄를 회개하는 기도를 드리고 이어서 이방 여인들을 백성들의 회중으로부터 분리시키는 개혁을 행한다(10장).

페르시아 시대의 가나안 땅 행정 구역

느 1-6장 느헤미야 중심의 3차 포로 귀환과 예루살렘 성벽 재건

에스라서가 성전 예배와 그와 관련된 율법을 주로 다룬다면 느헤미야서는 하나님의 거룩한 성인 예루살렘의 회복에 초점을 맞춘다. 느헤미야는 예루살렘 성이 "허물어지고 성문들이 불탔다"는 소식(1:3)을 듣고, 하나님께 애통하면서 기도한다. 그의 기도에 대한 응답으로 하나님은 아닥사스다 왕을 다시 한 번 사용하셔서 느헤미야의 귀환과 예루살렘

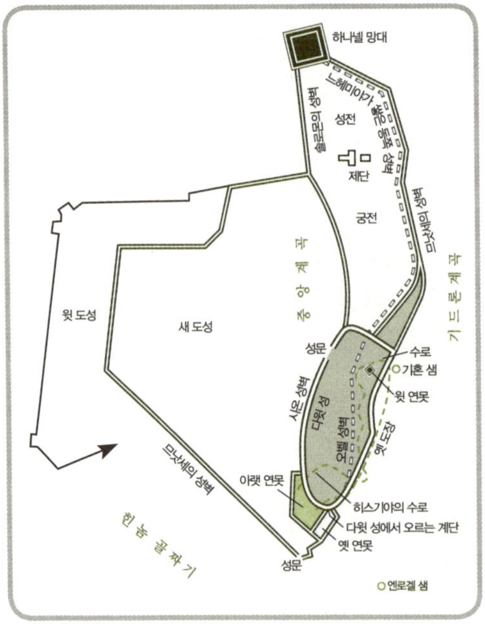

구약시대의 예루살렘

성벽 재건을 위한 지원을 허락하게 하신다. 예루살렘으로 돌아온(주전 445년) 느헤미야는 예루살렘의 거민들에게 예루살렘 성벽 재건을 통하여 과거에 당했던 수치를 회복할 것을 격려한다(2:17). 비록 성벽을 재건하는 일에는 온갖 대적들의 방해(4장; 6:1-14)와 공동체 내의 빈부 갈등(5장)의 문제가 있었지만, 느헤미야의 탁월한 지도력(5:14-19)과 귀환 공동체의 견고한 하나 됨(3장)으로 무너졌던 예루살렘 성벽은 52일 만에 재건된다(6:15). 이렇게 함으로써 지상에 있는 하나님나라의 수도요, '크신 왕의 성'으로서의 예루살렘의 명예는 회복이 된다.[8]

느 7-13장 느헤미야 중심의 예루살렘 공동체의 개혁

느헤미야는 단순히 예루살렘 성벽의 재건보다는 하나님이 임재하시는 '거룩한 성'(11:1, 8)으로서의 예루살렘, 즉 거룩하고 의로운 공동체의 재건에 더 큰 관심이 있었다. 그래서 유다 지역의 총독으로서 느헤미야는 에스라의 종교개혁을 도와(율법 낭독, 초막절 준수, 8:1-18; 민족적인 회개와 언약 갱신, 9-10장) 백성들이 하나님 중심의 삶을 회복하도록 했다.[9] 그리고 성벽이 완공된 후에는 경제적인 손실을 무릅쓰고서 백성들이 예루살렘에 살도록 자원하게 하고 주변 고을들에 인구를 배치했으며(11:1-36), 그렇게 한 후에야 예루살렘 성벽의 봉헌식을 성대하게 거행했다(12:27-47). 거룩한 성전, 거룩한 백성이 있는 거룩한 성으로 다시 하나님께 바쳐드리는 것이다. 이에 더해서 총독 느헤미야는 암몬과 모압인들의 총회 출입 금지, 성전 방 청결 조치, 레위인들 직무 회복, 안식일 법 엄격한 시행, 이방 여인들과의 결혼 금지 등(13:1-31)에 이르는 다양한 개혁적 조치들을 단행했다.

결론

에스라 – 느헤미야서는 심판을 받았던 백성들이 하나님의 약속에 의해서 어떻게 회복되는지를 보여준다. 이 책들이 강조하는 것은 포로로 잡혀가기 전의 모든 것들(왕 제외)이 회복되었다는 것이다. 이스라엘 백성의 회복, 성전과 예배의 회복, 율법의 회복, 예루살렘 성의 회복 등이 중요한 요소들이다. 예루살렘은 적어도 여호와께서 임하여 다스리는 하나님나라의 수도로 회복된 것이다. 이 회복의 사역은 궁극적으로 하나님께서 하신 것이다. 하나님께서 불순종한 이스라엘을 이방 왕들을 통해 멸하셨던 것처럼 이방 왕들을 통해서 포로들을 귀환시키시고, 성전과 성을 재건하게 하시고, 율법을 회복시키셨다. 포로들이 귀환하고, 성전과 성을 재건하고, 삶을 율법으로 개혁하는 일을 하나님께서 주관하셨고, 대적들의 방해로부터도 백성들을 보호해주셨다. 하지만 이 회복 사역에는 에스라와 느헤미야, 그리고 그들의 뜻을 따르는 백성들의 믿음과 순종이 동반되었다. 특별히 스룹바벨과 예수아, 에스라와 느헤미야 등의 지도자들의 지도력이 매우 중요한 역할을 했다. 하나님나라 공동체는 이런 지도자들에 의해서 많은 회복 사역을 감당했지만 빈부의 문제나 이방여인들과의 결혼 등에서 보여주듯이 끊임없이 개혁되고 회복되어야 하는 공동체이기도 했다.[10] 그런 의미에서 그들의 역사는 예수 그리스도에 의한 완성을 기다려야 했다.

하나님나라 회복은 예배와 순종의 삶의 회복이 중심이 된다. 이런 회복은 하나님나라 백성들의 진정한 회복을 이루신 예수 그리스도의 사역을 예표 한다. 예수님은 로마제국의 손에 의해 십자가에 못 박혔지만 하나님나라를 이루시는 사역을 성취하신다. 그분은 자신을 믿는 믿음으로 백성들이 하나님의 언약 백성으로 회복되게 하시고, 영과 진리로 하나님을 예배하는 일을 회복시키셨으며, 성령 안에서의 말씀 순종의 삶을 온전하게 회복시키셨다. 한편 그리스도의 공동체인 교회는 끊임없이 회복되어 가는 공동체이다. 비록 대적들의 방해가 거세지만 주님께서 보여주신 비전과 그의 지도력을 따라 마지막 날까지 온전한 회복과 완성을 향해서 나아간다.

에스더

에스더서는 페르시아의 왕 아하수에로의 통치 때 있었던 제국 전역에 흩어져 있었던 유대 민족의 구원 사건을 기록하고 있다. 실제로 이 사건은 아하수에로 다음 왕인 아닥사스다 때 예루살렘으로 돌아갔던 에스라나 느헤미야의 귀환 전에 일어났다. 하지만 에스라 1-6장에 기록된 성전 건축 사건보다는 후대의 사건이다. 이스라엘은 이 구원사건을 기념하여 후대에 부림절을 지키게 되었다(9:19).

에스더서는 성경 가운데서 하나님에 대한 언급이 한 번도 나오지 않는 유일한 책이라고 할 수 있다. 그러면서도 당신의 백성들을 끝까지 지키시고 보호하시는 하나님의 섭리하시는 손길을 가장 뚜렷하게 보여주는 책이기도 하다. 포로로 잡혀가서 곳곳에 흩어져 있던 유대인들에게 설상가상으로 멸절의 위기가 닥쳐왔다. 그 위기 가운데서도 하나님은 세상 권력의 중심부를 움직이시고 당신의 뜻대로 그들을 사용하셔서 당신의 백성들을 구원하실 뿐만 아니라 그들을 멸하려 했던 세력들을 도리어 멸망시키신다.[1] 한편 에스더서는 위기 가운데서 자신들의 동족을 향한 사랑 때문에 자신들을 과감히 내던지고 있는 위대한 믿음의 인물들인 모르드개와 에스더를 보여준다.

1차 포로 귀환	성전 재건		2차 귀환	3차 귀환	느헤미야 재귀환	
스룹바벨		(에스더)	에스라	느헤미야		
BC 538	BC 516	(BC 484-465)	BC 458	BC 445	BC 433	BC 407?
고레스	다리오	(아하수에로)	아닥사스다	아닥사스다		

구조[2]

잔치들과 역설

에스더서에 기록된 기사들은 잔치들[3]을 중심으로 기록되어 있다. 왕과 왕후 와스디가 수산 왕궁에서 베푼 잔치들, 에스더가 베푼 두 번의 잔치, 유대인들에 의해 축하된 두 번의 부림절 잔치. 이런 잔치들을 중심으로 유대인들을 멸절하려던 하만의 음모가 실패하고 하만이 처형되며, 오히려 하나님나라 백성들이 대적들을 멸하고 에스더와 모르드개가 영화롭게 되는 역전이 이루어진다.

아하수에로가 베푼 잔치들 (1:1-2:18)	에스더가 베푼 두 번의 잔치 (2:19-7:10)	유대인들의 두 번의 축제: 부림절 (8:1-10:3)
와스디 왕후의 폐위(1장) 왕후가 된 에스더(2:1-18)	하만의 유대인 전멸 음모, 모르드개와 에스더의 결단과 처형되는 하만	살아난 유대인들의 부림절, 모르드개의 높아짐

내용[4)]

페르시아 궁의 잔치들 (1:1-2:18)	에스더가 베푼 두 번의 잔치 (2:19-7:10)	유대인들의 두 번의 축제: 부림절 (8:1-10:3)
A. 와스디 왕후의 폐위(1장) B. 왕후가 된 에스더(2:1-18) • 왕이 베푼 잔치 (1:3,5) ① 와스디 왕후의 잔치(1:9) ② 에스더 왕후를 위해 왕이 베푼 잔치(2:18)	A. 에스더의 친척 모르드개가 왕을 대적하는 음모를 고발함 (2:19-23) B. 하만의 유대인 전멸 음모 (3장) C. 모르드개와 에스더의 동족 구출 결단(4장) D. 에스더의 첫 번째 잔치: 하만의 교만(5장) E. 아하수에로 왕의 잠 못 이루는 밤: 모르드개의 높아짐과 하만의 낮아짐(6장) F. 에스더의 두 번째 잔치: 하만의 처형(7장)	A. 왕의 조서에 의해 보호받게 된 유대인들(8장): 첫 번째 잔치 B. 유대인들의 대적들에 대한 복수(9:1~16) C. 부림절의 제정(9:17~32): 두 번째 잔치 D. 모르드개의 영화로운 지위 (10장)

1:1-2:18 페르시아 궁의 잔치들

이 부분은 에스더의 서론적인 이야기로서 거대한 세상 제국의 황제와 왕후가 베푸는 잔치들로 구성된다. 하지만 황제의 명령은 가장 가까운 사람인 왕후에 의해서 거부됨으로써 세상 왕의 권력의 한계를 보여준다. 이와는 반대로 어떤 한계도 없으신 하늘 왕께서는 당신의 딸인 유다 여인 에스더를 새로운 왕후로 세우신다. 그래서 왕궁의 잔치는 에스더를 위한 잔치로 바뀐다(2:18). 이것은 하나님나라 백성들의 잔치로 끝나게 될 에스더서의 결말에 대한 일종의 복선이다.

2:19-7:10 에스더가 베푼 두 번의 잔치-아말렉의 후손 하만의 교만과 처형

이 부분은 에스더서의 중심 부분으로 교만한 하만의 낮아짐과 위기에 처했던 모르드개와 에스더의 높아짐이 선명한 대조를 이루며 전개된다. 하나님의 백성들을 전멸시키려던 하만이, 그들을 구하기 위해 목숨을 건 에스더와 모르드개를 도우시는 하나님에 의해 낮아지고 처형되는 역전의 이야기를 기록하고 있다. 이러한 역전은 에스더가 왕과 하만을 위해서 베푼 두 번의 잔치들을 통해서 이루어진다.

3장에서 '아각 사람 함므다다의 아들 하만'은, 자신에게 공손하지 않은 모르드개의 민족, 즉 페르시아 제국 전역에 있는 유다인들을 멸하기 위해 왕의 조서를 페르시아 전역에 보낸다. '아각' 사람이라는 말이 사무엘상 15장에 나오는 아말렉의 왕과 관련이 있다면 하만은 아말렉의 후손이다. 그렇게 되면 하나님나라 백성의 최초의 대적이었던 아말렉(출 17; 민 24:20; 신 25:17-19)이 하나님의 백성들을 멸하려고 하는 최후의 대적이 되고 있는 셈이다. 더군다나 이 하만과 대립하는 사람은 사무엘상 15장에서 하나님께 불순종하여 아말렉 족속을 진멸하지 않았던 베냐민 지파 사울의 후손 모르드개(기스의 증손이요 시므이의 손자요 야일의 아들, 2:5)이다.[5]

하만의 음모로 내려진 왕의 조서에 대한 소식을 들은 모르드개와 유다인들은 금식하며 크게 애통해 한다(4:1-3). 이에 모르드개는 왕후인 에스더에게 하나님의 백성들인 동족을 구하기 위한 결단을 촉구한다. "이때에 네가 만일 잠잠하여 말이 없으면 유다인은 다른 데로 말미암아 놓임과 구원을 얻으려니와 너와 네 아버지 집은 멸망하리라 네가 왕후의 자리를 얻은 것이 이때를 위함이 아닌지 누가 알겠느냐"(4:14) 이에 대해 에스더도 자신을 위한 금식을 부탁하고 "죽으면 죽으리이다"라는 결단으로 규례를 어기고 왕에게 나아가기로 한다(4:16). 모르드개와 에스더의 이 대화 속에는 하나님에 대한 언급이 없지만 이들의 결단이 하나님에 대한 믿음에서 비롯된 것임이 암시되어 있다. 금식은 하나님께 겸비하게 부르짖는 것이며, 모르드개가 '다른 데로 말미암아 놓임과 구원을 얻는다'고 했을 때 그것은 하나님께서 어떤 방식으로든 자기 백성을 구원하실 것임을 고백한 것이기 때문이다. 자신의 권력과 페르시아 제국의 힘을 이용하여 힘없는 유다인들을 쓸어버리려고 하는 아말렉 사람 하만과, 하나님의 백성들을 지키고자하는 사울의 후손 모르드개와 에스더의 대결 속에서 우리는 하나님의 보호하시는 손길을 보는 것이다.

에스더의 계략은 왕과 하만을 초대하는 두 번의 잔치 속에서 펼쳐진다. 왕후의 잔치에 왕과 함께 초대받은 하만은 교만해질 대로 교만해져서 모르드개를 처형할 나무를 세운다(5장). 하지만 하나님의 숨겨진 손길은 그날 밤에 움직인다. 아하수에로 왕이 잠을 못 이루면서 우연히 읽게 된 역대 일기 속에서 자신을 죽이려한 자들을 고발한 모르드개(2:19-23)에게 포상하지 않은 것을 알게 된다. 이때부터 하만의 낮아짐과 모르드개와 그의 민족의 높아짐이 시작된다. 하만은 모르드개를 높이는 일에 본의 아니게 앞장서게 되고(6장), 에스더의 두 번째 잔치에서 자신이 모르드개를 처형하기 위해 세운 나무에 매달려 처형당한다(7장). 이러한 극적인 전개와 상황의 역전은 에스더와 모르드개의 믿음과 유다인들의 기도에 대한 보이지 않는 하나님의 응답에 의해서 이루어졌음을 강하게 나타낸다.

8-10장 유다인들의 두 번의 잔치–부림절

페르시아 왕궁에서의 하만과 모르드개의 상황의 역전은 왕궁 밖에서는 하나님의 백성들과 그들의 대적들 사이에서 일어난다. 에스더와 모르드개의 간청과 신속한 대응에 의해서 유다인들의 대적을 멸하라는 왕의 조서가 페르시아 전역에 반포된다(8장). 3장의 상황의 역전이다. 이에 대한 유다인들의 반응은 기쁨과 잔치였다(첫 번째 잔치, 8:17). 9장에서는 왕의 명령이 유다인들에 의해서 실행되는 것을 기록하고 있다. 12월 13일에 모든 지역에서 유다인들이 대적들을 친다. 하지만 그들은 대적들의 재산에는 손을 대지 않는다(9:10, 15-16절, 사울의 실패의 회복[6]). 이 일에 대한 유다인들의 반응은 역시 잔치였다(두 번째 잔치, 9:17-19). 이 잔치가 기원이 되어서 유다인들은 12월 14일과 15일을 부림절로 지키게 된다. '부림'이라는 말은 날짜를 선택하기 위해서 뽑은 '제비'(3:7; 9:26)를 뜻하는 아카드어 '부르'(puru)에서 나왔다.[7] 이 부림절은 징계를 당하여 페르시아 제국 전역에 흩어져 있었던 자기 백성들을 극적으로 보호하실 뿐만 아니라, 도리어 그 대적들을 멸하신 하나님의 은혜를 기념하는 날이 되었다(9:20-31). 당신의 백성들을 높이시는 하나님의 숨은 손길은 페르시아 제국에서 믿음의 지도자 모르드개를 왕 다음으로 높이시는 것으로 대표되고 있다(10장).

결론

에스더서는 이스라엘의 하나님이 거대한 페르시아 제국과 그 왕실의 권력 가운데 가려져서 보이지 않는 것 같을지라도 당신의 백성들을 그 모든 세계사 속에서 지키시고 보호하신다는 것을 뚜렷하게 보여준다. 하나님은 우리가 어떤 절망적인 상황에 있다고 할지라도 하나님을 믿는 믿음 가운데 서 있기만 하다면 우리의 위기를 '잔치'로 바꾸신다. 구원받은 이스라엘이 '부림절'을 지키며 이러한 하나님의 구원을 축하하고 찬양했듯이 우리도 예수 그리스도로 인한 하나님의 구원을 축하하고 찬양해야 마땅하다. 예수 그리스도는 우리를 사탄의 권세에서 건지시기 위해 당신의 목숨을 바치신 제2의 모르드개와 에스더이시다. 그분은 '죽으면 죽으리라'는 결단으로 십자가에서도 하나님만 붙드셨고, 하나님은 패배의 상징인 그 십자가를 통해 대적들을 망하게 하는 대역전극을 연출하셨다. 하나님은 예수님을 죽음에서 다시 살리셔서 하나님나라의 회복과 승리를 선포하신 것이다. 부활하신 주님은 우리에게 부활과 생명을 주셨고 마지막 날에 열릴 하나님나라 잔치를 소망하게 하셨다. 성찬식은 그 날을 소망하는 교회의 잔치다. 그래서 어떤 권세도 교회를 향한 이러한 그리스도의 사랑에서 우리를 끊지 못한다(롬 8장). 이 세상나라의 권력자들이나 힘 있는 자들이 우리의 운명을 결정하지 못한다. 교회와 성도들을 공격하는 사탄의 세력들과 세상나라들은 결국은 하나님나라에 의해서 정복될 것이다. 그러므로 우리는 어떤 세상의 위협 가운데서도 모르드개와 에스더의 믿음으로 하나님을 붙들고 기꺼이 교회를 위해 목숨을 내놓을 수 있어야 할 것이다.

Old Testament Key

Old Testament Key

시가서

4

Old Testament Key

4

Old Testament Key

시가서

구약성경을 이루는 부분 중에서 '시가서'(Poetical Books)라고 불리는 책들은 욥기, 시편, 잠언, 전도서, 아가서 모두 다섯 권이다. 이들이 시가서로 불리는 이유는 이 책들의 대부분의 내용(욥기 서문, 결말과 다른 책들의 일부분은 제외)이 시로 기록되었기 때문이다.

위의 다섯 권의 책이 모두 시가서로 분류되기는 하지만 시편과 나머지 책들은 내용이나 장르의 관점에서 뚜렷하게 구분이 된다. 시편이 주로 이스라엘의 예배와 관련된 기도와 찬양을 기록한 노래들이라면, 욥기, 잠언, 전도서, 아가는 백성들의 일상적인 삶을 조명하는 지혜서이다. 그럼에도 불구하고 시편과 지혜서는 대부분이 하나님의 직접적인 말씀(율법이나 예언처럼)을 기록한 것이라기보다는, 인간의 기도와 찬양과 묵상과 관찰을 기록한 것이라는 공통점을 지니고 있다. 시편이 하나님의 창조와 구속에 대한 인간의 반응(예배, 기도, 찬양, 감사 등)을 기록한 것이라면, 지혜서들은 저자들이 인간 사회를 비롯한 창조계를 관찰하고 묵상한 결과로 얻은 지혜들을 하나님의 백성들을 위해 기록하고 있다. 시편과 지혜서는 인간의 내면이나 사회적인 삶을 굉장히 치밀하게 다루고 있다. 한 성도나 믿음의 공동체가 하나님을 믿는 삶 속에서 부딪힐 수 있는 많은 보편적인 문제들–신앙, 원수, 고난, 죄, 일상적인 삶의 다양한 문제들, 인생의 허무, 가정, 사랑 등–을 기도와 찬양의 용어들 속에서 혹은 교훈적인 잠언의 문체로 생생하게 다루고 있다.

물론 이 말이 그런 문제들을 가상적으로 그렸다는 것을 의미하는 것은 아니다. 시편이나 지혜서의 내용은 숨 가쁘게 흘러온 구속사 속에서 한 신앙인이나 믿음의 공동체가 지속적으로 경험하고 묵상했던 것을 기록한 것이다. 하지만 그들의 경험이 그들을 뒤따르는 믿음의 후손들도 동일하게 경험할 수 있는 보편적인 것들이었기 때문에 시편과 지혜서는 후대에 의해서 거듭 사용되었다. 그리고 모든 시대에 적용될 수 있는 이러한 보편성을 가장 잘 나타낼 수 있는 장르는 시였기에 이 책들은 시로 기록된 것으로 보인다.[1] 이것이 바로 시편이 많은 경우에 구체적인 역사적 상황을 언급하지 않는 이유이며, 지혜서에서 구속사를 포함한 역사에 대한 언급을 피하는 이유이다. 구약 성도들과 동일한 믿음의 후손들인 우리 그리스도인들도 이러한 보편성을 가진 시편과 지혜서들을 오늘날의 우리의 믿음과 삶에 깊이 있게 적용하고 효과적으로 사용할 수 있다.

하지만 시가서에 기록된 말씀들은 인간들이 만든 일반적인 문학 작품이 아니라 율법이나 예언들과 동일한 하나님의 말씀이다. 계시의 방법이 율법이나 예언과 다를 뿐이다. 율법이나 예언에서 하나님을 만나고 하나님의 뜻을 깨닫듯이 시편이나 지혜서에서도 하나님을 만나고 그분의 뜻을 깨닫는다. 또 시가서는 율법이나 예언서들과는 분리된 별개의 하나님의 말씀도 아니다. 시가서는 율법이나 예언서들에 나타난 하나님의 사역과 역사를 그 기저에 깔고 있다. 여호와 하나님의 창조와 구속을 알지 못한다면 지혜의 근본이 되는 '여호와 경외'는 의미가 없다. 창조와 족장들의 언약과 출애굽과 가나안 입성과 다윗 왕국의 건설을 전제하지 않는다면 시편들 가운데 나타나는 부르짖음과 찬양의 외침은 공허할 수밖에 없는 것이다. 시편과 지혜의 글들을 창출하고 전수했던 개인이나 공동체는 구속사의 한가운데에 있었던 사람들이었던 것이다. 그러므로 시가서 속에서 모든 신앙인들이나 일반 사람들의 삶에 보편적으로 적용할 수 있는 진리를 만날 때에도, 우리는 율법이나 예언서들에서 말하는 신학 속에서 그것을 해석하고 적용하려고 애를 써야 한다.

성경	바이블 키
욥기	고난 속에서 믿음을 지키는 지혜
시편	개인과 공동체의 예배 (기도, 감사, 찬양, 교훈, 메시아)
잠언	일상적인 삶에서 성공하는 지혜
전도서	허무를 이기는 지혜-'누리기'
아가	부부 사랑의 아름다움

욥기

욥기는 욥이 기록한 책이 아니다. 욥기의 저자는 고대의 족장 시대에 살았던 것으로 추정되는 욥보다는 훨씬 후대의 사람이다. 이스라엘 사람인 이 무명의 저자는 아마도 구전 혹은 문서로 내려오던 고대의 의로운 사람(욥)에 대한 이야기를 그 자신의 집필 목적을 위해서 사용했을 것이다. 저자는 이스라엘의 역사에 대해서는 전혀 언급하지 않고 동방의 현자 욥에 대해서만 이야기한다. 그래서 저자는 욥과 그의 친구들과 엘리후가 말하는 부분인 3장부터 37장에서는 이스라엘이 하나님을 부르는 이름인 '여호와'라는 단어를 단 한 번(욥 12:9)밖에 사용하지 않는다.[2)]

이야기는 이스라엘 밖 '우스'라 불리는 지역을 배경으로 전개되고 있는데, 우스는 아람(창 10:23; 22:21; 대상 1:17)이나 에돔(창 36:28; 대상 1:42; 렘 25:20; 애가 4:21)과 관련되어 있다. 욥기에 반영되어 있는 역사적인 상황은 족장시대와 유사하다. 욥이 족장들처럼 100살 이상 산 것(42:16), 욥이 가족의 제사장 역할을 한 것(1:5), 스바인들과 갈대아인들의 약탈(1:15, 17) 등이 그 증거들이다.[3)] 욥이 에스겔 14:14, 20에서 고대의 영웅인 의인 노아, 다니엘(가나안의 의로운 왕?)과 함께 언급되는 것도 한 증거가 될 수 있다.[4)]

지혜교사였던 저자는 이스라엘 안에서 욥과 비슷한 고난을 겪고 있던 자들을 위해서 욥기를 기록했을 것이다. 그런 의미에서 욥기는 역사기록문서라기보다는 욥이라는 고대의 인물을 통하여 인간사회에 반복적으로 나타나는 '고난'이라는 심각한 실존적인 문제를 조명해주는 지혜 이야기이다. 욥기는 욥처럼 오랫동안 극심한 고통을 당하여 믿음이 위기에 처한 경건한 자들에게 들려주기 위한 지혜의 교훈으로 기록된 것이다.[5)] 그러므로 우리는 욥기를 통해서 어떤 역사적 사실을 아는 것에 집중하기보다는 욥기가 고난당하는 의인들에게 주는 '고난 속에서 믿음을 지키는 지혜'에 집중해야 할 것이다.

아브라함의 출생	야곱의 죽음		솔로몬	바벨론 포로	포로 귀환시대
족장시대	욥?			욥기 저작?	욥기 저작?
BC 2166	BC 1859		BC 970	BC 586	BC 433

구조 – 샌드위치식 구조[6]

욥기는 전체적으로 샌드위치식의 구조로 구성되어 있다. 먼저, 산문으로 기록된 서문(1–2장)과 결말(42:7–17) 사이에 대부분이 운문으로 기록된 본론(3:1–42:6)이 끼어 있다. 두 번째로 세 번에 걸친 대화(논쟁: 3–27장)와 세 번에 걸친 독백(변론: 29:1–42:6)은 지혜에 대한 간주곡인 28장을 둘러싸고 있다. 마지막으로 대화–논쟁 부분인 4–26장은 욥의 서론적 탄식시인 3장과 결론적 연설인 27장 사이에 끼어 있다. 이러한 구조는 우리가 어떤 부분에 집중해서 욥기의 메시지를 찾아야 하는지를 나타낸다. 고난에 대한 인간들의 다양한 이해와 반응을 보여주는 3–27장과 29–37장은 함께 이해해야 한다. 전자의 욥과 친구들의 입장은 후자에서는 욥과 엘리후의 변론으로 요약되어 있다고 할 것이다. 결국 인간들이 다 밝혀내지 못하는 의인의 고난에 대한 지혜는 28장의 지혜의 노래와 38–40장의 하나님의 말씀에 담겨 있다. 이것을 도표화 하면 아래와 같이 될 수 있다.

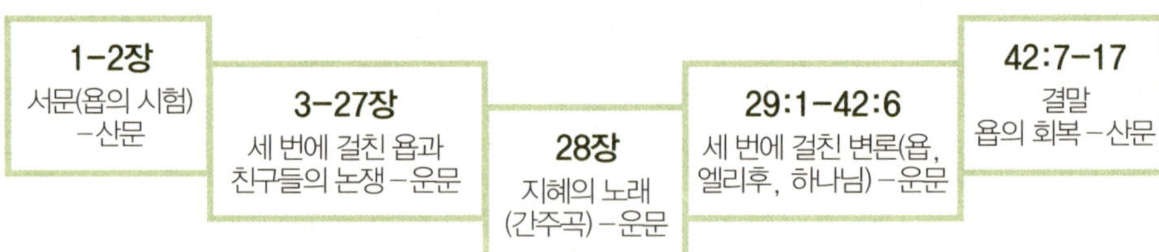

내용

서문 (1–2장)

이 부분은 도입(1:1–5), 두 번에 걸친 욥의 시험(1:6–2:10), 친구들의 방문(2:11–13) 이야기로 구성되어 있다. 이 중에서 욥의 시험 부분이 서문의 핵심 부분이며 첫 번째 시험과 두 번째 시험은 둘 다 '사탄의 출현 – 여호와의 질문과 욥 칭찬 – 사탄의 욥 고발 – 여호와의 제한된 허락 – 사탄에 의한 욥의 고난 – 욥의 여호와 신뢰 – 범죄 하지 않는 욥' 순으로 기록되어 있다.

1:1-5은 책 전체와 1-2장의 서문이자 도입부로서 욥에 대한 정보를 제공하고 있다. 저자는 이 짧은 부분에서 욥이 이 세상에서 가장 경건한 사람임을 강조하고 있다.[7] 저자가 1절에서 말하는 욥의 경건함에 대한 평가인 "온전하고 정직하여 하나님을 경외하며 악에서 떠난 자"라는 표현은 1:8과 2:3에서 하나님에 의해서 그대로 반복되고 있다.

사탄에게 하는 욥에 대한 하나님의 이런 평가를 통해서 우리는 하늘 왕이신 하나님이 욥을 얼마나 자랑스러워하고 기뻐하시는지를 알 수 있다. 하나님은 하나님이 주신 복이 아니라 하나님 자신을 사랑해서 욥이 그처럼 온전하고 경건하게 산다고 믿고 계신다. 그러나 하나님과 인간 간의 순전한 관계를 파괴하려는 사탄은 하나님 앞에 욥을 고발한다. 욥의 경건함은 하나님이 주시는 '복' 때문이라는 것이다. "욥이 어찌 까닭 없이 하나님을 경외하리이까?"(1:9-10; 2:4-6). 사탄의 이러한 도전 앞에서 욥에 대한 하나님의 긍지와 신뢰가 사실로 입증되기 위해서는 욥에게 주어진 복이 제거된 때에도 욥의 경건과 하나님 사랑이 지속되어야 한다. 즉, 욥의 경건은 고난을 통하여 입증되어야 한다. 그런 의미에서 사탄의 시험으로 닥친 욥의 고난은 경건한 자의 경건성을 최고의 지독한 시련 가운데 넣어보라는 하나님의 허락이다.[8] 하지만 사탄의 예상과는 달리 욥은 죄를 범하지 않았다(1:21; 2:10). 그의 고발은 거짓말로 드러난 것이다. 욥의 경건함은 하나님이 주신 복 때문이 아니라 하나님에 대한 사랑과 믿음에서 비롯된 것임이 입증되었다. 이렇게 해서 하늘의 대적자는 입을 다물게 되었고 욥에 대한 하나님의 신뢰가 옳았음이 증명되었다.[9] 고난 중의 욥의 승리는 하나님의 승리와 하나님나라의 존재를 증명하는 것이었다.

대화-논쟁 (3-27장)

이 부분은 세 번에 걸친 욥과 친구들 간의 논쟁(대화)으로 구성되어 있다. 이 논쟁은 욥의 서론적 탄식인 3장과 결론적 연설인 27장 사이에 끼어 있다.[10]

A 욥의 서론적 탄식 (3장)

B 욥과 친구들의 첫 번째 논쟁 (4–14장)

a 엘리바스 (4–5)/ 욥의 반응 (6–7)

b 빌닷 (8)/ 욥의 반응 (9–10)

c 소발 (11)/ 욥의 반응 (12–14)

B' 욥과 친구들의 두 번째 논쟁 (15–21장)

a' 엘리바스 (15)/ 욥의 반응 (16–17)

b' 빌닷 (18)/ 욥의 반응 (19)

c' 소발 (20)/ 욥의 반응 (21)

B" 욥과 친구들의 세 번째 논쟁 (22–26장)

a" 엘리바스 (22)/ 욥의 반응 (23–24)

b" 빌닷 (25)/ 욥의 반응 (26)

A' 욥의 결론적 연설 (27장)

- 욥과 친구들의 논쟁은 지상에서 계속되는 욥의 고난과 하나님의 통치에 대한 나름대로의 이해를 반영하고 있다. 세 차례에 걸친 이들의 대화들은 인간의 지혜로 고난의 문제를 해결하려는 복잡한 시도들을 보여준다.[11]
- 3장에서 욥은 자신의 생일을 저주할 정도로 고통스러워한다. 욥의 탄식은 삶의 무의미성에서 비롯된 것이다. 지속되는 고난이 하나님의 의로운 통치를 나타내지도 못하고 하나님나라를 세워가는 일에 무의미하다면 차라리 죽는 것이 더 낫지 않은가 하는 것이다.
- 이러한 욥의 태도에 대해 욥의 친구들은 욥에게 근본적으로 동일한 권면을 한다. 욥의 고난은 죄에 대한 하나님의 징계이므로(인과응보 신학, 신정론) 죄를 회개하고 하나님의 자비를 구하라는 것이다. 그러면 하나님께서 이전보다 더 많은 복을 주실 것이라고 한다(예: 8장). 하늘에서 사탄이 욥의 고발자였다면 땅에서는 욥의 친구들이 욥의 고발자가 된 것이다.[12]

• 친구들의 비난 앞에서 욥은 자신의 '온전함'을 변호한다. 자신이 당하고 있는 고난은 전적으로 하나님께서 하시는 일이기에(9:24) 그는 또한 하나님께 나아가서 자신의 온전함을 변호할 수 있기를 열망한다(9:32-35, 13:15, 23:3-12). 그는 자신의 경건의 '온전함'을 결코 포기할 수 없었다(27:5; 31:6; 16:19; 19:7, 23-27; 23:3-12; 27:2-6; 31:35-37). 그리고 궁극적으로 하나님께서 자신을 변호해주시고 자신의 결백을 증명해주실 것이라는 소망도 결코 포기하지 않는다.[13] 하지만, 욥은 이유 없이 고난을 당하는 자신의 좁은 눈으로 불의한 세상을 바라보고 하나님의 통치를 평가한다. 그러한 하나님의 통치가 과연 의로운 것인가에 대한 의문을 제기한다.

지혜의 노래 (간주곡, 28장)

이 노래는 하나님의 지혜를 찬양하는 노래로서 욥기의 저자가 앞의 대화(논쟁)와 뒤의 독백(변론) 사이에 일종의 간주곡으로 삽입한 것으로 보인다. 간주곡의 기능은 앞의 내용을 요약하고 뒤의 내용을 전망하게 하는 것이다.[14] 그는 이 시를 통해서 앞에서 전개된 욥의 고난과 하나님의 통치에 대한 욥과 친구들의 논쟁이 상황을 제대로 이해하지 못한 것임을 암시적으로 표현한다. 사람들이 나름대로의 지혜를 가지고 말하지만 그 지혜로는 복잡한 하나님의 통치를 다 이해할 수 없다고 말하는 듯하다. 그리고 그것을 이해할 수 있는 지혜는 오직 하나님께만 있음을 천명한다(23-27절). 독자들은 하나님께서 욥에게 나타나셔서 하시는 말씀인 38-41장 속에서 그분의 지혜를 찾아야 한다. 이런 상황에서 인간에게 정말 지혜로운 태도는 이해할 수 없는 상황에서도 "주를 경외하고 악을 떠나는 것"(28절)이다. 사실 1-2장에서 이런 지혜는 욥에게서 발견되고 있다(1:1, 8; 2:3).[15]

세 번에 걸친 변론 (29:1-42:6)

- 이 부분은 3-27장에 있는 욥과 친구들의 세 번의 논쟁(대화)과 대칭을 이루는 세 번의 변론(독백)들이다. 29-31장은 욥이 친구들에게 말했던 것을 요약하는 자기 변론이자 하나님께 올려드리는 최후 진술서이다. 욥은 마치 하나님의 법정에 이르기라도 한 듯이 과거의 복된 상황과 대조되는 현재의 비참한 상황에 대해 탄식하면서 자신의 의로움을 변호하는 변론장을 하나님께 올려드린다.[17]
- 이에 대해 32-37장은 욥의 친구들의 주장을 요약하면서 하나님의 의롭고도 초월적인 통치를 변호하는 엘리후의 변론이다. 엘리후는 욥의 친구들의 입장에 '징계가 갖는 긍정적인 의미'를 추가하기는 하지만 인과응보론에 기초하여 욥의 고난을 해석하는 친구들의 지혜를 넘지 못한다.[18]
- 이제 하나님께서 나서실 차례이다. 38-41장에서 하나님은 폭풍구름 가운데서 욥에게 나타나셔서 당신의 통치에 대해서 스스로 변호하신다. 변호의 방법은 자신의 통치에 대해 의문을 제기한 욥에게 많은 질문들을 던지는 것이다. 하나님은 욥을 비난하시기보다는 질문들을 통해서 자연세계와 동물들의 왕국에 나타나 있는 하나님의 초인적인 섭리와 통치의 지혜를 다시금 생각해보라고 촉구하신다.[19] 하나님의 질문의 핵심은 욥의 지혜에 관한 것에 집중된다('네가 아느냐?').[20] 하나님의 질문들에 대해 욥은 하나도 대답할 수 없었다. 이것은 인간의 짧은 지혜로는 창조세계 안에 나타난 하나님의 지혜를 다 이해할 수 없음을 반증한다. 하나님이 창조세계에 행하시는 일들에 대해서 하나도 답할 수 없다면 욥에게 고난을 허락하신 하나님의 통치에 대해서도 함부로 말해서는 안 된다. 고난의 이유를 알 수 없다고 하더라도 오히려 하나님의 통치의 의로움을 믿고 현재의 고통을 하나님께 맡겨야 한다. 즉, '여호와를 경외하고 악에서 떠나야 한다.'(1:1, 8, 2:3, 28:28). 이것이 참된 지혜이다. 이처럼 무한한 하나님의 위엄에 직면하게 된 경건한 자 욥은 침묵하게 된다. 자신이 이해할 수 없더라도 하나님께서 하시는 일은 모두 옳은 것임을 인정한다. 그리고 자신의 좁은 경험으로 하나님의 통치의 의로움에 의문을 제기했던 자신의 성급한 불평들과 요구들에 대해 참회한다. "내가 스스로 거두어들

이고 티끌과 재 가운데에서 회개하나이다." (42:1-6).

욥기 38-42:6의 구조[16]

A 38:1	서론적인 도입부와 하나님의 현현에 대한 보고	A1 40:6	서론적인 도입부와 하나님의 현현에 대한 보고
B 주제를 표현하는 도전 (Thematic challenge) 38:2-3	i 주제 A 무지한 말로 이치(my design)를 어둡게 하는 자가 누구냐? ii 호출: 너는 허리를 묶으라	B1 도전 40:7-14	i 주제 B 네가 내 심판(justice)을 폐하려 하느냐? ii 호출: 너는 허리를 묶으라
C 주제의 정교화 38:4-39:30	i 자연 세계에서 38:4-38 ii 동물의 왕국에서 38:39-39:30	C1 주제의 정교화	i 베헤못(Behemoth) 40:15-24 ii 리워야단(Leviathan) 41:1-41:34
D 법적 상대자(욥)에 대한 도전 40:1-2			
E 40:3-5	욥의 대답	E1 42: 1-6	욥의 대답

결말 (42:7-17)

- 하나님은 친구들이 아닌 욥이 옳았다고 판결하신다. 이것은 하나님께서 자신의 의로움을 변호해주실 것을 믿었던 욥의 믿음에 대한 하나님의 응답이다. 욥의 친구들이 하나님에 대해서 말한 것, 즉 단순한 인과론으로 하나님의 통치를 설명한 것은 "옳지 못한 것"이라고 판결하신다(42:7-8). 하늘에서도 사탄 앞에서 욥의 온전함과 의로움을 증언하신 것처럼 땅에서 그렇게 하신다.[21] 욥은 여전히 고난을 당하고 있으면서도 자신들을 위해 기도해 줄 것을 요청하며 하나님께 드릴 많은 제물을 들고 온 친구들을 용서한다. 그리고 그들을 위해서 기꺼이 기도한다. 이것이 욥의 의로움이다.
- 이러한 욥의 의로움은 회복으로 보상을 받는다. 욥의 회복은 모든 고난당하는 자가 현세에서 회복될 것을 말하지는 않는다. 욥의 회복이 보여주는 것은 종말론적인 것이다. 현실에서는 회복될 수도 있고 그렇지 못할 수도 있겠지만, 하나님은 궁극적으로 이유를 알 수 없는 고난 가운데서도 하나님을 경외하며 악에서 떠나며

고난을 견디는 자들을 온전히 회복시키실 것이다. 욥의 회복은 진정한 지혜가 여호와를 경외하며 악을 버리는 것임을 확증하는 것이다.

결론

인간이 정말로 하나님을 사랑해서 순수하게 하나님을 믿고 의지하느냐는 죄 없는 고난 가운데서도 끝까지 하나님을 신뢰하고 의지하는 인내를 통해서 증명될 수 있다. 이러한 의인의 믿음과 인내 앞에서 사탄의 공격은 실패한다. 하지만 경건한 자의 고난은 하나님의 선하신 통치에 대한 회의를 가져오고 믿음을 극도의 시험으로 몰아넣을 수 있다. 사람들은 고난을 죄의 결과로 해석하고 빨리 회개해서 다시 복을 받으라고 매력적인 권면을 할 것이다. 그러나 그런 상황에서도 쉽게 회개하거나 하나님의 의로운 통치를 의심하지 말아야 한다. 하나님의 통치에 대한 인간의 지혜의 한계를 기꺼이 받아들이고, 하나님의 방식들을 이해하지 못할 때에도 그분을 신뢰하고, 고난을 인내해야 한다.[22] 이것이 욥기가 가르치는 무고한 고난 속에서 인간이 지녀야할 지혜이다.

예수 그리스도는 이러한 욥기의 지혜를 완성하신 분이시다. 주님은 가장 의로우신 분으로서 가장 혹독한 고난을 당하셨지만 아버지 하나님에 대한 신뢰로 그 고난을 견디셨다. 그분도 욥처럼 하나님께서 기뻐하시는 분이셨지만("이는 내 사랑하는 아들이요 내 기뻐하는 자", 마 4:17), 하나님의 허락 하에서 엄청난 고통을 당하셨다. 그분은 고통을 통해서 순종을 배우셨다.(히 5:8) 시편 기자의 탄식을 빌어 "나의 하나님, 나의 하나님 어찌하여 나를 버리셨나이까"(시 22:1; 마 27:46)라고 부르짖으셨던 그분은 "아버지여 내 영혼을 아버지 손에 부탁하나이다."라고 하시며 끝까지 하나님을 신뢰하셨다.[23] 아버지 하나님은 결국 이 아들을 다시 살아나게 하셨고, 그의 생명을 많은 사람들에게 나눠주셨다. 주님의 몸 된 교회는 그의 고난에 동참하면서 믿음으로 그 고난을 인내해야 한다.

시편

“시편은 작은 성경이라고 불러 마땅하다. 성경 전체에 담겨 있는 모든 것들이 지극히 아름답게 간략한 모습으로 담겨져 있다. 시편은 진정 뛰어난 안내서이다” (마틴 루터)

“이 보고에 얼마나 다양하고 휘황찬란한 부가 담겨 있는지 말로 표현할 길이 없다… 나는 이 책을 영혼의 모든 부분을 해부한 책이라고 불러도 부당하지 않다고 생각한다. 왜냐하면 어떤 사람이 의식할 수 있는 모든 감정이 다 거울처럼 여기에 묘사되어 있기 때문이다” (존 칼빈)

시편은 구약의 성도들이 성전 예배나 개인 예배에서 수 세기 동안 부르던 노래들이었다. 어떤 저자가 지은 시편이든지 성도들은 그 시편들을 반복적으로 사용하면서 하나님을 만나고 자신들의 믿음을 키워갔을 것이다. 그래서 이 시편들에는 구속의 역사 속에 축적된 이스라엘 백성들의 신앙 고백이 고스란히 담겨있다. 이 고백들은 하나님께 탄식과 찬양과 감사와 신뢰의 형태로 표현되었다. 이 고백들에서 우리는 구약 성도들이 하나님 앞에서 숨김없이 표현한 다양한 감정들을 느낄 수 있다. 그래서인지 시편은 구약성경 중에서 신약성경에 가장 많이 인용되고 있다.

다윗 시대	솔로몬	바벨론 포로	포로 귀환시대
	시편의 창작	창작+ 성전에서의 시편 사용	창작, 묵상, 시편 수집, 최종 편집
BC 1010	BC 970	BC 586	BC 3세기

시편의 기원, 수집, 편집의 과정

시편은 수 세기에 걸쳐서 지어지고, 기록되고, 편집되고, 배열되었기 때문에 모든 시편을 특정한 시대의 것으로 종속시키는 것은 있을 수 없는 일이다. 아래의 도표에서 보여주듯이 다윗의 시처럼 개인들이 삶의 다양한 상황에서 쓴 시편들도 있고, 고라 자손들의 노래처럼 성전 예배를 위해서 창작된 것들도 있다. 이런 시편들이 수 세기를 걸치면서 성전 예배를 위해서 수집되고, 작은 모음집들로 편집되고, 반복적으로 사용되었다. 포로기와 포로기 이후에도 시편들은 계속 수집되고 사용되다가 최종적으로 지금 우리가 보는 형태로 배열되고 편집되었을 것이다. 이러한 최종 배열과 편집은 제2성전에서의 예배를 위해서 제사장들이나 레위인들에 의해서 완성되었을 가능성이 크다. 물론 이 시편집은 유대교 회당에서도 사용되었을 것이다. 이상의 과정들을 도표로 정리하면 아래와 같이 될 것이다.[1)]

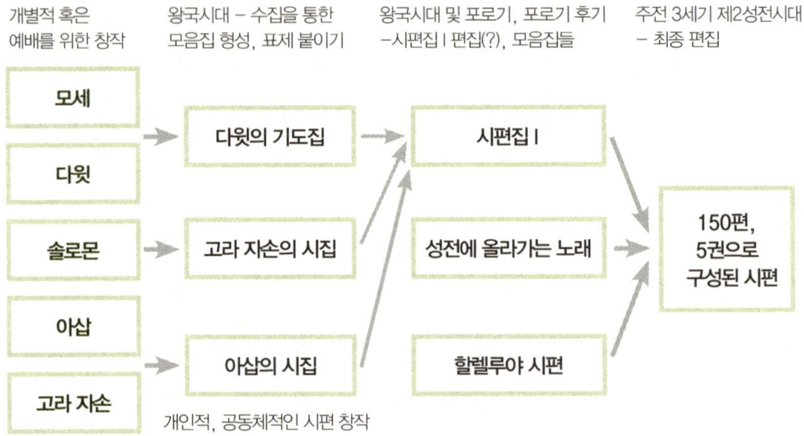

구조

- 시편 1,2편은 시편 전체의 서론으로서 시편의 주제들을 안내하고 있고, 시 146–150(특별히 150편)편은 시편의 결론으로서 '할렐루야'로 시편 전체를 웅장하게 마무리하고 있다. 1, 2편은 '복이 있다'는 두 감탄사로 시작되고 끝이 나면서 두 가지 행복의 길로서 하나님의 말씀과 기도(여호와께로 피함)을 제시하면서(1:1; 2:12) 시편의 중요한 주제들을 안내하고 있다. 그 주제들은 하늘에 좌정하신 온 땅의 왕이신 하나님, 하나님의 대리 통치자인 왕, 의인에 대한 하나님의 인정과 악인에 대한 심판, 율법(말씀), 기도(여호와께 피함), 하나님의 임재와 통치의 장소인 거룩한 산 시온(예루살렘), 하나님나라의 온 세상 확장과 승리 등이다.
- 시편은 다섯 권으로 구분되어 있다(1–41; 42–72; 72–89; 90–106; 107–150). 이러한 구분은 아마도 시편이 모세오경과 상응하는 새로운 하나님의 말씀임을 보여주려고 한 것 같다. 각 권은 송영송(41:13; 72:18–19; 89:52; 106:48

150)으로 끝나는데 이것은 아마도 마지막 편집자가 삽입했을 것이다(예: "이스라엘의 하나님 여호와를 영원부터 영원까지 송축할지로다 아멘 아멘" 시 41:13). 시편 150편은 5권뿐만 아니라 시편 전체를 결론짓는 송영송이라고 할 수 있다.

- 기도 시편들은 1-3권에 들어 있고 찬양시들은 주로 4-5권에 많이 등장한다. 이러한 흐름은 고난 가운데서의 의로운 성도들의 기도가 결국은 응답을 받고 하나님의 의로운 통치를 찬양할 날이 올 것임을 소망하는 것처럼 보인다.
- 전체 시편의 흐름은 다음과 같이도 볼 수 있다. 1-2권: 다윗 왕조의 견고함 → 3권: 다윗 왕조의 멸망(다윗 언약의 파괴) → 4-5권: 포로귀환과 다윗 언약의 회복에 대한 소망[2)]

내용

권별 내용[3)]

제1권(1-41편): 41편 대부분 다윗 시편, 개인 기도들	1-2편 시편 서론, 3-14편 다윗의 간구들, 15-24편 다윗의 간구와 확신과 찬양, 25-33편 다윗의 간구와 찬양, 34-37편 다윗의 교훈과 기도, 38-41편 고통과 원수들로부터의 구원을 간구하는 다윗의 기도들
제2권(42-72편): 31편 8편의 고라 자손의 시, 18편의 다윗의 시	42-45편 세 편의 기도 + 제왕시, 46-48편 시온의 왕이신 하나님 찬양, 49-53편 하나님 앞에서의 올바른 자세, 54-60편 일곱 개의 기도시편들, 61-64편 다윗 왕의 기도, 65-68편 하나님의 우주적인 행적 찬양, 69-72편 세 편의 기도 + 제왕시
제3권(73-89편): 17편 11편의 아삽의 시, 5편의 공동체 기도 시편들	73-78편 아삽의 시편들(교훈, 공동체의 기도, 감사), 79-83편 아삽의 시편들(공동체의 기도들, 권면), 84-89편 개인과 공동체의 기도(89편-제왕시)
제4권(90-106편): 17편 하나님의 우주적 통치 강조 제5권(107-150편): 44편 많은 찬양과 할렐루야 시편들	90-100편 우주적인 통치자이신 하나님에 대한 찬양과 확신, 101-110편 두 제왕시편으로 둘러싸인 기도와 찬송과 역사 회고, 111-119편 율법을 강조하는 세 시편(111-112, 119편)에 둘러싸인 할렐루야 시편들, 120-137편 성전에 올라가는 노래와 부록, 138-145편 다윗의 찬양과 기도, 146-150편 시편의 피날레(할렐루야 시편들)

- **제1권(1-41편)** - 대부분 다윗과 관련된 시편(1, 2, 10, 33편 제외)이면서 개인 시편(1, 2, 29, 24, 12편 제외)이다. 그리고 대부분은 기도시편들이고 가끔 찬양 시편들이 나온다(8, 19, 29편 등). 다윗이 고난을 이겨내고 왕이 되어 안식을 가져다주는 과정을 보는 듯하다(특히 18편=삼하 22장)
- **제2권(42-72편)** - 몇몇의 고라자손들의 시편들과 다윗 시편들로 이루어져 있다. 1권처럼 개인 기도들이 많지만, 45편과 72편의 두 제왕시가 전체의 틀을 이루면서, 하나님의 세상 통치의 중심인 시온에 대한 노래들과 인간 왕에 의해 하나님의 통치가 실현되는 것을 찬양하는 시편들이 나온다(46-48, 65-68편). 다윗 왕가의 왕들의 통치는 우주적인 왕이신 하나님께 기도하는 일을 통해서 이루어진다.
- **제3권(73-89편)** - 대부분의 공동체 기도들은 여기에 있다(74, 79, 80, 83, 85편). 아삽 시편들(73-83편)이 주류를 이룬다. 2권처럼 제왕시편으로 끝나지만 하나님께서 왕을 폐하시고 왕도를 멸하신 상황을 묘사하며, 애굽으로 이스라엘을 이끌고 간 '요셉'의 이름이 자주 등장하고 성전 예배를 사모하는 시편들이 많은 것으로 봐서는 포로기의 상황을 반영하는 듯하다.
- **제4권(90-106편)** - "여호와께서 통치하시니"-하나님의 우주적 통치를 강조(93-100편)하는 찬양시편들이 많이 등장한다. '모세'의 이름이 자주 등장하고 '출애굽' 상황을 회고하는 노래들도 등장하면서 제2의 출애굽, 즉 출바벨론에 대한 기대가 표현된 것처럼 보인다.
- **제5권(107-150편)** - '성전에 올라가는 노래'(120-134편)들과 할렐루야 시편들(111-118; 146-150편)이 등장하는 것이 특징이다. 5권은 마치 4권의 기도에 응답이라도 하듯이 하나님께서 포로들을 회복시키신 것을 노래하는 시편들이 자주 등장한다. 그래서 4, 5권은 포로에서 돌아온 성도들이 제국의 왕들을 압도하시는 하나님의 우주적 왕권을 노래하는 찬양시편들을 많이 담고 있다. 시온의 회복과 시온 성전 중심의 예배도 강조한다. 또 138-145편에는 다윗의 기도와 찬양을 배치함으로써 왕이 없는 상황에서 새로운 다윗, 즉 메시아를 허락하실 것을 간구하고 확신하며 노래하는 듯하다.

표제

예) 시편 60편 "다윗이 교훈하기 위하여 지은 믹담, 인도자를 따라 수산에듯에 맞춘 노래, 다윗이 아람 나하라임과 아람소바와 싸우는 중에 요압이 돌아와 에돔을 소금 골짜기에서 쳐서 만 이천 명을 죽인 때에"

150편 중에서 116개에 표제가 붙어 있다. 그리고 표제가 붙어 있지 않은 시편들('고아'시편들)은 주로 제 4, 5권에 있다.[4] 표제는 저자가 붙인 것이라기보다는 예배 시간에 사용하거나 책으로 묶기 위해서 시편을 모으거나 편집한 사람들이 붙였을 가능성이 높다. 그래서 표제들은 주로 저자(예: '다윗의'), 모음집의 이름(예: '성전에 올라가는 노래'), 시의 종류(예: '믹담', '기도'), 음악적인 설명(예: '수산에듯'), 예전적인 설명(예: '인도자를 따라'), 저작하게 된 역사적 배경(예: '다윗이 아람 나하라임과… 때에') 등을 담고 있다. 그러므로 시편에 붙여진 음악적 설명들이나 예전적 표제가 원래 그 시편이 저작된 목적이라고 생각해서는 안 된다. 오히려 그것들은 후대에 성전 예배에서 사용될 때 필요한 지시어와 같은 것이라고 생각하면 된다. 그래서 표제는 시편이 저작될 때에 붙여진 것은 아니지만 시편 해석상에 중요한 단서들을 제공해 주며, 시편들이 개인적으로나 공동체에서 어떻게 사용되었는지에 대한 많은 힌트를 제공한다.

시편의 종류

시편의 종류들이 정확하게 구분되는 것은 아니지만 여러 가지 내용에 따라서 구분을 하는 것이 시편 이해를 위해서 유익하다.[5]

- **탄식시 혹은 기도(테필라, tepilla)**: 개인과 공동체가 질병, 전쟁, 억울한 일 등의 위기에서 지은 기도 시편들이다. 탄식 혹은 불평 부분이 탄식시의 초점으로 시편을 쓴 이유와 상황을 보게 한다.[6] 탄식시편들에 자주 등장하는 저주의 요소들은 하늘의 재판관이신 하나님께 적들에 대해서 올바른 법적인 조처를 해달라고 요청하고 있는 것이다.
- **찬양 혹은 찬양의 노래(테힐라, tehilla)**: 주로 공동체 찬양시편들로서 창조세계와 역사에 나타난 하나님의 위엄과 능력뿐만 아니라 하나님의 자비(113:4-9)와 우

주적 왕권(47; 93; 95-99편)을 노래한다. 찬양시는 주로 찬양에의 초청과 찬양의 이유로 구성되어 있다.

- **감사의 노래(토다, todah)**: 하나님의 구체적인 구원의 사역에 대한 감사를 회중들 앞에서 표현한 시편들이다. 감사의 내용은 주로 질병의 치유(30편), 적들로부터의 구원(18; 92편), 고통으로부터의 구조(66:14) 등이며, 이런 시편들의 핵심은 '구원의 이야기'(간증)이다.
- **신뢰 시편**: 하나님에 대한 신뢰를 선언하고 하나님의 구원을 확신하는 시편들로서 '확신' 혹은 '신뢰의 선언' 부분(예: "여호와는 나의 목자시니 내가 부족함이 없으리로다" 시 23:1)을 반드시 포함한다.
- **제왕시편들(royal psalms)**: 왕의 일생과 관련되어 지어진 시편들로서 왕의 즉위(2, 110편), 결혼(45편), 왕에 대한 축복(72편), 왕의 탄식(89편) 등의 내용을 담고 있다. 예루살렘 멸망 후에 이 시편들은 이상적인 왕, 즉 메시아의 출현을 열망하는 메시아 시편으로 기능하게 되었다.
- **지혜 혹은 토라(교훈) 시편**: 지혜 문학과 같이 하나님의 말씀, 삶과 믿음에 대한 교훈에 집중한 시편들로서 이 시편들에는 기도나 찬양이 없다.

종류	내용과 형식	예
탄식시 (기도시)	탄식(고통의 호소, 원수 고발) + 간구 + 찬양의 맹세 + 신뢰의 고백	3-7, 10, 12, 13, 17, 22, 38-43, 44, 54-57, 79, 80, 109, 120, 137편
감사시	기도 응답과 구원에 대한 감사 찬양(간증)	18, 30, 33, 34, 66, 68,106, 118, 124, 136편
찬양시	찬양으로의 초대 + 찬양의 이유(하나님의 위엄과 능력, 자비, 왕권)	8, 19, 29, 65, 95-100, 111-117, 146-150편
신뢰시	하나님에 대한 신뢰와 기도 응답의 확신 노래, '신뢰의 고백' 혹은 '확신'의 요소	11, 16, 23, 52, 62, 121, 124, 125, 129, 131편
제왕시	왕의 즉위, 결혼, 탄식, 전쟁과 관련된 노래들 → 메시아 시편	2, 18, 20, 21, 45, 72, 89, 101, 110, 118, 144편
지혜시 (토라 시)	삶과 믿음과 말씀에 대한 교훈을 노래한 시, 기도와 찬양의 요소가 없음	1, 19, 37, 49, 73, 112, 119, 127, 128, 133편

시편의 신학적 주제들

시편의 신학은 아래의 도표에 나오는 세 가지 요소인 '하나님'과 '의인'과 '악인'의 관계를 통해서 설명될 수 있다.[7]

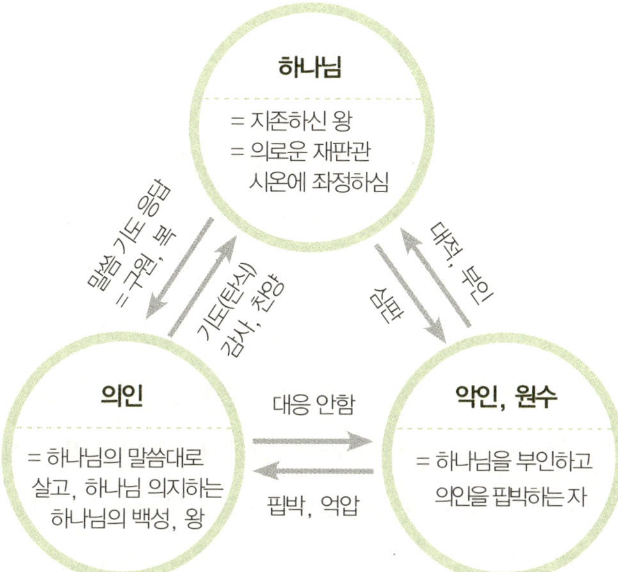

첫 번째 요소는 '하나님'이다

시편에서 시인들에 의해서 고백되는 하나님은 다른 성경의 고백과 같이 온 세상과 이스라엘을 다스리시는 '크신 왕'(Great King)이시다(48편). 인간의 삶과 역사와 온 세상의 중심은 하나님(여호와)이신 것이다. 하나님은 창조주로서 온 세상을 주관하실 뿐만 아니라 의로우신 왕으로서 사람들과 세상을 의롭게 다스리신다(93-100편의 찬송들). 그러한 하나님의 통치는 악인들에 대한 심판과 의인들을 곤경에서 구원하시는 것으로, 혹은 하늘 법정에서의 의로운 '판결'을 통해서 나타난다. '지존하신 왕'으로서 국제적으로는 당신을 대항하거나 부인하는 세상나라들과 통치자들을 인정하지 않으신다(2편). 이스라엘 공동체 내에서는 하나님보다는 자신들의 자원들과 거짓된 신들을 의지하는 '교만한 자들'은 심판하시고, 하나님만 의지하며 간구하는 겸손한 '의인들'은 보호하신다. 왕이신 하나님이 이 세상을 다스리는 지상의 왕궁은 예루살렘(시온) 성전이며,

그래서 시온은 '거룩한 산'이다(46, 48, 87, 122편). 백성들은 하나님을 예배하고, 하나님께 억울함을 호소하고, 고난을 피하기 위해서 예루살렘의 성전으로 나아온다. '크신 왕'은 그들을 만나주신다.

두 번째 요소는 시인(들)인 '의인'(들)이다

주로 시편에서 '나' 혹은 '우리'로 등장하는 시편 기자들은 '의인'(들)이다. 이들은 하나님을 자신들의 '왕'이자 의로운 '재판관'으로 모시기 때문에 그분의 말씀대로 살고자 애쓰고, 모든 환란 가운데서 하나님만 의지한다. 이 의인들의 공동체는 하나님께서 자신의 백성으로 택하신 '이스라엘'이며, 이 이스라엘의 대표가 '왕'이다. 외부적 관계에서는 악한 세상나라들이 의로운 하나님나라를 쳐들어올 때 백성들은 하나님을 의지하고, 하나님의 능력으로 그들과 싸운다(74, 79편 등의 공동체 기도 시편들). 그럴 때 하나님은 악한 세력들을 친히 물리치신다. 내부적 관계에서는 악인(들)의 공격에 의해서 고통당하는 의인(들)은 가난과 환란 속에서도 오직 의로운 '왕'이시자 '재판관'이신 하나님께로 나아간다(3-7편 등의 기도 시편들). 직접 악인(들)에게 보복하지 않는다. 그렇게 할 때 하나님은 시온 성전에서 그들의 기도를 들으시고 악인(들)을 징계하신다. 그들의 기도를 통해서 하나님나라를 이루어 가신다. 여기에 대해서 의인(들)은 예루살렘 성전에서 모여 구원의 하나님께 감사와 찬양을 올려드린다(29, 30편 등의 감사 시편들과 찬양 시편들). 이 예배를 받으시고 하나님은 경건한 백성들에게 말씀을 가르치시며, 복을 내리신다. '왕'은 의인의 대표이자 하나님의 통치의 대리자로서 자신이 의롭게 살 뿐만 아니라 백성들이 하나님의 말씀대로 살도록 인도한다. 그래서 그의 통치는 '공평'과 '정의'를 드러내는 통치여야 한다(2, 45, 72편 등의 제왕시편들). 왕의 흥망성쇠는 이스라엘의 흥망성쇠이다.

세 번째 요소는 시인의 대적인 '악인(들)'이다

악인(들)은 세상나라이건 이스라엘 공동체에 속한 개인(들)이건 실제적인 하나님의 통치를 인정하지 않는다. 하나님을 왕과 재판관으로 인정하지 않고 자신들의 꾀와 자원과 자신들이 만들어낸 신들을 의지한다(14편). 그래서 자신(들)의 이익을 위해서 의인(들)을 착취하고 억압하며 핍박한다. 하지만 이들의 죄악은 의인(시인들)의 기도에 의해서 하나님께 고발되며, 하나님은 의인(들)의 기도를 들으시고 그들의 죄악에 대해 심판하신다. 이것이 하나님의 공의로운 통치이다. 시편에서는 의인이 악인이 되는 순간도 있다. 그때는 의인이 죄를 범한 순간이다. 그래서 시인들은 자주 자신들 안에 있는 죄를 하나님께 고발하며 회개의 기도를 드리며 용서를 구하기도 한다(51편).

시편은 하나님과 의인, 악인들 간의 관계 속에서 역동적이고도 복잡하게 전개되는 하나님나라 백성들의 탄식과 고백과 신뢰와 찬양을 담고 있다. 기도가 금방 응답되는 것도 아니고 악인이 바로 심판을 받는 것도 아니다. 그러나 수백 년 동안 성전 예배에서 이 시편들을 노래하면서 의인들의 공동체는 위의 신학적 주제들이 확실한 진리라는 것을 확신해 왔다. 그래서 우리는 이들의 기도와 찬양 속에서 하나님나라를 능력과 공의로 다스리시는 하나님을 만나게 된다.

결론

선지서들이 말하는 것과는 다른 방식으로, 시편은 다양하게 그리스도에 대해서 말하고 있다.[8] 먼저, 시편의 '왕'(하나님과 인간 왕들)의 이상은 '다윗의 아들' 그리스도 안에서 성취되었다. 둘째, 예수 그리스도는 시편에 등장하는 '고난당하는 의인'의 대표로서 하나님께 탄식과 기도를 올리셨다. 셋째, 예수 그리스도의 교회는 하나님의 새로운 이스라엘, 새로운 성전, 새로운 예루살렘으로서, 하나님의 백성과 임재의 장소와 통치의 중심이다. 교회의 기도와 찬양은 온 땅에 하나님의 우주적 왕권을 선언한다. 넷째, 예수 그리스도의 교훈은 시편의 교훈을 완성한다. 특별히 마태복음 5장의 팔복의 선언은 시편의 용어들을 사용하고 있다. 우리는 시편을 읽으면서 그리스도 안에 계신 온 세상 왕이신 하나님을 만나며, 세상나라 가운데서 고통당하면서도 하나님만 의지하는 성도의 탄식과 찬양을 배운다. 그리고 우리의 기도와 찬양을 통해서 몸소 우리와 만나주시며, 우리의 탄식을 들으시고 억울함을 풀어주심으로써 이 세상에 하나님나라를 이루어 가시는 하나님의 역사를 몸으로 체험하게 된다. 거룩한 성 시온인 교회에 하나님나라가 온전히 이루어질 날이 도래할 것이다.

잠언

솔로몬, 야게의 아들 아굴(30:1), 르무엘 왕(31:1), 지혜로운 자(22:17; 24:23) 등이 잠언의 저자들이다. 열왕기상 4:29-32에는 솔로몬이 삼천 개 이상의 잠언을 지었다고 말하고 모든 지혜보다 탁월한 그의 지혜에 대해서도 말한다. 솔로몬이 대부분의 잠언들의 저자라면 이들은 주전 10세기 경 통일 왕국 시대에 지어졌다고 할 수 있다. 25:1에서는 히스기야 왕의 신하들이 솔로몬 잠언집의 일부를 수집하고 편집한 것으로 되어 있다. 아마도 이들이 오늘날의 책의 형태로 수집하고 편집한 것으로 보인다. 그렇다면 현재의 잠언은 히스기야의 통치 기간인 주전 715년부터 686년 사이에 수집되고 편집되었을 것이다. 아마 아굴의 잠언(30장)과, 르무엘의 잠언(31:1-9)과 다른 '지혜로운 자의 교훈들'(22:17-24:22; 24:23-34)도 이때에 솔로몬 잠언 모음집에 첨가되었을 것이다.[1]

	솔로몬 시대		히스기야 시대
	잠언의 창작 및 수집	솔로몬 잠언집 사용	잠언 수집 + 최종 편집
BC 970	BC 930	BC 729(715?)	BC 686

잠언의 목적

솔로몬이나 히스기야가 잠언집을 만든 이유는 젊은이들에게 이전 세대의 삶의 지혜들을 가르치기 위함이었다. 잠언 서문(1:1-7)에서는 "어리석은 자를 슬기롭게 하며 젊은 자에게 지식과 근신함을 주기 위한 것"이라고 한다. 젊은이들이 이전 세대의 시행착오를 되풀이 하지 않고 하나님을 경외하는 가운데서 성공적이고 효과적이고 행복한 삶을 사는 지혜를 제공하는 것이 잠언을 기록한 목적인 것이다. 물론 잠언이 제공하는 지혜는 율법의 길까지 포함하고 있다.

잠언의 특징

이 책에 기록된 잠언들은 예언이나 절대적인 복을 약속하는 율법처럼 읽어서는 안

된다. 예를 들면 잠언 23:13-14에 나오는 '아이에게 매를 들라'는 잠언은 어떤 상황에서든 그렇게 하라는 말은 아니다. 아이의 상황에 따라 적절하게 매를 사용하라는 말이다.[2] 많은 잠언들은 상황을 잘 고려해서 적용해야 한다(예: 잠언 26:4-5). 어떤 잠언은 그냥 사회에서 일어나는 일을 관찰한 결과를 기록한 것이기에("뇌물은 그 임자가 보기에 보석 같은즉" 17:8) 그것을 교훈으로 여기면 안 된다. 그 주제와 관련된 다른 잠언("뇌물을 싫어하는 자는 살게 되느니라" 15:27)과 함께 살펴야 한다. 잠언에는 직유나 은유 등의 비유를 많이 사용하고 있다. "지혜 있는 자의 교훈은 생명의 샘이니"(은유-13:14). 잠언의 지혜를 '생명나무'에 비유한 것(3:18; 11:30 등)은 잠언에서 제공하는 지혜가 생명나무를 통해서 하나님께서 제공하려 하셨던 풍성한 삶을 낳게 됨을 알려주는 것이다. 어떤 잠언들은 동일하거나 비슷한 잠언이 반복되기도 한다(21:9와 25:24, 18:8과 26:22 등).[3]

잠언의 종류

잠언의 종류에는 여러 가지가 있다. 그 중에서 '격언'은 "부자의 재물은 그의 견고한 성이요 가난한 자의 궁핍은 그의 멸망이니라"(10:15; 11:24)와 같이 사회에서 일어나는 일에 대한 관찰의 결과를 알려주어 간접적으로 교훈하는 것이다. '교훈'은 "가난한 사람을 학대하는 자는 그를 지으신 이를 멸시하는 자요 궁핍한 사람을 불쌍히 여기는 자는 주를 공경하는 자니라"(14:31)와 같이 직접적인 메시지를 전달하는 것이며, '훈계'는 "너희 행사를 여호와께 맡기라 그리하면 네가 경영하는 것이 이루어지리라"와 같이 명령문을 사용하여 교훈하는 것이다.[4] 잠언은 자주 대조되는 단어 쌍들(지혜로운/어리석은, 부자/가난한 자, 악이/의인, 생명/죽음)을 사용하여 교훈의 의미를 분명하게 강조한다.

구조

전체적인 구조는 서문(1:1-7)과 결어(31:10-31) 사이에 두 부류의 잠언들이 들어 있는 모습을 취한다. 서문이 잠언을 기록한 목적을 기록하고 있다면 결어는 젊은이들에게 '현숙한 여인'에 비유된 잠언의 지혜를 얻어서(결혼해서) '현숙한 여인'이 주는 것과 같은 풍성한 삶을 누리라고 초대한다. 첫 번째 부류의 잠언은 1:8-9장에 나타나는 것으로 주로 지혜의 유익과 어리석음(악함, 음란)의 해악을 교훈하는 내용으로 채워져 있다.[5] 결국 이 부분은 10장 이후에 나오는 구체적인 잠언들에 대한 서론적인 교훈을 제공한다고 할 것이다. 이 잠언들은 10장 이후의 잠언들과는 달리 문맥을 따라서 단락을 구분할 수 있다. 두 번째 잠언들은 10장부터 31:9까지 나오는 구체적이고 개별적인 잠언들이다. 대부분의 잠언들은 앞뒤 잠언들과의 문맥이 무시된 채로 나온다. 이 잠언들은 솔로몬의 잠언집 1,2, 지혜로운 자의 잠언 1,2, 이방인 아굴과 르무엘 왕의 잠언 등 여섯 부분으로 구성되어 있다.

1:1-7	서문
1:8-9장 잠언에 대한 서론적인 교훈	지혜의 유익+어리석음(음란, 악함)의 해악
10:1-31:9 구체적인 잠언들	10:1-22:6 솔로몬의 잠언 1
	22:7-24:22 지혜 있는 자의 잠언 1
	24:23-34장 지혜 있는 자의 잠언 2
	25-29장 솔로몬의 잠언 2
	30장 아굴의 잠언
	31:1-9 르무엘 왕의 잠언
31:10-31	결어: '현숙한 여인' 비유

내용

1:1-7 서문

서문 부분은 잠언 전체를 수집하고 최종적으로 편집한 편집자의 글로 볼 수 있다. 먼저 그는 표제 "다윗의 아들 이스라엘 왕 솔로몬의 잠언이라"를 통해서 주요 저자를 밝히고 있다. 2-6절은 잠언 전체를 기록한 목적을 소개한다. 젊은이들이 잠언을 통해 지혜를 얻게 하는 것이다. 그러면서 여호와를 경외하는 것이 모든 지혜와 지식의 근본이고 목표임을 분명히 선언한다(7절). 여호와를 경외하는 마음으로, 그리고 여호와를 경외하기 위해서 잠언을 읽고 적용해야 하는 것이다. 이 절은 동일한 잠언인 9:10과 수미상관을 이루어 서론적 교훈인 1-9장을 감싸고, 31:30과도 수미상관을 이루어 잠언 전체를 감싼다.

1:8-9장 잠언들에 대한 서론적 교훈-지혜의 유익, 어리석음에 대한 경고

이 장들은 10장 이후에 나오는 구체적인 잠언들에 대한 해석의 틀을 제공해주는 서론으로 볼 수 있다. 존 스텍(John Stek)이 제시하는 아래의 도표는 대칭적인 구조 속에서 이 부분의 잠언들이 지혜의 유익과 음행과 어리석음의 파괴적인 결과를 선명하게 대조시키고 있음을 알려 준다.[6]

구조	절수	합계
A 1: 8-19 사악한 길들로의 유혹		
B 1:20-33 지혜의 부름		
C 2:1-22 지혜의 유익	22절	42절
D 3:1-20 지혜의 유익 (+ 구체적인 교훈)	20절	
D′ 3:21-35 지혜의 유익 (+ 구체적인 교훈)	15절	42절
C′ 4:1-27 지혜의 유익	27절	
E 5:1-23 음행에 대한 경고	23절	43절
F 6:1-19 사악한 길들에 대한 경고	20절	
F′ 6:20-35 음행에 대한 경고	16절	43절
E′ 7:1-27 음행에 대한 경고	27절	
B′ 8:1-36 지혜의 부름		
A′ 9:1-18 지혜의 초청+ 어리석은 자의 유혹		

위의 구조는 잠언을 읽는 독자들이 하나님께서 주시는 지혜를 열망하고, 지혜의 초대(1:20-33; 8장; 9:1-6)에 적극적으로 응하기를 강력하게 권한다. 그렇게 하면 풍성한 삶(생명의 길)을 살 수 있다는 것이다(AA′). 그 풍성한 삶 안에는 공평하고 정의로운 삶(1:3; 2:9; 8:8, 15, 20; 31:12), 개인적인 건강과 평안, 장수(3:2, 16, 23, 24; 4:10; 9:11), 행복한 가족 관계, 결실 있는 노동, 부귀와 풍부한 재물(3:10, 16; 8:18-19, 21; 31:11, 13-22, 24), 공동체 안에서의 존귀와 영광(3:35; 4:8-9; 31:23, 25)등이 포함된다(2-4장). 자주 '내 아들아'라고 언급하는 것(1:8,10; 2:1; 3:1; 4:1; 5:1 등)은 잠언을 기록한 목적이 젊은이들을 '생명'의 길로 인도하기 위함임을 강조하는 것이다. 하지만 지혜의 초대를 거부하고 '음행'으로 대표되는 악하고 어리석은 길로 걸어간다면, 그것은 파멸과 죽음(1:32; 2:18-19,22; 3:25; 4:19; 5:5-6; 6:26; 7:22-23, 26-27; 8:36; 9:18), 재앙과 두려움(1:26-27; 6:15), 여호와의 저주(3:32-33; 6:16), 수치(5:9; 6:33), 가난(5:10; 6:9-11, 26), 질병(5:11), 심판(5:22)으로 인도할 것이라고 강조한다.[7] 하지만 이 길들은 '음녀'의 유혹처럼 강력하고 달콤하기에 뿌리치기 힘들다고 경고한다.

1-9장에는 '지혜'가 젊은이들을 초청하는 것도 나오지만(1:20-33; 8장; 9:1-6), 어리석음이 젊은이들을 초청(유혹)하는 부분도 나온다(1:8-19; 9:13-18). 특별히 9장에서는 히브리어로 여성 단어인 '지혜'가 의인화되어서 젊은이들을 자신의 풍성한 식탁으로 부르고, '미련한 여인'으로 의인화된 어리석음이 젊은이들을 도둑질과 파멸의 길로 유혹하는 장면을 대조적으로 제시하고 있다. 젊은이들에게 누구의 식탁으로 갈 것인지 결단할 것을 촉구한다고 할 것이다.[8] 또한 의인화된 여성 지혜는 하나님의 선지자(1:20-33)처럼 경고하기도 하고, 8장에서는 하나님께서 창조하신 창조의 질서이자 하나님의 자녀로 등장하며, 31:10-31에서는 현숙한 여인에 비유되기도 한다. 한편 9장에서 '미련한 여인'으로 의인화되어 등장하는 어리석음은 1-9장에서 음녀(2:16, 5:3), 이방 계집(2:16), 악한 여인(6:24) 등으로 비유되어 표현되고 있다. 전자가 지혜의 유익을 강조하는 것이라면 후자는 어리석음의 해악과 유혹의 강력함을 강조한 것이다. 잠언에서 지혜는 '지식', '훈계', '징계', '명철', '근신' 등의 동의어들로, 어리석은 자는 다양

한 종류의 히브리어 단어들이 동원되어 '어리석은 자'(단순한 자) '미련한 자' '거만한 자' 등으로 표현된다.[9)]

10:1-31:9 구체적인 잠언들

10장부터는 구체적인 잠언들이 등장하고 있다. 잠언에서 독자들에게 일관되게 권면하는 것은 정직(27:5-6; 28:23), 근면(27:23-24), 친절(14:9; 24:17,19; 25:21,22), 관용(17:5; 24:17; 21:13; 28:8), 용서(10:12; 17:9), 진실(14:5; 12:17), 인내(19:11), 겸손(15:33; 18:12; 22:4; 29:23), 즐거움(15:13; 17:22), 충성(28:20), 절제(29:11; 17:27), 자기통제(14:29; 15:18; 16:32) 등이다. 이런 덕목들은 일반적인 지혜 문학에서도 등장하는 것이지만 이 모든 것들은 창조주께서 인간들에게 보편적으로 주신 일반 은총적인 지혜들일 것이다. 또 10장 이후의 잠언들은 화내는 일(15:18; 19:19; 29:22; 30:33), 폭력, 다툼(17:19; 26:21,17), 한담(18:8; 20:19; 26:22), 교만(15:25; 16:5; 21:4), 술 취함(21:17; 23:20-21, 29-35), 폭식(23:1-3), 시기(14:30), 탐욕(23:4-5), 가난한 자의 착취(14:31), 게으름(10:4; 6:11; 24:30-31), 거짓말(24:28; 25:18; 26:18-19), 뇌물(15:27; 17:8; 18:16; 21:14), 보증(11:15; 17:18; 22:26; 27:13), 성적인 부정(22:14; 23:26-28; 31:2), 불공평한 재판(24:23 등을 피하라고 권면한다. 여기서 피하라고 하는 것들은 1-9장에서 말한 '어리석음'이나 '악함'에 포함될 수 있는 항목들이다. 잠언은 특별히 '말'의 위험성과 유익을 다양하게 강조하고 있다(예- 12:18; 18:14; 15:23; 10:20; 25:11). 또 자주 등장하는 주제 중의 하나는 부모와 자녀 관계에 대한 것이다. 부모는 자녀에게 적합한 교훈과 훈계를 하고, 자녀는 부모를 공경해서 어떤 불명예를 끼쳐서도 안 된다고 교훈한다(7:2-4; 22:6; 13:24; 23:13-14; 19:18; 22:15 등).[10)] 또 잠언에는 율법의 내용 자체에 대한 언급은 없지만 율법을 지키는 것이야말로 지혜로운 길의 하나임을 말하고 있다.

비록 잠언이 삶의 기술을 다루는 실제적인 책이긴 하지만 여호와 경외가 지혜의 근본이자 목표임을 분명히 밝힌다(1:7; 시 34:8-14). 하나님을 경외하고 의지하는 것이야말로 생명과 번영과 안전으로 가는 길이라는 사실이 잠언 전체에 걸쳐 두루 강조되고 있다(3:5-10; 9:10-12; 14:26-27; 16:3, 6-7; 18:10; 19:23; 20:22; 22:4; 28:25; 29:25). 이러한 경건한 지혜는 실제로 하나님께서 창조 세계를 통해서 생산하려고 하셨던 행복한 삶을 거두는 '생명나무' (3:18; 11:30; 13:12; 15:4)다.[11] 잠언은 창조주로서의 하나님에 대한 지혜를 강조한다. 창조에서의 지혜의 역할은 8:22-31의 주제인데, 여기서 지혜는 하나님의 속성으로서 의인화되어 있다. 그 외에 잠언에서 하나님은 인간이 경외하고 예배해야할 분이시며(1:7; 1:29; 2:5; 3:7; 8:13; 9:10; 10:27; 14:2, 26, 27; 15:16, 33; 16:6; 19:23; 22:4; 23:17; 24:21; 31:30), 지혜와 명철을 주시는 분이시며(2:6; 3:11-12; 8:35; 10:29; 20:12; 21:30; 28:5), 가난한 자를 이 땅에 허락하시지만 불쌍히 여기시며(14:31; 17:5; 22:2; 29:13; 14:31; 16:11; 17:5; 20:12; 30:2-4), 주권적으로 왕과 사람들의 걸음을 인도하시며(16:1,9; 19:21; 20:24; 21:1, 31; 29:25; 22:19), 사람들이 행하는 것을 감찰하시며(5:21; 15: 3), 악인을 심판하시고 의인에게 복을 주시며(10:3,22; 11:1,20; 12:2,22; 15:3,8,9,25-26,29; 16:5,7,11; 17:15; 19:3; 20:10,22,23; 21:3; 22:12,14; 22:22-23; 24:18; 25:22; 28:25; 29:25), 배우자를 주시는 분(18:22; 19:24) 등으로 등장하고 있다.[12] 그래서 여호와를 경외하는 것이 모든 지혜의 근본일 수밖에 없는 것이다.

10:1-22:16 솔로몬의 잠언 1[13]

375개의 한절로 된 격언들로 구성되어 있는데 10:1부터 15:29까지 180개의 격언은 사실상 모두 대조적이다(두 번째 행이 첫 번째 행에 반대되는 것을 제시하는 대조평행법).

22:17-24:22 지혜 있는 자의 말씀 1

5절로 된 서론 이후에, 이 부분의 저자는 다양한 길이(한 절로부터 8절에 이르기까지)로 된, 다양한 주제들에 대한 30개의 지혜로운 말씀을 제공한다. 이 교훈은 68절로 이루어져 있는데, 정확하게 절반(34절)이 두 절로 이루어진 잠언들이다. 17개의 교훈은 '하지 말라' 혹은 '하라' 형태로 된 훈계이다.

24:23-34 지혜 있는 자의 말씀 2

다양한 내용(첫 번째와 네 번째는 재판과 관련됨)을 가진 다섯 개의 지혜로운 말씀으로 구성된 작은 모음집이다.

25:1-29:27 솔로몬의 잠언 2

이 부분은 '히스기야의 신하들'이 편집했다고 하고 있기 때문에 주전 700년경의 것으로 추정된다. 이것은 130절로 구성되어 있다. 주로 한 절로 된 격언들이고, 28-29장에는 대조적인 형식으로 된 격언들이 압도적으로 많다. 하지만 이 격언집의 첫 부분(25-27장)은 앞의 잠언집들과 달리 많은 절들(두 절로 구성된 격언 여덟 개, 세 절로 된 격언 하나, 5절로 된 격언 하나)로 구성된 격언들이 다수를 차지하고 있다.

30:1-33 아굴의 잠언

아굴은 이방인인 것으로 보이며, 이 부분은 40절로 구성되어 있다. 두 절 이상으로 된 교훈이 열한 개, 한 절로 된 교훈이 세 개(10, 15, 20절) 있다. 이 부분의 독특한 특징은 일곱 개의 목록들이 나온다는 것이다.

31:1-9 르무엘 왕의 잠언

이 작은 모음집은 8절로 구성되어 있고 세 개의 주제에 대해서 다루고 있다(2-4-2). 이 모두는 이방 왕으로 추정되는 르무엘 왕의 것이지만 그는 이것들이 그의 어머니가 왕인 자신에게 훈계한 것이라고 말한다. 세 개의 주제는 힘을 여자들에게 쓰지 말라(2-3절), 술로 지혜를 둔하게 만들지 말라(4-7절), 힘없는 자들의 보호자가 되라(8, 9절) 등으로 구성되어 있다.

31:10-31 결어: 현숙한 아내

이 마지막 부분은 22절의 히브리어 알파벳이 차례대로 각 절의 첫 글자로 이어지는 이합체시로서 현숙한 여인에 대한 칭찬을 담고 있다. 서론 부분에서 음녀 혹은 이방 여인이 어리석음에 대한 비유와 예증으로 묘사되고 있는 것처럼, 여기서는 현숙한 아내가 여성인 '지혜'에 대한 비유와 예증으로 묘사되고 있다고 볼 수 있다(특별히 9:1-6을 참고 하라). 현숙한 아내가 가정에 주는 모든 유익들은 앞에서 지혜가 주는 유익들로 묘사된 것들과 일치하고 있다. 그래서 이 마지막 단락은 서론 부분의 중심 주제로 돌아가고 있다. 젊은 독자들에게 이 결어는 '어리석음'이 아닌 '지혜'와 결혼하여 지혜가 주는 풍성한 삶을 누릴 것을 추천하고 있는 것이다.[14]

결론

잠언은 어떻게 하면 '여호와를 경외하면서' (1:7; 9:10) 그분이 다스리시는 통치 질서 속에서 지혜롭고도 성공적으로 살 수 있는지를 교훈한다. 잠언집에 등장하는 많은 잠언들은 그런 목적을 위해서 사랑 많으신 왕께서 우리에게 제공해 주시는 지혜들이다.[15] 그러므로 이 잠언들을 잘 활용하고, 창조 세계와 사회 속에 드러난 하나님의 질서와 지혜들을 잘 관찰함으로써 우리는 하나님이 의도하신 성공적인 삶을 살 수 있다. 어느 누구도 모든 지혜를 다 안다고 해서는 안 되며, 늘 하나님과 사람들과 창조 세계로부터 하나님의 지혜를 배울 준비를 해야 한다. 기독교 서적뿐만 아니라 다양한 책들과 정보들을 접하고 지혜를 얻어야 한다. 그런 과정들을 통해서 우리는 하나님이 허락하신 풍성한 삶을 누리게 되며, 그 삶 가운데서 하나님을 경외하고 높이는 삶을 살게 될 것이다. 예수님은 우리의 구원자시지만 '솔로몬보다 더 크신' 지혜 교사이시기도 하셨다. 일상적인 삶의 모든 현장 속에서 성령님께 지혜를 구해야 한다. 신약의 서신서들(특별히 로마서, 야고보서)에는 잠언의 지혜들이 인용되거나 반영되어 있기에 서신서들도 함께 읽어야 한다. 이런 과정 속에서 우리의 행복과 성공을 원하시는 하나님의 섬세한 손길들을 경험할 수 있을 것이다.

전도서

전도서 1:1인 제목은 "다윗의 아들 예루살렘 왕 전도자의 말씀"으로 전도서를 소개한다. 전도서의 저자가 솔로몬임을 암시한다. 하지만 이 제목은 솔로몬이 '왕'으로서가 아니라 한 사람의 지혜 교사, 즉 전도자(히:코헬렛)로서 자신의 경험뿐만 아니라 인생에 대한 관찰과 묵상의 결과로서 전도서를 기록하고 있음을 의미한다. 그는 특별히 젊은이들에게 삶을 어떻게 사는 것이 하나님의 백성으로서 의미 있게 사는 것인지를 '허무'와 '즐거운 삶'을 대조시키며 제시하고 있다.

구조

전도서의 내용이 논리정연하거나 부드럽게 진행되지는 않고 있다. 그래서 전체의 구조를 잡기가 쉽지 않다. 내용들이 자주 끊어지거나 쉽게 연결되지 않는 면들이 보인다. 이것은 아마도 전도서가 대답을 주고 있는 삶의 정황들이 너무도 다양하기 때문일 것이다. 그럼에도 불구하고 전도서가 아무렇게나 기록된 것은 아니다. 서두에 나온 주제인 '헛됨'(공허함)이라는 주제가 전도서 전체를 감싸는 골격을 제공한다(1:2; 12:8). 또한 전도서 1-2장은 삶에 대한 끝없는 환멸로 시작하지만 이후의 내용들은 전도서 11-12장의 긍정적인 교훈들로 이동하고 있다.[1] 전도자는 하나님이 없는 삶의 무의미함에 대한 회의주의에서 하나님 안에서 찾는 삶의 기쁨과 의미를 향해 나아가고 있는 것 같다.

전도서의 두드러진 문학적 특징은 주제어나 주제어구들의 빈번한 등장이다.[2] '헛됨/헛되다'(38번, '호흡'), '일/노동/수고'(35번), '좋은/기쁜/선'(약 45번), '선물/주다'(11번), '해 아래'(29번 + '하늘 아래' 3회), '바람을 잡으려는 것'(9번), '기쁨/기뻐하다'(17번), '지혜/지혜로운 자'(53번), '어리석음/우매자'(31번), '행하다/일'(64번), '보다'(47

번), '악/괴로운'(19번), '악/재앙/폐단'(14번) 등이 대표적이다. 먼저 이런 어휘들의 반복은 전도서의 기록이 전도자가 사람들이 '행하는' '수고'를 '보고' 하나님 안에서 깊이 묵상한 '지혜'임을 강조한다. 젊은이들에게 '어리석은' 길, '악'과 '재앙'을 피하고 '기쁘고' '지혜롭고' '열매 맺는' 삶을 살도록 이 책을 썼음을 보여준다.

어휘의 반복과 더불어 우리가 눈여겨보아야 할 사실은 책 전체를 하나로 묶는 저자의 주제와 목적을 지시하는 핵심적인 단락들이 책 전반에 걸쳐 등장하고 있다는 사실이다(1:2-3, 14, 17; 2:10-11, 17, 24-26; 3:12-13, 22; 4:4, 6, 16; 5:18-20; 6:9, 12; 7:14, 24; 8:7, 15, 17; 9:7, 12; 10:14; 11:2, 5-6, 8-9; 12:1, 8, 13-14). 이런 단락들이 보여주는 전도서의 핵심 주제는 하나님 없는 '수고'만 하다가 '헛된'('바람을 잡으려는 것') 삶을 살지 말고, 하나님께서 주신 선물로서 삶을 즐기라는 것이다(2:24-25, 26; 3:12-13,22; 5:18-20; 7:14; 8;15; 9:7-9; 11:8-9).[3] 이러한 문학적 특징들과 주제를 강조하는 전도서의 구조는 아래의 도표처럼 정리할 수 있다.[4]

1:1	저자
1:2	주제: 하나님 없는 수고의 헛됨
1:3-11	서언: 수고의 무익함
1:12-6:9	인간의 쾌락, 지혜, 수고의 헛됨 – 삶과 일과 열매들을 하나님의 선물로 누리라
6:10-11:6	인간의 미래의 불확실성 – 지금 하나님이 주신 삶과 일을 누리라
11:7-12:7	노년과 죽음이 다가오기 전에 젊은 날을 누리라
12:8	주제: 하나님 없는 수고의 헛됨
12:9-14	결어: 여호와를 경외하고 그의 명령을 지키는 것이 사람의 본분

이 도표는 먼저, 1:2과 12:8이 '하나님 없는 수고의 헛됨'이라는 주제로 틀을 형성하고 있음을 보여준다. 그리고 그 뒤를 서언(1:3-11)과 결어(12:9-14)가 뒤따르고 있다. 서언은 하나님 없는 모든 인간 수고의 헛됨을 강조하는 것이라면, 결어는 여호와를

경외하는 삶을 통해서 그 허무함을 극복할 수 있다고 말한다. '헛됨'이라는 주제 틀 사이에는 크게 세 가지 주제가 나온다. 첫 번째는 1:12-6:9로서 인간들이 하는 모든 수고, 추구하는 지혜와 쾌락이 이 세상의 부조리들로 말미암아 헛될 수밖에 없음을 강조하는 단락이다. 이 단락은 이런 허무함을 이기는 길은 삶과 일과 소득을 하나님께서 주신 선물로 여기고 그것들을 즐거워하는 것이라고 한다. 두 번째 단락은 6:10-11:6으로서 전반적으로 사람의 미래가 어떻게 될지, 최선이 무엇인지 모르기 때문에 '현재' 하나님이 주신 삶과 일을 누려야 함을 강조한다. 세 번째 단락인 11:7-12:7에서는 늙어서 죽음이 가까이 오기 전에 하나님의 심판을 기억하면서 젊음을 누리라고 권면한다.

내용

먼저 위의 구조에 따른 전도서 내용의 개요를 살펴보면 다음과 같다.[5]

I. 1:1 제목

II. 1:2 주제 하나님을 떠나서 하는 인간적인 수고의 헛됨

III. 1:3-11 서언 새로움을 더하지 못하는 해 아래 있는 인간 수고의 무익함

IV. 담론 1 인간이 '낙'을 위해 하는 수고와 추구하는 지혜의 헛됨

→ 삶과 일과 그 열매들을 하나님께로부터 온 선물들로서 누려야 한다(1:12-6:9)

1:12-18 인간 수고의 의미를 찾는 지혜도 헛되다

2:1-11 인간이 추구하는 모든 형태의 '낙'(즐거움)도 헛되다

2:12-17 지혜의 부조리: 지혜자나 우매자나 동일하게 헛되다

2:18-26 인간 수고의 헛됨-버는 사람 따로 쓰는 사람 따로

(주제1 24-26절 그러므로 하나님이 주신 것을 먹고 마시고 누리라)

3:1-15 사람이 측량할 수 없는 하나님의 때

(주제2 12-15절 그러므로 현재 하나님이 주신 것을 기뻐하고 누리며 선을 행하라)

3:16-22 짐승과 다름없는 인간의 삶과 죽음의 부조리

(주제3 22절 그러므로 자기 일에 즐거워하라)

4:1-12 학대, 시기(경쟁), 고독한 수고의 부조리(헛됨)와 연합의 유익

(주제4 그러므로 서로 연합하라)

4:13-16 지혜로운 인간 통치의 헛됨

5:1-7 하나님을 이용하여 자신의 꿈을 이루려고 하지 말라

(주제5 도리어 하나님의 말씀에 귀를 기울이고 하나님을 경외하라)

5:8-20 재물로 인한 불의, 많은 재물의 헛됨

(주제6 수고함의 결과로 하나님이 주신 재물과 부요를 누리라)

6:1-9 채워지지 않는 인간의 욕망-실컷 수고하고 누리지 못하는 부조리(헛됨)

V. **담론 2** 무엇이 최선인지도 모르고 장래도 모르는 인생

→'지금' 하나님께서 그들에게 주신 삶과 일을 즐기라(6:10-11:6)

6:10-12 **서론** 무엇이 최선인지도 모르고 장래도 모르는 인생

7:1-14 지혜와 어리석음에 대한 격언들

-장래를 모르기 때문에 죽음을 염두에 두고 살라

7:15-29 의와 불의의 부조리, 불의한 사람들-인간 지혜로 알 수 없는 일들

8:1-9 장래를 알 수 없기에 늘 왕(하나님)의 명령을 지키라

8:10-17 의와 불의의 부조리 2

-인간 지혜로 알 수 없는 세상에서 행하시는 하나님의 일

(주제7 하나님께서 수고에 대한 대가로 주신 것을 먹고 마시고 즐거워하라)

9:1-12 언제 임할지 모르는 죽음을 대비하는 삶

(주제8 하나님께서 주신 소득을 아내와 함께 누리고 살라)

9:13-18 성읍을 구원하는 지혜, 많은 선을 무너뜨리는 죄인

10:1-20 지혜와 어리석음에 대한 격언들-장래를 모르면서 많은 말을 하지 말 것

11:1-6 **결론** 무엇이 최선인지도 모르고 장래도 모르는 인생-선을 행하라

(주제9 불확실한 인생이므로 베풀고 살라)

VI. 담론 3 금방 늙고 죽음이 닥쳐옴 → 젊음을 누릴 것(11:7-12:7)

11:7-8 캄캄한 날, 죽음이 닥쳐오기 전에 이 땅에서의 삶을 즐겨야 한다

(주제10 사는 동안 항상 즐거워하라)

11:9-10 하나님의 심판을 기억하면서 네 젊음의 날들을 누리라

(주제11 네 젊은 때를 즐거워하라)

12:1-7 늙음과 죽음이 오기 전, 젊을 때 창조주와 그분의 선물들을 기억하라

(주제12 죽기 전에 창조주와 그의 선물들을 기억하라)

VII. 12:8 반복된 주제

VIII. 12:9-14 결어 하나님을 경외함으로 믿고 순종하라

전도자는 '해 아래서' 살아가는 인생, 즉 탄생과 죽음의 지평 사이에 존재하는 인생의 허무를 극복할 수 있는 지혜를 제공한다. 죽음 너머의 삶에 대해서는 말하지 않는다. 그는 하나님께서 헛되게 보이는 우리의 삶과 이 세상을 다스리고 계심을 전제하면서 '헛됨'을 극복할 수 있는 경건한 지혜를 제공한다. 위의 내용들을 몇 가지 주제로 정리하면 아래와 같다.[6)]

- 인간적인 노력이나 지혜로는 궁극적이고 영원한 의미를 지니는 어떤 것도 성취할 수 없다. 그러므로 비현실적인 목표를 정해 놓고 그것 때문에 걱정하지 말아야 한다. 인간의 역량에는 한계가 있다는 것을 받아들여야 한다. 전도자는 '해 아래 새 것이 없고', '어떤 것도 특별한 곳으로 가지 않으며'(1:5-11), '인간은 어떤 것도 궁극적으로 변화시킬 수 없으며'(1:12-15; 6:10; 7:13), '일상에서 벗어날 수 없다'(1:2-4; 2:1-11)고 한다. 인간은 비현실적인 목표들을 잡아 놓고 헛된 수고를 할 때가 많다(4:4, 7절 이하 5:10-17; 6:7-9). 비실제적인 것을 추구하면서 '해 아래서' 하는 모든 인간적인 시도들은 단순히 환멸로 이끌 뿐이다.

- 지혜는 하나님께서 주신 선물이므로 지혜가 어리석음보다 낫다(2:13f.; 7:11이하, 19; 8:1, 5; 9:17f.; 10:1-3, 12-15; 12:11). 그래서 잠언의 충고처럼 최대한 하나님께서 주신 지혜를 활용하여 삶을 신중하게 살아야 한다. 하지만 지혜로부터 너무 지나치게 많은 것을 기대해서는 안 된다. 인간의 지혜로 이해하지 못하고 해결할 수 없는 일들이 너무 많다(1:16-18; 7:15-29; 8:10-17). 우리의 지혜가 우리 삶에 지속적인 보상과 유익들을 보장해줄 수 있다고 기대하는 것(2:12-17; 4:13-16; 9:13-16)은 어리석은 것이다.
- 우리는 세상에서 우리의 지혜로 해결할 수 없는 많은 부조리, 불의를 경험하게 된다. 그중에 가장 대표적인 것이 죽음이다. 인간의 죽음이나 동물의 죽음이 차이가 없는 것이다(2:15; 3:16f.; 7:15; 8:14; 9:1-3a; 10:5-7). 다음으로 우리가 경험하는 것은 사람으로 인한 불의다. "하나님은 사람을 정직하게 지으셨으나 사람이 많은 꾀들을 낸다"(7:29) 왜냐하면 다른 사람보다 앞서서 이익을 챙기기 위해서(시 10:2; 36:4; 140:2 참조)이다. 그래서 사람조차도 실망을 줄 뿐이다(7:24-29). 그럴 때라도 우리는 "하나님을 경외하고 그의 명령들을 지켜야"(12:13) 한다. 이것이 부조리한 세상의 허무를 이길 수 있는 길이다.
- 우리는 우리의 미래를 미리 알 수 없고 사후에 세상에서 일어날 일뿐만 아니라 바로 앞에 일어날 일조차도 알 수 없고 통제할 수도 없다. 그러므로 인간은 자신들이 하는 모두 수고의 불확실성을 항상 고려해야 한다(2:18; 6:12; 7:14; 9:12). 하나님의 때가 나중에 올 것이라고 기대하고 미래나 노후를 위해서 현재를 희생시켜서는 안 된다. 지금이 하나님이 주신 최고의 때이다(3:1-11). 그러므로 현재 하나님이 주신 때, 하나님이 수고의 대가로 주신 소득을 먹고 마시며 즐거워해야 한다(3:12-13). 젊은이들은 하나님의 심판을 고려하면서도 젊음의 때에만 누릴 수 있는 것들을 누려야 한다(11:9-12:8).
- 하나님께서 주권적으로 우리 삶의 모든 것들을 정하셨음(3:1-15; 5:19; 6:1.; 9:1)을 받아들이고 현재의 상황에서 최선을 다해야 한다. 우리 인간은 하나님의 정하신 일들을 바꿀 수도 없고 왜 그렇게 하셨는지 이해할 수도 없다. 그리고 하나

님께서 어떻게 하실 지도 예상하기 어렵다(3:17; 11:1-6). 범사는 때가 있고 모든 때는 하나님이 우리에게 주신 최고의 때이다. 하나님께서는 모든 때에 당신의 '선'을 이루신다(3장). 그러므로 자신의 상황을 다른 사람들과 비교하면서 안달하거나 불평하지 말고 바꿀 수 없는 것이라면 하나님께서 허락하신 최선으로 받아들이고 그 상황에서 최선을 다해야 한다.

결론

전도서는 하나님이 다스리시는 삶과 세상의 질서 내에서 어떻게 하면 인생을 의미있고, 목적에 맞고, 기쁘게 살 수 있는지에 대한 교훈을 제공한다. 먼저, 하나님을 개인의 생활과 일과 행동들의 중심에 모시고, 하나님께서 우리 삶에 정하신 몫을 만족하게 받아들이면서, 창조주이시자 왕이신 하나님을 경외함으로 신뢰하고 순종할 때 이런 삶은 가능하다.[7] 그리스도의 부활과 재림을 믿는 신약의 성도들은 전도자가 가졌던 관점의 한계를 극복할 수 있다. 이 세상의 삶이 전부가 아니며 우리는 이 땅에서의 삶을 통해서 영원한 의미를 남길 수 있음을 안다. 이 세상 사람들이 우리에게 기대하는 대로 살기보다는 죽음 너머의 하나님나라의 가치를 추구하면서 살아야 한다. 하지만 이처럼 확장된 지평을 갖고 사는 신약의 성도들에게도 전도서의 교훈은 여전히 강력하다. 그것은 한마디로 하나님께서 우리의 삶에 순간마다 부여해주시는 의미를 찾고, 그 의미를 즐기는 삶을 살아야 한다는 것이다. 여전히 우리의 지혜로 이해할 수 없는 부조리로 가득하고 예측할 수 없는 미래가 기다리고 있는 삶 속에서, 현재 하나님이 허락하신 삶을 누리고 최선을 다해서 살아감으로써 그 현재들이 하나님의 뜻을 이루고 하나님나라를 이루는 벽돌들이 되도록 해야 할 것이다.

아가

아가서의 제목은 '솔로몬의 아가'('노래들 중의 노래',[1] 1:1)이다. 이 노래집의 저자가 솔로몬이라고 말하는 것 같다. 하지만 이 모든 노래들을 솔로몬 개인의 삶의 이야기를 노래한 것으로 이해해서는 안 된다. 솔로몬이 아가서를 지은 것은 자기 개인의 사랑을 노래하기보다는 하나님께서 결혼관계에 주신 사랑의 아름다움을 노래하기 위함이었을 것이다. 이 노래들을 통해서 사랑의 아름다움과 위험성을 젊은이들에게 알리고, 하나님께서 의도하신 온전한 부부 사랑을 누리도록 교훈하려고 했을 것이다.

이상의 점들을 고려한다면 아가서를 해석할 때에 하나의 이야기를 다루는 희곡이나 하나님과 이스라엘 혹은 그리스도와 교회 간의 사랑에 대한 알레고리(풍유)로 봐서는 안 된다. 희곡으로 보는 견해에 의하면, 아가서가 솔로몬과 술람미 여인 간의 이야기를 구성하고 있다거나, 솔로몬이 목동을 사랑하는 여인을 자신의 첩으로 맞고자 하지만 목동에 대한 여인의 순결한 사랑으로 실패하는 이야기를 구성하고 있다고 한다. 하지만 우리가 아가서를 읽다 보면 누가 말하고 있는지조차 정확하게 구분하기 힘들고, 하나의 이야기 구조를 찾기가 너무나 어렵다는 것을 발견하게 된다. 또한 아가서를 하나님과 이스라엘의 관계나 그리스도와 교회와의 관계를 노래하는 알레고리로 보는 것에도 어려움이 있다. 신약성경에 아가서를 이렇게 해석하는 곳을 찾기 힘들고 알레고리로 보기에는 부부간의 사랑에 대한 묘사가 너무 구체적이다.[2]

아가서는 희곡이나 알레고리가 아니라 오히려 하나님께서 허락하신 부부간의 사랑을 노래하는 일련의 사랑의 서정시들의 모음집으로 보는 것이 더 좋다.[3] 창세기 2:23-25에 대한 일종의 주석적인 노래들이라고도 볼 수 있고, 왜곡된 성과 부부간의 사랑에 대한 올바른 관점을 제공해주는 지혜의 노래들이라고도 할 수 있다. 이 노래들은 부부간의 사랑의 자발성과 아름다움, 힘과 배타성을 묘사한다. 또 사랑이 이별과 친밀함, 고뇌와 환희, 긴장과 만족의 다양한 순간들을 통해 경험되는 모습들을 노래하고 있다. 아가서는 자연으로부터 끌어온 고도의 심미적이고 암시적인 이미지들을 광범위하게 사용하여 사랑의 아름다움과 신비를 절묘하게 묘사하고 있다.

구조[4)]

아가서는 여러 개의 사랑의 서정시들을 모아 놓은 것이기 때문에 전체의 구조를 파악하기가 쉽지 않다. 아가서가 사랑의 노래들의 모음집이라고 인정하는 학자들 간에도 구조에 대해서는 다양한 견해가 있다. 아래의 구조는 그 다양한 것들 중의 하나로 아가서 부부의 다섯 번의 만남(성적인 교제 포함)을 노래하고 있는 것으로 본 것이다. 8:5-7은 아가서의 주제를 표현하는 문학적인 절정이며 8:8-14은 1:2-6에 상응하는 맺음말이다. 사랑받는 여인의 형제들과 그녀의 포도원과 솔로몬 왕에 대한 언급 등이 공통적이며 부부 상호간의 갈망으로 끝나고 있다.[5)]

1:1	1:2-2:7	2:8-3:5	3:6-5:1	5:2-6:3	6:4-8:4	8:5-7	8:8-14
제목	첫 번째 만남	두 번째 만남	세 번째 만남	네 번째 만남	다섯 번째 만남	문학적 절정	결어

아8:5-7 [5]그의 사랑하는 자를 의지하고 거친 들에서 올라오는 여자가 누구인가 너로 말
미암아 네 어미가 고생한 곳 너를 낳은 자가 애쓴 그곳 사과나무 아래에서 내가 너를 깨웠
노라 [6]너는 나를 도장같이 마음에 품고 도장같이 팔에 두라 사랑은 죽음같이 강하고 질투
는 스올같이 잔인하며 불길같이 일어나니 그 기세가 여호와의 불과 같으니라 [7]많은 물도
이 사랑을 끄지 못하겠고 홍수라도 삼키지 못하나니 사람이 그의 온 가산을 다 주고 사랑
과 바꾸려 할지라도 오히려 멸시를 받으리라

아가서가 비록 여러 개의 사랑의 노래들로 구성되어 있지만 각 노래들의 배열된 순서나 시적 용어와 비유들과 등장하는 인물들의 일관성을 가지고 있다. 이런 점들은 아가서가 느슨하지만 일정한 구조를 가지고 있음을 암시한다. 먼저, 아가서는 몇몇 반복되는 표현들이나 장면들에 의해서 나름대로의 단락들을 표현하고 있다. 위에서 제시한 각 만남은 사랑하는 이를 깨워 일으키는 것을 나타내는 절들(2:10; 5;2; 8:5)과 신랑이나 신부의 도착이나 상대방에 대한 초대(1:2, 4; 2:8, 10; 3:6; 5:2; 8:5이하)로 단락들을 시작하고, "사랑이 원하기 전에는 흔들지 말고 깨우지 말지니라"는 일종의 후

렴구들(2:7; 3;5; 8;4)과 성적인 극치를 묘사하는 구절들(5:1; 8:14)로 마무리 된다고 볼 수 있을 것이다.[6)]

다음으로 살펴볼 것은 등장인물들의 일관성이다.[7)] '여인'('내 사랑')은 신부로서 아가서에서 주도적인 목소리를 발하고 있다. 히브리어로 여성명사인 '사랑'의 초대를 여성의 목소리를 통해서 표현하는지도 모른다.[8)] '여인'은 '남자'에 대한 갈망을 자주 표현하고 그와 함께 하기 위해서 위협과 장애물들을 극복하기도 한다(3:1-5; 5:2-8). 비록 검고 평범하지만(1:5-6; 2:1) 신랑의 눈에는 격조 높고(4:1-7, 10-15; 7:1-6 참조), '여인 중에서 가장 아름답고' '사랑스러운'(1:8-9, 15; 2:2,10, 13; 4:1, 7; 5:2) '신부'(4:8, 9, 10, 11, 12; 5:1)이자 '누이'(4:12; 5:1, 2)이자 '사랑'(5:2)이다. 신랑인 남자('나의 사랑하는 자')는 흠모할만한 '왕'(1:4; 1:12; 7:5)이자 '목동'(1:7)이며 여인의 갈망의 대상이다(2:8-14; 5:2-4). 그리고 '예루살렘의 딸들'이나 '시온의 딸들' 혹은 '처녀들'(1:5; 3:11; 1:3)로 등장하는 여인들은 '여인'과 '남자'처럼 하나의 문학적 장치이다. 이들은 신랑과 신부의 사랑의 간절함과 아름다움을 부각시키는 기능을 하고(5:9), 여인에게 때 이른 사랑의 위험성에 대해서 교육을 받는 대상이 되기도 한다(2:7; 3:5; 8:4). 마지막으로 여인의 어머니와 형제들은 성(性)에 대한 사회적인 규범을 대표하기도 하고(1:5-6; 8:8-9) 성적인 교제와 관련되어 언급되기도 한다(3:4, 11; 6:9; 8:1).

내용

- 아가서는 하나님의 최고의 선물 중의 하나인 사랑의 더할 나위 없는 매력과 아름다움을 영감 된 언어들을 통해서 전하고 있다. 이들은 주로 여성과 남성 간의 아름다운 대화들 가운데서 표현된다. 아가서의 주제를 담고 있는 8:6-7의 사랑의 목소리는, 잠언 8:1-9:12에 있어서의 지혜의 목소리와 마찬가지로 여성의 목소리이다.[9)] 이 여성의 목소리는 하나님이 주신 신비하고 오묘한 사랑의 세계 속으로 젊은 독자들을 초대하여 그 사랑을 갈망하도록 한다. 비록 부부 간의 사랑을 이루는

일에는 여러 가지 장애물들(포도원을 허무는 '작은 여우들' 2:15; '성'[城] 3:1-3, 5:2-7)이 존재하지만 원래 하나님께서 의도하신 대로의 사랑은 너무나 아름답고 서로에게 엄청난 기쁨을 주는 것이다(예: 4:1-5:1). 부부 간의 성적인 관계를 노래하는 부분들은 다양한 이미지들을 통해서 외설적이지 않으면서도 섬세하게 그 기쁨과 아름다움을 잘 표현하고 있다.

- 아가서가 노래하는 부부 간의 사랑은 배타성을 요구한다("내 사랑하는 자는 내게 속하였고 나는 그에게 속하였도다" 2:16; 7:10). 서로가 서로에게 소속되기를 진심으로 원한다("너는 나를 도장 같이 마음에 품고 도장 같이 팔에 두라" 8:6). 서로 힘겨루기를 하지 않는다.[10] 창세기에서 깨어졌던 부부 사이의 친밀감(창 3:16)이 회복된 것이라고 할 수 있다.[11] 부부 간의 사랑의 배타성은 그들의 관계를 깨뜨리는 어떤 대상도 용납할 수가 없다("질투는 스올같이 잔인하며 불길같이 일어나니" 8:6). 부부의 사랑은 피차 복종하는 것이며 한 대상만을 향한 헌신과 충성을 요구한다.
- 2:7(3:5; 8:4)의 표현인 "사랑이 원하기 전에는 흔들지 말고 깨우지 말지니라"는 준비되기 전에는 사랑을 함부로 깨우지 말라는 것으로 해석될 수 있다.[12] 즉 때 이른 사랑을 시도하지 말라는 것이다. 이 해석에 따르면 이 후렴구는 결혼하지 않은 젊은이들에게 (성적인 관계를 포함하는) 사랑의 자발성과 책임성에 대한 경고의 역할을 한다. 일시적인 감정이 아닌, 서로에 대한 자발적인 헌신과 끝까지 책임을 지고자 하는 마음이 부부 간의 사랑의 기초임을 강조하는 것이다.
- 8:6-7에서는 사랑의 힘과 귀중함에 대해서 노래한다. 사랑은 죽음보다 강하고 강력한 불처럼 맹렬하게 타오른다. 이 사랑의 불은 대양의 깊은 물로도 끌 수 없다(8:6-7 상반절). 여인이 엄청난 어려움을 이겨내고 결국은 신랑을 만나는 장면은 사랑의 힘을 증명해준다(3:1-5; 5:2-8). 사랑은 너무나도 귀중하기에 아무리 많은 재산을 주고서도 사랑을 사거나 사랑과 바꿀 수 없다. 아가서에 나오는 사랑의 대상을 부르는 다양한 비유적 표현들은 그 귀중함을 나타낸다.
- 부부 간의 사랑은 하나님께서 인간에게 주신 선물 중에서 그처럼 소중하고 귀한 선

물이다. 그러나 이 사랑은 고대부터 지금까지 사람들에 의해 크게 왜곡되고 남용되어 왔다. 하나님께서는 이 아가서를 통해서 이 사랑이 당신의 선한 창조세계 내에서 결혼 생활의 정상적인 일부분이 되기를 바라고 계신다(창 1:26-31; 2:24를 보라).[13] 죄가 가져다 준 성과 결혼에 대한 왜곡된 기준과 유혹들에 대항하여 진실한 사랑이 얼마나 순수하고 숭고한 것인지를 교훈하고 계시는 것이다. 동시에 아가서는 이 땅의 관계에서 가장 친밀한 관계인 부부간의 사랑 속에서 하나님의 사랑을 경험하도록 인도하고 있다. 이것은 창세기 2장의 의도이기도 하다.[14]

결론

아가서는 부부 간의 사랑과 성에 대해서 다루고 있는데 이것은 인간의 삶에서 매우 중요한 비중을 차지한다. 그럼에도 불구하고 그동안 교회에서는 이 부분에 대해서 소홀히 여겨 왔고, 심지어는 이 주제를 터부시하는 경향도 보여 왔다. 비록 아가서가 데이트나 성에 대한 교본은 아니지만 이 성경의 존재는 교회에서 부부 간의 사랑의 아름다움과 위험성에 대해서 정기적으로 교육해야 함을 보여준다.[15] 특별히 요즘처럼 가정들이 많이 깨어지고 부부관계가 형식적으로 변해갈 때는 매우 절실하다. 먼저, 하나님께서 우리에게 허락하신 부부 간의 성과 사랑이 얼마나 아름답고 기쁜 것인지를 가르쳐야 한다. 인간의 죄가 왜곡한 부분들을 제거하고 원래 하나님께서 허락하신 사랑을 올바르게 가르쳐야 할 것이다. 그러면서도 청소년들이나 청년들에게는, 때 이른 사랑이 가져올 수 있는 위험성과 사랑에 대한 자발성과 책임감의 중요성을 가르쳐야 할 것이다. 우리는 아가서를 통해서 아름다운 부부관계를 이룸으로써 하나님나라의 가정을 이루는 일에 최선을 다해야 한다. 이것은 아가서만 사용하라는 말이 아니다. 오히려 아가서는 부부세미나나 가정세미나 등의 다양한 형식과 교재로 그렇게 하라고 격려한다. 예수님은 이혼에 대한 가르침에서 창세기와 아가서에서 말하는 원래의 부부사랑의 회복을 강조하셨다(마 19:3-12). 바울도 고린도전서 7장 등에서 결혼에 대해 교훈을 주고 있다. 특별히 그는 에베소서 5장에서 아가서처럼 부부가 '피차 복종할' 것을 주문하며(엡 5:21), 이 사랑 안에서 참된 하나님(그리스도)의 사랑을 깨달을 수 있음을 비유적으로 보여준다(엡 5:22-33).

Old Testament Key

선지서

5

O l d T e s t a m e n t K e y

5

Old Testament Key

선지서

역사서에 등장하는 선지자들

히브리어 성경에서 전선지서로 분류된 여호수아에서 열왕기하(룻기 제외)까지에는 선지자들이 많이 등장해서 주로 왕들에게 하나님의 말씀을 전하고 있다. 특별히 엘리야와 엘리사는 왕들이 하나님의 말씀에 귀 기울이지 않을 때에 백성들에게 살아 있는 하나님의 말씀이 되어서 하나님의 능력과 말씀의 능력을 보여주었다. 하지만 이런 선지자들이 하나님께 받은 계시들은 특정한 역사적인 사건들 가운데서 특정한 대상들(주로 왕들)에게 간단한 하나님의 뜻을 전달하는 것이었기에 그들의 계시가 체계적으로 기록되지는 않았다. 이들은 주로 왕국이 시작된 이후인 주전 1050년부터 아모스가 예언을 시작하던 760년까지 활동했다.

선지서의 선지자들

주전 8세기(주전 760년 경)를 기점으로 하는 시대부터 아모스나 호세아 등의 선지자들이 이스라엘에 등장했는데, 이들의 활동은 역사서에 사건으로 기록되기보다는 이들의 이름으로 된 선지서들에 기록되어 있다. 이사야서부터 말라기까지는 바로 주전 8

세기 이후부터 포로기까지, 또 포로기 중이나 포로 귀환 이후에 하나님의 말씀을 전한 선지자들의 말씀과 활동이 기록되어 있는데, 이를 히브리 성경에서는 후선지서라고 부른다(다니엘과 예레미야애가는 제외). 한마디로 이 선지서들은 하나님의 말씀 혹은 계시의 모음이라고 볼 수 있다. 이들은 전선지서들(즉 여호수아서부터의 역사서들)에 나오는 선지자들과는 달리 전 백성들에 대한 심판, 특별히 나라의 멸망과 포로 됨을 경고하였다.

선지서의 분류

이사야, 예레미야, 에스겔서는 그 양의 방대함 때문에 대선지서로 불리고, 다니엘서와 예레미야애가를 제외한 열두 권은 소선지서로 분류된다. 히브리 성경에 성문서로 분류된 다니엘서와 예레미야 애가는 우리말 성경에는 칠십인경의 분류를 따라 대선지서에 포함시키지만, 이 성경들의 양 자체가 앞의 세 선지서들처럼 방대한 것은 아니다. 다니엘서는 구약에 유일하게 존재하는 묵시록(신약은 요한계시록)으로 다른 선지서들과 구분되며, 예레미야애가는 선지서에 포함되지만 장르상으로는 시가서로서 그야말로 예루살렘 멸망에 대한 애가를 모아놓은 것이다.

선지자는 하늘 왕의 사자

후선지서에 나오는 선지자들은 미래를 내다보는 선견자로서의 측면이나, 사회를 말씀으로 개혁하는 개혁자의 측면, 혹은 하나님에 대한 메시지를 설교하는 설교자나 신학자의 측면들도 가지고 있지만, 하나님의 말씀을 있는 그대로 전한다는 면에서 여호와 하나님의 '메신저'(사자)였다. 하나님나라와 온 세상의 참된 왕 되시는 여호와 하나님께서 백성들에게 보내신 사자들이었다.[1] 그들은 왕과 백성들이 죄에 빠져있을 때 그들을 향한 하나님의 안타까움과 죄에 대한 분노를 자신들의 메시지에 담아서 전했다. 그런 의미에서 그들은 단순히 입만을 빌려주었던 전령이 아니었다. 그들의 전 삶이 보이지 않으시는 하나님을 들려주고 보여주는 메시지 그 자체였다. 특별히 예레미야의 고뇌나 에스겔의 상징적인 행동들은 그들의 이러한 정체성을 잘 보여준다.

선지자들의 메시지

선지자들은 구체적인 사회적, 종교적, 정치적 상황 가운데서 예언하였다. 일차적으로 우리는 선지서들의 말씀들을 이러한 역사적 상황 속에서 이해하기 위해서 애를 써야 한다. 그러기 위해서는 그 선지자들이 활약한 시대를 보여주는 역사서들을 참조할 필요가 있다. 그러면서도 선지서들은 단순히 그 역사적 상황에만 머무르지 않고 보다 먼 미래를 내다보고 있다.

포로기 이전 선지자들의 메시지의 초점은 주로 여호와와 그의 말씀에 불순종하는 이스라엘과 유다에 대한 하나님의 심판 선언이다. 이스라엘이 하나님의 율법(모세오경)을 계속 범하면 결국은 하나님께서 율법을 주실 때 경고하신 것처럼 그들이 심판을 받을 수밖에 없다는 것이다. 그리고 그 심판은 하나님의 계획 속에 들어 있는 것이며 앗수르에 의한 심판이나 바벨론에 의한 심판으로 종결될 것이었다. 하지만 이런 심판의 메시지를 전한 것은 백성들을 단순히 위협하거나 겁주기 위해서가 아니라 그들로 하여금 회개하고 돌아와 심판을 피하도록 하기 위함이었다. 거룩한 하나님의 백성들로서 하나님의 율법을 지키는 행복의 길로 돌아오라는 하나님의 마음이 선지자들의 메시지에 담겨 있는 것이다. 그래서 심판의 메시지들 사이사이에는 하나님의 구원 메시지가 등장하고 있고, 대부분의 선지서들이 구원 메시지로 마무리되고 있다. 선지서들은 열방에 대한 하나님의 심판 경고나 열방들이 나중에 시온으로 돌아올 것을 함께 기록함으로써, 하나님께서 이스라엘만이 아니라 온 세상의 역사를 주관하시는 분이심을 강조하고 있다. 더불어 이스라엘의 심판과 구원이 온 세상의 구원과 밀접한 관련이 있음도 보여준다. 포로기 이후의 공동체에게 선포된 학개, 스가랴, 말라기에는 성전 재건 격려, 성전 예배에 대한 책망과 성전의 온전한 회복 예언, 메시아를 통한 시온의 회복 등의 메시지가 들어 있다. 또한 구약의 묵시록이라고 할 수 있는 다니엘서에는 바벨론, 페르시아, 헬라, 로마 제국으로 이어지는 세상 제국들의 핍박 가운데서도 믿음을 가진 하나님의 백성들의 승리와 하나님나라의 최종적 승리를 예언하고 있다.

선지서 이해에 중요한 것은 선지서들에 나타난 많은 예언들 중에서 종말과 관련된 구원의 메시지들은 그 시대들에 다 이루어지지 않았고, 다윗의 후손으로 오실 메시아의 도래로 말미암는 새 시대를 기다리게 한다는 것이다. 이런 관점에서 선지서들의 많은 예언들은 예수님의 오심으로 성취를 보게 되며, 예수님과 그의 교회에 의해 그 의미들이 분명하게 드러나게 된다.

이상에서 말한 선지자들의 메시지는 주로 다음과 같이 다섯 가지로 요약될 수 있다.

- 죄의 고발과 심판 선언
- 구원의 새 언약(렘 31:31) – 죄 용서, 예루살렘 회복, 율법의 회복
- 메시아 예언
- 하나님나라의 승리에 대한 예언
- 이방인들의 구원 예언

선지서들이 하나님의 말씀을 기록할 때는 주로 운문체로 기록하고 있다. 히브리 시의 특징인 평행법(여러 행으로 구성된 한 절이 문법적으로나 의미상으로 평행을 이루어 하나의 의미를 전달하는 기법)과 많은 비유들이 등장하며, '그러므로 여호와께서 가라사대' '두려워 말라' 등의 양식화된 어구들이 자주 사용된다. 선지자들이 전한 메시지들은 주로 심판의 선포와 구원의 메시지로 구분된다. 심판의 메시지에는 반드시 백성들이나 왕들의 죄를 고발하는 말씀이 선행된 후에 심판이 구체적으로 선포된다. 이 외에도 선지자들의 말씀의 권위를 강조하기 위하여 하나님께서 그들을 부르시는 장면을 기록한 본문들이 등장한다(렘 1:4–10; 사 6:1–13; 겔 1:1–3:15; 사 40:1–11).

주전 760년–포로기

- 북쪽 – 아모스, 호세아(주전 8 세기), 요나(앗수르 니느웨에 대한 예언)
- 남쪽 – 이사야, 미가(이상 주전 8세기), 나훔(앗수르에 대한 예언), 하박국, 스바냐, 예레미야 (이상 주전 7세기), 요엘 주전 7세기? 오바댜 주전 605–585?

포로기 및 포로기 이후 시대

- 에스겔(주전 6세기 초), 다니엘(주전 6세기), 학개, 스가랴(주전 6세기 말), 말라기(주전 5세기)

선지서 한눈에 보기

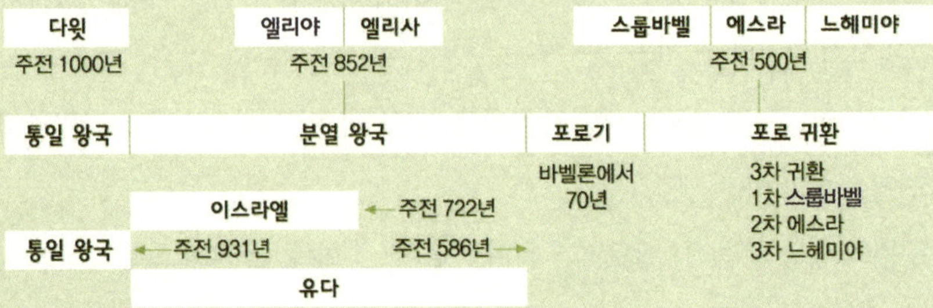

포로기 이전 선지자들		포로기의 선지자들	포로기 이후의 선지자들
이스라엘에 대해 : 아모스(780-750) 호세아(755) 니느웨에 대해 : 요나(760) 나훔(660) 에돔에 대해 : 오바댜(586)	유다에 대해 : 요엘(?) 이사야(740) 미가(735) 스바냐(630) 예레미야(627) 하박국(607) 예레미야애가(586)	바벨론에 있는 유대인에 대해 : 다니엘(605) 에스겔(592)	귀환 후 남은 자들에 대해 : 학개(520) 스가랴(520) 말라기(432)

대선지서 바이블 키

성경	바이블 키
이사야	시온의 구원, 심판, 회복, 하나님 신뢰, '이스라엘의 거룩하신 분'
예레미야	예루살렘 멸망, 말씀의 고난, 새 언약
애가	예루살렘의 멸망 애도
에스겔	성전 영광의 소멸과 회복 예언, '인자', '여호와인 줄 알리라'
다니엘	세상제국을 이기는 하나님나라 믿음

이사야

이사야 선지자는 주전 약 740년(유다의 웃시야 왕이 죽던 해에 부름을 받음)부터 주전 681년(산헤립 왕의 죽음, 사 37:38)까지[2] 유다와 예루살렘에 대한 심판과 구원의 말씀을 전한 선지자이다. 이 시대는 요담과 아하스와 히스기야가 통치했던 기간이었다. 이사야서는 이사야가 주로 활동했던 시대, 즉 앗수르가 강대국으로서 팔레스타인 지방을 위협하던 8세기에 대한 하나님의 메시지뿐만 아니라(주로 1-39장), 바벨론에 포로로 잡혀가 있는 하나님의 백성들의 귀환과 이후의 예루살렘의 회복에 대한 하나님의 말씀도 기록하고 있다(주로 40-66장). 또 이사야는 시온의 위기, 멸망, 회복 등으로 대표되는 유다의 심판과 구원뿐만 아니라 주변 국가들의 임박한 심판과 회복에 대해서도 예언하고 있다. 더 나아가 먼 미래에 이루어질 종말론적인 메시지까지 담고 있다. 이사야는 시편 다음으로 신약성경에 가장 많이 인용되는 성경이다(마 3:3; 12:17-21; 눅 3:4; 롬 10:16, 20; 요 12:38-41 등 참조)[3].

역사적 배경[4]

이사야서의 저자인 이사야의 이름은 '여호와가 구원하신다'는 뜻이다. 그는 아마도 예루살렘에서 태어나 그곳에서 교육을 받았을 것이다. 그는 결혼하여(8:3), 적어도 두 아들 스알야숩과 마헬살랄하스바스를 낳았으며, 정치적으로 매우 혼란한 시대에 사역하였다. 웃시야 치하에서 주목할 만한 경제적, 군사적 성장을 이루었던 유다에게 웃시야의 죽음은 충격적인 것이었다(6장). 웃시야 시대의 물질적 부유함과 도덕적, 신앙적 타락의 기조는 요담 시대에도 계속된 것 같다. 웃시야 말기에 일어난 앗수르는 서서히 그 세력을 확장하고 있었고, 마침내 아하스 시대에는 가나안까지 손을 뻗치게 된다. 요담의 아들 아하스 왕은 우상을 숭배하였을 뿐만 아니라 아람-북 이스라엘 동맹의 침입 때에 하나님보다 앗수르를 더 의지하였다(대하 28:2-4; 왕하 16장; 사 7장). 이러한 그의 국제 정책은 결국은 유다가 앗수르의 복속국으로 전락되게 만들었고, 히스기야 시대에 앗수르가 유다를 침략하는 길을 열었다. 아하스의 후계자 히스기야가 종교개혁을 하고 독자적인 길을 걷기 시작하자(이집트, 블레셋과의 연합, 왕하 18장), 앗수르의 산헤립 왕은 유다의 성들을 정복하고 예루살렘을 포위한다(주전 701년). 하지만 이사야의 계시와 히스기야의 기도로 예루살렘은 하나님의 기적적인 구원을 경험한다(사 36-39장). 거의 같은 무렵에 히스기야는 병이 들었으나 기적적으로 회복되었고, 십오년의 수한을 연장 받았다(왕하 20:1-19; 대하 32:24-26; 사 38:1-22). 이 기간 동안에 하나님은 히스기야를 번영케 하셨고, 히스기야는 장차 있을 앗수르의 공격에 대비해 예루살렘과 유다를 견고하게 하였다(대하 32:27-29). 하지만 그가 바벨론 왕 므로닥 발라단의 사신들에게 그의 보물과 무기고들을 보여준 사건은 바벨론과 동맹하여 앗수르를 견제하려한 히스기야의 불신앙적인 모습을 반영한다. 이것은 후에 바벨론에 의한 유다의 멸망을 암시하고 있고, 바벨론으로부터의 구원을 예언하는 40-55장을 해석하는 배경이 된다.

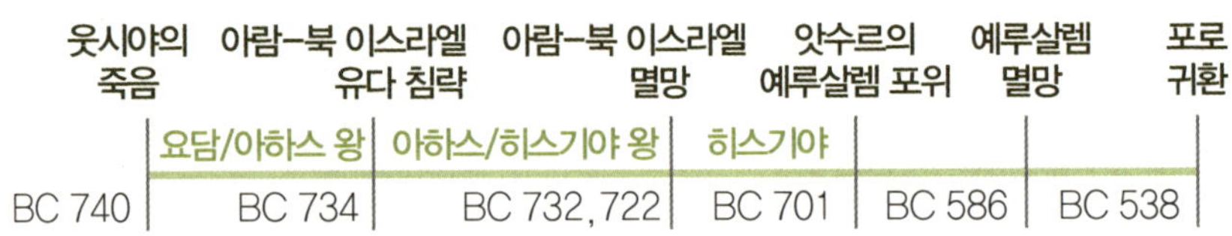

구조

이사야서는 크게 세 부분으로 나눠진다. 앗수르와 관련된 부분인 1-39장, 바베론 포로들의 귀환과 관련된 40-55장, 귀환 이후의 예루살렘의 회복을 다룬 56-66장으로 나눠질 수 있다. 1-39장에는 아하스나 히스기야와 같은 이스라엘의 왕들이 등장하고, 왕(메시아)에 대한 예언들이 나온다(9, 11장). 시온이 유다 지도자들의 타락으로 앗수르 침략의 위기를 맞지만 하나님의 은혜로 극적으로 구원을 받는다(36-39장). 이런 과정에서 이사야 선지자는 왕과 백성들에게, 하나님의 심판 도구인 앗수르에게 멸망될 주변 열방(13-23장)을 의지하지 말고 오직 하나님만 의지할 것을 지속적으로 촉구한다. 이와 달리 40-55장은 바벨론 포로들 중의 '남은 자들'의 회복과 구원에 초점을 맞추고 있어서 심판보다는 바벨론으로부터의 포로 귀환이라는 구원의 메시지들이 주류를 이룬다. 전반부의 이스라엘 '왕'들과는 달리 여기서는 여호와께서 세우신 페르시아 왕 '고레스'가 구원자로 등장한다. 하지만 궁극적으로는 '여호와의 종'이 이스라엘과 열방의 구원의 중보자가 된다(여호와의 종의 노래). 56-66장에서는 공평과 정의가 이루어지는 시온의 회복을 통한 이스라엘의 남은 자와 열방의 구원이 예언되고 있다. 이런 내용들을 도표화하면 아래와 같다.

1-39장	40-55장	56-66장
앗수르와 관련된 이스라엘과 세계의 심판과 구원 예언	바벨론 포로들 중의 '남은 자들'의 회복 예언	공평과 정의에 따른 심판과 시온의 온전한 회복 예언
메시야 예언(9, 11장) 앗수르로부터 히스기야와 시온이 구원받은 사건(36-39장)	'여호와의 종의 노래' (42:1-4; 49:1-6; 50:4-9; 52:13-53:12)	새 하늘과 새 땅이 될 시온과 세계 (56:1-8[성전]; 60:1-22; 62:1-12; 65:17-25; 66:5-17)

이사야서가 세 부분으로 나눠지지만 전체적으로는 시온이 위기와 구원, 멸망과 회복을 통해서 영화롭게 된다는 큰 주제로 연결되고 있다. '불의한 성읍' 소돔과 고모라로 불리던 시온이 '의의 성읍'으로 회복될 것이며(1장), '새 하늘과 새 땅'으로 변화될 것이다(65:17-25; 66:22).[5] 이러한 시온의 심판과 구원을 이루시는 하나님은 '이스라엘의 거룩하신 이'시다(1:4; 5:19, 24; 41:14; 55:5 등). '이스라엘의 거룩하신 이'라는 호칭은 이사야에서는 26번이나 등장하지만 다른 성경에는 단 6번만 나온다.[6] 이 호칭은 온 세상을 다스리는 이스라엘의 거룩하신 왕(6장)으로서의 하나님의 주권과 위엄을 강조한다고 볼 수 있다. 이러한 하나님의 구원은 다윗 왕가의 왕인 '메시아'(9, 11장; 16:5; 32:1; 55장)와 '여호와의 종'(42:1-4; 49:1-6; 50:4-9; 52:13-53:12)이 담당하게 될 것이다. 이밖에도 '여호와의 영광'(6:3; 35:2; 40:5; 60:1; 66:18 참조), '공평'과 '의'(1:21; 1:21, 27; 5:7, 16; 9:7; 11:4; 16:5; 28:17; 32:1, 16; 33:5; 51:5; 56:1; 59:9, 14등 참조), '포도원의 노래'(5:1-7; 27:2-6), '낙원의 모습'(11:6, 7, 9; 65:25) 등의 낱말이나 주제가 이사야서 각 부분을 서로 이어준다. 예언

모음을 마무리 짓는 찬송들(12장; 25장; 26장; 42:10-17; 44:23; 49:13; 52:9-10; 54:1-3)이 곳곳에 나타난다는 점도 공통적인 현상이다.[7]

내용

유다와 예루살렘의 심판과 구원(1-12장)[8]

1:1 표제	
1:2-31 부패한 이스라엘의 죄의 고발 '의와 정의'가 없는 시온(21절)	
2:1-5 열방의 시온 순례(시온의 구원)	
2:6-4:1 교만한 유다와 예루살렘에 대한 하나님의 심판 선언	
4:2-6 시온의 구원	
5:1-30 부패한 이스라엘의 죄의 고발 '의와 정의'가 없는 이스라엘(7절): 포도원의 노래	
6장 이사야의 소명(일인칭)	
7:1-17 유다의 아하스 왕의 죄에 대한 고발과 에브라임과 아람에 대한 심판	9:7-10:4 에브라임(북 이스라엘)의 죄에 대한 고발
7:18-8:8 앗수르에 의한 유다 심판	10:5-19 앗수르에 대한 심판
8:9-22 여호와는 당신을 신뢰하는 자들의 피난처	10:20-34 여호와를 신뢰하는 남은 자들이 구원을 받을 것이다
8:23-9:6 영광스러운 소망	11:1-16 영광스러운 소망(메시아)
12장 구원을 축하하는 찬양시	

6장은 이사야의 소명을 보여주는 부분이지만 제일 앞에 나오지 않고 가운데에 나온다. 6장에서 온 세상의 왕이시지만 성전에 좌정하고 계시는 거룩하신 여호와 하나님이 이사야를 선지자로 부르신다. 하나님은 이사야가 불의한 이스라엘에게 경고의 말씀을 전하면 전할수록 그들이 마음을 더 강퍅하게 할 것이며, 결국은 엄청난 심판을 받게 될 것이라고 하신다. 하지만, 하나님께서는 그루터기처럼 '남은 자'들에게 당신의 구원을 다시 한 번 베푸실 것이라고 하신다. 이사야가 자신의 죄를 회개하고 성전의 숯불을 통

해서 용서받은 것처럼, 하나님께 회개하고 하나님의 용서를 구하는 자만이 남을 것이다. 이러한 6장의 메시지는 1-5장에 나오는 죄와 심판과 구원의 메시지를 요약하고, 7장 이후에 나오는 아하스 왕의 불순종, 이스라엘의 죄에 대한 심판과 구원의 메시지 가운데서 적용되고 있다. 이런 면에서 6장은 사실 1-12장의 중심일 뿐만 아니라 이사야서 전체의 메시지를 축약하는 중심 역할을 한다.

북 이스라엘의 베가 왕과 아람의 르신 왕이 연합하여 유다를 위협하던 때에 유다 왕 아하스는 여호와를 의지하기보다는 앗수르를 의지한다(7장). 이에 대해 이사야는 반대로 앗수르에 의한 아람과 북 이스라엘(에브라임)과 유다의 심판을 선언한다. 또 이사야의 메시지는 지나치게 교만한 앗수르에 대한 하늘 왕의 심판을 전하는 데까지 나아간다. 이사야의 두 아들 '스알야숩'('남은 자가 돌아오리라' 7:3)과 '마헬살랄하스바스'('노략이 속히, 약탈이 빨리 일어날 것' 8:1, 3)는 그의 구원 예언과 심판 선언의 중요한 증표들이며, '임마누엘' 또한 이 예언들과 밀접하게 연결된다(7:14; 8:8, 10). 하지만 9장과 11장에서는 기름 부은 왕('메시아'-히스기야? 예수님)을 통한 의로운 하나님의 통치의 회복을 선언하고 있고, 12장은 그러한 하나님의 구원에 대해서 찬양의 노래를 드리고 있다. 이런 점에서 1-12장은 이스라엘의 죄악에도 불구하고 다시 하나님나라를 회복하실 하나님의 의지를 보여주는 이사야서 전체 메시지의 축약이라고 할 수 있다.

아람과 이스라엘의 유다 침공

앗수르 왕국의 발흥

열방에 대한 경고의 말씀(13-23장)[9]

13:1-14:23	바벨론에 대한 경고
14:24-27	앗수르에 대한 경고
14:28-32	블레셋에 대한 경고
15-16장	모압에 대한 경고
17:1-11	다메섹과 이스라엘에 대한 경고(7장 아람-이스라엘 연합군 참조)
17:12-14	열방에 대한 경고("슬프다…" 12절)
18장	구스에 대한 경고
19장	애굽에 대한 경고(16-25절: 애굽과 앗수르의 구원에 대한 말씀)
20장	애굽 및 구스와 관련된 예언자의 상징적 행동
21:1-10	바벨론에 대한 경고
21:11-12	두마에 대한 경고

21:13-17	아라비아에 대한 경고
22:1-14	예루살렘(이상 골짜기)에 대한 경고
22:15-25	예루살렘의 관리 셉나와 엘리아김(36:3,11,22; 37:2 참고)
23장	두로와 시돈에 대한 경고

열방, 특별히 유다를 둘러싸고 있는 나라들의 멸망에 대한 경고들이다. 이 경고들은 대개는 앗수르 제국의 정복에 의해서 이루어졌을 것이다. 동시에 이사야는 10장에서처럼 앗수르의 멸망에 대해서도 경고한다. 이사야는 앗수르 제국에 의해서 일어난 열방의 멸망이 온 세상을 다스리시는 거룩한 왕이신 하나님의 뜻에 의해서 이루어진 심판이라고 분명히 밝히고 있다. 그러므로 이 경고를 듣는 이스라엘은, 위기의 순간에도 주변 나라들이 아닌 왕이신 여호와만 의지해야 할 것이다. 열방에 대한 심판 경고도 심판으로 끝나지 않고 구원의 메시지를 포함한다. 19:18-25에서는 이집트와 앗수르가 이스라엘과 함께 구원받을 것을 예언하고 있다. 이것은 하나님의 세상 심판의 궁극적인 목적은 그들의 구원임을 의미한다.

세계 심판과 시온과 만민의 회복(24-27장)[10]–'소묵시록'

세상(땅)과 어떤 성읍 심판	하나님 백성의 구원	하나님 백성의 노래나 기도
24:1-13 세상, 성읍 심판	(24:13 시온의 왕 여호와) 25:6-8 시온 산 위 연회	(24:14-15 세계의 찬송) 25:1-5 감사 찬송 25:9-12 감사 찬송 26:1-6 유다 땅의 노래 26:7-19 백성의 신뢰와 기도
	26:20-21 백성을 향한 권고	
27:1 리워야단 처벌		27:2-6 새 '포도원의 노래'
27:7-11 열방, 성읍 심판	(27:9 백성의 우상 제거, 속죄) 27:12-13 흩어진 자 모으심	(5:1-7 참고)

이 부분은 앞 단락의 부록과 같다. 13-23장에서 선언된 이방 나라들에 대한 심판

은 온 세상에 대한 심판을 상징한다('땅' 24:1, 3, 4, 5, 6, 11, 13, 16, 17, 18, 19, 20, '성읍' 24:10-12). 이러한 하나님의 심판(24:1-13; 27:1, 10-11)은 시온의 왕 여호와께서 온 세상 왕이심을 드러낸다. 대적에 대한 하늘 왕의 승리는 당신의 백성의 구원(25:6-8; 26:20-21; 27:7-9,12-13)을 이루게 되고 백성들의 찬송(25:1-5, 9-12; 26:1-6; 27:2-6)과 기도(26:7-19)를 불러 일으킨다. 특이한 것은 5장에서 심판을 의미하던 '포도원의 노래'가 27:2-6에서는 구원을 뜻하는 노래로 바뀌고 있다.[11]

하나님의 백성들의 심판과 구원(28-35장)[12]

재난 예언	보호, 구원, 회복 예언
28:1-4 에브라임 심판("화 있을진저")	28:5-6 남은 자 회복
28:7-22 예루살렘 지도층 심판 29:1-4 아리엘(예루살렘) 심판("슬프다") 29:9-14 깨닫지 못하는 백성 심판 29:15-16 불신앙 심판("화 있을진저") 30:1-7 이집트를 의지하는 유다 심판("화 있을진저") 30:8-17 말씀을 싫어하는 패역한 백성 심판	28:23-29 농사일에 비긴 하나님의 지혜 29:5-8 아리엘(예루살렘)의 갑작스러운 구원 29:17-24 이스라엘의 놀라운 변화 30:18-26 여호와를 기다리는 백성의 구원
31:1-3 이집트를 의지하는 유다 심판("화 있을진저")	30:27-33 앗수르 심판 31:4-9 앗수르 심판, 예루살렘 보호
32:9-14 안일한 여인들 심판	32:1-8 의로운 왕이 다스릴 나라 32:15-20 성령의 땅 회복 사역
	33:1 학대자 심판("화 있을진저") 33:2-6 '우리'의 기도와 회복 확신 33:7-12 민족들 심판 33:8-24 시온의 온전한 회복 34 에돔 심판 35 시온 백성의 구원과 회복(종말론적 회복)

이 부분의 심판과 구원의 예언들은 1-12장의 예언과 연결된다. 이스라엘과 유다의 교만은 하나님보다 앗수르나 애굽, 자신들이 가진 부를 더 의지한 것이며, 하나님

의 말씀(공의와 정의)을 듣기를 거부하거나 그 말씀을 지키지 않은 것이다. 그로 인해서 그들이 하나님의 징계를 받을 것이 예언되고 있다. 그러나 끝까지 하나님을 바라보는 '남은 자'들은 구원받을 것이다. 하나님께서 민족들을 심판하시고 시온을 온전히 회복하실 때 그 구원에 참여하게 될 것이다. 이것은 뒤에 나오는 36-39장의 사건에서 증명될 것이다.

앗수르 왕 산헤립의 예루살렘 침략과 하나님의 구원(36-39장)

- **36-37장**: 앗수르 왕 산헤립 군대의 예루살렘 침공과 포위 - 이에 대한 히스기야의 기도와 이사야의 구원 예언과 성취
- **38장**: 죽을병에 걸린 히스기야 왕의 기도와 이사야를 통한 치료의 응답과 징조
- **39장**: 바벨론 사신들에게 모든 보물들을 보여준 히스기야의 경솔함과 이사야를 통한 심판 예고

이 부분은 열왕기하 18-20장의 내용과 거의 같은데 히스기야의 감사시(38:9-20)만 추가되어 있다. 이 부분은 1-35장까지의 메시지에 대한 역사적 증거라 할 수 있다. 이방 나라가 아니라 하나님만을 바라보고 기도하면 하나님께서 아무리 강한 대적이라도 물리치시고 구원하신다는 것을 보여준다. 그것은 히스기야 개인의 질병과 치유 사건에서도 동일하게 나타난다. 이 사건들에서 히스기야의 기도를 들으시고 이사야의 예언을 성취하시는 하나님의 능력과 은혜가 극적으로 드러난다. 36-38장에서 나타나고 있는 히스기야의 겸손과 믿음과 기도는 39장의 그의 경솔함이나 7-8장의 아하스의 믿음 없는 태도와 대조를 이룬다.[13] 이러한 왕의 모습이 참된 메시아의 모습이다. 하지만 39장에는 히스기야가 바벨론의 사신들에게 교만하게 행한 것에 대한 이사야 선지자의 재앙 선포가 나온다. 히스기야가 다시 바벨론을 의지하는 이런 모습은 이후의 왕들이 보여주게 될 전형적인 불신앙적 행동이 될 것이다. 39장에 예고된 바벨론에 의한 예루살렘 멸망은 40장 이후에는 이미 일어난 사건으로 나온다. 그런 의미에서 36-39장의 역사 기록 부분은 앗수르와의 관계에서 하나님께서 궁극적으로 유다에 보여주신 구원과,

그 구원에도 불구하고 다시 죄를 범한 유다를 바벨론을 통해 멸망시키시는 것을 연결하는 기능을 하고 있다.

하나님의 백성들 중 남은 자들의 귀환, 구원, 회복의 예언(40-55장)

40:1-11	짓밟힌 예루살렘을 위한 위로
40:12-31	약속을 반드시 지키시는 여호와
41:1-29	열방과 이방신들과 비교할 수 없는, 역사를 주재하시는 하나님
42:1-12	정의의 승리(42:1-4 종의 노래 1)
42:13-44:23	비길 데 없는 구원자
44:24-45:8	여호와의 기름 부음 받은 자인 고레스
45:9-19	회의주의자들을 향한 경고
45:20-25	열방을 향한 호소
46:1-2	바벨론의 신들을 조롱함
46:3-13	이스라엘에게 호소함: 비길 데 없으신 하나님
47:1-15	바벨론을 조롱함
48:1-22	이스라엘에게 호소함
49:1-13	종이 이스라엘을 집으로 인도함(49:1-6 종의 노래 2)
49:14-50:3	시온의 자녀들이 돌아옴
50:4-9	학자 같은 여호와의 종이 압제 속에서도 자신의 신뢰를 표현함(종의 노래 3)
50:10-52:12	여호와께서 시온으로 돌아오심
52:13-53:12	자신의 고난으로 백성들을 의롭게 한 종이 존귀하게 될 것(종의 노래 4)
54:1-17	시온의 결혼생활이 회복됨
55:1-13	영원한 언약으로의 초대

바벨론 포로 시대를 배경으로 하는 40-55장은 주로 바벨론의 포로가 되었던 하나님 백성의 구원과 회복을 다루고 있다. 40장은 바벨론 포로 생활로 충분한 고통을 당한

유다의 포로민들을 위로하는 구원과 회복의 메시지로 시작한다. "너희는 위로하라 내 백성을 위로하라 … 그 노역의 때가 끝났고 그 죄악이 사함을 받았느니라."(40;1-2) 40:6-8과 55:10-11은 모두 하나님의 말씀이 반드시 성취된다는 것을 말하면서 이 부분을 감싸고 있다.[14] 이 부분에서는 페르시아의 '고레스 왕'을 통한 하나님의 백성들(내 종 야곱)의 구원과 포로귀환을 예언하고 있다(44:24-28; 45:1-6: '그는 나의 목자', '나의 기름 받은 고레스'). 이와 더불어 하나님의 백성을 상징하는 시온의 구원과 회복(49:14-52:8 등)도 예언하고 있다. 하나님의 백성을 징계하는 도구가 되었던 이방 왕이 이제는 그들을 구원하는 도구가 되고 있다.

그리고 이러한 새로운 구원의 역사('새 일')는 '옛 일'인 출애굽과 자주 비교된다. 출바벨론이 새로운 출애굽임을 강조하기 위해 출애굽 사건(홍해, 광야에서의 사건들)들의 용어를 많이 사용하고 있다. 이처럼 새로운 구원을 창조하시는 여호와를 창조주와 역사의 참 주인으로 묘사하면서 이방 사람들이 섬기는 우상이나 신들을 자주 조롱하고 있다(40:18-20; 41:6-7; 41:21-29; 42:17; 44:9-20; 45:16; 46:1-2; 46:5-7). 또 이 부분에서 특이한 것은 42:1-4; 49:1-6; 50:4-9; 52:13-53:12에 나오는 '여호와의 종의 노래'이다. 이 네 본문에서는 이스라엘의 하나님 여호와의 부르심을 받아 여호와의 영으로 단단히 무장하여 세상에 공의를 세우며 세상의 빛이 되는 '종', 여호와의 '제자'로서 박해 가운데서도 꿋꿋이 말씀을 전하는 종, 하나님의 백성 대신에 엄청난 고난을 겪지만 마침내 여호와께서 높이셔서 영화롭게 하시는 종의 모습[15]을 노래하고 예언한다. 이 '종'의 모습은 이스라엘이 열방에 갖는 관계, 왕이나 지도자가 이스라엘에 대해 취해야 할 모습을 보여준다. 여호와의 종에 대한 이 예언은 이스라엘 민족과 남은 자들의 지도자들(스룹바벨, 예수아, 에스라, 느헤미야 등)에 의해서 일부 성취되기도 했지만, 궁극적으로는 예수 그리스도의 섬김과 희생 가운데서 성취되었다(마 12:18-21; 눅 3:22; 계 1:16; 눅 2:30-32; 마 27:26, 30; 요 12:38; 롬 10:16; 마 8:17; 벧전 2:24-25; 행 8:34; 요 1:29; 마 27:12-14, 57-60 등 참조).

'공의'와 '정의'에 따른 여호와의 심판과 궁극적인 시온과 세상의 회복(56-66장)

56:1-8	고자들과 이방인들을 향한 성전(만민이 기도하는 집)으로의 초청
56:9-57:13	탐욕과 우상숭배를 비난함
57:14-21	경건한 자들을 인정하심
58:1-14	여호와께서 기뻐하시는 금식
59:1-21	백성들의 죄악에 대한 규탄, 자백, 여호와의 구원
60:1-22	시온의 영광
61:1-11	압제당한 자들을 위한 기쁜 소식
62:1-11	시온의 회복을 위한 기다림과 기도
63:1-6	전사이신 여호와의 승리
63:7-64:12	죄의 고백과 자비를 구하는 기도
65:1-16	패역한 백성을 벌하시는 하나님
65:17-25	새 하늘과 새 땅의 창조
66:1-24	악인들에 대한 심판을 통한 시온의 온전한 회복

56-66장은 1장에서 '소돔과 고모라'(1:9)로 불리던 악한 성읍 시온이 드디어 여호와의 영광을 온 세상을 비추는 '의의 성읍' '새 하늘과 새 땅'으로 회복될 것을 예언한다(60-62장). '의의 성읍' 예루살렘에 살 수 있는 백성들은 왕이신 여호와의 정신인 '공의'와 '정의'를 행해야 한다. 바벨론 포로에서 돌아오는 것 자체가 온전한 구원을 보장하지 않는다.[16] 귀환자들이라고 하더라도 불순종하고 우상 숭배하는 자들은 하나님의 심판을 받을 수밖에 없다(65:1-16). 의로운 하나님의 백성은 시온으로 비교되며, 궁

극적으로 시온이 회복되어서 영광스럽게 될 것을 여러 곳에서 예언하고 있다(56:1-8[성전]; 60:1-22; 62:1-12; 65:17-25[새 하늘과 새 땅의 창조-사 11장의 반복]; 66:5-17). 이러한 시온의 영광에 대한 말씀들은 63:7-64:11에 나오는 시온 백성의 긴 탄원에 대한 응답인 것처럼 보인다. 시온의 회복은 자연스럽게 이방에 대한 빛으로서의 기능의 회복과 연결된다(60:1 이하를 보라). 회복된 시온에는 여호와께 연합하여 공의를 행하는 이방인들도 참여할 수 있게 된다(56:3). 과거에 하나님의 백성을 심판하는 도구이거나 이스라엘을 구원하시는 하나님에 대한 증인(44:24-45:6; 49:22-23; 53:8-9)이었던 열방이 마침내 56-66장에서 시온의 구원에 동참하는(42:4; 49:6; 56:3-6; 60:1-3) 하나님나라의 시민이 된다(66: 19-21).[17]

결론

이사야서는 '구약의 복음서'라는 별명답게 예수님의 사역과 관련하여 신약성경에 많이 인용된 성경이다. 이사야의 예언들은 궁극적으로 예수 그리스도와 그의 교회 가운데서 이루어졌고, 하나님나라가 완성될 마지막 날에 완벽하게 성취될 것이다. '광야에 외치는 소리'(사 40장)로서 온 '세례 요한'의 안내를 받아(마 3:3; 눅 3:4-6; 요 1:23) '구원'하시는 메시아요, 왕(사 9, 11장)으로 이 땅에 오신 예수님은 '공평'과 '정의'의 통치를 행하시는 하나님나라의 왕으로 사역하셨다. 주님은 '임마누엘'(사 7장)로서 동정녀를 통해 육신을 입고 이 땅에 오신 하나님이셨지만(마 1:23), '여호와의 종'(40-55장)으로서 백성들의 질고와 죄악을 담당하시기 위해서 죽으셨다(53장). 예수님이 사역을 시작하시면서 인용한 이사야 61:1-2(선지자로의 소명)은 누가복음 4:17-19에 인용되고 있고, 에티오피아 내시가 읽던 성경 본문(행 8:32-33)은 이사야 53:7-8이었다. 예수님 시대 백성들의 완고함은 이사야 시대 백성들의 그것과 비교된다(6:9-10; 29:13; 마 13:13-15; 15:7-9; 요 12:39-40; 행 28:24-27).[18] 예수님의 사역에 의해 하나님의 용서와 '공의'와 '정의'를 회복한 하나님의 백성들은 새로운 '시온'(교회)으로 회복되었다. 새로운 시온인 교회는 하나님의 빛을 발하고 있으며, 이스라엘의 '남은 자'들과 이방인들이 그 빛을 보고 주님께로 돌아오고 있다. 이 시온은 마지막 날에 '새 하늘과 새 땅'이 되어서 죄가 없고 오직 하나님이 빛이 되시는 영광스러운 도성으로 변하게 될 것이다(65:17-66; 롬 8:18-25;계 21-22장). 해함도 없고 상함도 없는 영광스러운 하나님나라(사 11장)가 완성될 것이다.

예레미야

예레미야는 선지서 중에서 가장 길다. 예레미야 선지자는 앗수르가 쇠퇴하고 바벨론 제국이 일어나던 시대에 활동하였다. 예레미야서 전체의 표제인 1:1-3에 의하면 예레미야의 선지자 사역은 요시야 13년인 주전 627년부터 시작되고 예루살렘 멸망(주전 586년) 직후 이집트로 갈 때까지 계속된다(41:16-44:30).[1] 예레미야서는 예루살렘의 멸망에 초점을 맞추고 있기 때문에 이 사건과 관련된 왕들인 여호야김과 시드기야 시기를 중심적으로 다룬다. 그리고 이 예루살렘의 멸망은 바벨론과 느부갓네살 왕에 의해 이루어졌기 때문에 이 두 이름도 20-52장에 무려 200번 이상이나 언급된다.

예레미야는 신명기의 신학적 강조점을 시와 지혜와 예언의 다양한 문학 형태 속에 담아내고 있다. 예레미야가 느부갓네살을 통한 예루살렘의 멸망을 지속적으로 예언하는 것은 이스라엘의 왕과 백성들의 범죄 때문이다. 하지만 이러한 예언은 하나님과 예레미야 선지자의 눈물과 탄식 가운데 선포되고 있다. 또한 다른 선지서들처럼 예레미야서도 심판으로 끝나지 않고 '새언약'으로 대표되는 구원의 예언을 담고 있다(특히 30-33장). 이사야처럼 이 회복도 예루살렘과 그의 백성들의 회복을 담고 있다.

예레미야가 예레미야서의 저자이다. 그는 제사장 계열이었고(1:1), 예루살렘에서 4-5 킬로미터 떨어진 아나돗 출신으로[2] 열방을 위한 선지자로 부름 받은 사람이다(1:5). 렘 36:32에 의하면 바룩이 현재의 예레미야서가 기록되는 과정에 관여했을 가능성이 있다. 예레미야서는 예레미야가 예언한 예루살렘의 멸망뿐만 아니라 그 후에 예레미야가 이집트로 끌려가는 기사(41:16-44:30)도 담고 있고, 바벨론 왕 에윌므로닥 시대(주전 562-560년)에 여호야긴 왕이 감옥에서 풀려나는 기사로 끝나고 있다(52장). 아마도 52장은 선지자 사후에 덧붙여졌을 것이다.[3]

예레미야서에는 다른 선지자들과 달리 선지자 자신의 고난이 많이 등장한다. 이것은 하나님의 말씀의 고난을 의미하며 말씀으로 오신 예수님의 고난을 예표한다. 여호야김 왕은 바벨론에 의한 유다와 예루살렘의 멸망을 예언하는 예레미야를 제거하려고 하였지만(36:26), 예레미야는 소수의 친구들에 의해서 보호를 받는다(26:24). 이 시기에 예레미야는 박해받고(12:6; 15:15-18), 음모의 표적이 되었고(11:18-23; 18:18), 매 맞고 감금당하고(20:2), 대중들에게도 미움을 받았다(26:10, 11). 한편 시드기야 왕은 바벨론에 의해 세워졌지만 스마야(29:24-28)와 같이 예루살렘의 희망을 강조하는 선지자들의 영향을 쉽게 받았던 꼭두각시 왕이었다. 포로들과 성전 보물들의 신속한 귀환을 예언하는 하나냐와는 달리, 예레미야는 왕에게 바벨론에 굴복할 것을 충고하였다(21:1-7; 37:17-21; 38:7-28). 예루살렘의 재앙에 대해 지속적으로 예언하였다(21:1-10; 34:1-22; 37:3-10; 38:7-28). 그 결과로 그는 친바벨론주의자요 반역자로 취급되어(37:13; 51:59-64) 토굴과 구덩이에 던져지기도 했고(37:16; 38:1-13), 시위대 뜰에 감금되기도 했다(37:21). 시드기야는 예레미야의 충고를 거부하고 그의 신하들의 말을 경청하여 이집트의 반역 음모에 동참하고 바벨론에 반기를 들었다가 결국은 비참한 꼴로 바벨론의 포로가 된다(39:1-7).

역사적 배경

당시의 국제적인 상황은 앗수르 제국의 쇠퇴와 바벨론 제국의 발흥으로 특징져진다. 앗수르의 수도 니느웨가 주전 612년에 멸망당하고, 갈그미스에서의 바벨론과 이집트-앗수르 연합군과의 전투(주전 605년)에서 앗수르 제국은 완전히 몰락하고 이집트는 주도권을 상실한다. 이후에 바벨론 제국이 급속도로 팽창하여 메소포타미아와 팔레스타인 지역의 국가들을 점령하게 되고, 주전 586년에는 유다의 예루살렘을 함락시킨다. 바벨론 제국은 주전 539년 고레스 왕이 세운 페르시아 제국 시대까지 계속된다.

예레미야가 활동한 요시야 13년(주전 627년)부터 시드기야 11년(주전 586년)에 이르는 기간은 그야말로 격동기였다. 유다의 요시야 왕이 이집트의 북진을 막으려 하다가 므깃도에서 주전 609년에 전사하면서 그의 개혁이 미완으로 끝나고 만다. 요시야의 개혁이 그의 선왕 므낫세의 타락을 되돌리는 일에 실패하자 요시야보다 므낫세를 따른 요시야의 아들과 손자들에 의해서 나라가 멸망으로 달려가게 된다. 요시야의 뒤를 이어 왕이 된 여호아하스(주전 609년)는 바로 느고에 의해 사로잡혀가게 되고, 왕위는 친이집트 정권 수립을 위해서 그의 형제 엘리야김(여호야김, 주전 609-598년)에 의해 대체된다. 이후 바벨론의 영향력 아래 들어간 여호야김의 유다는 바벨론 제국에 조공 바치는 일을 거부하다가 주전 605년에 바벨론의 1차 침입을 받게 된다. 이 때 다니엘을 비롯한 많은 사람들이 바벨론의 느부갓네살 왕에 의해 포로로 잡혀간다. 이후 여호야김을 이어 그의 아들 여호야긴(주전 598-597년)이 왕이 되었지만 왕위를 물려받자마자 바벨론의 느부갓네살이 2차로 예루살렘을 포위하고 여호야긴과 에스겔을 비롯한 유대인들을 포로로 잡아간다(주전 597년). 느부갓네살은 여호야긴 대신에 요시야의 아들인 맛다냐를 왕으로 앉히고 이름을 시드기야(주전 598-586년)로 바꾼다. 하지만 시드기야는 이집트와 연합하여 바벨론에 반역하다가 느부갓네살의 세 번째 침략을 받게 된다. 포위된 예루살렘은 주전 586년에 결국은 함락된다. 느부갓네살은 예루살렘이 함락된 후에 그달랴를 유다의 총독(주전 586-582년)으로 임명하여 다스리려 하지만 그달랴는 살해당하고 예레미야는 친이집트주의자들에 의해 이집트로 끌려가게 된다.

※ '70년'(렘 25:12; 29:10)에 대한 문제

예레미야가 말하는 70년은 그가 예언하고 있는 시점에서 생각해야 한다. 25장은 여로보암 제4년으로 주전 605년이다. 이때는 느부갓네살의 첫 번째 예루살렘 침략이 있었던 때이고 다니엘을 포함한 많은 유다 사람들이 포로가 되었던 때이다. 그렇게 보면 25:12의 '70년'은 주전 605년부터 포로 귀환 때인 538년경이라고 볼 수 있을 것이다(단 1:1; 대하 36:20-23; 단 9:1-2). 하지만 스가랴 1:12은 아마도 예루살렘 성전이 파괴당한 주전 586년부터 그 성전이 재건된 시점인 주전 516년까지의 기간을 의미하는 것 같다. 한편 렘 25:11이 말하는 것처럼 "이 모든 땅이 폐허가"된 후 70년으로 본다면 이 숫자는 하나님의 심판을 완전하게 충족시키는 오랜 기간을 나타내는 상투적인 관용어구일 것이다.[4)]

요시야 13년	바벨론의 1차 침략-포로	바벨론의 2차 침략-포로	바벨론의 3차 침략 -예루살렘 멸망, 포로	그달랴 총독의 죽음
예레미야 사역시작	여호야김(609-598)	여호야긴(598-597)	시드기야(597-586)	예레미야 애굽으로
BC 627	BC 605	BC 597	BC 586	BC 582?

구조

1-29장	30-33장	34-52장
예레미야의 소명(1) 유다에 대한 심판의 말씀(2-25) 예레미야의 수난(26-29)	유다의 구원 예언들 (새 언약)	예레미야의 수난(36-38, 40-44) 구원 예언(35, 45: 레갑 족속, 바룩) : 심판 선언(34: 시드기야, 유다, 46-51: 열방) 예루살렘 멸망(39, 52)과 여호야긴 사면(52)

위의 도표에 의하면 예레미야서에는 30-33장의 구원 예언들을 중심으로 앞뒤로 심판 예언들이 배치되어 있다. 1-29장이 주로 유다와 예루살렘의 멸망에 대한 예언과 선지자의 수난 기사로 이루어진 반면, 34-52장은 예루살렘의 멸망 예언뿐만 아니라 멸망 기사(39, 52장), 바벨론에 의한 열방의 심판 예언(46-51장)으로 이루어져 있다. 또한 이 부분에도 예레미야의 수난 기사(36-38, 40-44장)가 등장하고 있다. 심판과 수난의 기사들 가운데서도 몇 개의 구원 예언들과 희망을 주는 여호야긴의 사면 기사(35, 45, 52장)가 등장하는 것도 특징적이다. 39장에서는 바벨론에 의한 예루살렘 멸망 기사가 기록되어 있고 40~44장은 그 이후의 사건들(총독 그달랴의 죽음, 애굽으로 가는 예레미야 일행, 애굽에 대한 예언)을 다루고 있다. 하지만, 이어지는 45장과 46장에는 다시 여호야김 시대가, 49장 뒷부분과 51장 마지막 부분에서 시드기야 시대가 언급되어 있다. 마지막 52장은 39장에서 언급된 예루살렘 멸망 역사를 다시 다루면서 여호야긴의 회복 기사를 첨가하고 있다.[5)]

예레미야에 표시된 연대 가운데 자주 나오는 것은 첫 번째 바벨론 침략과 포로가 있었던 여호야김 제4년(주전 605년)이다(25:3, 36:2, 45:1, 46:2). 이 해가 예레미야 예언의 분기점임을 암시해준다. 이 해를 다루는 25장, 36장, 45장, 46장을 중심으로

해서 그 사이 사이에는 시드기야 때나 그 이후에 관한 본문이 배열되어 있다.[6]

느브갓네살의 유다 출정(BC 587년)

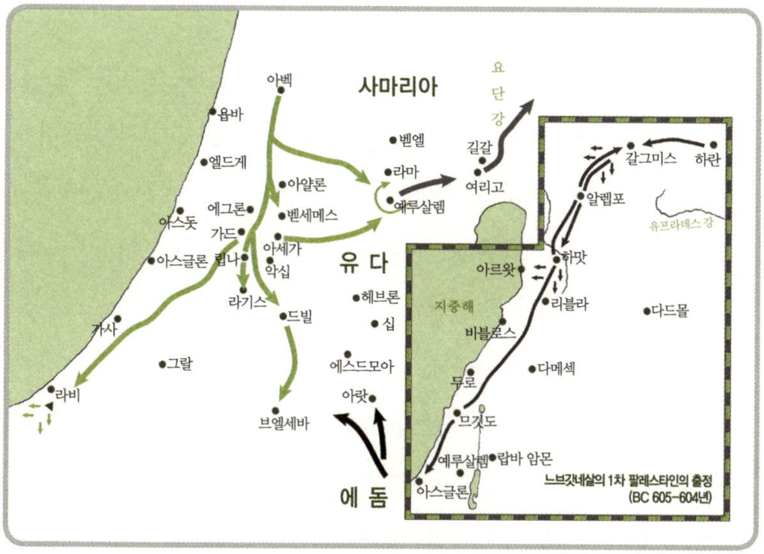

내용

1장 표제와 소명

예레미야가 선지자로 부름을 받는 장면이다. 하나님은 예레미야가 유다에 대한 심판을 예언할 때 많은 반대에 부딪힐 것이라고 하시면서 자신이 그와 함께하시며 보호해 주실 것이라고 약속하신다.

2:1–25:14 유다에 대한 심판의 말씀

2:1–4:4 이스라엘의 배신에 대한 정죄와 회개의 촉구

아버지이시자 남편이신 여호와 – 두 자매 이스라엘과 유다의 간음(이방신 숭배) 죄, 회개하고 돌아오라(3:11–4:2)

4:5–6:30 북에서 닥칠 적군에 의한 심판 예고: 하나님께서 돌아오시지 않으실 것

남의 땅에서 '이방신들'을 섬기게 될 것(5:19), 영적인 소경이요 귀머거리인 유다 백성

(5:20-21), 평강을 외치는 거짓 선지자들(4:10)과 제사장들의 죄(6:13-14), 사회적 불의(5:26-31), 순종 없는 제사(6:16-20) 고발

7:1-8:3 성전 설교: 심판의 명백성

여호와의 임재를 상징하는 성전의 존재 자체가 평화와 번영을 보장하는 것이 아니라(7:4), 정의를 행하고 하나님만 섬기는 순종이 그것을 보증한다(7:5-11). 성전을 '도둑의 소굴'로 만들고(7:11, 마 21:13 참조), 여호와를 섬기는 동시에 온갖 이방신들을 섬기며(아마도 므낫세 왕 때), 힌놈의 아들 골짜기에 도벳 산당을 건축하고 자녀를 제물로 드리고(7:31-32), '하늘의 여왕'(7:18, 바벨론 여신 이슈타르)을 섬긴 유다의 죄에 대한 고발과 심판 선언

8:4-10:25 심판과 애가(탄식시들)

어떤 약으로도 치료할 수 없는 심각한 유다의 죄에 대한 심판 선포와 그로 인한 선지자의 탄식, 사랑과 정의와 공의를 행하시는 여호와를 자랑하고 손으로 만든 헛된 우상을 버릴 것(9:17-10:16) 촉구, 백성을 대표하는 선지자의 탄식과 기도(10:17-25)

11-20장 계속되는 유다에 대한 심판 선언과 예레미야와 하나님과 백성의 애가(탄식시들: 땅의 애가 12:1-4; 회개의 애가 14:7-10; 하나님과 백성들의 애가 14:17-22, 15:1-9; 예레미야의 애가 15:10-21, 17:14-18, 20:7-18), 상징적 행동과 비유(13:1-11; 16:1-13; 19:1-13)

11장: 출애굽 시에 시내 산에서 맺었던 언약을 어긴 이스라엘이 그 언약의 저주를 받을 것(11:1-17), 선지자를 죽이려고 하는 선지자의 고향 아나돗 사람들에 대한 탄식과 그들에 대한 하나님의 심판 예언(11:18-23)

12장: 형통한 악인들에 대한 예레미야의 불평과 하나님의 심판 선언(12:1-6), 유다에 대한 심판 선언(12:7-13), 열방에 대한 심판과 회복의 선언(12:14-17)

13장: 교만한 유다에 대한 심판(북방 군대를 통한 심판), 유브라데 강가에 감추어 썩게 한 허리 띠 징조, 포도주에 취함과 같은 폭력적이고 무자비한 심판(12-14절)

14-15장: 유다의 심각한 죄(므낫세로부터 시작된 죄악, 15:4)로 인해 유명한 중보 기도자들인 모세와 사무엘조차(15:1) 돌이킬 수 없는 여호와의 심판(가뭄, 칼, 기

근, 전염병, 포로 됨, 14:1, 12; 15:2) 선언, 예레미야의 중보기도(14:7-9, 13)와 박해자들로 인한 탄식과 기도(15:10, 15-18), 백성의 기도(14:19-22), 하나님의 눈물(14:17)

16장: 결혼하며 자녀를 가지는 일을 금하심(1-2절), 곡할 시간조차 없이 급박하게 멸망할 예루살렘(우상 숭배에 대한 심판, 3-13, 16-18절), 포로 귀환의 날에 대한 예언(14-15절), 열방이 여호와를 참 신으로 고백할 날 예언(19-21절)

17장: 죄의 고발과 심판의 선언(1-6, 9-10절), 회복의 길 선언(7-8절 여호와 의지, 19-27절 안식일 준수), 예레미야의 간구(12-18절 박해하는 자 심판 요청)

18장: 토기장이 실물 교육 - 토기장이가 잘 빚어지지 않는 진흙을 위해 임시방편으로 새로운 도안을 준비하는 것처럼, 여호와께서도 필요하다면 이스라엘을 위한 자신의 계획을 수정하실 것, 즉 하나님의 심판 선고와 복이 고정된 것이 아니라 유다와 열방이 어떤 반응을 보이느냐에 따라 달라질 수 있다는 것(1-10절), 그러나 유다는 회개하지 않고 계속 이방신을 섬길 것(11-17절), 예레미야를 죽이려 하는 자들에 대한 보응을 구하는 예레미야의 기도(18-23절)

19:1-13 깨진 옹기 실물 교육 - 옹기가 깨어지듯이 이방신을 섬기는 힌놈의 아들 골짜기가 예루살렘 멸망의 날에 죽음의 골짜기가 될 것(19:5-6=7:31-32)

19:14-20:18 성전의 총감독 바스훌에 의해 성전에서 임박한 재앙을 설교하던 예레미야가 수난을 당함→바스훌이 바벨론으로 끌려 가 죽을 것 예언(19:14-20:6), 예레미야의 불평과 찬미, 절망과 확신으로 뒤섞인 기도(20:7-18, 14-18절에 나오는 '생일에 대한 저주'는 욥기 3장과 매우 유사함)

21:1-23:40 이스라엘의 지도자들에 대한 정죄와 심판의 예언

(21:1-23:8 시드기야, 여호아하스, 여호야김, 여호야긴 왕과 23:9-40의 예언자들)

21:1-10 시드기야와 그의 백성들의 멸망에 대한 경고(바벨론 왕에게 항복하는 자는 살 것, 9절)

21:11-22:9 유다 왕들이 정의와 공의를 행하지 않으면 멸망당할 것

22:10-12 여호아하스('살룸') 왕의 포로 됨과 죽음에 대한 예언(왕하 23:29-30 참조)

22:13-19 요시야처럼 정의를 행하지 않은(15-16절) 여호야김 왕의 비참한 죽음에 대한 예언(왕하 23:36-24:7 참조)

22:20-23 예루살렘의 멸망 때 목자들도 사로잡혀 가거나 멸망을 당할 것

22:24-30 여호야긴 왕('고니야')의 포로 됨에 대한 예언(왕하 24:8-16 참조)

23:1-8 위의 왕들과 대조되는 다윗의 한 '의로운 가지'(메시아, 스룹바벨?)에 의한 미래의 구원 예언(포로 귀환, 정의로운 통치) 23:7-8=16:14-15 (6절, "그의 이름은 여호와 우리의 공의" - 시드기야의 이름의 의미지만 그는 그 이름값을 못함[7])

23:9-40 하나님의 소명을 받은 적이 없는 (거짓) 예언자들에 대한 심판의 선언 (33절 이하의 '엄중한 말씀'은 '무거운 짐'으로 번역될 수 있다. 즉 여호와의 엄중한 말씀이라고 전하는 거짓 선지자들은 사실은 백성들에게 무거운 짐이 될 뿐이다.[8])

24장 무화과 광주리 환상

예레미야가 환상으로 본 '좋은 무화과가 담긴 광주리'는 주전 597년에 포로로 잡혀간 자들을 상징하며 이들은 나중에 다시 돌아오게 될 것이다. 하지만 '나쁜 무화과가 담긴 광주리'는 예루살렘에 남은 자들을 상징하며 그들은 멸망을 당하고 큰 환란을 당할 것이다.

25:1-14 유다에 대한 심판의 말씀의 요약

요시야 왕 제13년부터 예레미야가 23년 동안 사역했음에도 그들은 불순종 했기에 결국은 바벨론의 느부갓네살 왕에 의해 예루살렘이 멸망당할 것이고 그들은 70년간의 포로 생활을 하게 될 것이다.[9]

렘 25:11-12 [11]이 모든 땅이 폐허가 되어 놀랄 일이 될 것이며 이 민족들은 칠십 년 동안 바벨론의 왕을 섬기리라 [12]여호와의 말씀이니라 칠십 년이 끝나면 내가 바벨론의 왕과 그

의 나라와 갈대아인의 땅을 그 죄악으로 말미암아 벌하여 영원히 폐허가 되게 하되

25:15-38 열방에 대한 예언의 서언

26-29장 예레미야의 수난(고발 당함, 거짓 선지자들과의 논쟁 등)

26장: 여호야김 통치 초기 멸망을 예언하는 예레미야를 제사장들과 선지자들과 백성들이 죽이려 하였으나 고관들이 변호함, 동일한 멸망의 예언을 한 스마야의 아들 우리야는 순교를 당함(20-24절), 예레미야를 처형 위험에서 구출한 아히감(왕하 22:3-14 참조)의 형제 그마랴는 여호야김에게 예레미야의 예언 두루마리를 파기하지 말 것을 조언함(렘 36:25), 그의 아들 그달랴는 바벨론이 예레미야를 감옥에서 이끌어낸 후에 그를 보호함(렘 39:14) ※히스기야 시대의 '미가' 선지자에 대한 언급(18-19절)

27장: 바벨론의 느부갓네살 왕에게 항복하면 민족들이나 유다가 살 수 있을 것, 바벨론에 빼앗긴 성전 기구들을 속히 돌려받을 것이라는 예언은 거짓된 것(16절). 줄과 멍에를 만들어 목에 걸고 예언한 예레미야: 상징적 행동

28장: 예레미야의 목에 걸린 멍에를 깨뜨리며 잡혀간 포로들이 돌아올 것이라고 거짓 예언한 하나냐의 죽음에 대한 예언과 성취

29장: 바벨론으로 끌려간 포로들(주전 597년)에게 보낸 예레미야의 편지 - 바벨론에 정착하여 평안하게 살며 바벨론의 평화를 위해 기도할 것, 70년이 차면 하나님께서 돌아오게 하실 것(1-20절). 거짓된 예언을 한 골라야의 아들 아합과 마아세야의 아들 시드기야와, 예레미야의 편지를 비판한 느헬람 사람 스마야의 심판에 대한 예언

렘 29:10-14 10 여호와께서 이와 같이 말씀하시니라 바벨론에서 칠십 년이 차면 내가 너
희를 돌보고 나의 선한 말을 너희에게 성취하여 너희를 이곳으로 돌아오게 하리라 11 여호
와의 말씀이니라 너희를 향한 나의 생각을 내가 아나니 평안이요 재앙이 아니니라 너희에
게 미래와 희망을 주는 것이니라 12 너희가 내게 부르짖으며 내게 와서 기도하면 내가 너희

들의 기도를 들을 것이요 [13] 너희가 온 마음으로 나를 구하면 나를 찾을 것이요 나를 만나
리라 [14] 이것은 여호와의 말씀이니라 나는 너희들을 만날 것이며 너희들을 포로된 중에서
다시 돌아오게 하되 내가 쫓아 보내었던 나라들과 모든 곳에서 모아 사로잡혀 떠났던 그
곳으로 돌아오게 하리라 이것은 여호와의 말씀이니라 [15] 너희가 말하기를 여호와께서 우
리를 위하여 바벨론에서 선지자를 일으키셨느니라

30-33장 구원의 예언들 – '새 언약'

30:1-24 이스라엘과 유다 회복에 대한 약속

적절한 때가 되면 여호와께서 자기 백성을 이방 압제자들의 속박에서 건져주시고, 그들을 고국으로 돌아오게 하시며, 다윗 왕조를 회복시켜주실 것(9절), 의인화된 시온의 회복 약속, 공동체를 오염시킨 자들을 제거함으로써 공동체를 정결하게 만들어 줄 것(23-24절)

31:1-40 회복과 새 언약, 시온과 이스라엘의 회복 약속

• 북왕국의 포로민들 역시 그들의 땅으로 회복될 것, 감격스러운 이스라엘 포로들의 귀환은 열방에 알려지게 될 것(1-22절), 과거 라마에서의 라헬의 통곡과는 대조되는 북 이스라엘 포로들의 귀환(15-22절)

(요셉의 어머니 라헬은 여기서 이스라엘 땅을 가리키는 은유로 사용되는데, 그 까닭은 그녀가 이스라엘의 가장 유명한 두 지파 에브라임과 므낫세의 할머니이기 때문이다.[10)] 그리고 지명 '라마'는 라헬이 베냐민 지파의 영토에 묻힌 까닭에 언급된 것일 수도 있고(삼상 10:2), 예레미야 시대에 그곳이 바벨론 군대가 유다 백성을 포로로 잡아가기 전에 한군데 모아 놓은 포로 집결지였기 때문일 수도 있다.[11)])

- 유다의 포로들의 귀환과 시온의 회복(23-26절)
- "그때에 그들이 말하기를 다시는 아버지가 신 포도를 먹었으므로 아들들의 이가 시다 하지 아니하겠고 신 포도를 먹는 자마다 그의 이가 신 것 같이 누구나 자기의 죄악으로 말미암아 죽으리라"(29-30절) 이 속담은 조상의 죄가 후손들에게 부정적인 결과를 가져올 수 있음을 암시하는 구절들(출 20:5; 민 14:18)에 대

한 잘못된 이해에서 생긴 유명한 속담이었다(겔 18:2). 예레미야와 에스겔 시대의 사람들은 자신들이 당하고 있는 하나님의 심판이 자신들의 죄뿐만 아니라 자신들의 조상들의 죄 때문에 받는 것이라고 생각했다.[12] 하지만 포로로 잡혀간 자들은 조상들의 죄 때문이 아니라 자신들의 죄로 인해 벌을 받은 것이다(렘 3:25; 16:10-13; 32:18-19). 이들이 취해야 할 태도는 죄를 회개하고 하나님의 용서를 경험하고(31:18-19), 하나님이 각 개인을 공정하게 심판하신다는 것을 인정하는 것이다(30절).[13]

• 새 언약(31-40절): 이 언약은 여호와께서 시내 산에서 이스라엘과 맺으신 구 언약(출 24장)을 능가하는 미래의 언약을 가리킨다. 모세의 율법은 본질적으로 이스라엘 백성들에게 순종의 능력까지 주지는 못해서 그들은 하나님의 돌보심에도 불구하고("내가 그들의 남편이 되었어도") 시내 산 언약을 위반하였다(32절). 그래서 하나님은 새로운 언약의 형태로 구 언약에서 요구하신 율법들을 지키게 하실 것을 약속하신다. 새 언약에서는 율법을 돌 판에 기록하지 않고 "그들의 속에 두며 그들의 마음에 기록하여" 백성들이 그 율법들을 순종할 능력과 의지를 갖게 하실 것이라고 하신다(33절).[14] 새 언약의 백성들은 자신들을 용서하셔서 자신들의 마음에 법을 새겨주시는 하나님을 '알고' 자발적으로 순종하게 될 것이다. 그래서 더 이상 사람들에게 '여호와를 알라'고 말할 필요가 없게 될 것이다(34절). 에스겔 36:24-27에서는 이 새 언약이 "사람들을 죄에서 정결케 하고 그들로 하여금 여호와께 순종하도록 초자연적인 방식으로 그들을 변화시키는"[15] 성령의 사역으로 표현되고 있다. 하나님께서 이 언약을 어기시는 것은 당신이 세워 놓은 자연계의 영원한 법칙을 어기는 것과 같을 정도로 불가능하다(35-36절). 예루살렘은 온전히 회복될 것이다(38-40절). 이 언약의 성취는 예수님의 속죄 사역으로 인하여 새로운 하나님의 공동체가 된 교회 가운데서 온전히 이루어졌다(눅 22:20; 고전 11:25; 고후 3:6; 히 8:13; 9:15; 12:24 등).[16] 즉 예수님을 통한 하나님의 용서를 받아들이는 자들에게 성령이 내재하시면서 율법을 이룰 능력과 욕구를 불러일으키신다.

32:1-44 선지자의 상징적 행위: 아나돗의 밭 사기(1-15절), 예레미야의 탄식과 기도(16-35절), 구원 예언(36-44절)

예레미야가 고향 아나돗에 있는 밭을 사고 매매증서를 항아리에 보존한 것은 먼 미래에 있을 바벨론 포로들의 귀환과 이스라엘의 회복에 대한 상징적인 행동이다. 하나님께서 고국으로 돌아온 남은 자들과 영원한 언약을 맺으시고 그 땅에 다시 그들을 심으실 때 사람들이 다시 땅을 매입하게 될 것이다(36-44절).

33:1-26 시온과 이스라엘의 회복에 대한 약속

성읍의 치료와 회복, 포로 귀환, 예배의 회복, 성읍들의 회복, 다윗 왕조의 회복(15-16=23:5-6), 다윗 언약, 제사장 언약(민 25:12-13)의 확실성과 영원성(하나님의 징계가 이 언약들의 완전한 파괴를 의미하는 것은 아니다.)

34:1-22 시드기야와 이스라엘에 대한 심판의 예언

시드기야 왕이 바벨론에 항복하면 평안히 죽을 것이지만 그렇지 않으면 바벨론으로 끌려 갈 것(1-7절), 시드기야와 지도층의 일시적인 회개와 계약의 파괴(히브리 종들의 자유 선포 후 다시 노비로 삼음) → 여호와의 심판 선언

35장 충성하는 삶의 모델 레갑 족속에 대한 구원 예언

포도주를 마시지 않고 유목 생활을 하겠다고 맹세한 조상 레갑의 아들 요나답(200년 전, 왕하 10:15-23)의 맹세를 끝까지 지키고 있는 레갑의 후손들의 모습은, 하나님의 말씀을 불순종하는 이스라엘의 모습과 대조된다. 그래서 이스라엘은 재앙을 당할 것이지만(17절) 레갑 족속들은 하나님의 복을 받아 여호와 앞에 설 사람이 영원히 끊어지지 않게 될 것이다. ※ 레갑 사람들은 유목민들로서 겐 족속과도 관련이 있다(대상 2:55). 겐 족속의 일부는 이스라엘과 주변 지역에 살면서 이스라엘과 좋은 관계를 맺고 있었다(삼상 15:6; 30:26).

36–38장 선지자 예레미야의 수난, 말씀의 수난

36장 바룩은 그 동안 예레미야가 예언한 여호와의 말씀을 두루마리에 기록하여, 금식일에 여호와의 성전에 온 백성들에게 붙잡혀 있는 예레미야를 대신하여 낭독하였다. 여호야김은 신하를 통해 낭독된 그 두루마리 말씀을 불태워 버리고, 예레미야와 바룩을 잡으려 하지만 뜻을 이루지 못한다. 하나님은 또 다른 두루마리를 만들라고 예레미야에게 명령하시며 여호야김에 대한 심판을 선언하신다.

37–38장 시드기야 왕에 의해 모반죄로 체포되어 감옥, 구덩이, 시위대 뜰에 갇혀 고난당하는 선지자 예레미야, 시드기야 왕에게 바벨론에 항복할 것을 권유함, 왕궁에 봉사하는 구스인(에티오피아인) 에벳멜렉이 예레미야를 구덩이에서 건져줄 것을 요청함(38:7–9). 에벳멜렉이라는 이름의 뜻은 '왕의 종'이다. 아마도 이 관리는 시드기야에게 영향력을 행사할 수 있는 막후 세력을 가지고 있었을 것이다. 39:18에 의하면 그는 여호와에 대한 믿음으로 자신의 힘을 예레미야의 목숨을 건지는 일에 사용하였다.[17]

39장 예루살렘의 멸망과 예레미야의 석방

40–44장 선지자 예레미야의 수난, 말씀의 수난

느부사라단의 예레미야 우대 → 유다 총독 그달랴와 함께함 → 암몬 자손의 왕 바알리스의 사주를 받은 이스마엘에 의한 그달랴의 암살(아마도 반 바벨론 정서 때문[18]) → 예레미야의 만류(하나님의 경고)에도 불구하고 애굽으로 떠나는 요하난 일행들(42장), 함께 이집트 땅 다바네스(나일 삼각주 동쪽[19])에 간 예레미야(43:1–7) → 바벨론 왕의 이집트 침략에 대한 예레미야의 예언(애굽 땅이 유다인들의 안전한 피난처가 아님, 43:8–13) → '하늘의 여왕'을 섬기며 말씀을 거역하는 다바네스에 온 유다인들에 대한 하나님의 심판 예언(44장)

유다의 추방과 이집트 탈출

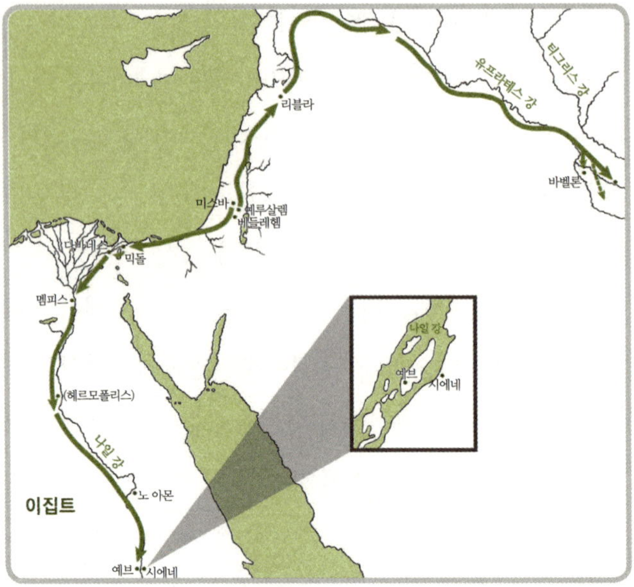

45장 예레미야가 여호야김 때 바룩에게 전한 구원의 말씀

바룩은 44장의 우상숭배에 빠진 이집트 디아스포라들과는 대조적으로 진정한 남은 자들을 대표한다.[20]

46-51장 열방에 대한 심판 예언

46장 애굽: 주전 605년의 갈그미스 전투 패배, 느부갓네살의 이집트 침공 예언 + 회복의 약속

47장 블레셋

48장 모압: 심판 + 회복(47절)

49:1-6 암몬: 심판 + 회복(6절)

49:7-22 에돔

49:23-27 다메섹

49:28-33 게달과 하솔 나라들(시리아 사막의 아랍 족속들[21])

49:34-39 엘람(바벨론 동쪽) 심판 + 회복(39절)

50-51장 바벨론의 멸망: 한때 하나님의 도구로 열방을 심판하던 바벨론의 죄악에 대한 하나님의 심판 예언(하나님의 새로운 도구 메대 족속에 의해, 51:11-12), 바벨론의 포로였던 이스라엘의 귀환 예언, 시드기야 제사년(주전 594년)에 시드기야의 관리인 스라야에게 예레미야가 한 지시(왕의 바벨론 방문 수행 시에 하나님의 예언이 기록된 사본을 가지고 바벨론에 가서 그것을 공개적으로 낭독하고 돌에 매달아 유프라테스 강에 던질 것), 강바닥에 가라앉는 돌처럼 바벨론이 무너질 것 예언(51:59-64). 고레스의 바벨론 정복은 비교적 평화롭게 이뤄지긴 했지만 바벨론 제국을 끝장낸 사건으로, 이것은 당신의 백성을 위한 하나님의 보복이다(50:15).[22]

52장 예루살렘 멸망과 여호야긴의 사면

이 후기는 왕하 24:18-25:30과 매우 유사한데, 예레미야가 전했던 바벨론에 의한 예루살렘 심판과 백성들의 포로 됨에 대한 예언이 실현되었다는 사실에 대한 증언의 역할을 하고 있다고 볼 수 있다. 그러면서 여호야긴의 회복 기사(31-34절)는 예레미야가 전한 이스라엘의 구원과 회복 예언 역시 똑같이 실현되리라는 소망을 주기 위해서 추가되었을 것이다.

결론

예레미야가 일관되게 전하는 메시지는 이스라엘 백성들의 범죄로 인한 예루살렘의 멸망이었다. 예레미야는 이 예언을 전하면서 눈물과 탄식과 고통으로 하나님의 아픈 마음을 드러낸다. 하나님의 정서를 삶으로 살아내는 선지자의 고통이었다. 이러한 예레미야의 탄식은 수백 년 후에 회개하지 않는 예루살렘을 향하여 탄식의 눈물을 흘리신 참 선지자이신 예수님의 모습을 예표한다(눅 19:41-48). 예수님은 성전을 '도둑의 소굴'로 만든 당시의 종교지도자들의 타락상을 보시면서 미래에 일어날 예루살렘과 성전 파괴에 대한 아픈 마음으로 탄식하신 것이다. 이러한 탄식의 마음으로 교회를 바라보고 회개해야 할 것이다.

또 예레미야의 예언은 다윗 언약에 대한 그릇된 해석으로 인해 절대로 예루살렘은 멸망하지 않을 것이라고 생각하고, 자신들의 죄를 인정하지 않는 수많은 사람들과의 갈등을 유발한다(가족들이나 친구들 - 11:18-23; 20:7-13; 왕들 - 22:10-30; 제사장들과 다른 선지자들 - 6:13-15; 23:9-32; 28:1-17). 그리고 그러한 충돌의 결과는 예레미야 선지자가 핍박당하고, 투옥당하고, 격리되는 것으로 나타난다. 다른 어떤 선지서들보다 예레미야서는 선지자 예레미야의 수난당하는 모습을 자세하게 기록하고 있는데, 이것은 단순히 그의 고난을 보고하기 위해서라기보다는 하나님의 말씀이 수난당하는 것을 보여주기 위한 것이다. 즉 예레미야의 삶 그 자체가 하나님의 말씀임을 표현하는 것이다. 이 또한 말씀으로 오신 예수 그리스도께서 당시의 백성들과 지도자들에게 지속적으로 배척당하시며 결국은 죽임을 당하실 것을 예표한다. 진리의 기둥과 터인 주님의 교회가 진리 때문에 고난당하는 것은 주님의 고난에 동참하는 것이다. 복음 때문에 순교와 핍박을 당한 수많은 성도들은 예레미야의 고난, 주님의 고난을 따르는 참 선지자, 참 제자들인 것이다.

예레미야가 예언한 '새 언약'과 예루살렘의 구원 예언은 예수 그리스도에 의한 하나님의 죄 용서의 선포와 성령의 오심으로 성취되었다(눅 22:20; 고전 11:25). 율법 자체가 우리에게 행할 능력을 주지 못했다면 성령께서는 우리에게 하나님의 말씀을 가르치시고 깨닫게 하시고 우리가 그 말씀들을 행할 능력까지 주신다(롬 8:1-4).

한편, 예레미야가 23:5-6, 33:15-16에서 예언한 메시아의 오심도 예수 그리스도에 의해서 완벽하게 성취되었다.

또한 예레미야서에 나오는 바벨론의 멸망과 관련된 본문들은 요한계시록에 인용되고 있다(50:8 - 계 18:4; 50:32 - 계 18:8; 51:40-50 - 계 18:24).[23]

예레미야 애가

예레미야 애가는 예루살렘의 멸망에 대한 슬픔을 노래한 다섯 개의 애가들로 이루어져 있다. 1, 2, 4장에서 죽은 자를 애도하는 감탄사인 '슬프다'로 시작하고 있는데, 이것은 이 책이 예루살렘의 죽음을 슬퍼하고 있음을 보여준다.[1] 이 책은 다섯 개의 애가(哀歌)로 이루어져 있는데, 1, 2 ,4, 5장은 22절로 되어 있고 3장은 세배가 많은 66절로 이루어져 있다. 5장을 제외한 모든 장들이 알파벳 순서대로 각 절을 시작하는 이합체시이다. 이것은 슬픔의 시작과 끝, 슬픔의 완전함을 문학적 형식을 통해서 표현한 것이라고 할 수 있다.

헬라어 구약성경인 칠십인역 1:1에는 "이스라엘이 포로로 잡혀가고 예루살렘이 황폐하게 되었을 때, 예레미야는 앉아서 울면서 예루살렘에 대한 애가를 지으면서 이렇게 말했다."는 문장이 추가되어 있어서, 예레미야가 예레미야 애가의 저자라고 보지만(대하 35:25 참조) 확실한 것은 아니다. 기록연대는 예루살렘이 함락된 주전 586년 이후이다.

구조[2]

1장 (22절)	2장(22절)	3장(66절)	4장(22절)	5장(22절)
옛 영광과 대조되는 현재의 시온의 고난에 대한 애가	하나님의 심판을 당한 시온의 수치에 대한 애가	고난 가운데서 하나님의 사랑을 기억하며 드리는 기도	시온에 갇힌 자들의 가련한 모습에 대한 애가	슬픔과 고통과 수치에 시달리는 시온 백성들의 애가

위의 구조에서 중심적인 부분은 66절로 되어 있는 3장이라고 할 수 있다. 3장에는 하나님의 사랑에 근거하여 회복을 간구하는 기도가 들어 있기 때문이다.

내용

1장 – 옛 영광에 비교되는 현재 시온이 겪고 있는 고난 상황에 대한 애가

예루살렘은 연인들에게 버림받고 친구들에게서 배신을 당한 탓에 눈물로 밤을 지새우는 한 여인과도 같다(2절). '사랑하던 자들'이나 '친구들'은 유다의 이방 동맹국들을 의미한다. 4절에서는 '시온의 도로들'이 절기를 지키러 나아가는 사람이 없음을 인하여 슬퍼한다(의인화). 죄로 인해 벌거벗은 여인처럼 수치를 당하는 시온(6-9절), 보물의 약탈, 성전이 더럽혀짐(10-11절)이 그려지고 있다. 12절부터는 의인화된 시온의 탄식이 시작되는데, 자신 안에 있는 죄로 인한 하나님의 의로운 징계의 결과인 황폐화, 사람들의 죽음, 눈물, 외로움, 위로자가 없음에 대한 탄식(12-19절), 원수들의 심판에 대한 기도(20-22절)가 이어진다.

2장 – 하나님이 시온을 벌하셔서 시온이 수치를 겪고 있음에 대한 애가

하나님께서 시온의 원수처럼 철저하게 시온의 죄악에 대해서 심판하셔서 시온과 그 백성들이 너무나도 참담한 상황 가운데 있음을 탄식하는 장이다.

3장 – 고난 가운데서 하나님의 사랑과 자비를 기억하면서 드리는 기도

이 중심 장은 예루살렘의 멸망으로 인한 시인의 고통 탄식(1-20절), 여호와의 인자와 긍휼에 대한 소망의 고백(21-26절), 하나님의 징계에 대한 인정과 긍휼히 여기실 것에 대한 소망의 고백(27-39절), 백성들에게 대한 회개의 촉구(40-47절), 탄식(48-54절), 원수들에 대한 하나님의 보복 간구(55-66절)로 이루어져 있다.[3]

애 3:19-23 [19] 내 고초와 재난 곧 쑥과 담즙을 기억하소서 [20] 내 마음이 그것을 기억하고 내가 낙심이 되오나 [21] 이것을 내가 내 마음에 담아 두었더니 오히려 소망이 되었사옴은 [22] 여호와의 인자와 긍휼이 무궁하시므로 우리가 진멸되지 아니함이니이다 [23] 이것들이 아침마다 새로우니 주의 성실하심이 크시도소이다

4장 – 시온에 갇힌 자들의 불쌍한 모습에 대한 애가

시온의 보석들, 순금 같은 시온의 아들들과 젖먹이들, 귀족들, 부녀들의 비참하고 굶주린 상태(1-10절), 선지자들과 제사장들의 죄악들에 대한 여호와의 진노의 결과(11-16절), 도움이 못 된 이웃 나라들, 왕의 포로 됨(17-20절), 시온의 파멸을 기뻐하는 에돔에 대한 저주의 선언(21-22절)을 담고 있는 장이다.

5장 – 굴욕과 결핍과 무질서와 슬픔과 황폐함에 시달리는 하나님의 백성들에 대한 애가, 회복을 위한 간구

살아남은 동족들을 위한 간구로서(1절), 현재의 수치스러운 상황을 다시 한 번 토로하면서도(2-18절) 시온의 회복을 위해서 마지막으로 간구한다(19-22절).

결론

애가의 신학적인 목적은 예루살렘에 대한 하나님의 심판을 인정하고, 그분으로 하여금 자기 백성을 위해 개입하시며 자기 백성을 회복시켜 주기를 간구하는 것이다. 하나님은 이 애가의 기도에 응답하셔서 바벨론 포로들이 돌아와서 예루살렘 성전과 성벽을 재건하게 하셨다. 하지만 이 기도에 대한 궁극적인 응답은 예수 그리스도의 오심에 의해 이루어졌다. 무너진 하나님나라 이스라엘을 예수님께서 신약 교회로 재건하셨기 때문이다. 한편 예레미야 애가는 죄를 범한 예루살렘을 바라보시면서 우시는 예수님의 탄식과 비교될 수 있다(눅 13:34, 35). 예레미야와 예수님의 탄식이 영적으로 세속화되고 무너진 교회의 모습을 붙들고 통곡하는 성도들의 탄식으로 이어져야 할 것이다. 이 탄식은 회개와 기도로 나아가게 될 것이기 때문이다.

에스겔

에스겔서는 여호야긴 왕이 바벨론에 포로로 잡혀갈 때(주전 597년) 함께 포로로 잡혀 갔던 선지자 에스겔이 유대인 포로 공동체에게 예언한 것을 기록한 책이다. 에스겔서는 주전 593년(겔 1:2)부터 571년(29:17)까지 에스겔이 전했던[1] 하나님의 말씀과 그의 상징적 행위들과 사역을 기록하고 있다. 에스겔은 제사장 가문 출신이었기에 성전이나 성전에서의 제의를 중심으로 예언을 펼쳐간다. 하나님의 영광이 성전을 떠나는 데서 시작해서 다시 돌아오는 것으로 에스겔의 예언이 구성되어 있다.

에스겔서에는 다른 선지서들처럼 선지자가 1인칭과 3인칭으로 등장하지 않고 한결같이 1인칭으로만 등장한다. 그러면서도 자신의 예언이 여호와의 말씀인 점이 강조되고 있다. 그래서 "여호와의 말씀이 내게 임하였다"(1:3; 3:16; 6:1 등, 52회)나 "여호와 (하나님)께서 이같이 이르시되"(3:11,27; 5:5; 16:36 등, 126회), "주 여호와의 말씀"(62회) 등의 표현이 매우 자주 등장한다.[2] 또 하나님이 에스겔을 부르시는 표현인 '인자'(사람의 아들 = 벤 아담, 93회), "내가 여호와인 줄 너희가(또는 그들이) 알리라"(6:7, 14; 5:13; 17:21; 37:14 등 모두 70회 이상)도 자주 등장한다. 이런 표현들은 에스겔이 연약한 인간으로서 엄위하신 하나님께 부름 받아 그분의 말씀만을 전하고 있음과, 결국은 이스라엘과 열방에 대한 하나님의 구원과 심판의 말씀이 이루어져서 하나님의 백성들과 온 세상이 여호와가 누구이신지를 알게 되실 것을 강조한다.[3]

에스겔서에는 환상이 말씀 전달의 수단으로 자주 등장한다. 1-3장에서 하나님이 에스겔을 부르시는 장면, 8-11장에서 예루살렘 성전에서의 우상숭배 장면, 37:1-14의 마른 뼈들이 살아나는 환상, 40-48장의 새 성전과 새 나라에 대한 환상 등이 그 예들이다.[4] 이런 환상들의 등장은 에스겔이 예루살렘이 아닌 바벨론의 한 지역에 있었기 때문일 것이다. 직접 갈 수 없는 예루살렘의 실상과 미래를 환상을 통해서 보여주시고자 했을 것이다.

환상과 함께 에스겔이 하나님의 메시지를 전하는 가장 특징적인 방법은 상징적인 행위들이다. 에스겔은 특별히 이런 상징적인 행위들을 통해서 하나님의 마음과 하나님의 뜻을 백성들에게 전달했다. 즉 에스겔은 말씀을 살았다고 볼 수 있다. 선지자는 단순히 입으로만 하나님의 뜻을 전달하는 자가 아니라, 삶을 통해서 하나님의 마음과 뜻을 보여준 사역자였음을 이런 상징적인 행위들이 나타낸다. 상징적인 행위들의 목록은 아래와 같다.[5)]

4-5장 예루살렘 포위에 대한 행위, 좌우로 눕기, 인분(쇠똥)에 떡 구워먹기, 깎은 머리털과 수염을 통한 세 가지 심판 방식 예고하기; 12장 이사 행동, 떨면서 먹기; 21장 재난을 닥칠 것을 예고하는 탄식하기와 느부갓네살이 예루살렘으로 쳐들어 올 것을 뜻하는 두 길 그리기; 24장 녹슨 가마에 고기 삶기와 아내가 죽어도 제대로 상례를 지키지 않기-예루살렘의 갑작스러운 멸망 상징; 37장 남북왕국이 하나 됨을 보이기 위해서 두 막대기를 한 손에서 합하는 행동

에스겔이 하나님의 메시지를 전하는 세 번째 두드러진 방법은 식물이나 동물들을 사용한 비유 혹은 상징들이다. 이런 상징들도 하나님의 메시지를 인상 깊게 전달하는 효과를 위한 것이다. 이 비유들의 목록은 아래와 같다.[6)]

15장 쓸모없는 포도나무 = 예루살렘; 16장 배신한 여인 = 예루살렘; 17장 유다 임금 여호야긴(=백향목 높은 가지)과 시드기야(=포도나무) 독수리(=바벨론, 애굽); 19장 새끼 잃은 암사자와 불 탄 포도나무(= 유다 왕가); 20:45-49 삼림을 태우는 불(=심판); 23장 오홀라(=북왕국)와 오홀리바(=남왕국) 자매의 음란함과 타락 비유; 27장 배(=두로) 비유; 29장, 32장 악어(=이집트) 비유

역사적 배경

에스겔서의 저자는 에스겔이다. 그는 요시야가 나라를 다스리던 주전 622년경에 제사장 가문에서 태어났고 597년에 바벨론에 포로로 끌려가게 된다. 그는 주전 593년경,

그의 나이 서른 살 때에 바벨론 그발 강가에서 선지자로서의 소명을 받게 되고 20년 정도 사역을 하게 된다. 그가 사역하던 시대는 바벨론 제국에 의해서 주변의 국가들이 삼킴을 받던 때였고, 급기야 하나님나라 유다의 왕과 백성들도 포로로 잡혀가기 시작하던 때였다. 이것은 약속의 땅과 예루살렘에서의 영원한 나라를 확신했던 이스라엘 백성들에게는 엄청난 충격이었다. 그래서 에스겔과 함께 포로로 잡혀간 포로 공동체는 아직 완전히 멸망당하지 않은 예루살렘으로의 조속한 귀환을 고대했다. 이러한 그들의 기대에 부응하여 거짓 선지자들은 예루살렘이 멸망당하지 않을 것이라는 평강의 메시지로 기만하였다(13:10). 이러한 때에 에스겔은 그들의 거짓을 폭로하고 이 공동체에게 예루살렘과 성전의 확실한 멸망을 예언한다. 그리고 그것은 백성들의 죄에 대한 하나님의 심판이라고 못을 박는다. 하지만 에스겔도 하나님의 심판의 기간이 지난 후에 하나님께서 주시는 온전한 회복이 있을 것을 예언한다.

에스겔서는 첫머리에 책의 제목에 해당하는 말이 나오지 않고 곧 바로 에스겔이 환상 가운데 소명 받은 이야기가 날짜 표시("서른째 해 넷째 달 초닷새에")와 더불어 시작된다. 모두 열네 번(1:2; 3:16; 8:1; 20:1; 24:1; 26:1; 29:1, 17; 30:20; 31:1, 17; 33:21; 40:1) 나오는 이런 날짜들은 대체로 여호야긴 왕과 에스겔이 바벨론으로 사로잡혀간 때(주전 597년)를 그 기산점으로 잡고 있다.[7] 이런 부분에 유의해서 에스겔서를 읽어야 한다.

에스겔 출생	바벨론의 2차 침략	에스겔의 소명	예루살렘 멸망	에스겔 사역 마감
	여호야긴과 에스겔의 포로 됨	바벨론 그발 강가		
BC 622	BC 597	BC 593	BC 586	BC 571

구조

에스겔서의 구조는 크게 보면 1-32장의 심판 관련 내용과 33-48장의 구원 관련 내용으로 나눌 수 있다. 33:21-22에 예루살렘의 멸망에 대한 기사가 나오는데 이 사건이 이 두 가지 내용을 구분하는 기준점이 된 셈이다. 1-32장은 다시 유다에 대한 심판 선언인 1-24장과 이방에 예언인 25-32장으로 나뉜다. 또한 33-48장도 말씀 중심의 33-39장과 환상 중심의 40-48장으로 나누어진다(아래의 도표 참조).[8] 그러면서 전반부의 심판의 내용은 후반부의 구원의 내용과 짝을 이루고 있다(예: 3:22-27과 33장 '파수꾼'으로서의 에스겔의 직무, 8-11장 '우상숭배로 가득한 성전 환상'과 40-48장 '회복된 성전 환상' 등). 특별히 심판과 구원의 메시지는 여호와의 영광이 성전을 떠나는 장면(10:18-19; 11:22-25)과 다시 돌아오는 장면(43:1-5)으로 대표된다.[9]

심판의 환상과 예언		구원의 환상과 예언	
유다와 예루살렘에 대한 심판(1-24장)	주변의 이방 나라들에 대한 심판(25-32장)	유다의 구원과 회복에 대한 말씀(33-39장)	회복된 예루살렘에 대한 환상: 새 성전과 새 나라(40-48장)

내용

1-24장 유다와 예루살렘에 대한 심판

1-3장	소명
4-5장	예루살렘 멸망에 대한 상징적인 행위들
6-7장	이스라엘 산들에 대한 말씀 - 임박한 심판의 예언
8-11장	예루살렘 성전의 환상(우상 숭배, 심판) - 성전을 떠나는 하나님의 영광
12-24장	이스라엘과 예루살렘의 죄에 대한 비유와 상징과 말씀들

1-3장 에스겔의 소명

1:1-3 여호와의 말씀이 바벨론의 그발 강가에 있는 에스겔에게 임하여 바벨론 포로 공동체에게 전하게 하신다(1:1, 3; 3:15, 23; 10:15, 20, 22; 43:3).

1:4-28 하나님의 보좌/임재 환상 - 폭풍 가운데 있는 전차 위에 임하신 하나님의 영광은 정지된 것이 아니라 움직이는 것이다. 이는, 심판을 위함이기도 하고 포로된 백성들과 함께하시기 위함(무지개)이기도 하다.[10] 하나님을 호위하는 네 생물의

얼굴은 만물의 영장인 사람, 야생 동물의 왕인 사자, 가축의 대표인 소, 날짐승의 왕인 독수리의 모습을 갖고 있는데, 이는 모든 피조물이 여호와를 경외하며 하나님께서 만물과 세상 역사를 주관하심을 상징한다.

2-3장 선지자('파수꾼')로서의 에스겔의 소명: 여호와께서는 환상 중에서 에스겔을 선지자로 부르신다. '패역한'(2:2, 3, 5, 6, 8) 이스라엘 백성들이 에스겔의 예언에 귀를 기울이지 않을 것을 아시면서도 하나님의 심판의 말씀을 담대하게 전하라고 하신다(2:5, 7; 3:7, 11). 또 그의 소명을 생생하게 상기시키기 위해 재앙과 파멸의 메시지를 담은 두루마리를 먹으라고 하신다(2:8-3:2).[11] 소명의 환상이 끝나고 칠 일 후에 여호와의 말씀이 에스겔에게 임하여 민족의 파수꾼으로서 소명에 충실할 것을 말씀하신다(3:16-21). 파수꾼의 주제는 33장에서 다시 등장하는데, 이는 예언자로서 에스겔이 하나님의 심판에 대해서 분명하게 경고하여 유다가 회개할 수 있는 기회를 주어야 함을 강조한다. 만약, 에스겔이 심판에 대한 경고를 하지 않아서 예루살렘이 멸망당한다면 하나님은 백성들의 피 값을 그에게서 찾으실 것이라고 하신다. 또 3:22-27에서는 에스겔이 '말 못하는 자'가 될 것이라고 하신다. 이것은 아무 말도 할 수 없음을 말하는 것이라기보다는 이스라엘의 완악함으로 말미암아 예루살렘의 멸망 때까지는(24:27) 오직 심판의 예언만을 전해야 함을 의미하는 것 같다. 심판(예루살렘 멸망)이 성취된 후에는 회복의 예언을 본격적으로 전하게 된다(33:22).[12]

4-5장 예루살렘 멸망에 대한 상징적 행위들 심판 선언

(4:1-5:4, 네 번의 상징적 행동) - 고발(5:5-7) - 심판 선언(5:8-17)

- 첫 번째 상징적 행동(4:1-3): 토판(벽돌)에 예루살렘을 그리고 포위되는 상황을 만들기-철판(철벽)은 하나님과 백성들 사이의 단절을 의미한다.[13]
- 두 번째 상징적 행동(4:3-8): 좌편(북쪽 사마리아)으로 390일, 우편(남쪽 예루살렘)으로 40일 동안 눕기. 이 날짜들은 이스라엘과 유다의 긴 배교와 반역의 역사를 상징하며, 동시에 이에 상응하는 하나님의 진노와 징계의 기간을 상징한다. 에

스겔이 430일 동안 내내 옆쪽으로 누운 채로 지냈다기보다는 날마다 일정 시간 동안 하나님께서 명하신 의식을 행했을 것으로 추정된다.[14)]

- 세 번째 상징적 행동(4:9-17): 에스겔은 390일 동안 불충분한 식사를 해야 했다. 이것은 예루살렘이 감당해야 할 포위 상황, 곧 음식물과 물이 부족한 상황을 상징한다. 인분(후에 쇠똥으로 대체)으로 피운 불로 떡을 구우라고 하시는 것도 이스라엘 백성이 포로생활 중에 제의적으로 부정한 음식물을 먹을 수밖에 없음을 상징한다.[15)]
- 네 번째 상징적 행동(5:1-4): 늙는 날 수가 끝이 나면 머리털과 수염을 잘라서 1/3은 성읍 안에서 불사르고, 1/3은 성읍 사방에서 칼로 치고, 1/3은 바람에 흩는다. 이는 포위 때에 성 안에서 기근과 전염병으로 죽고, 함락 시에는 성 밖에서 칼로 살육을 당하고, 포로로 잡혀가면서 많은 사람이 죽임을 당하게 될 것을 상징한다(5:5-17).
- 이스라엘의 죄악: 율법을 거스름, 성소를 더럽힘(5:11), 우상 숭배(6:3-6)

6-7장 이스라엘 산들을 향한 말씀 – 임박한 심판의 예언

앞의 상징적 행동들이 전달하는 메시지의 반복으로, 특별히 6장은 이 예언들이 '이스라엘 산들'을 향한 말씀임을 말한다. '이스라엘의 산들'은 모든 이스라엘의 땅을 대표하는 것으로 36장에서 회복의 예언 때 다시 등장한다. 농사의 중심지였던 이스라엘 산들이 바알 숭배와 이방신 숭배의 중심지로 변한 것에 대한 심판이 선언된다. 7장은 '끝'에 대해서 반복적으로 말하면서 예루살렘의 멸망이 임박했고 확실함을 강조한다.

8-11장 예루살렘 성전 환상

주전 592년 9월에 에스겔이 자신의 집에서 함께 포로로 잡혀 온 '유다 장로들' 앞에 앉아 있을 때 여호와께 받은 환상으로, 환상 중에 하나님의 영이 에스겔을 예루살렘으로 데리고 간다. 이 환상은 우상숭배로 더럽혀진 예루살렘과 성전을 보여주고 하나님의 영광이 더럽혀진 예루살렘 성전을 떠나는 것으로 마무리된다(11:22-25). 이것은

40-48장의 성전의 회복 환상과 예루살렘으로 돌아오는 하나님의 영광(43장과 대조)과 대조된다. 그 가운데서도 구원의 예언이 선포된다. 11:16-25에서는 포로로 잡혀와 있는 공동체에게 하나님께서 친히 '성소'가 되셔서 함께하시고(16절), 때가 되면 그들을 다시 예루살렘으로 귀환하게 하시고, 새로운 마음과 영을 주실 것을 예언한다(17-21절). 이것은 36장에서 다시 상세하게 예언될 것이다.

12-24장 이스라엘과 예루살렘의 죄에 대한 비유와 상징과 말씀들

12장 두 상징적 행위(낮에 포로의 행장을 꾸리고 밤에 성벽을 뚫고 행장을 메고 나감, 떨면서 음식물을 먹음)를 통한 예루살렘 멸망과 포로 됨의 확실한 성취 예고

13장 포로 공동체에게 예루살렘이 멸망하지 않을 것이라는('평강')이라는 헛된 예언을 하는 거짓 선지자들과 거짓 예언을 하는 부녀들에 대한 심판 선언

14장 우상숭배와 불법에 대한 심판 선언: 노아, 다니엘, 욥이 나서도 심판을 돌이킬 수 없을 것

15장 불에 던질 땔감으로만 쓰일 포도나무 같은 쓸모없는 이스라엘에 대한 심판 선언

16장 온갖 이방 나라와 그들의 신들을 사랑한 음란한 아내 예루살렘에 대한 고소(1-34, 44-52절)와 심판 선포(35-43절)와 회복과 언약 갱신의 예언(53-63절)

17장 독수리와 나무 비유(1-21절)): 독수리(바벨론의 느부갓네살 왕)/ 레바논(예루살렘)/ 백향목 높은 가지의 연한 가지(왕-여호야긴?)/ 그 땅의 종자(왕족 중 하나: 시드기야)/ 옥토(가나안)에 심어 포도나무가 되게 하고자 함/ 두 번째 독수리(이집트 왕)/ 뿌리와 가지를 다른 독수리에게로 뻗음(시드기야의 바벨론 왕에 대한 반역)/ 그 뿌리를 뽑음(시드기야의 멸망: 바벨론으로 끌려감), 다윗 왕조의 회복을 위한 하나님의 전적 개입 선포(22-24절)-백향목 꼭대기에서 높은 가지 끝의 연한 가지(다윗의 후손)를 꺾어 빼어난 산/높은 산(시온 산)에 심고 아름다운 백향목을 만들어(백향목 vs. 포도나무), 각양 새가 그 아래 거하게 하실 것이다.[16]

18장 포로민들의 고난은 조상들의 죄 때문이 아닌 본인들의 죄로 인한 심판이다. "아버지가 신 포도를 먹었으므로 그의 아들의 이가 시다"는 속담의 거짓 됨

19장 이스라엘의 지도자들(다윗 왕조의 왕들)의 멸망에 대한 애가: 암사자(다윗 왕조)가 기른 젊은 사자 중 하나(여호아하스 왕)는 이집트로 갔고, 또 다른 하나(여호야김? 시드기야?)는 바벨론 왕에게 끌려 감[17)]
20:1-44 이스라엘의 역사를 회상하면서 그들의 역사가 우상숭배와 패역함의 반복임을 지적하고(1-29절), 그로 인해 유다가 포로가 되었음을 알리면서(30-38절), 궁극적인 회복(39-44절)을 예언한다.
20:45-21:32 불과 칼(바벨론의 느부갓네살)을 통한 여호와의 예루살렘과 성전에 대한 심판의 예언, '허리가 끊어지듯 탄식하는' 상징적 행위(6절)는 임박한 칼의 살육에 대한 탄식, 19절: 바벨론 왕의 칼이 올 두 길(암몬 족속의 랍바에 이르는 길과 유다의 예루살렘에 이르는 길[18)])을 그리라는 명령 → 바벨론이 예루살렘으로 가는 점괘를 얻을 것
22장 예루살렘의 가증한 죄악들(무죄한 피 흘림, 우상 숭배, 안식일과 거룩한 것들을 더럽힘, 성범죄, 뇌물수수, 압제와 착취, 거짓 선지자들의 축재, 율법 위반, 포악함)에 대한 심판의 당위성과 임박성 "이 땅을 위하여 성을 쌓으며 성 무너진 데를 막아 서서 나로 하여금 멸하지 못하게 할 사람을 내가 그 가운데에서 찾다가 찾지 못" 함(30절)
23장 두 자매 오홀라('그녀의 장막', 사마리아)와 오홀리바('나의 장막이 그녀 안에', 예루살렘)의 음행(앗수르와 바벨론과 이집트와의 동맹, 우상숭배, 인신제사)에 대한 심판 선언
24:1-14 '녹슨 가마'처럼 예루살렘이 철저하게 심판을 당하고 백성들이 포로가 될 것
24:15-27 에스겔의 아내('눈의 기쁨')의 갑작스러운 죽음에도 애도의식을 하지 못함 → 이스라엘 백성들의 '눈의 기쁨' 예루살렘 성소의 파괴와 그들의 자녀들의 충격적이고 갑작스런 죽음으로 애도 의식도 갖지 못할 것

25-32장 유다 주변 나라들에 대한 심판 예언

25장	암몬, 모압, 에돔, 블레셋
26-28장	두로와 시돈(이스라엘의 회복에 대한 말씀 28:25-26)
29-32장	이집트

열방에 대한 심판의 선언은 바벨론에 의한 주변 나라들의 멸망을 예언하는 것이다. 하지만 바벨론은 열방의 죄악을 징계하시는 온 세상의 왕이신 하나님의 도구에 불과하다. 궁극적으로 하나님은 악한 열방을 심판하시고 이스라엘을 구원하실 것이다. 여기에 나오는 나라들의 명단은 동쪽(암몬, 모압, 에돔), 서쪽(블레셋), 북쪽(두로와 시돈), 남쪽(이집트)으로 옮겨 간다. 두로에 대한 세 개의 예언과 이집트에 대한 일곱 개의 예언이 등장하는 것이 특징적이다.[19] 처음 여섯 나라들에게 임할 심판의 이유는 하나님의 백성 학대와 그들의 멸망을 즐거워한 것 때문이다. 유다는 바벨론의 침략을 당해서 이집트에게 도움을 요청했지만(17:15; 29:16), 이집트의 바로는 '큰 악어'가 아닌 '갈대 지팡이'처럼 아무런 도움이 되지 못할 것이다(29:1-16).[20]

33-39장 유다의 구원과 회복에 대한 말씀

33장	파수꾼 에스겔
34장	이스라엘의 목자들
35장	에돔에 대한 심판의 말씀
36장	이스라엘의 산들에 대한 말씀
37:1-14	마른 뼈 환상
37:15-28	두 지팡이가 하나 됨
38-39장	곡과 마곡을 쳐부수시는 하나님

33-39장은 에스겔서의 후반부인 33-48장의 전반부로서 새 성전과 땅의 회복에 대한 '환상'을 강조하는 후반부(40-48장)와 달리 회복에 대한 '말씀'을 강조한다.

33장 에스겔의 새로운 소명과 예루살렘 멸망

33장은 1-24장의 주제를 다시 언급하면서 34장 이후의 단락으로 예언을 전개하는 전환의 장으로서의 역할을 한다. 1-9절에서 하나님께서 에스겔을 파수꾼으로 부르시는 내용이 나오고 10-20절에 경고의 내용이 주어지는데, 이것은 3:17-21의 내용의 반복이다. 21-22절에 예루살렘 함락 소식(24:26)이 전해지는데, 이것이 에스겔의 예언이 심판에서 회복으로 전환되는 기점이다. 이 소식을 들었을 때 여호와의 손이 임하여 에스겔의 입을 여신 것이다. 이것은 3:26-27에서 선지자에게 가해졌던 '벙어리 됨'과 '감금'의 제약이 풀렸음을 의미한다. 23-33절은 예루살렘의 멸망이 그릇된 확신에 차 있던 예루살렘의 남은 백성들에 대한 하나님의 심판으로서 선지자의 예언이 이루어진 것임을 강조한다.

34장 목자의 장: 과거 왕들의 실패를 돌이키시는 참 목자이신 하나님의 신실한 통치

에스겔 34-48장에 주어지는 회복의 프로그램이 34장에서 이스라엘 지도자의 회복/갱신으로 시작되고 있음을 볼 수 있다(19장의 실패의 회복). 하나님께서는 과거 목자들의 실패(1-6절)를 친히 목자가 되셔서 역전시키실 것이다(4→16절). 하나님의 통치/돌봄에는 다윗 가문의 목자를 세우는 것도 포함된다(23-24절).

35:1-36:15 에돔의 심판과 이스라엘 산들의 구원

35:1-15와 36:1-15은 대조를 이루며 한 단락을 구성한다. 즉 세일 산(에돔)에 대한 심판 예언은 이스라엘 산들에 대한 구원 예언과 대조를 이룬다. 전자는 후자의 회복을 위한 필연적 단계이다. 세일 산의 심판은 황무함으로 나타나며 이스라엘 산들의 회복은 더 이상 황무함이 없을 것이라는 선포로 나타난다(36:12-15). 35:1-36:15에 나타나는 회복의 예언은 궁극적으로는 에스겔 6장에서 예언된 이스라엘 산들에 대한 심판을 회복시키는 것이다.

36:16-38 하나님의 명예 회복을 위한 이스라엘의 회복과 귀환

이스라엘은 그들의 악행으로 하나님의 거룩한 이름을 더럽혔다. 따라서 하나님께서는 그의 노를 발하셔서 그들을 열방 중에 흩으셨다. 이것은 하나님의 이름이 열방 가운데서 모독을 받게 됨을 의미한다. 이에 그의 거룩한 이름을 위하여 하나님께서는 그의 백성을 열방 중에서 모아 본토에 회복시키시고 정결케 하신다. 본토에 돌아와 살게 될 백성들은 새 마음과 새 영으로 변화를 입게 되어 하나님의 거룩한 이름을 더 이상 더럽히지 않게 될 것이다. 이들은 하나님의 계명을 지킴으로 20장에서 보여 준 율법에 대한 불순종이라는 고질적인 문제에서 벗어나게 된다. 하지만, 하나님께서 이렇게 작정하셨다고 하더라도 이스라엘은 이같이 이루어 주시기를 하나님께 구해야 한다(37절). 새 언약 사상(렘 31:31)이 여기에 나타남을 볼 수 있다(26-27절).

37장 마른 뼈들의 소생 환상: 이스라엘이 소생하여 새로운 다윗 아래서 통일 왕국을 이룰 것

1-14절은 앞의 단락(36:25-29)에서 언급한 백성들의 변화를 계속해서 다루고 있다. 마른 뼈 환상을 통하여 이스라엘의 부활/회복을 선포한다. 이스라엘 백성이 하나님의 심판으로 완전히 파괴 되었지만(마른 뼈) 그곳에서부터(심판에서부터) 그의 백성을 다시 창조하신다(34:12-13). 15-28절은 회복된 이스라엘이 한 지도자 아래서 통일 왕국을 이룰 것을 예언한다. 두 막대기(이스라엘과 유다)를 하나로 합치는 상징적 행위가 그 증거다. 즉 심판으로 분열되고 파괴되었던 이스라엘이 다윗 왕조의 한 지도자에 의해 회복된 통일 왕국의 성전에서 다시 하나님을 섬기게 될 것이다(24-28절). 이것은 예수 그리스도에게서 성취되었다.

38-39장 곡과의 전쟁, 마지막 전투

"마곡 땅에 있는 로스와 메섹과 두발 왕 곧 곡"이 적대 국가들의 지도자이다. '곡'은 현재의 터키 지역에 있는 나라의 왕이지만 이스라엘 주변 지역의 나라들의 동맹의 우두머리로 등장한다. 그는 하나님나라 백성을 대적하는 모든 원수를 대표한다. 38장은 이러한 곡을 패망시킴으로 하나님께서 그의 백성을 보호하시고, 자신의 거룩함과 위대함을 나타내실 것임을 예언한다. 그리고 39장에서는 곡이 이스라엘의 산에서 살육 당하게 될 것이라고 선포한다. 백성들이 곡과 함께한 대적들의 시체를 처리하며, 하나님이 그들의 하나님 되심과 심판과 회복을 주장하시는 주권자이심을 인식하게 될 것이다. 계시록 20:7-10은 곡과 마곡과의 전쟁을 천년기의 마지막 때에 속한 것으로 간주한다. 그런 의미에서 곡과 그의 무리는 하나님나라를 멸망시키려는 세상나라들의 연합세력이며, 하나님께서 마지막에 패배시킬 사탄의 왕국을 상징한다고 보는 것이 옳을 것이다.[21]

40-48장 회복된 예루살렘(새 성전과 새 나라)에 대한 환상

40-42장	새 성전 환상
43장	여호와의 영광이 다시 성전으로 돌아옴
44장	성전 동문, 성전 봉사 규정
45-46장	구역 나누기, 통치자 관련 규정, 예물 관련 규정
47-48장	소성케 하는 물, 새 땅 나누기, 새 예루살렘

33-38장이 말씀을 중심으로 한 회복 예언이라면 40-48장은 새 성전과 새 나라에 대한 환상을 중심으로 한 회복 예언이다. 이 환상은 37:26-27을 더 자세히, 또한 구체적으로 제시한 것으로 볼 수 있다. 40:1은 40-48장의 환상이 사로잡힌 지 25년째이자 예루살렘 멸망 후 14년째인 573년에 주어졌음을 알리고 있다. 이것은 이 사건의 중요성을 나타내는 것이다.

40:2-43:11 성전 환상

이 단락은 천사의 안내를 따라 에스겔이 성전을 둘러보고 그 본 것을 기술하고 있다. 천사 측량인은 백성이 성전을 여호와께서 상세하게 지시한 대로 재건할 수 있도록 성전 설계를 기록으로 남긴다(43:10-11).

40:5–42:20 성전 둘러보기

A 바깥 사면: 40:5–16

B 바깥 뜰: 40:17–27

C 안 뜰: 40:28–41:26

B' 바깥 뜰: 42:1–14

A' 바깥 사면: 42:15–20[22]

43:1–9: 하나님의 영광이 성전으로 회복됨(11장에서는 여호와의 영광이 성전을 떠남)

43:12–46:24 성전 율법[23]

43:12 전문 (성전의 법, the torah of the temple)

43:13–27 번제단과 봉헌(정화, purification)

44:1–3 하나님의 영구적 임재에 대한 확언 – 바깥 동문이 영구히 닫혀 있게 됨

44:4–6a 전문

44:6b–31 성전 율법에 따른 제사장(사독 계열)과 레위인들의 직무

※ 44장 이후에 나오는 '군주(혹은 지도자)'는 누구를 가리키는가? 먼저, 이 '군주'는 34:23–24; 37:24–25에 예언된 새로운 다윗을 가리킬 수 있다. 이전의 이스라엘 왕들과 달리 정의롭게 통치하는 '군주'의 모습은 그 가능성을 열어준다(45:7–12; 46:18). 그러나 44–48장의 '군주'는 예배 인도자의 역할을 수행하고 있어서(특히 45:17, 22; 46:4, 10) 왕을 가리키는 단어로 보는 것을 부정하는 학자들도 있다. 하지만 다윗과 솔로몬이 중요한 경우들에서(삼하 6장; 왕상 8장) 예배 인도자의 역할을 수행하고 있는 것을 보면 이 '군주'는 왕을 가리키는 것으로 보는 것이 좋을 것이다.[24]

45:1–8 거룩한 구역에 대한 규례로 성소, 제사장들과 레위인들의 거주지, 왕의 땅에 대한 규례로 구성되어 있다. 왕에게 땅을 주어 백성을 압제하지 말도록 조치를 취한 것이 특징적이다.

45:9-46:18 성전의 절기들과 제사들과 관련된 율법들이 나오면서 이 모든 것들을 군주(왕)가 돌볼 것을 말하고 있고, 군주는 자신의 기업을 가지고 공의롭게 다스릴 것을 명령하고 있다.

46:19-24 성전 부엌

에스겔의 이상에 나타난 땅의 경계선

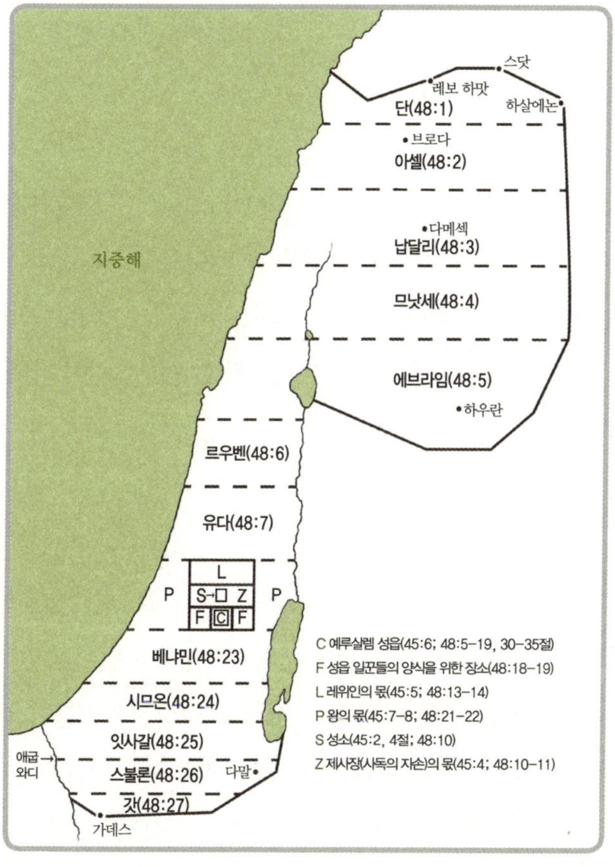

47-48장 지파에 따른 땅의 분배

47:1-12 성전에서 흘러나와 만물을 치유하는 물

성전에서 나오는 물이 생명수가 되어서 바닷물과 주변의 땅들과 식물들을 회복시키는 것은 13절 이후에 지파별로 분배될 땅을 준비시키는 의미가 있다. 생명수의 모티브는 창세기 2장의 에덴 동산에서 발원하는 강들과 요한계시록 22장의 생명수와 연결된다.

47:13-48:29 새 땅

시계 방향으로 언급된 땅의 경계(민 34:1-12와 유사, 요단 동편 땅 제외)와 타국인에게 기업을 줄 것에 대한 명령(47:13-23), 북에서 남으로 향하는 지파에 따른 땅 분배(48:1-7, 23-29), 하나님께 예물로 드릴 거룩한 땅(48:8-14), 성 부지(48:15-20), 왕의 땅(48:21-22)에 대한 기록

48:30-35 예루살렘 성읍의 문들

열두 지파들의 이름을 따른 성의 열두 문들은 예루살렘의 회복이 하나님 안에서 하나가 된 하나님나라 백성들의 회복이며 하나님나라의 회복임을 상징적으로 보여준다(계 21:12-13). 그래서 그 성은 "여호와 삼마"(48:35)라는 새 이름을 가지게 되는데 이 이름의 의미는 '여호와께서 거기 계시다'이다. 이것은 새 예루살렘이 과거에 하나님의 영광이 떠나 버린 타락한 예루살렘이 아니라 하나님이 영원히 임재하실 영광의 성이 될 것을 의미한다.

결론

에스겔서에서 이스라엘의 회복은 이스라엘의 우상숭배로 말미암아 이스라엘과 성전을 떠나셨던 하나님의 영광이(겔 8-11장) 다시 회복된 성전으로 돌아오는 것으로 표현된다. 에스겔서의 성전의 환상이 스룹바벨 성전(학개 1:7-1; 2:1-9; 슥 4:1-10; 스 3:1-13; 6:13-15)에서 일부 이루어지긴 했지만 이 환상의 진정한 의미는 참 성전이신 예수님에게서 이루어졌다(요 1:14; 2:21). 궁극적으로는 요한계시록 21-22장의 새 예루살렘에서 성취될 것이다. 하나님으로부터 흘러나온 생명수가 만물을 살리고, 새 예루살렘의 문에는 열두 지파의 이름과 열두 사도의 이름이 새겨진다. 하나님의 성전은 마지막 날에 하나님이시자, 하나님의 백성들이기도 하다. 하나님께서 성령으로 거룩하게 된 우리 안에 거하실 뿐만 아니라 우리가 하나님 안에 거하게 되는 것이다.

회복된 하나님나라 백성들은 그들을 의롭게 다스리는 다윗 왕가의 왕(34:23; 37:24-25)의 영도 하에 살게 된다. 이분이 바로 예수 그리스도이시다. 예수께서 이 땅에서 행하신 일들은 의로운 왕이자 참된 목자로서의 통치였던 것이다. 그리고 예수 그리스도에 의해 부어진 하나님의 영(성령)이 그의 백성들에게 새 마음과 새 영을 주셔서 하나님의 거룩한 백성으로 살게 하신다(36:24-28).

신약 교회는 하나님께서 거하실 수 있는 거룩한 성전이 되어야 한다. 에스겔 4-24장은 죄악으로 얼룩진 성전과 백성들을 하나님께서 심판하시고, 하나님의 영광이 이름만 성전이고 죄악으로 가득한 건물을 떠나는 것을 보여주고 있다. 하지만 하나님은 당신의 백성, 교회를 버리시지 않으신다. 하나님은 포로 된 이스라엘 백성과 함께 가셔서 친히 그들의 성소가 되셨다. 포로기간은 정화된 백성, 즉 거룩하신 하나님께 순종하는 정화된 남은 자들을 배출해 내는 기간이었다. 하나님은 타락한 건물인 성전을 파괴하셔서라도 당신의 백성들을 거룩하게 만드시기 원하셨다. 그러므로 교회는 항상 간판만 교회가 아닌지, 하나님의 영광이 임하는 공동체인지 돌아봐야 하며, 하나님의 영광이 없다면 죄를 돌이키고 말씀을 지켜 하나님의 영광이 다시 임하시도록 해야 한다. 심판조차도 교회의 영광을 회복시키는 하나님의 방법임을 겸허히 받아들여야 한다.

에스겔서의 하나님은 '움직이시는' 하나님이시다. 온 세상을 통치하시고 악한 세력들을 멸하심으로써 당신의 백성을 정화시키고 구원하신다(1-3; 25-32장). 하나님을 대적하여 일어나는 어떤 세력도 하나님을 이기지 못하고 멸망당할 것이다(38-39장; 계 20장). 역사의 주권자이신 하나님께서는 이스라엘에 대한 심판, 열방에 대한 심판, 이스라엘에 대한 회복을 통해서 결국은 이 세상이 "내가 여호와인줄 알게" 하실 것이다. 온 세상의 마지막 날에는 모두가 예수 그리스도의 하나님을 참된 하나님으로 고백하고 인정하게 될 것이다.

다니엘

다니엘서는 구약의 유일한 묵시록이다. 구체적인 역사적 상황에 대한 하나님의 심판과 구원의 메시지가 주류를 이루기보다는 다니엘에 대한 이야기와 묵시론적 환상이 주된 내용을 이루기 때문이다. 요한계시록처럼 다니엘서도 다가올 심판에 대한 회개를 요청하기보다는 이방인들의 지배 아래 살고 있는 하나님의 백성들에게 환란 가운데서도 하나님에 대한 믿음을 지킬 것을 격려하는 것을 주목적으로 삼고 있다.[1] 먼저, 다니엘서는 열방을 호령하던 바벨론의 위협 가운데서도 여호와 하나님만을 믿고 섬기는 다니엘과 그의 세 친구들의 믿음의 모습을 통해서, 이스라엘의 하나님 여호와가 온 세상 나라들의 참 주권자이자 왕이심을 보여준다(1-6장). 또한 포로로 잡혀 있는 유대 공동체와 먼 미래에 열국의 권세자들에게 동일한 신앙적 위협을 당할 하나님의 백성들에게, 하나님에 대한 믿음을 지키는 길만이 승리의 길임을 여러 묵시들을 통해서 예언한다(7-12장). 결국 다니엘서의 주제는 세상 제국들에 대한 하나님나라의 승리다. 다니엘서의 일부(2:4하반절-7:28, 주로 이야기들)는 아람어로 기록되었는데 이것은 아람어가 당시 바벨론, 페르시아 제국의 공용어였기 때문이다. 이것은 당시 유대인들이 아람어를 읽을 수 있었다는 사실을 반영한다. 히브리어로 된 부분(1:1-2:4전반절; 8-12장)은 서론과 이상 부분이 주를 이루는데 아마도 유대인들만 읽을 수 있도록 의도된 것 같다.[2]

역사적 배경

다니엘서의 저자는 주전 605년경에 바벨론에 포로로 잡혀 갔던(단 1:1) 다니엘('나의 심판관은 하나님이시다')이다. 다니엘은 포로로 잡혀갔지만 바벨론과 바사(페르시아) 정부의 높은 관직에 오른 인물이었다. 그는 다니엘서 7장 이후부터는 1인칭으로 말하고 있다(7:2, 4, 6, 28; 8:1, 15; 9:2; 10:2 등). 다니엘서의 저작연대는 정확하지 않지만 대개 주전 6세기 말엽(520?)으로 추정한다.[3]

다니엘서는 주전 605년으로부터 530년대 중엽까지(고레스 제3년, 10:1)를 그 역사적 배경으로 하고 있다. 다니엘서의 이야기들은 바벨론의 느부갓네살(1-4장), 벨사살(5-7장) 왕의 시대와 페르시아의 다리오(5:30-6:28; 9장)와 고레스 왕(10-12장) 시대의 것들이다.[4] 바벨론의 마지막 왕으로 나오는 '벨사살'은 실제 바벨론의 왕이었던 나보니두스의 아들로서 나보니두스가 공동섭정자로 세운 인물이었다.[5] 한편 '메대 사람 다리오'로 등장하는 인물(5:30; 9:1; 6장)은 에스라서에 등장하는 다리오 왕은 아니다. 아마도 이 사람은 고레스가 바벨론을 공식적으로 통치하기 전에 '바벨론 왕'의 칭호를 가진 속주로 세운 사람일 것이다.[6]

다니엘이 활동하던 시대와 달리 다니엘이 해석하고 있는 환상들은 페르시아 제국 시대보다 훨씬 더 먼 미래를 다루고 있다. 2장과 7장 등의 환상 속에 등장하는 신상이나 짐승들은 바벨론, 페르시아, 헬라, 로마 제국을 상징하고 있다. 이 환상들은 특별히 알렉산더 사후에 분열된 헬라 제국의 두 왕조인 시리아의 셀레우코스 왕조와 애굽의 (프)톨레미 왕조 사이에 일어날 패권 다툼을 자세하게 예언하고 있다. 그중에서도 셀레우코스 왕가의 통치자 중 한 사람인 안티오쿠스 4세(에피파네스)로 추정되는 이방 왕이 하나님을 믿는 유대인들을 엄청나게 핍박하는 것에 초점을 맞추고 있다(8:23-25; 11:36-45). 안티오쿠스 4세는 헬레니즘 동화 정책을 강요하여 예루살렘에 살던 유대인들의 민족성과 율법 중심의 신앙을 말살시키려 한 인물이다(11:28). 그는 이집트를 침략했지만 로마의 개입으로 실패하자 그 분노를 예루살렘의 유대인들에게 쏟아 부었고, 드디어 주전 167년에는 성전에 제우스 신상("멸망하게 하는 가증한 것")을 세움으로써 거룩한 곳을 더럽히는 만행을 저지른다(11:30-31). 이 사건은 결국 외경인 마카베오 1서와 2서에 기록된 마카비 혁명으로 이어졌다. 하지만 안티오쿠스 4세에 대한 이 예언은 그 시대에만 한정되는 것이라기보다는 하나님의 백성들과 그리스도의 교회를 핍박할 적그리스도를 예표하고 있다.[7]

다니엘서의 마지막 초점은 하나님의 심판과 하나님나라와 그 나라 백성들의 최종적인 승리에 맞추어져 있다. '인자 같은 이'(7:13)에 의해서 실현될 메시아 왕국의 도래가 하나님나라를 대적하는 적그리스도와 모든 사탄의 세력들의 멸망 이후에 일어날 것을 예언한다. 이 예언의 성취는 예수 그리스도의 오심에 의해서 성취되었으며, '인자'의 두 번째 오심에 의해서 완성된다.

다니엘 당시의 연대기

다니엘이 포로가 됨	바벨론의 멸망	다니엘의 활동 마감	다니엘서 저술
	바벨론의 느부갓네살, 벨사살 왕	고레스, 메대 사람 다리오 왕	
BC 605	BC 539	BC 535?	BC 520?

7-12장의 환상의 연대기

페르시아 제국 시작	헬라 제국 시작	마카비 혁명과 유다 독립	로마 제국 시작
고레스+ 다리오 왕	알렉산더	셀레우코스 왕조(330-166년)	하스모니안 왕조
BC 539	BC 333	안티오커스 4세(175-163) BC 166	BC 63

구조

1-6장 이야기	7-12장 환상
믿음을 지킨 다니엘과 세 친구(1,3,6장) 꿈 풀이 1 (2장): 네 강대국(큰 신상)과 하나님나라 꿈 풀이 2, 글씨 풀이(4,5장): 교만한 황제들(느부갓네살, 벨사살)의 낮아짐과 하나님 찬양	환상 1(7장): 네 강대국(네 짐승)과 하나님나라 환상 2(8, 10-11장): 숫양과 숫염소(페르시아, 헬라), 헬라의 남북 왕국 다니엘의 기도(9장)와 환상 해설 마지막 때에 대한 환상(12장)

다니엘서의 가장 두드러진 구조적 특징은 1-6장의 다니엘과 세 친구의 믿음의 이야기와, 7-12장의 세상나라들에 대한 환상 부분이 뚜렷하게 구분이 된다는 점이다.[8] 후반부가 하나님나라 백성들을 핍박할 세상나라 왕들에 대한 환상과 끝까지 믿음을 지키는 성도들의 승리를 예언한다면, 1-6장의 전반부의 이야기는 그러한 성도들의 모범으로 다니엘과 세 친구를 제시한다고도 볼 수 있다. 1-6장에서는 교만한 느부갓네살과 벨사살 왕의 낮아짐과 그들의 하나님 찬양이 특징적인데, 이 또한 7-12장에 등장할 많은 제국의 왕들의 낮아짐에 대한 예표라고 할 수 있을 것이다. 7장은 2장에 나오는 느부갓네살의 꿈과 매우 밀접하게 연결되고 전반부와 후반부를 잇는 이음매의 역할도 한다.[9] 대부분 아람어로 기록된 2-7장은 다음과 같은 교차대구적인 구조를 갖는다.[10]

A 2장 네 강대국과 하나님나라(부서진 큰 신상)

B 3:1-4:3 신앙인(세 친구)의 수난 + 이방 왕(느부갓네살)의 하나님 찬양

C 4:4-37: 이방 왕(느부갓네살)의 교만 + 이방 왕(느부갓네살)의 하나님 찬양

C' 5장: 권력자(벨사살)의 교만

B' 신앙인(다니엘)의 수난 + 이방 왕(다리오)의 하나님 찬양

A' 7장: 네 강대국과 하나님나라(네 큰 짐승)

이 구조에서 이방 왕들의 하나님 찬양(4:1-3; 4:35-36; 6:26-27)은 이스라엘의 하나님 여호와가 온 세상의 참된 왕이시며, 하나님의 나라가 결국은 승리하게 됨을 잘 보여준다.

내용

1-6장 이야기 - 이방 왕들의 교만을 이긴 다니엘과 세 친구의 믿음

장절	역사적 배경	중심 내용
1장	느부갓네살	다니엘과 세 친구가 보여준 신앙의 모습
2장	느부갓네살 2년 (1:21 고레스)	느부갓네살의 꿈(부서진 큰 신상)을 풀이하는 다니엘, 다니엘의 높아짐
3:1-4:3	느부갓네살	믿음의 용사인 세 친구(풀무불에서 살아남) 느부갓네살의 하나님 찬양(4:1-3)
4:4-37	느부갓네살	꿈 풀이하는 다니엘(베이고 찍힌 나무), 꿈의 성취(느부갓네살의 낮아짐)과 느부갓네살의 하나님 찬양(34-37절)
5장	벨사살	벽에 쓰인 글씨를 풀이하는 다니엘, 예언의 성취(벨사살의 죽음과 바벨론의 멸망)
6장	다리오 (28:고레스)	믿음의 용사 다니엘(사자 굴에서 살아남), 다리오 왕의 하나님 찬양(26-27절)

1장 다니엘과 세 친구의 신앙의 모습

주전 605년에 느부갓네살은 이집트 원정 중에 예루살렘을 포위하여 성전 보물들을 취하고 유다의 몇몇 귀족들을 바벨론으로 사로잡아 간다(1:1-4). 이때 사로잡혀 간 다니엘과 그의 세 친구는 왕의 음식물과 포도주를 먹지 않을 것을 천명한다. 그 이유는 외국 땅에서라도 하나님의 말씀을 따라 제의적으로 정결함을 유지하려고 했기 때문이다. 왕의 음식물들이 율법의 기준에 부합되지 않았을 가능성이 높고 이방 신전에서 바벨론의 신들에게 바쳐졌을 수도 있었기 때문이다.[11] 이 믿음에 응답하셔서 하나님은 다니엘과 세 친구들에게 많은 지혜와 총명을 주신다.

2장 다니엘이 느부갓네살 왕의 꿈을 해석함

다니엘은 느부갓네살 왕이 꾼 꿈을 풀이함으로써 바벨론을 비롯한 이후의 세상 제국들의 미래에 대한 하나님의 계획을 알린다. 느부갓네살의 꿈에 나타난 신상은 금, 은, 놋, 쇠 부분으로 나눠져 있었다. 이 부분들은 연대순으로 이어지는 네 개의 나라(제국)들을 상징하면서도 모두 하나님나라를 대적하는 세상나라를 가리킨다.[12] 세상나라는 아무리 큰 권세를 가졌다고 하더라도 하나님께서 보내신 "손대지 아니한 돌"(바위)에 의해서 한 번에 깨뜨려진다(34-35절). 이것은 하나님나라에 의해 세상나라가 한 번에 무너질 수밖에 없음을 보여준다. 혹자는 신상의 네 부분을 느부갓네살, 벨사살, 메대 사람 다리오, 고레스 등의 왕들을 가리킨다고 보기도 하고, 바벨론, 메대, 페르시아, 헬라의 네 나라로 보기도 한다. 그러나 대체적인 의견은 바벨론, 페르시아, 헬라, 로마(종말의 제국)를 가리킨다고 해석한다.[13]

3장 풀무불에서 건짐 받은 다니엘의 친구들

금 신상 숭배를 거부한 다니엘의 세 친구들은 풀무불에 던져지지만 하나님에 의해 기적적으로 살림을 받는다. 이는 하나님나라의 왕이 당신의 신실한 성도들을 세상나라의 강력한 통치자의 박해 가운데서도 건져내심을 보여준다. 결국 세상 통치자(느부갓네살)도 이러한 하나님의 능력과 통치를 찬양할 수밖에 없었다.

4장 하나님께서 교만한 느부갓네살 왕을 낮추심

하나님나라의 왕이신 여호와께서는 3장에서보다 더 직접적으로 교만한 느부갓네살 왕을 낮추심으로써 세상나라에 대한 당신의 통치권을 드러내신다. 다니엘의 꿈 해석을 들었지만 교만했던 느부갓네살은 다니엘의 예언처럼 하늘의 왕에 의해 짐승처럼 낮아진다. 역시 다니엘의 꿈 해석대로 다시 지위를 회복한 느부갓네살은 또 다시 하나님의 세상 통치권을 찬양하지 않을 수 없었다. 느부갓네살의 낮아짐은 '황소증후군'으로 알려져 있는 질병을 앓은 것으로 해석된다. 짐승의 사고방식으로 짐승처럼 행동하게 만드는 병이다.[14]

5장 바벨론의 끝에 대한 징조와 다니엘의 해석

이 이야기는 고레스가 바벨론을 정복한 해인 주전 539년에 발생한 것으로 바벨론 왕 벨사살의 교만과 낮아짐을 이야기한다.[15] 벨사살 왕은 예루살렘 성전에서 가지고 온 거룩한 그릇들을 우상 숭배를 위해 사용함으로써 하나님께 도전하다가, 손가락이 벽에 쓴 글씨대로 나라와 함께 멸망당한다(30-31절). 이 글에 대한 해석도 다니엘이 한다. 이 당시 바벨론의 왕 나보니두스는 수년 동안 데마에 머물러 있으면서 아들 벨사살에게 섭정을 하게 했다.[16] "메네 메네 데겔 우바르신"은 문자적으로 '한 미나, 한 미나, 하나 반 세겔'이라는 뜻이다. 하지만 이 낱말들은 이중적인 의미를 갖는다. '메네'는 '셈하다'는 뜻을 가진 '메나'와 비슷하고, '데겔'이란 낱말은 '무게를 재다'는 뜻을 가진 '테칼'과 비슷하다. 그래서 이 글자들은 하나님이 벨사살의 통치를 끝내시기 위해서 연대를 셈하시고 계시고(26절), 하나님의 저울에 벨사살의 무게를 재고 계심을 의미한다(27절). 또 '바르신'은 '쪼개다'라는 뜻을 가진 동사 '파라스'와 비슷하여 벨사살의 나라가 쪼개어져서 멸망당할 것을 의미한다(28절).[17]

6장 사자 굴에서 살아난 믿음의 용사 다니엘

메대의 다리오 시대에 총리 다니엘은 왕이 금지한 것을 알면서도 예루살렘을 향하여 기도한다. 다니엘은 결국 사자 굴에 들어가게 되지만 하나님의 기적적인 도우심으로 건짐을 받는다. 이 또한 하나님나라의 왕이 당신의 신실한 성도들을 세상 나라의 박해 가운데서도 건져 내심을 보여준다. 이에 대해서도 세상 통치자(다리오)는 하나님의 능력과 통치를 찬양할 수밖에 없었다. "그는 살아 계시는 하나님이시요 영원히 변하지 않으실 이시며 그의 나라는 멸망하지 아니할 것이요 그의 권세는 무궁할 것이며"(26절). 이것은 정확하게 다니엘서의 주제를 표현한 것이다. 7장 이후의 환상들은 이 주제를 강조하고 있다.

7-12장 환상 – 세상나라들의 핍박을 이기는 하나님나라 성도들의 믿음[18)]

장절	환상의 연대	환상	환상의 해석
7장	벨사살 원년 (주전 553년)	다니엘이 본 네 큰 짐승의 환상과 천사의 환상 해석	네 강대국의 출현과 하나님나라의 승리
8장	벨사살 3년 (주전 551년)	다니엘이 본 숫양과 숫염소의 환상과 가브리엘의 환상 해석	페르시아 왕국과 헬라 왕국의 출현과 하나님나라 핍박
9장	다리오 원년 (주전 538년경)	다니엘의 회개 기도와 가브리엘의 환상 해석(칠십 이레 예언)	70년 포로생활 이후의 이스라엘의 회복과 고난
10장	고레스 3년 (주전 537년)	천사들을 통해서 '마지막 날에 네 백성이 당할 일' (10:14)을 알게 된 다니엘	페르시아 왕국과 헬라 왕국
11장			남(톨레미) 북(셀레우코스)의 왕들
12장			마지막 때

7장 바다에서 나온 네 큰 짐승의 환상–네 강대국과 하나님나라

바다에서 나온 네 큰 짐승(독수리의 날개를 가진 사자, 곰, 날개 셋이 있는 표범, 무섭고 강한 짐승)에 대한 환상(1-8절)은 2장의 네 등분으로 된 신상 꿈과 연결되어 있는 것 같다(2장 도표 참조). 이어지는 '옛적부터 항상 계신 이'에 대한 환상(9-14절)에서는 마지막 짐승의 '작은 뿔'이 그분 앞에서 죽임(심판)을 당하고, '인자 같은 이'가 구름을 타고 와서 그분에게서 권세와 영광과 나라를 받는다. 그리고 15-28절에서는 네 짐승에 대한 해석이 천사를 통해 다니엘에게 주어진다. 이 해석에서는 지극히 높으신 이의 성도들이 영원한 나라와 권세를 받는다(22, 27절). 이 본문에 대한 학자들의 해석은 아래와 같다.

- 네 짐승이 바벨론-메대-페르시아-헬라라는 해석: 7-8, 19-22, 24-27절의 열 뿔은 헬라 제국 중 시리아 중심의 셀레우코스 왕조의 왕들을 가리키며, '작은 뿔'은 안티오커스 4세(에피파네스, 주전 175-163년)로서 예루살렘의 성전을 더럽히고 가장 악랄하게 하나님의 백성들을 핍박한 사람이다(외경 마카베오 1서 1:44-49; 54-55; 단 8:11-14). 그렇게 되면 이 '작은 뿔'은 8:9-14, 23-25, 11:21-39에 나오는 인물과 동일 인물이 된다. 그리고 21절에서 이 '작은 뿔'과 싸운 성도들은 마카비 가문의 형제들을 비롯한 유다의 경건한 백성들일 것이며 이들은 안티오커스 4세의 세력을 물리치고 독립을 쟁취하고 성전을 다시 거룩하게 봉헌한다(수전절, 외경 마카베오서 참조).
- 네 짐승이 바벨론-메대/페르시아-헬라-로마(혹은 마지막 나라)라는 해석: 7-8, 19-22, 24-27절의 열 뿔은 로마 제국의 황제들이며 '작은 뿔'은 적그리스도로 알려진 동일한 인물이다(요일 2:18, '불법의 사람' 살후 2:3-9, 계 13장). 이 '작은 뿔'은 8:9-14, 23-25, 11:21-39에 나오는 안티오커스 4세가 아니다. 그리고 이 '작은 뿔'과 싸운 성도들은 끝까지 하나님에 대한 믿음을 지키는 성도들이다.[19]

9절의 '옛적부터 항상 계신 이'는 창조주요 온 세상의 왕으로서 심판을 베푸시는 하나님을 가리킨다. 그러면 이 하나님께로 하늘 구름을 타고 와서 하나님나라의 권세를 받는 13절의 '인자 같은 이'는 누구인가? 네 가지 해석이 있다. 1) 천사 미가엘(12:1; 10:13, 21; 9:21; 10:5; 12:6-7; 8:15; 10:16, 18 참조)-하지만 미가엘이 왕적인 존재로 묘사되지는 않고 있다. 2) 27절에 언급된 "지극히 높으신 이의 거룩한 백성" 13-14절과 26-27절의 평행 관계에서 둘 다 영원한 하나님나라의 권세를 받기 때문이다. 하지만 13절의 '인자 같은 이'는 분명히 한 사람의 왕적 통치자로 보인다. 3) 안티오커스 4세를 물리친 마카비 – 하지만 '하늘 구름'을 타고 오지 않고 영원한 나라를 시작한 사람이라고 보긴 힘들다. 4) 예수 그리스도 – '하늘 구름을 타고 오신 분'이라는 표현을 예수님이 스스로 사용(마 24:30; 26:64; 막 13:26; 14:62; 눅 21:27; 계 1:7)하셨고, 마태복음 28:18에서는 예수께서 하늘과 땅의 모든 권세를 받으신 것으로 말하고 있다.[20]

8장 숫양과 숫염소의 환상-페르시아 왕국과 헬라 왕국

숫양과 숫염소 환상(1-14절)과 가브리엘 천사의 환상 해석(15-27절)이 기록되어 있다. 두 뿔이 난 숫양은 메대-바사(페르시아) 왕국을 가리키고(1-4, 20절), 숫염소는 알렉산더의 헬라 왕국을 가리킨다(5-8, 21절). 알렉산더의 요절(8, 21절 '큰 뿔') 이후에 헬라 왕국은 네 개 나라로 나뉘어진다(8, 22절). 이 나라들은 알렉산더의 네 장군에 의해서 분할되는데 첫째는 카산더가 다스리는 마케도니아, 둘째는 리시마쿠스가 다스리는 트라케와 소아시아, 셋째는 셀레우코스가 다스리는 시리아, 넷째는 (프)톨레미가 다스리는 이집트이다.[21] 이들 중에서 시리아 중심의 셀레우코스에서 한 '작은 뿔'(9-14, 23-25절), 즉 안티오커스 4세(에피파네스, 주전 175-163)가 나와서 예루살렘 성전과 제사를 황폐화시키고 유대인들을 핍박할 것(마카베오 1서 1장 참조)이 예언되고 있다.[22] 페르시아와 헬라 왕국에 대한 예언은 10장에, 안티오커스 4세와 관련된 자세한 예언은 11장에 기록된다. 2장과 7장과 함께 이 장들의 예언을 연결시켜 보면 아래의 도표처럼 될 수 있다.[23]

단 2장의 환상	7장의 환상	8장의 환상	제국들
금으로 된 머리	사자		바벨론(주전 626-539)
은으로 된 가슴과 팔	곰	숫양	메대-바사(주전 539-330)
동으로 된 넓적다리	표범	숫염소	헬라(주전 330-63)
철로 된 다리	무섭고 강한 짐승		로마(주전 63-)

9장 다니엘의 기도와 가브리엘의 환상 해설

다니엘은 예레미야서(렘 25:11-12; 29:10)를 통해서 포로기간이 70년으로 예언되었다는 것을 깨닫고 민족을 대표하여 회개의 기도를 드리며 이스라엘의 용서와 회복을 구한다(1-19절). 이 기도에 대한 응답으로서 가브리엘 천사는 '거룩한 성'과 이스라엘의 회복과 관련된 '70 이레'(24절, 7+62+1, 25, 27절) 예언을 설명한다. 이 기간들은 모두 상징적인 것으로 역사가 하나님께서 예정하신 대로 진행될 것을 강조한다고 볼 수 있다. 이스라엘과 예루살렘은 하나님께서 작정하신대로 포로기 이후에 회복될 것이다(24절). 하지만 회복된 예루살렘은 하나님나라를 대적하는 자(안티오커스 4세, 적그리스도[24])에 의해서 다시 황폐하게 될 것이다(25-27절).

10-11장 힛데겔 강가에서 본 환상과 그 해설 - 페르시아 왕국과 헬라의 남북 왕조

10:1부터 11:1에서는 천사들이 다니엘을 방문하여 페르시아와 헬라와 관련된 큰 전쟁 환상을 보여주고 설명하려 한다. 그로 인해 다니엘은 매우 슬퍼하고 낙심하지만 천사들이 격려하여 끝까지 그 환상을 설명한다. 본격적인 환상의 설명 부분은 11:2부터이다. 2절에서는 페르시아의 네 왕을 소개하고 그 중에서 넷째 왕(크세르크세스 1세[아하수에로] 혹은 아르타크세르크세스 1세[아닥사스다])이 헬라를 칠 것을 예언한다.[25]

11:3-4에서는 8:20-21에서처럼 알렉산더의 헬라제국과 그의 사후에 나눠질 네 나라에 대한 설명이 이어진다. 그리고 5절부터 11장 마지막까지는 헬라의 북방 왕조인 시리아의 셀레우코스와 남방 왕조인 이집트의 (프)톨레미 사이의 싸움에 대해서 기록한다. 이들의 싸움의 절정은 21절 이후에서 상세하게 설명되는 북방 왕 안티오커스 4세의 등장에서이다. 이 왕은 이미 8:23-25에 예언되었다. 그는 자신을 '신의 현현'으로 말할 만큼 교만했기에 그의 별명은 '에피파네스'였다. 그는 여러 왕들 중에서 가장 악랄하게 예루살렘 성전과 성전의 예배를 더럽히고(31절) 경건한 하나님의 백성들을 핍박한다(32-35절, 주전 167년경). 남북 왕조들의 싸움에 대한 기록 목적은 사실상 여기에 있다. 즉 남북 왕조의 가운데 지역이었던 예루살렘과 이스라엘의 하나님의 백성들에 대한 세상나라 왕의 혹독한 공격을 예언하면서 믿음을 지킬 것을 격려하고자 한 것이다(12장 참조). 결국 세상 왕의 목적은 성공하지 못할 것임을 마지막 절에서 결론내리고 있다. 그의 죽음은 12장의 마지막 때의 배경이 된다. 36-45절은 안티오커스 4세의 새로운 통치 행적이나 적그리스도에 대한 기록이라기보다는 앞에서 기록했던 그의 악행과 통치를 강조하여 요약한 것으로 보는 것이 더 좋을 것이다.[26] 물론 2차적으로 그의 행적은 적그리스도에 대한 예표이다. 아래는 로버트 치즈홀름의 책에서 인용한 11장의 남북 왕들에 대한 도표이다.[27]

관련 본문	남방 왕	북방 왕
5절	프톨레마이오스 1세(주전 322–285년)	셀레우코스 1세(주전 312–280년)
6절	프톨레마이오스 2세(285–246년)	안티오커스 2세(262–246년)
7–9절	프톨레마이오스 3세(246–221년)	셀레우코스 2세(246–226년)
10절		셀레우코스 3세(226–223년)
		안티오커스 3세(223–187년)
11–19절		안티오커스 3세
(11–12절)	프톨레마이오스 4세(221–203년)	
(14–17절)	프톨레마이오스 5세(203–180년)	
20절		셀레우코스 4세(187–175년)
21–35절		안티오커스 4세(175–163년)
(25절)	프톨레마이오스 6세(180–145년)	
36–45절		안티오커스 4세 요약? 적그리스도?
(40절)	?	

알렉산더의 헬라 제국[28]

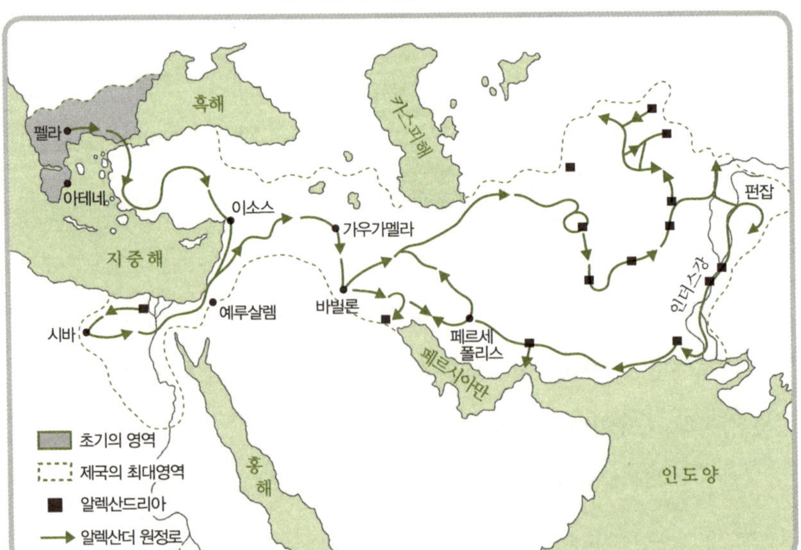

주전 300년경의 분열된 헬라 제국

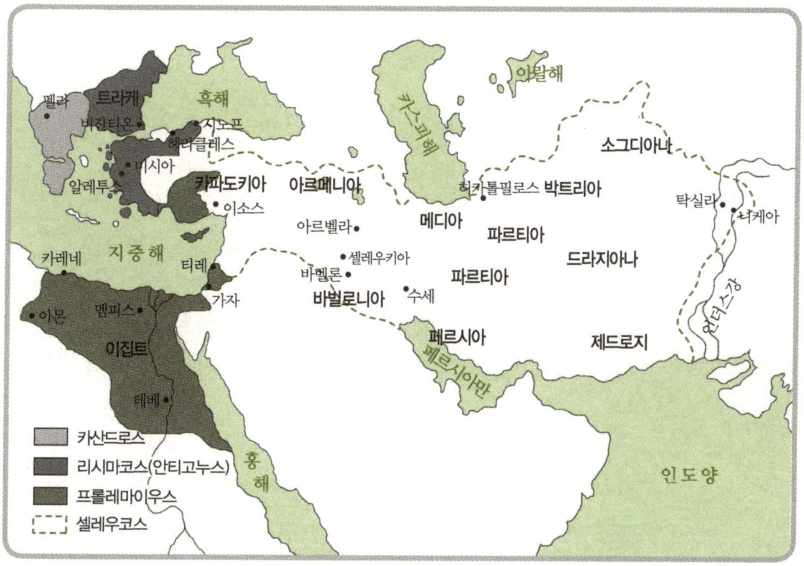

12장 마지막의 사건들

안티오커스 4세의 박해를 배경으로 하는 마지막 때에 대한 예언이다. 미가엘 천사의 개입으로 환란 당하던 거룩한 백성들의 구원과 부활, 그들의 영광까지 예언한다(1-3절). 이것은 아마도 마카비 혁명을 통한 유대 독립 전쟁(166-164년경)을 배경으로 한 예언일 것이다.[29] 하지만 의인과 악인에 대한 부활의 예언(2절)은 이 예언이 단지 그 시대에만 머무는 것이 아니라 세상나라의 핍박 가운데서 살아가는 모든 성도들의 미래에 대한 예언이기도 함을 보여준다. 5-13절에는 천사들과 다니엘 간의 대화가 이어진다. 여기서 천사들은 환란의 때를 '한 때 두 때 반 때'(삼년 반, 7절; 7:25) 혹은 1,290일(1,335일)로 규정한다. 이때는 성도들이 연단을 받아 정결하게 되는 기간이며 이때를 견디는 자들이 복이 있을 것이라고 한다. 이 기간은 아마도 안티오커스 4세가 성전 제사를 폐하고 성전에 제우스의 제단('멸망하게 할 가증한 것' 11절; 11:31)을 세운 후부터 마카비 혁명에 의해 물러날 때까지의 기간을 염두에 둔 것 같다.[30] 그 기간 동안 견딘 자들이 승리를 얻은 것처럼 이후의 환란 때에도 끝까지 견디는 자들이 "궁창의 빛과 같이 빛나고" "별과 같이 영원토록 빛날" 것(3절)을 강조하는 것이다(계 11:2-3; 13:5 참조). 결국 하나님나라가 승리한다.

결론

다니엘서의 가장 중요한 주제는 세상나라들에 대한 하나님나라의 승리, 세상 왕들의 핍박에 대한 하나님나라 백성들의 믿음의 승리이다. 1-6장에서는 다니엘과 그의 세 친구들의 믿음의 승리로 그것이 입증되었고, 7-12장에서는 미래에 대한 환상들에서 명확하게 예언되었다. 이 땅의 나라들과 통치자들의 권력은 모두 하나님의 주권 아래 있다(4-5장; 11:27, 35, 36). 영원한 것은 온 세상의 왕이신 하나님이 다스리시는 나라다(2:44; 7:27). 이러한 사실은 믿음 때문에 엄청난 시련을 겪고 있는 사람들에게 큰 위로가 되고 끝까지 희망 가운데 믿음을 지키며 견디어 낼 힘을 준다. 이것은 요한계시록의 메시지와 동일한 것이다.

역사를 통해서 우리들은 바벨론이 페르시아에게 무너지고 페르시아는 그리스에게 무너졌으며, 그리스는 로마에게 무너졌다는 것을 알고 있다. 교만한 악한 통치자들(4:30; 11:36-37)이 다스리는 인간의 나라는 '옛적부터 항상 계신 분'이신 하나님께 멸망당할 수밖에 없다. 그분이 참된 통치자이시기 때문이다(단 7:8-10). 그리고 '인자 같은 이'와 천사들과 지상의 성도들은 악의 세력들과 싸운다. 즉 영적인 전쟁은 하늘과 땅의 영역에서 동시에 벌어지고 있는 것이다(10:12-14). 그러나 하나님나라와 성도들의 승리는 확실하다(7:26-27).

온 세상을 다스리시는 왕이신 하나님께서는 다니엘서의 예언대로 로마를 통해서 그리스를 멸망시키신 후에, '인자 같은 분'(7:13)이신 예수님을 통해서 이 땅에 하나님나라를 도래케 하신다. 예수님의 십자가와 부활은 인간나라의 궁극적인 패배와 하나님나라의 궁극적 승리를 보여주며, 예수님의 재림을 통한 하나님나라의 완성을 기다리게 한다. 성도들은 그 날이 올 때까지 '한 때 두 때 반 때'(7:25; 12:7; 계 11:2; 13:5; 12:14)라는 세상나라('짐승')의 핍박을 믿음으로 견뎌야 할 것이다. 예수님은 바다로부터 올라온 '짐승' 같은 사탄과 악의 세력들, 인간나라들을 완전히 멸하시기 위해서 다시 오실 것이다(계 13장, 19:11-21). 그때 믿음을 지킨 '지혜로운 자들'은 부활하여 궁창의 빛과 같이 빛날 것이다(12:3).

Bible
Key

Old Testament Key

소선지서

6

6

Old Testament Key

소선지서

'소선지서'라는 말은 라틴어 불가타 성경에서 유래된 말이며,[1] 히브리 성경에는 한 권으로 묶여져 있다. '소선지서'라고 부르는 것은 그 양이 대선지서들에 비해서 적기 때문이다. 12권의 작은 선지서들을 주전 8세기부터 대강 연대순으로 배열한 것으로 보인다. 호세아, 아모스, 미가(주전 8세기), 나훔, 스바냐, 하박국(주전 7세기 말경), 학개, 스가랴(포로 귀환 후 주전 6세기), 말라기(주전 5세기 중반) 순이다. 요엘과 오바댜가 아모스 앞뒤에 배치된 것은 연대순이라기보다는 요엘 4:16이 아모스 1:2과 유사하고, 에돔의 심판을 예언하는 오바다서가 아모스 9:12을 잘 반영하고 있기 때문일 것이다.[2] 오바댜와 요엘을 주전 9세기의 것으로 추정하기도 하지만 포로기나 포로기 이후에 기록된 것으로 보기도 한다. 요나서는 예언을 기록하고 있기보다는 선지자의 이야기를 기록하고 있다. 요나가 8세기의 선지자이기는 하지만 요나서가 실제로 기록된 때가 언제인지는 확실치 않다.[3]

소선지서 바이블 키

성경	바이블 키
호세아	음부 같은 북 이스라엘에 대한 남편 하나님의 심판과 사랑
요엘	메뚜기 재앙, 여호와의 날, 성령 강림과 회복 예언
아모스	불의한 북 이스라엘에 대한 심판과 구원 예언
오바댜	에돔 멸망 예언
요나	이스라엘의 불순종, 니느웨의 회개와 구원
미가	불의한 유다에 대한 심판과 구원(메시아) 예언
나훔	니느웨의 멸망 예언
하박국	유다의 징계를 넘어선 바벨론 멸망에 대한 '믿음'의 기다림
스바냐	여호와의 날, 시온의 심판과 구원
학개	성전 재건 촉구
스가랴	성전 재건 촉구, 시온의 구원(메시아)
말라기	예배 형식화 책망, 엘리야가 올 것

호세아

이 선지서는 호세아 선지자와 간음하는 그의 아내와의 관계를 이스라엘과 하나님과의 관계를 묘사하는 충격적인 비유로 사용한다. 즉, '남편' 되신 하나님께 대한 '아내' 이스라엘의 패역이 호세아의 아내의 간음을 통해 표현되고 있다. 하지만 호세아는 이스라엘을 향하신 '남편' 되신 하나님의 심판과 사랑을 함께 선포한다. 호세아의 자녀의 이름들 또한 하나님과 이스라엘과의 관계 및 태도를 나타낸다(호 1:1-2:1). 그래서 호세아서에서 가장 자주 쓰이는 개념은 '음행(하다)' 또는 '음란(하다)'이라는 표현이다(1:2×4; 2:2, 4, 5; 3:3; 4:11, 12, 13, 14, 15; 5:4; 6:10; 9:1).[4] 이것은 북 왕국 이스라엘이 남편 되신 여호와를 배신하고 이방신들을 섬긴 것을 가리킨다.

역사적 배경

호세아서의 저자는 브에리의 아들 호세아이다(1:1). 그는 북 이스라엘의 여로보암 2세(주전 793-753년)의 말기부터 사역을 시작하여 유다의 히스기야(주전 715[섭정 729]-686년) 시대 초기까지 활동한 것으로 보인다.[5] 그는 예후 왕조에 대한 심판을 선포하면서 그의 예언을 시작한다(1:4; 753년 직전). 외부적으로 보자면 이 시대는 앗수르가 디글랏블레셀 3세(주전 745-727년), 살만에셀 5세 등에 의해서 강력하게 확장되기 시작했던 시대였다. 호세아 시대의 북 이스라엘은 비록 여로보암 2세의 강력한 통치로 전체적으로는 부강해지긴 했지만 종교적 혼합주의나 사회적인 불의와 부패가 심각한 때였다.

호세아의 사역 시작	앗수르의 발흥	호세아 사역 마무리
여로보암 2세	유다 왕 웃시야, 요담, 아하스 통치, 북 이스라엘 멸망	유다의 히스기야
BC 793-753	BC 722	BC 715-686

여로보암2세와 웃시야 시대의 이스라엘과 유다

구조[6]

1:1-3:5	선지자의 상징적 결혼: 부정한 아내 이스라엘과 신실하신 남편 하나님의 사랑 (2:14-3:5)
4:1-10:15	이스라엘의 불신실함(왕과 지도자들의 죄악, 우상숭배, 백성들의 죄악)과 그에 대한 심판 예언
11:1-11	이스라엘을 향한 하나님의 크신 사랑
11:12-13:16	조상 야곱처럼 거짓된 에브라임에 대한 심판 예언
14장	회개권고와 구원 약속

내용

큰 구조	세부 내용	죄의 고발과 심판 예언	구원 예언
1:1 표제			
1:2–3:5 선지자의 상징적 결혼	1:2–9	호세아의 혼인과 세 아이의 출생	
	1:10–2:1		구원 예언
	2:2–13	신실하지 못한 이스라엘	
	2:14–23		신실하신 하나님의 사랑 호세아의 음부 사랑
	3:1–5		

1:1 표제[7)]

호세아서의 표제는 여로보암의 뒤를 이은 여섯 명의 이스라엘 왕들에 대해서 전혀 언급하지 않고 유다 왕들만을 언급한다. 이런 점은 호세아의 예언들이 유다에서 보존되었을 가능성을 알려준다.[8)]

1:2–3:5 선지자의 상징적 결혼

호세아가 여호와의 명령을 따라 음란한 여자(혹은 나중에 음란하게 호세아를 배반할 여자) 고멜과 결혼하는 것은 여호와께 불성실한 이스라엘의 모습을 보여주는 하나의 실물 교육에 해당한다. 호세아의 아내처럼 이스라엘도 신실하신 남편 하나님과 맺은 언약을 저버리고 영적인 간음을 행했기 때문이다(2:2; 4:12; 5:4).[9)] 하지만 나중에 호세아가 다시 속전을 주고 아내를 데려오는 것처럼(3:2) 하나님께서는 궁극적으로 이스라엘을 다시 회복시키시고, 다시 그들의 남편이 되어주실 것이다(3:3–5; 2:19–20). 이스라엘이 다윗 왕가의 왕, 즉 메시아의 통치 아래서 여호와의 은총으로 나아갈 것이라고 한다.

호세아의 세 자녀들의 이름(1:2–9) 또한 자신의 백성을 배척하시지만 결국은 사랑하시는 하나님을 상징한다. 그 자녀들은 '음란한 어머니에게서 태어난' 자식들이다. '이스르엘'은 여로보암 2세의 선조 예후가 오므리 왕조를 멸하던 장소였던 이스르엘을 가리키지만(1:4, 5; 왕하 9-10장 참조), 여기서는 예후 왕조 자체가 멸망을 당할 것을 암시한다. 그러나 하나님은 '하나님께서 심으신다'(2:23)는 이스르엘의 이름대로 그의 백성을 다시 회복시키실 것을 약속하신다.[10] 두 번째 이름은 '로루하마'(1:6)로서 이스라엘이 하나님께 '긍휼히 여김을 받지 못할 것'을 예언한다. 하지만 하나님께서 결국에는 이스라엘을 '긍휼히 여기실 것'이기에 이름을 '루하마'(2:1)로 고쳐 부르라고 하신다. 세 번째 이름은 '로암미'(1:9)로서 이스라엘이 하나님께 '내 백성이 아니라'고 버림받을 것을 말한다. 그러나 하나님은 이스라엘을 다시 회복시키셔서 '내 백성'으로 부르실 것이기에 '암미'로 고쳐 부르라고 하신다(2:1). 이러한 구원과 회복의 선포가 1:10-2:1에 짧게 기록되고 있다. 이스라엘과 유다는 다윗의 후손인 왕이 다스리는 통일 왕국이 될 것이다(11절; 3:5).

2:2-13은 음란한 하나님의 아내였던 이스라엘의 신실하지 못함과 영적 음행에 대한 고발과 그에 대한 하나님의 심판의 선언을 기록하고 있다. 그들의 음행은 이방 나라를 의지하고 그 신들을 하나님보다 더 사랑하고 섬긴 것이다. 그래서 하나님께서는 그들을 벌겨 벗겨서 수치스럽게 하실 것이라고 하신다. 이것은 이스라엘이 의지하던 이방 나라에 의한 이스라엘의 멸망을 의미한다.

하지만 호세아 선지자는 곧 바로 14-23절에서 백성들을 향한 여호와의 사랑을 선포한다. 이전의 아름답고 친밀한 부부관계, 즉 하나님과 이스라엘 간의 사랑의 관계를 회복시키실 것을 예언한다. 포도원과 농사가 회복되고 아골 골짜기가 소망의 문이 되며(15절), 여호와를 '바알'(주인)이 아닌 '남편'으로 부르게 될 것이며, 전쟁 없는 평화가 이루어지며, 하나님께서 '공의, 정의, 은총, 긍휼, 진실함'으로 이스라엘에게 다시 장가드실 것이라고 하신다. 이전의 심판의 온전한 회복(이스르엘, 루하마, 암미가 될 것)이 이루어질 것이다.

4:1–11:11 이스라엘의 불신실함과 그에 대한 심판 예언[11]

큰 구조	세부 내용	죄의 고발과 심판 예언	구원 예언
4:1–11:11 이스라엘의 불신실함과 그에 대한 심판 예언	4:1–3	이스라엘의 불신실함과 받을 벌	
	4:4–10	제사장들의 심판	
	4:11–19	이스라엘의 음행(이방신 숭배)	
	5:1–7	이스라엘 지도자들 심판	
	5:8–15	이스라엘 심판 예고	
	6:1–6	백성의 경박한 참회와 여호와의 답변	
	6:7–11	이스라엘의 악행	
	7:1–7	이스라엘의 그릇된 왕정	
	7:8–16	이스라엘의 그릇된 동맹 정책	
	8:1–14	이스라엘의 여러 가지 죄 (언약 파기, 왕정, 우상숭배)	
	9:1–9	포로 되어 절기의 기쁨을 못 누릴 이스라엘	
	9:10–17	버림받은 이스라엘 – 포로 됨 예언	
	10:1–15	이스라엘 왕정 멸망 예고	
	11:1–11		하나님의 크신 사랑

4장

- 1–5절 이스라엘의 죄에 대한 하나님의 고발
- 6–10절 백성들의 속죄제물을 먹고 그 마음에 죄악이 가득한 제사장과 백성들이 동일하게 심판을 받을 것
- 11–15절 이방 종교의 풍요 제의 도입: 풍요의 신 바알과 아세라 여신의 은총을 얻기 위해 가나안 족속은 '거룩한' 창기 제도를 도입하였는데, 이것은 '거룩한' 창기들과의 성관계를 포함하는 것이었다.[12]
- 16–19절 이스라엘의 우상숭배에 대한 하나님의 심판 – 포로 됨

5장

- 1–7절 미스바와 다볼에서 우상숭배를 조장한 이스라엘 지도자들과 그 백성들의 음행과 교만에 대한 심판 선언–축제의 날인 '새 달'이 심판의 날이 될 것
- 8–15절 앗수르의 침략을 통해서 에브라임이 황폐하게 되고 유다에 하나님의 진

노의 물결이 임할 것(9, 10절)

6장

- **1–6절** 이스라엘의 경박한 회개와 여호와의 답변: 1–3절은 이스라엘의 거짓회개로 보인다. 그들은 앗수르가 아닌 하나님이 참된 치료자라고 고백하는 간단한 회개를 통해서도 하나님께서 속히 이스라엘을 회복시키실 것이라고 생각한 것이다.[13] 여기에 대해서 하나님은 그들의 '인애'(하나님과 이웃에 대한) 없음을 책망하신다(4–6절). 하지만 어떤 사람들은 1–3절을 진지한 회개로 보기도 한다.[14] 6절은 마 9:13, 12:7 등에서 인용됨
- **7–11절** 이스라엘의 악행, 즉 제사장 무리의 살인, 이스라엘의 음행, 이로 인해 이스라엘이 포로로 잡혀갈 것임(11절)

7장

- **1–7절은** 주전 752–732년 사이에 일어난 네 왕들의 암살을 암시하고 있다(왕하 15장). 축제의 때에 왕이 술에 취할 때까지 기다렸다가 그를 죽이는 공모자들을, '밤새 타오르다가 정해진 때에 맹렬하게 불꽃을 피워 올리는 화덕 속의 불'로 비유하고 있다.[15]
- **8–16절** 위기 상황에서도 이스라엘은 여호와를 찾지 않고 앗수르나 애굽과 동맹관계를 맺는다. 하지만 이런 그들의 노력은 실패하여 이 나라들에 의해서 무거운 짐을 지게 될 것이다(8–11절). 여호와를 찾지 않고 바알을 숭배하는 그들은 '속이는 활'처럼 파멸을 당하게 될 것이다(14절).

8장

- 언약을 어기고 율법을 범한 이스라엘을 강한 독수리(앗수르 군대)가 덮칠 것이 선포된다(1–3절). 그들은 여호와의 인도하심을 구하지 않고 왕을 세웠고(4절), 사마리아(북왕국 전체)의 송아지 우상을 포함한 각종 우상을 섬겼으며(5–7절), 이

방 나라들과의 동맹관계에 의존하려 했고(8절), 그런 죄악 가운데서도 뻔뻔스럽게 하나님께 제사를 드렸다(11-13절). 그래서 하나님은 이방 사람들로 이스라엘의 농산물을 빼어가게 하신다(7절). 급기야 이스라엘은 이방인들이 지워준 짐 때문에 쇠하게 되고(10절), '새로운 노예의 땅', 즉 앗수르로 끌려갈 것이다(13절, 주전 722년의 앗수르의 침략).

9장

- 1-9절 이스라엘의 음행(바알 숭배)으로 인해 이스라엘은 기근을 겪게 되고 새로운 이집트 앗수르로 끌려갈 것이다. 그곳에서는 하나님께 제사를 드릴 수도 없고 절기를 지킬 수도 없을 것이다. 이렇게 된 것은 그들이 하나님의 말씀을 전하는 선지자들을 무시했기 때문이다(7절).
- 10-17절 이스라엘의 우상숭배는 과거의 바알브올 사건의 재현이다(민 25:1-5). 이들은 바알이 무수한 자녀들을 낳게 할 것이라는 희망을 가지고 바알 신을 섬겼지만 결국 이스라엘의 자녀들은 죽임을 당하게 되고 포로가 되고 말 것이다. '에브라임'은 '두 배의 열매'를 뜻하지만 정반대의 결과를 초래하게 된다.[16)]

10장

- 1-11절 이스라엘의 혼합주의(우상숭배, 벧아웬[벧엘]의 송아지 숭배 + 여호와 예배)의 결과는 앗수르에 의한 산당 파괴와 포로 됨
- 12-15절 묵은 땅의 기경에 대한 명령 - 온갖 악을 행한 지금의 상태는 참혹한 전쟁으로 인한 이스라엘 왕국의 멸망을 초래하게 될 것이다.

11:1-11 하나님을 배반한 이스라엘을 심판하시되 버리지 않으시는 하나님의 긍휼

이집트에서 당신의 '아들'로 자신들을 불러내신 하나님 아버지(1절, 마 2:15에서 인용), 선지자들을 통해 반역하는 그들을 가르치고 고치려고 하신 아버지(2-3절), 사랑의 줄로 그들을 이끌고 그 목에서 멍에를 벗기려고 애쓰신 아버지(4절)를 배반하고 바알들

과 우상들에게로 가버린 이스라엘이다. 하나님께로 '돌아오기' 싫어하던 그들은 결국은 제2의 이집트인 앗수르로 '돌아가게' 된다(5절). 땅이 황폐하게 되고 사람들은 포로로 잡혀 간다(6-7절). 그러나 그들을 심판하신 아버지의 긍휼이 그들을 향하여 불붙듯 하셔서 그들을 포로 됨에서 해방시켜 다시 고향으로 돌아오게 하실 것이다(8-11절).

11:12-14:9 조상 야곱처럼 거짓된 에브라임에 대한 심판 예고와 회개 권고[17)]

큰 구조	세부 내용	심판 예언	구원 예언
11:12-14:8 예언들	11:12-12:14 13:1-16	조상 야곱처럼 거짓된 에브라임 에브라임에 대한 심판 예고	
	14:1-8		회개 권고와 구원 약속
14:9	맺음말		

11:12-13:16 조상 야곱처럼 거짓된 에브라임에 대한 심판 예고

- 11:12-12:14 조상 야곱처럼(3-5절) 거짓과 속임수, 포학(사회적 불의)으로 가득 찬 이스라엘은 하나님보다는 애굽과 앗수르와의 동맹관계를 더 의지한다(11:12-12:1). 그래서 하나님께서 그들의 행위대로 심판하실 것이다(12:2). 속임수로 인해 고난을 당한 야곱이 울며 하나님께 간구했을 때 하나님께서 그를 벧엘에서 만나 말씀하셨던 것처럼, 이스라엘도 하나님께로 돌아와서 "인애와 정의를 지키며 항상" 하나님만 바라야 한다.(12:6). 경제 활동의 부패, 왕실 관리들의 부에 대한 자랑(7-8절),[18)] 그들의 피 흘림(14절)은 하나님으로 하여금 그들을 다시 광야로 내몰게 하실 것이다(출애굽의 역, 9절). 에서와 이삭을 속인 야곱이 약속의 땅을 떠나 아람으로 도망가서 아내를 얻기 위해 라반에게 속임수와 착취를 당했던 것처럼(12절). 이스라엘이 이집트에서 나올 때는 한 선지자(모세)의 말을 듣고 나와서 보호를 받았지만(13절), 선지자들의 말씀을 듣지 않고, 우상숭배를 한 이스라엘(길갈)의 제단들은 돌무더기가 될 것이다(10-11절).
- 13:1-16 한때 야곱의 축복대로 강력한 지파였고 여로보암 1세를 배출했던 에

브라임이었지만(1a), 이제 바알 숭배, 우상숭배(송아지 등)를 한 에브라임은 '아침 구름', '이슬', '쭉정이', '굴뚝 연기'처럼(3절) 사라지게 될 것이다. 이집트 땅에서부터 이스라엘의 '구원자' 되셨던 유일한 신 여호와를 배반하고 교만하게 된 이스라엘에게 하나님은 '사자', '표범', '새끼 잃은 곰', '암사자'처럼 그들을 찢으실 것(4-8절)이다. 이스라엘에게 왕들을 주셨지만 그들은 하나님께 불순종하여 하나님께서 폐하셨고(10-11절), 하나님을 배반한 사마리아(16절)는 하나님의 무서운 심판을 당하고 멸망당하고 말 것이다(13, 15-16절). 하지만 하나님은 그들을 스올과 사망의 권세에서 구원하실 것이다. 14하반절은 고린도전서 15:55에서 인용되고 있다.

14:1-9 회개의 권고와 구원의 약속

호세아는 죄를 범한 이스라엘에게 여호와께로 돌아설 것을 권고하며, 회개의 기도문까지 제공한다(2-3절).[19] 그들은 진실한 예배('입술의 열매')를 드릴 것이며, 이방과 군사력을 의지하지 않을 것이며, 거짓된 신들을 예배하지 않을 것을 맹세해야 한다. 그러면 하나님께서는 "기쁘게 그들을 사랑"하셔서 진노를 떠나게 하고 그들의 반역을 고치며, '이슬'처럼 이스라엘에게 내려 땅을 회복시키고 생명력을 회복시키며 풍성한 복을 내려 주실 것이다(4-7절). 다시는 우상을 섬기지 않게 될 것이다(8절). 이런 지혜를 가진 자라면 속히 회개할 것이다.

결론

신실하신 남편 같은 하나님의 변함없는 사랑을 배반하고 음부처럼 이스라엘이 여호와 하나님을 배반한 것이 호세아의 중심 내용을 이룬다. 호세아는 이스라엘의 우상숭배, 불안정하고 불의한 왕정(7:3-7; 10:15; 13:10-11), 강대국을 의지하는 잘못된 외교 정책(7:8-16; 8:9-10 등), 타락한 지도자들(4:4-11)에 대해서 책망하면서 심판을 예언하고 있다.[20] 북왕국 이스라엘에게 모자라는 것은 인애(헤세드, 4:1; 6:1-3,

6)와 '하나님을 아는 것'이다. 하나님께서 원하시는 것은 제사보다 인애와 하나님을 아는 것이다. 이스라엘의 이런 죄악에도 불구하고 여호와 하나님은 음행하는 아내와 같은 이스라엘을 포기하지 않으시고 다시 아내 삼기를 원하신다(2:19-20). 참회의 길을 가르치시고(14: 2-3), 구원의 말씀을 전해주신다.[21] 이스라엘처럼 동일하게 이집트에서 불러내신 '아들'(11:1; 마 2:15)로 오셔서 예수님은 이스라엘이 이루지 못한 '인애'를 이루셨다(마 9:13; 12:7). 온갖 죄악으로 물든 백성들을 찾아 오셔서 그들의 죄의 짐을 짊어지심으로써 남편이신 하나님께로 그들이 다시 돌아가게 하신 것이다.

요엘

요엘서는 "브두엘의 아들 요엘에게 임한 여호와의 말씀"을 기록한 것이다(1:1). 이 기록만으로는 요엘이 어느 시대의 사람인지 추측하기 어렵고, 요엘서 내에서 명확하게 역사적인 배경을 밝혀주는 내용이 없기 때문에, 요엘서의 시대에 대해서는 포로기 이전부터 포로기 이후까지 다양한 연도가 제시된다. 요엘서에 역사적 정황에 대한 내용이 없는 것은 의도적일 수도 있다. 메뚜기 재앙은 어느 시대에나 일어날 수 있기에 이 재앙을 통해서 요엘서의 교훈을 어느 시대에나 적용할 수 있도록 했을 수도 있다. 만약 2:1-11의 군대의 모습을 바벨론 군대의 침략에 대한 예언으로 본다면 요엘서는 주전 590년 이전에 기록되었을 가능성이 있다.[1] 하지만 3:2-3의 내용을 북 이스라엘이 아닌 유다를 포함한 이스라엘 전체의 것으로 본다면 이것은 바벨론 포로들의 귀환 이후를 의미한다. 그리고 1장에는 예루살렘에 성전이 존재하고 있음을 보여주기 때문에(1:14,16; 2:17) 최소한 포로기는 요엘서의 배경에서 제외된다. 왕에 대한 언급이 없고 지도력이 장로들과 제사장들에 의해서 행사되고 있는 정황 등은 포로기 이후의 상황에 더 맞는 것 같다.[2] 그렇다면 요엘서에 나오는 '이스라엘'이라는 표현은 북왕국이 아니라 포로기 이후의 예루살렘 중심의 '온 이스라엘'을 가리키는 것으로 보는 것이 좋을 것이다. 북왕국의 여로보암 2세 시대에 기록된 호세아와 아모스 사이에 요엘서가 배치되어 있는 것은 아마도 주제적인 공통점 때문인 듯하다. 요엘서 3:16, 18은 각각 아모스 1:2과 9:13과 같은 표현들을 사용하고 있다. 그리고 두 책 모두 두로, 블레셋, 에돔에 대해서 언급하고 '여호와의 날'의 임박함을 언급하면서 회개를 촉구한다.[3]

요엘?	요엘?			요엘?
북 이스라엘 멸망	유다의 멸망	바벨론 포로의 귀환	제2성전 건축	
BC 722	BC 586	BC 536	BC 516	

구조[4)]

1:1-2:17 재앙의 상황	1:2-20 이미 닥친 메뚜기 재앙에 대한 탄식과 기도 2:1-17 여호와의 날에 닥칠 재앙에 대한 탄식과 회개와 기도 촉구
2:18-3:21 구원의 말씀	2:18-32 하나님의 약속-풍년과 성령 강림 3:1-21 여호와의 날(14절)의 이방 심판과 예루살렘의 구원과 회복

위의 구조는 앞부분에서의 재앙과 뒷부분에서는 구원과 회복의 상황을 다음과 같이 정반대로 말하고 있다.[5)]

1:4-20	경제적인 어려움	→	2:19, 21-27	경제적인 어려움의 회복
2:1-11	위협적인 적군	→	3:1-17	적군들의 멸망
2:12-17	돌아오라는 권면	→	2:28-32	영을 부어주실 것

앞에서는 재난의 날이었던 여호와의 날이 회개한 자들에게는 구원의 날이 된다(2:31; 3:14).

내용

1:1-2:17 메뚜기 날로 예표 되는 재앙의 날로서의 '여호와의 날'에 대한 경고와 회개 촉구[6)]

1:1	표제		
1:2-2:17 재난 상황	1:2-4 1:5-14 1:15-20	이미 닥친 메뚜기 재난 애곡과 금식 촉구 임박한 여호와의 날에 대한 경고와 탄식과 기도	현재
	2:1-11 2:12-17	여호와의 날의 재난 상황 묘사 금식, 애곡, 회개 촉구	장래

1:1 표제

이 간략한 표제만으로는 요엘이 누구인지 어느 시대의 사람인지는 알기 어렵다. '요엘'은 '여호와는 하나님이시다'는 의미를 갖고 있다.

1:2-14 메뚜기 재앙이 초래한 재난에 대한 애곡과 회개의 촉구

요엘은 2-4절에서 현재 이스라엘에 임한 메뚜기 재앙이 초래한 엄청난 재난을 지적하면서 5-14절에서는 백성들에게 애곡하며 회개할 것을 촉구한다. 하지만 왜 신명기에서 예고한 불순종에 대한 재앙 중의 하나인(신 28:22, 38-42) 메뚜기 재앙이 일어났는지에 대해서는 말하지 않는다. 백성들이 알고 있는 죄악에 대한 심판임은 분명하다. 그래서 요엘은 엄청난 재난 앞에서 애곡하고 금식하면서 회개할 것을 촉구한다. 메뚜기 재앙이 초래한 철저한 농작물들의 파괴와 그로 인한 백성들의 고통을 지적하면서 5, 8, 13절에서 세 번씩이나 애곡과 회개를 촉구한다. 여호와의 성전에 드릴 제물조차 없는 상황에 대해 제사장들에게 애곡과 금식을 촉구하는 것은 재난의 심각성을 더 깊이 느끼게 한다(13-14절).

1:15-20 '여호와의 날'에 대한 경고와 재앙에 대한 탄식과 기도

요엘은 현재 이스라엘이 경험한 메뚜기 재앙이 임박한 심판의 날로서의 '여호와의 날'(2:1, 11, 31; 3:14; 암 5:18-20; 사 2:12-18; 렘 30:7-8; 습 1:7-22 참조)에 대한 예표임을 경고하면서, 다시 한 번 메뚜기 재앙으로 인한 고통에 대해 탄식하고(16-18절) 여호와께 메뚜기 재앙과 그 이후의 기근과 굶주림의 상황을 아뢰면서 기도한다(19-20절).

2:1-11 '여호와의 날'에 대한 경고

이 부분은 1장의 메뚜기 재앙이 가져온 파괴적인 결과와 유사한 면들을 많이 갖는다. 2:1-11의 해석에 대해서는 논란이 있다. 이 부분은 먼저 1장에 언급된 메뚜기 재앙을 새롭게 묘사한 것이거나 새로운 메뚜기 재앙에 대한 예언일 수도 있다. 두 번째는 앗수르나 바벨론과 같은 이방 군대('북쪽 군대'-20절; 사 14:31; 렘 6:1,22; 겔 26:7; 38:15)의 침입에 대한 은유적 표현일 수도 있다. 세 번째는 대적들을 심판하시는 여호와의 하늘 군대를 상징하는 것일 수도 있다.[7] 이 중에 두 번째 해석이 맞는다면 요엘의 시대는 바벨론이 유다를 멸망시키기 전일 것이다. 어느 해석이 맞든지 여기서 메뚜기 떼로 묘사 혹은 비유되고 있는 하나님의 군대는 무시무시한 파괴력을 가졌으며 이들을 통한 하나님의 심판은 우주적인 현상까지 동반한다(10절). 그만큼 '여호와의 날'의 심판이 강력하기에 속히 회개할 것을 촉구한다고 할 수 있다.

2:12-17 회개의 촉구

이 부분 또한 1장에서의 애곡과 회개의 촉구와 연결된다. 요엘은 임박한 '여호와의 날'의 심판 앞에서 긴급한 회개를 촉구한다. "금식하고 울며 애통하고 마음을 다하여 내게로 돌아오라"고 하신 여호와의 말씀을 전한다. 출애굽기 34:6-7에 선포된 하나님의 "은혜로우시며 자비로우신" 성품을 의지하여 옷이 아닌 '마음'을 찢고 진심으로 회개할 것을 촉구한다. 그러면서 하나님께서 심판의 뜻을 돌이켜 주시길 기도하고 기대하자고 한다.

2:18-3:21 회개하는 자들에 대한 구원과 회복의 약속

2:18-3:17 구원의 말씀	2:18-27	재난의 상황과 정반대 되는 풍년의 약속
	2:28-32	성령의 약속: 여호와의 날(31절) 전의 징조와 구원 여호와의 날(14절)의 이방 심판과 이스라엘의 구원
	3:1-21	민족들에 대한 심판과 예루살렘의 회복의 약속

2:18-27 재난의 상황과 정반대되는 풍년의 약속

25절의 "내가 전에 너희에게 보낸 큰 군대 곧 메뚜기와 느치와 황충과 팥중이가 먹은 햇수대로 너희에게 갚아 주리니"라는 표현이 이 부분의 약속을 정확하게 보여준다. 1장의 메뚜기 재앙이 초래한 엄청난 농산물의 피해가 완전히 회복되어서 '시온의 자녀'

들이 기뻐하는 모습으로 변화될 것을 약속하고 있다. 하나님께서 '북쪽 군대'를 쫓아내시고 바다에 빠뜨려 죽게 하심으로써 곡식과 새 포도주와 기름을 풍족하게 먹게 하실 것이라고 하신다. 그래서 백성들이 하나님을 찬양하고 여호와만이 그들의 하나님 되심을 알게 될 것이라고 하신다(26절). 그러나 이 모든 것은 오직 '자기 땅을 사랑하시고 그의 백성을 불쌍히 여기시는' 여호와의 긍휼 덕분에 가능하다(18절).

2:28-32 성령의 약속과 여호와의 날 전의 징조와 구원

풍년의 약속과 더불어 남녀노소, 빈부귀천을 물론하고 모든 계층의 사람들에게 하나님께서 부어주실 성령에 대한 약속이 뒤따른다(겔 39:29; 슥 12:10 참조). 이것은 모든 하나님의 백성들이 선지자가 되기를 바랐던 모세의 열망의 성취다(민 11:29).[8] 이것은 과거에 하나님의 영이 선택된 소수의 지도자들과 선지자들에게 임하던 데서 하나님의 모든 백성에게 임하는 것으로 변화되는 것(성령의 민주화?)이기에 분명히 새로운 시대의 징조이다.[9] 이것은 예레미야 31:33-34이나 에스겔 36:26-27에 나오는 성령의 강림을 통한 '율법의 내면화'라는 새 언약의 약속과 긴밀하게 연결된다. 이것은 오순절 성령강림 사건에서 1차적으로 성취되었고(행 2:1-21, 33, 38-39) 신약 교회에서 예수를 그리스도로 믿는 모든 성도에게 이루어지고 있다. 이러한 성령의 약속은 우주적인 심판이 일어나게 될 '여호와의 날'에 대한 징조로서, 이러한 여호와의 종말적 심판 가운데서도 "여호와의 이름을 부르는 자는 구원을 얻을" 것을 보증한다.

3:1-21 민족들에 대한 심판과 예루살렘의 회복의 약속

마지막 예언은, 하나님나라를 공격하고 약탈하고 그 백성들을 짓밟고 압제하고 팔아넘겼던 민족들(세상나라들)에 대한 하나님의 최후의 심판과 하나님나라 이스라엘의 수도 예루살렘의 온전한 회복을 대조적으로 보여준다. '여호와께서 심판하신다'는 뜻을 가진 상징적인 장소인 '여호사밧' 골짜기에 이스라엘을 괴롭힌 민족들을 모두 모아서 심판의 보복을 하실 것이라는 예언은 16절 상반절까지 이어진다. 이들은 이스라엘 땅을 빼앗고 재물을 약탈하며 백성들을 포로로 잡아서 노예로 혹은 매춘의 일을 위해서 팔기도

했던 악한 민족들이다(2-3, 5-6절). '두로와 시돈과 블레셋'(4절)과 애굽과 에돔(19절)은 그런 나라들의 대표들이다. 그런데 이 일은 "유다와 예루살렘 가운데에서 사로잡힌 자를 돌아오게 할 그 때"(1절)에 행하실 것이라고 하신다. 이것은 고레스를 통한 바벨론 포로들의 귀환에 대한 예언일 수도 있지만 마지막 날에 일어날 최후의 하나님의 구원을 가리킬 수도 있다. 하나님께서는 자기 백성들을 다시 예루살렘에 돌아오게 하시고 거기서 다시 그들의 피난처와 산성이 되실 것이라고 하신다. 여호와께서 예루살렘에 거하시기에 다시 풍성한 복이 임할 것이다. "산들이 단 포도주를 떨어뜨릴 것이며 작은 산들이 젖을 흘릴 것이다."(18절; 암 9:13) 이것은 예수 그리스도에 의한 교회의 회복과 종말의 심판을 통한 새 예루살렘의 완성에서 온전히 성취될 것이다.

결론

요엘은 유다와 예루살렘에 임할 심판과 재난의 날로서의 '여호와의 날'에 대한 예언과 반대로 재난을 가져온 대적들을 물리치시고 자기 백성들을 온전히 회복시키실 구원의 날로서의 '여호와의 날'을 선포한다. 그 구원은 성령을 부어주시고 재난 때에 잃었던 모든 것을 회복시키는 일을 통해서 이루어진다. 예수님의 십자가는 이러한 '여호와의 날'의 양면을 다 보여준다. 하나님을 거역하는 자들의 죄에 대한 무서운 심판과 '주의 이름을 부르는' 자들에 대한 구원과 회복이 그 양면이다. 예수님을 믿는 자들은 '성령'을 받고 참된 하나님나라의 회복을 이루어가고 있으며, 마지막 날에 임할 온전한 하나님나라의 완성을 갈망하고 있다.

아모스

아모스는 유다 베들레헴 남쪽에 있는 드고아 출신의 목자이자 농부였지만(7:14-15) 하나님께 부름을 받아서 북 이스라엘을 향한 하나님의 심판과 구원의 메시지를 전했다(1:1). 그는 이스라엘의 여로보암 2세(주전 793-753)와 유다의 웃시야(주전 792-740) 왕 시대에 사역을 하였다. 그는 주로 북 이스라엘의 왕의 성소였던 벧엘(3:14; 7:10-17; 왕상 12:32)에서 짧은 기간 동안 말씀을 전했을 것이다.[1] 아모스서는 모든 선지서들 가운데 가장 초기에 쓰인 것으로 보인다.

아모스는 북 이스라엘의 혼합주의적 종교(2:7-8; 4:4-5; 5:21-23,25-26; 8:10,14)와 사회적 불의(2:6-8; 3:9-10; 4:1; 5:7,10-13,15,24; 6:12; 8:4-6)에 대해서 지적하면서 하나님의 심판을 선언한다.[2] 당시 북 이스라엘은 유례없는 경제적 번영과 정치적 안정을 누리고 있었지만 이러한 사회적 부요는 정치적, 사회적, 종교적 부패로 연결되었다(왕하 14:23-15:7 참조). 그래서 아모스는 수도 사마리아의 부요한 지도층들(왕, 제사장, 선지자, 관리들)이 '성문'(5:1-17)과 '성소'(5:18-27)와 '왕궁'(6:1-14)에서 권력을 남용하고 가난한 자들을 압제하고 있음을 고발한다.[3] 열심히 제사를 드리고 종교적인 절기들을 지키는 것보다 더 중요한 것은 공평과 정의를 행하는 것(5:7, 24; 6:12)임을 강조한다. '여호와의 날'을 이스라엘의 대적에 대한 심판의 날이자 이스라엘의 구원과 번영의 날로 보는 사람들의 견해에 맞서서 그날은 이스라엘의 죄악에 대한 무서운 심판의 날이 될 것이라고 선포한다. 즉 그날은 앗수르를 통해서 북 이스라엘을 멸망시키시고 백성들을 이방의 포로로 넘기시는 날이다(5:5, 27; 6:7; 7:11, 17). 하지만 아모스서도 심판 예언이 아닌 구원의 예언으로 마무리된다(9:11-15). 하나님께서는 이스라엘(과 유다)을 심판하실 것이지만 회복된 '다윗' 왕국을 통해서 풍요로운 하나님나라를 세우실 것을 약속하신다. 이 부분에서 '에돔'에 대한 심판 예언(9:12)은 바로 다음 선지서인 오바댜 11-12절과 연결되고, 풍요로운 하나님나라를 상징하는 '단 포도주'에 대한 예언은 앞 선지서인 요엘서 3:19과 연결된다.[4]

아모스의 사역(BC 760년 이후?)

북 이스라엘 왕 여로보암 2세, BC 793–753

유다 왕 웃시야의 통치

구조[5)]

1:1–2:16	민족들에 대한 심판 예언
3:1–6:14	북왕국 이스라엘의 사회적 불의, 종교적 위선, 안일과 방탕에 대한 심판 예언 (여호와의 날)
7:1–9:10	선지자가 본 이스라엘 심판에 관한 다섯 가지 환상과 아마샤와의 만남(7:10–17)
9:11–15	온 이스라엘의 구원에 대한 예언

내용

1:1–2:16 표제 + 민족들에 대한 심판 선언

1:1–2	표제	2절 → 욜 3:16[6)]
1:3–2:16 민족들에 대한 심판 예언	아람, 블레셋, 두로, 에돔, 암몬, 모압, 유다, 이스라엘	

1:1–2 표제

아모스의 출신이 유다의 드고아이고 목자(7:14–15)였음에도 불구하고 적대적이었던 북 이스라엘에 가서 말씀을 전한 것은 그의 사역이 하나님의 부르심이 아니면 불가능한 것이었음을 반증한다. 지진 2년 전이라는 역사적인 정황의 설명도 역사적인 사실성과 하나님의 심판이 이루어진 것("땅이 떨지 않겠으며" 8:8; 9:1, 5 참조)을 뒷받침한다.[7)] 말씀을 주시는 하나님의 모습이 시온(예루살렘)으로부터 포효하시는 사자처럼 표현되어 있다(욜 3:16 참조).

1:3-2:16 민족들에 대한 심판 예언

이 부분은 여덟 개의 민족들에 대한 하나님의 심판을 선언하는 예언이다. 아마도 주로 앗수르에 의해서 이루어질 민족들에 대한 전쟁이나 정복을 가리킬 것이다. 순서는 아람(북동), 블레셋(남서), 두로(북서), 에돔, 암몬, 모압(남동), 유다(남), 이스라엘(북)의 순으로 일종의 '지리적인 교차대구'를 이루고 있다.[8] 이 부분은 모두 '도입'("○○○의 서너 가지 죄로 말미암아 내가 그 벌을 돌이키지 아니하리니") + '죄의 고발' + '심판 선언'이라는 동일한 형식으로 반복된다. 유다와 이스라엘을 제외한 다른 나라들에 대해 고발하는 죄는 이스라엘이나 다른 나라들에 행한 잔인한 행동들이다. 하지만 유다에 대해서는 하나님의 율법을 지키지 않은 것에 대해서 고발하고 있고, 이스라엘에 대해서는 지도자들의 불의를 고발하고 있다. 아모스의 이 예언을 들었던 이스라엘의 청중들은 유다까지 일곱 민족에 대해서 심판을 선언했을 때는 하나님께서 자신들의 대적들을 물리쳐주신다고 생각하고 환호했을지도 모른다.[9] 그러나 그들의 기대와는 달리 이 심판 선언의 최종 목적지는 이스라엘이며 심판의 메시지는 이스라엘에 이르러 절정에 달한다. 아모스는 그 어떤 나라보다 이스라엘의 죄를 상세하게 고발하면서(2:6-8) 그들에 대한 하나님의 심판을 예언하고 있다. 이스라엘의 지도자들인 관료들은 일반 백성들에게 과도한 징세와 징병을 행했고, 고리대금업, 토지 몰수 등을 일삼았다. 그러면서도 뻔뻔스럽게 하나님 혹은 이방신들을 예배했다. 이러한 죄에 대한 상세한 고발과 심판 선언이 다음 단락에서 반복적으로 이어진다.

3:1-6:14 북 이스라엘에 대한 심판 예언[10]

(세 번의 "이 말씀을 들으라"+ 두 번의 "화 있을진저"[11])

3:1-6:14 북왕국 이스라엘에 대한 심판 예언	3:1-2	선민의 책임 심판(3:1 "이 말씀을 들으라")
	3:3-8	침묵할 수 없는 선지자
	3:9-12	사마리아의 악행 심판
	4:1-3	사마리아 여인들의 죄 심판(4:1 "이 말씀을 들으라")
	4:4-5	잘못된 순례를 비꼬는 말
	4:6-12	돌이킬 줄 모르는 백성
	4:13	송영

5:1-3	a 이스라엘에 대한 애가 (5:1 "이 말씀을 들으라")
5:4-6	b 여호와를 찾으라는 권고
5:7	c 사회적 불의의 죄 지적
5:8-9	d 송영
5:10-13	c' 사회적 불의의 죄 지적
5:14-15	b' 여호와를 찾으라는 권고
5:16-17	a' 전국에 울려 퍼질 애곡
5:18-20	a 여호와의 날을 사모하는 자에게 "화 있을진저"
5:21-24	b 까닭: 잘못된 종교 의식("내가 미워하여")
5:25	c 여호와의 교육적 질문
5:26-27	d '내'가 심판하리
6:1-7	a' 안일과 방탕에 빠진 자에게 "화 있을진저"
6:8-11	b' 까닭("내가 싫어하며")과 심판
6:12	c' 여호와의 교육적 질문
6:13-14	d' '내'가 심판하리

3장 첫 번째 "이 말씀을 들으라"심판 선언

이스라엘이 하나님으로부터 받은 특권에 대한 배은망덕(1-2절)의 죄, 이 죄에 대해서 하나님께서 아모스에게 주신 심판의 예언을 선언하실 수밖에 없는 당위성에 대한 수사 의문들(3-8절), 사마리아 성의 관료들과 지도층들이 가난한 자들을 착취하고 압제하여 사치와 호화로운 생활을 하는 것에 대한 하나님의 철저한 심판의 선언(9-15절)으로 구성되어 있다.

4장 두 번째 "이 말씀을 들으라"심판 선언

사마리아의 지도층 여인들("바산의 암소들"-1절, 불의한 남편들에 의해 호의호식하는 여인들)[12]의 가난한 자 압제와 사치와 방탕의 죄에 대한 심판 선언(1-3절), 벧엘에서의 위선적이고 잘못된 종교적 열심에 대한 풍자(4-5절), 하나님께서 율법(레 26장; 신 28장)에 준해서 내리신 심판들을 겪었으면서도 돌이키지 않았던 과거 이스라엘의 완악한 모습(6-11절), 새로운 심판을 준비하시는 하나님을 만날 것을 선언(12절), 창조주이신 만군의 여호와에 대한 송영(12절)으로 구성되어 있다.

5:1–17 세 번째 "이 말씀을 들으라" 심판 선언

이스라엘에 내릴 하나님의 심판에 대한 애가(1–3절), 위선적인 예배의 장소인 벧엘, 길갈, 브엘세바로 가기보다 "여호와를 찾으라"는 회개의 요청(4–6절), 사회적 불의를 행한 자들 고발(7절), 창조주이자 심판자이신 여호와 송영(8–9절), 법정에서의 불의와 사회적 불의를 행한 자들에 대한 고발과 심판 선언(10–12절), 선을 구하고 법정에서 정의를 세우라는 요청(14–15절), 이스라엘의 심판에 대한 애곡(16–17절)으로 구성되어 있다. 이러한 구조는 위의 도표에서 나타나는 것처럼 '송영'을 중심으로 교차대구적인 구조(a–b–c–d–c′–b′–a′)를 보여준다.[13)]

5:18–27 첫 번째 "화 있을진저" 선언

5:18–27과 6:1–14은 둘 다 '화 있을진저'로 시작하면서 멸망당할 이스라엘에 대한 저주를 선언한다. 위의 도표에서 보듯이 이 두 단락은 동일한 구조를 가지고 있다.

'여호와의 날'은 구원과 축복의 날이 아니라 심판의 날이기에 이 날을 사모하는 자들에게 화가 선언된다(18–20절). 이스라엘은 종교 의식을 잘 행하고 지켰기 때문에 여호와의 날에 복을 받을 것이라고 기대했겠지만 실제로 그들의 종교 의식은 다른 종교와 혼합되었을 뿐만 아니라 위선적이었다. 불의를 행하면서 드리는 제사와 절기 준수는 하나님께서 미워하시는 위선적인 불의다(21–23절). 하나님은 제사를 드리기 전에 정의와 공의를 회복시킬 것을 요청하시며(24절) 그렇지 못할 때 결국 나라의 멸망과 포로 됨이라는 심판을 피할 수 없을 것이라고 선언하신다(26–27절).

6:1–14 두 번째 "화 있을진저" 심판 선언

예루살렘과 사마리아의 안일과 방탕에 빠진 지도자들에게 선언되는 두 번째 '화'이다. 하나님께서는 이스라엘에 정복자들(앗수르 군대)을 보내셔서 나라를 멸망시키게 하시고 이 지도자들을 제일 먼저 포로로 잡혀가게 하실 것이라고 하신다.

7:1–9:10 이스라엘의 심판에 대해 아모스가 본 다섯 가지 환상+아마샤와의 만남[14)]

7:1–9:6 선지자가 본 환상	7:1–3	환상(1)–메뚜기
	7:4–6	환상(2)–불
	7:7–9	환상(3)–다림줄
	7:10–17	아모스와 아마샤의 만남
	8:1–3	환상(4)–여름 과일 광주리
	8:4–14	이스라엘의 죄와 심판
	9:1–4	환상(5)–제단 곁의 하나님
	9:5–6	송영
	9:7–10	이스라엘 멸망 선언

7:1–9 세 가지 환상–메뚜기, 불, 다림줄

다섯 가지 환상은 "여호와께서 내게 보이신 것이 이러하니라" 혹은 "내가 보니"(7:1, 7, 8:1, 9:1) 등의 유사한 표현으로 시작된다. 처음의 두 가지 환상은 '메뚜기'와 '불'(기근?) 재앙에 대한 것이다. 이 재앙들은 이스라엘의 연약함에 대한 선지자의 호소를 들으시고 하나님께서 철회하신다. 그러나 하나님께서 '다림줄'을 들고 담 곁에 서 계시는 세 번째 환상은 율법의 기준에 의해서 이스라엘을 철저하게 심판하실 것에 대한 말씀으로 이어진다. 특별히 여로보암 왕조의 멸망에 대한 경고가 특징적이다. 이 예언은 여로보암의 아들 스가랴가 즉위한 후에 주전 752년에 암살당함으로써 성취된다(왕하 15:8–12).[15)]

7:10–17 아모스와 아마샤의 만남

여기서 갑자기 환상이 끊기고 아모스가 여로보암이 벧엘에 세운 제단의 제사장 아마샤와 만나는 장면이 삽입된다. 아마도 아마샤는 벧엘에서 여로보암 왕조의 멸망을 외치는 아모스의 설교를 듣고 있었을 것이다.[16)] 이 일화가 여기에 들어간 이유는 아마샤의 말을 통해서 당시 북 이스라엘이 얼마나 타락해 있었는지를 보여주기 위해서이고, 아마샤 가문의 멸망에 대한 선언을 통해서 북 이스라엘의 멸망을 예시하기 위함일 것이다. 아마샤는 아모스가 모반을 부추기고 있다고 왕에게 보고했고, 아모스에게 유다 땅으로

가서 선지자 노릇 하면서 밥벌이를 하라고 경고한다. 이에 대해 아모스는 자신이 드고아에서 목자로 있을 때 하나님이 자신을 부르셨음을 강조하고, 자신의 선지자 사역이 절대로 '생계'를 위해서 하는 것이 아니라고 밝힌다. 그런 후에 아마샤와 그의 가족들과 이스라엘에 대한 하나님의 심판을 선언한다.

8:1-14 네 번째 환상과 이스라엘의 멸망 예언

하나님께서 아모스에게 보여주신 네 번째 환상은 '여름 과일('카이츠') 한 광주리'로서 이스라엘에 '끝'('케츠')이 왔음을 보여준다(1-3절). 환상에 이어서 하나님은 이스라엘의 사회적 불의를 고발하시면서 이스라엘에 대한 무서운 심판으로 인해 온 백성이 애통하게 될 것을 선포하신다(4-10절). 여호와의 날에 임할 심판은 '말씀의 기근'으로서 하나님과 그의 선지자로부터 더 이상의 구원과 소망의 말씀이 임하지 않을 것이라고 하신다(11-14절).

9:1-10 다섯 번째 환상과 임박한 멸망

다섯 번째 환상은 '제단 곁에 서 계신 하나님'에 대한 환상으로 벧엘의 제단을 쳐서 무너지게 하셔서 벧엘에서 경배하는 백성들을 죽이실 것이라고 하신다. 그리고 이것은 끝까지 하나님께 불순종하는 이스라엘 백성들의 확실한 멸망을 보여주는 것이다(1-4절). 5-6절에서는 온 세상을 통치하시는 만군의 여호와에 대한 송영이 삽입되어 있고, 7-10절은 출애굽의 은혜를 저버린 이스라엘이 다른 나라들처럼 하나님의 심판의 대상이 될 것을 다시 한 번 선언한다. 하지만 심판을 통해서 회개하는 남은 자들은 구원하실 것이라고 약속하신다(8-9절).

9:11-15 온 이스라엘의 구원에 대한 예언

줄곧 불의한 이스라엘의 멸망에 대한 예언들만 선포하던 아모스서의 마지막은 그들의 구원에 대한 예언으로 끝난다. 회복은 단순히 북 이스라엘의 포로들이 본토로 돌아오는 것으로 끝나지 않고 다윗 왕조가 회복되어 만민을 다스리게 되고, 사로잡혀갔던 자들이 돌아와서 땅의 풍요와 안전을 누리는 데까지 이른다. "산들이 단 포도주를 흘린다"는 13절의 표현은 요엘 3:18과 동일하다. 9:12에서 회복의 때에 하나님 백성이 에돔을 차지하게 된다고 함으로써 아모스 다음에 오는 오바댜(19절) 및 아모스 앞에 있는 요엘 3:19절과 이어진다. 사도행전 15:16-17에서는 예루살렘 공의회에서 야고보가 이방인들의 구원과 관련하여 9:11-12을 인용한다.

결론

아모스서는 약자들을 괴롭히는 북 이스라엘 지도자들의 불의를 고발하고 이에 대한 하나님의 심판의 날로서 '여호와의 날'을 선포하고 있다. 그래서 아모스는 '공의'와 '정의'라는 율법의 두 정신을 강조한다. 그런 의미에서 아모스서는 예수 그리스도에 의해 회복된 하나님의 백성들과 교회가 교회 내에서나 사회에서 말씀에 기초한 하나님의 '공의'와 '정의'를 엄격하게 실행해야 함을 교훈한다. 신약에서도 가난한 자들에 대한 특별한 관심을 강조한다(약 1:27; 2:1-10; 5:1-6; 고전 11:22).[17] 한편 아모스 9:11-15에서의 온 이스라엘과 만물의 회복에 대한 예언은 예수 그리스도에 의해서 이루어진다. 다윗의 후손으로 오신 예수께서 무너진 '다윗의 장막'을 일으켜 세워 이스라엘과 온 세상에 하나님의 통치가 이루어지게 하셨다(행 15:16-17의 인용).

오바댜

오바댜는 '여호와의 종'을 의미하고, 오바댜서는 구약에서 가장 짧은 책이다. 오바댜서는 에서의 나라 에돔의 교만과 형제국 유다에 대한 학대와 몰인정함을 고발하면서, 에돔을 대표로 하는 만국에 대한 하나님의 심판과 최종적인 이스라엘의 회복을 선포하고 있다. 아마도 에돔은 바벨론이 예루살렘을 공격하여 점령할 때 협조했을 것이고 유다의 멸망 시에 유다의 농지를 차지하고 도망가는 유다 사람들을 포로로 붙잡고 팔았을 것이다(11-14절).[1] 다른 선지서에도 에돔에 대한 예언적 메시지들이 등장하는데(사 34:5-15; 렘 49:7-22; 겔 25:12-14; 욜 3:19; 암 1:11-12; 말 1:2-5), 특별히 오바댜 1-6절은 예레미야 49:9-10과 14-16절과 매우 유사하다.[2] 저작 연대에 대해서는 다양한 견해들이 있지만 오바댜의 내용은 예루살렘이 멸망한 586년 직후에 기록했을 것이라는 주장을 지지하는 것 같다. 아마도 오바댜가 당시 독자들이 잘 알고 있었을 법한 예레미야의 예언을 이용해서 민족적 비극으로 고통당하고 있었던 유다 사람들을 위로하려고 했을 것이다.[3]

오바댜?

유다의 멸망 BC 586

바벨론 포로 귀환 BC 536

구조[4]

1-9절	에돔에 대한 심판 예언
10-14절	에돔이 심판 당하는 이유
15-21절	여호와의 날에 있을 에돔과 민족들 심판과 야곱의 회복

내용

1절 표제

오바댜는 자신이 예언을 한 시대적 배경을 밝히지 않고 하나님께서 에돔을 심판하기 위한 전쟁에 열국을 부르도록 자신을 사자로 보냈다고 소개한다(1절).

2-9절 에돔에 대한 심판 예언

에돔은 자신들이 높은 '바위 틈'에 비유되는 요새에 거주하기에 결코 멸망하지 않을 것이라고 교만하게 말했지만(3절), 대적들에 의해서 철저하게 멸망당할 것이다. 에돔의 동맹국들도 그들을 배신하고 에돔을 치는 일에 동참하여 에돔에 수치를 안겨줄 것이라고 예언한다. 에돔의 멸망에 그들이 자랑하던 '지혜자들'이나 '용사들'도 속수무책일 것이라고 한다(8-9절).

10-14절 에돔이 심판당하는 이유

에돔이 심판을 받는 가장 중요한 이유는 유다에 대한 그들의 잔인한 태도 때문이다. 그들은 바벨론 군대가 예루살렘을 멸망시킬 때 유다를 도와주기는커녕 바벨론과 동맹하여 유다의 멸망을 도왔고, 그 가운데서 재물을 약탈하고 유다 사람들을 포로로 잡아 노예로 팔아넘겼다.

15-21절 여호와의 날에 있을 에돔과 민족들 심판과 야곱의 회복

여호와의 심판의 날에 하나님께서는 에돔이 유다에게 행한 대로 에돔을 심판하실 뿐만 아니라 만국도 심판하실 것이라고 한다(15-16, 18, 21절). 반면에 하나님은 시온산에서 이스라엘(야곱)을 회복시키실 것이라고 하신다(17-21절). 상황의 역전이다. 사로잡혔던 이스라엘 백성들이 시온으로 다시 돌아와 여호와의 나라를 회복시키고 에돔과 블레셋의 영토를 포함하는 여러 주변 지역들에 거주하게 될 것이라고 한다(19-21절; 신 30:1-10 참조).

결론

에돔은 하나님을 대적하는 모든 나라들과 사람들의 대표이다. 모든 나라들과 온 세상을 다스리시는 하나님께서는 당신의 백성들과 당신의 나라에 가해진 악에 대해서 반드시 보복하신다. 의로운 심판으로 그들을 징계하신다. 아브라함의 후손들을 저주하는 자는 저주를 받는다(창 12:3). 에돔에 대한 심판은 또한 하나님나라의 궁극적인 승리를 나타낸다. 하나님나라를 시온에 세우실 것이다. 하나님께서는 당신의 교회와 자녀들을 징계하시기도 하시지만 그들을 저주하는 자를 결코 가만 내버려두시지 않는다. 그러므로 교회를 핍박하고 공격하는 세력들의 횡포 가운데서도 하나님의 의로운 통치를 의지해야 한다. 예수 그리스도의 재림의 날에 주님께서 교회와 하나님나라를 대적했던 모든 세력들을 벌하시고 새 예루살렘에서 온전한 하나님나라를 세우실 것이다.

요나

요나서는 엘리야나 엘리사에 대한 이야기처럼 요나 선지자에 대한 이야기로 구성되어 있다는 측면에서 다른 선지서들과 구별된다. 요나서에 들어 있는 유일한 예언은 3:4로 "사십 일이 지나면 니느웨가 무너지리라" 뿐이다.[1] 요나서는 니느웨의 구원을 보여주는 반면에 나훔서는 니느웨의 멸망을 예언하고 있다. 이 선지서는 이스라엘의 선지자였던 요나의 이야기를 통하여 당시 이스라엘의 선민사상과 불순종을 고발하고 이방인들도 사랑하시는 창조주 하나님의 뜻을 전한다. 저자에 대한 언급이 없지만 주인공인 요나를 저자로 간주할 수 있을 것이다.[2] 요나는 '비둘기'라는 뜻을 가진 이름이며, 요나는 북왕국 스불론 지파의 경계 지역인 '가드헤벨' 출신이다.[3] 사건의 연대를 여로보암 2세 시대 (주전 793–753)로 볼 수 있다. 열왕기하 14:25에 따르면 요나는 여로보암 2세 시대에 북 이스라엘의 확장에 대해 예언하였다.

요나

북 이스라엘 여호사밧(2세)의 통치

BC 793–753

요나의 행로

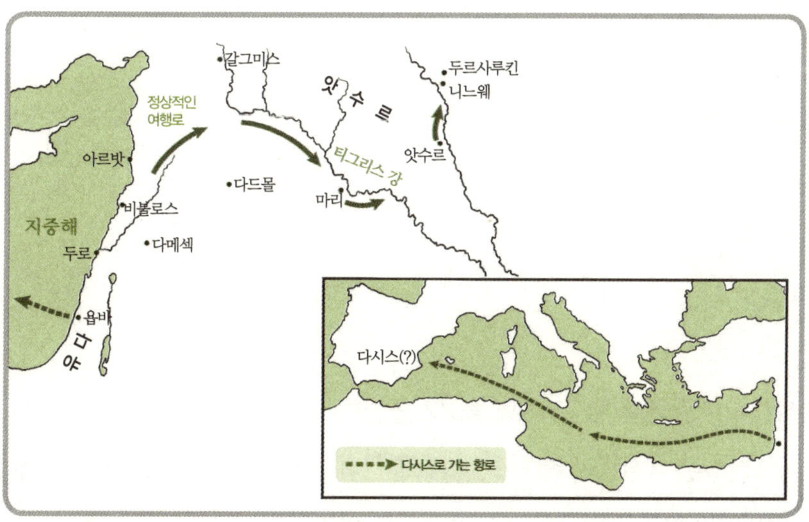

구조[4)]

요나서는 아래의 도표에서 보듯이 1-2장과 3-4장이 서로 대칭적인 구조를 보인다. 불순종했다가 순종하는 요나의 모습, 이방인 선원들과 니느웨 사람들의 경건한 모습, 물고기와 박넝쿨을 통한 요나의 구원, 요나에 대한 징계와 책망 등의 주제가 대칭적으로 나타난다.

1-2장 사명에서 도피한 요나	1장 도피한 요나에 대한 징계와 물고기를 통한 구원 2장 구원받은 요나의 감사기도
3-4장 주저하면서 사명을 성취한 요나	3장 요나의 심판 선언과 니느웨 성의 회개와 구원 4장 불평하는 요나의 구원과 하나님의 책망

내용

1-2장 사명에서 도피한 요나[5)]

사명에서 도피한 요나 1-2장	A. 요나의 사명 받음과 도망(1:1-3)	불순종, 다시스로 떠남
	B. 위험에 처한 사공들이 자기 신들에게 도움을 구함(1:4-6)	애쓰는 사공들과 잠자는 요나, 선장의 기도 부탁
	C. 요나의 불순종이 드러남(1:7-10)	제비 뽑힌 요나
	D. 요나의 징계와 구원(1:11-2:1; 2:10)	요나를 살리려는 사공들의 노력, 사공들의 기도, 요나를 던짐, 여호와를 두려워하는 사공들, 물고기 예비, 토해 냄
	E. 요나의 감사기도(2:2-9)	

1장 도피한 요나에 대한 징계와 물고기를 통한 구원

1장에는 많은 역설적인 면들이 이야기를 통해서 드러나고 있다. 요나는 선원들에게 자신은 "바다와 육지를 지으신 하늘의 하나님 여호와를 경외하는 자"(9절)라고 하면서도 실제로는 니느웨로 가라는 하나님의 명령을 거역하고 정반대편인 다시스(스페인?)로 가고 있다. 이방인들에게 복이 되어야 할 이스라엘인 요나는 자신의 불순종으로 인해 도리어 이방 선원들에게 '재앙'을 가져다주고 있다.[6] 또 요나는 자신의 제비가 뽑혀 자신을 향한 하나님의 진노를 알게 되었지만 선원들에게 '바다에 던지라'고 하지 회개하고 하나님의 뜻에 순종하려고 하지는 않는다. 이에 비해 선원들은 재앙 앞에서 요나의 생명까지도 살리려고 애를 쓰고, 하나님을 경외하고 예배하고 있으며, 제비 뽑힌 요나를 바다에 던지는 것까지 주저한다. 누가 천지의 창조주를 믿는 자인지 구분이 되지 않을 정도이다. 그럼에도 불구하고 하나님은 큰 물고기를 예비하셔서 요나를 구해내신다. 요나는 3일 동안 물고기 뱃속에 있게 된다.

2장 구원받은 요나의 감사 기도

2장의 요나의 기도는 자신을 위해 큰 물고기를 준비하시고 죽음에서 건져내신 하나님의 구원에 대해 물고기 뱃속에서 감사하고 찬양하는 노래다. 여기에는 자신이 이방인이 아닌 선민 이스라엘 사람이기에 구원받았다는 요나의 특권 의식이 엿보인다.[7] 자신의 불순종에 대한 회개의 모습은 보이지 않는다. 이것은 이방인들의 구원은 죽도록 싫어하는 4장에서의 요나의 모습과 극명하게 대조된다. 이러한 모습은 2장의 요나의 감사 찬양이 참으로 이기적인 것임을 보여주는 것이다. 10절은 요나의 기도가 끝난 후에 물고기가 요나를 육지에 토해내었다고 보도한다. 요나에게 두 번째 기회가 주어진 것이다.

3-4장 주저하면서 사명을 성취한 요나[8)]

주저하면서 사명을 성취한 요나 3-4장	A. 요나의 사명의 회복과 순종(3:1-4)	순종, 니느웨로 감
	B. 위험에 처한 니느웨 사람들이 여호와께 회개의 기도를 드림(3:5-9)	회개 (9절-하나님이 혹시 뜻을 돌이키시고)
	C. 니느웨 사람들의 회개가 용납됨 (3:10-4:4)	하나님의 구원(3:10) 요나의 불평과 여호와의 질문(4:1-4)
	D. 요나에 대한 구원과 책망(4:5-11)	니느웨 성을 살피는 요나, 박넝쿨을 요나에게 주셨다가 빼앗으심, 요나의 불평과 여호와의 질문

3장 요나의 심판 선언과 니느웨 성의 회개와 구원

3장에서는 요나가 억지로나마 사명을 수행하는 모습을 보여준다. 요나는 하루 동안만 "사십 일이 지나면 니느웨가 무너지리라"고 선포했다. 이런 소극적인 요나의 모습에 비해 니느웨 성 사람들은 매우 적극적이다. 니느웨 사람들은 그 짧은 경고에도 불구하고 매우 적극적으로 회개의 태도를 취한다. 그들은 "하나님을 믿고 금식을 선포하고 높고 낮은 자를 막론하고 굵은 베 옷을 입었다."(5절). 왕으로부터 짐승까지 회개의 모습을 보였기에 하나님께서는 뜻을 돌이키셔서 재앙을 내리지 않으신다. 니느웨 사람들의 모습은 1장에서 생명을 구하기 위해서 적극적으로 애를 썼던 선원들의 모습과 유사하다.

4장 불평하는 요나의 구원과 하나님의 책망

4장에서 요나는 하나님께서 악한 니느웨 사람들에게 재앙을 내리지 않으시고 죄를 용서하신 것에 대해서 분노하고 불평한다(1절). 요나가 다시스로 도망가려 한 이유가 회개하는 이방인들을 용서하실 하나님의 긍휼 때문이었다(2절). 요나의 이런 모습은 2장에서 자신의 구원에 대해서 매우 기뻐하던 모습과 매우 대조적이다. 뜨거운 햇볕을 막아주는 박넝쿨은 요나를 구원하시는 하나님의 은총을 실물로 보여준다. 이 은총에 대해서도 요나는 2장에서처럼 기뻐한다. 하나님께서 요나에게서 그것을 거두어가시자 요나는 다시 '죽는 것이 더 낫다'며 화를 낸다. 자신과 이스라엘이 하나님께 받는 작은 은총도 소중히 여기면서, 하나님께서 사랑하시는 이방인들이 하나님의 사랑과 은혜를 받는 것에 대해서는 화를 낸다. 이것은 온 세상의 복이 되기 위해 부름 받은 이스라엘의 모습과는 거리가 멀다. 하나님은 마지막 질문을 통해서 이방인에 대한 하나님의 사랑을 분명히 나타내신다.

"하물며 이 큰 성읍 니느웨에는 좌우를 분변하지 못하는 자가 십이만여 명이요 가축도 많이 있나니 내가 어찌 아끼지 아니하겠느냐 하시니라" (11절)

결론

요나서는 다음과 같은 교훈을 우리에게 준다.[9)]

첫째, 여호와께서는 이방 민족들에 대해서도 지대한 관심을 가지고 계시며 이스라엘에게 행하신 역사는 궁극적으로 이방인들에게도 복을 주시기 위함이라는 사실을 상기시킨다. 즉 그는 이스라엘의 선지자를 보내시면서까지 이방이 죄로부터 돌이키기를 원하신다.

둘째, 이스라엘이 행하는 불성실함(요나의 도망)도 이방인에 대한 하나님의 구원 목적을 좌절시킬 수 없다. 하나님은 결국 요나가 어쩔 수 없이 니느웨에 심판의 메시지를 선포하게 하시듯이 이스라엘의 죄까지도 당신의 뜻을 위해 사용하신다.

셋째, 바다에서의 폭풍과 선원들에 의해 바다 속에 던져진 요나의 모습은 불순종하는 이스라엘이 이방인들에 의해 심판을 받아야 함을 상징한다. 이 심판을 이스라엘에게 행하시는 것은 하나님의 백성을 정결케 하여 다시 이방인들을 위한 축복의 통로로 사용하기 위해서이다.

넷째, 물고기를 통한 요나의 구원은 불순종한 하나님의 백성이 수장되어야 하며, 하나님에 의해 다시 일으킴을 받아서 만민을 위한 자신의 사명을 감당해야 함을 상징한다.

다섯째, 하나님께서 선원들을 통해서라도 요나가 저지른 불순종과 이방인의 생명에 대한 무관심을 질책하시는 것처럼 불순종하는 이스라엘도 책망하신다.

예수님께서는 마태복음 12:39-41에서 한편으로는 요나가 물고기 뱃속에 있었던 기간에 빗대어 당신의 죽으심과 부활에 대해 말씀하시고, 다른 한편으로는 즉각적으로 회개한 니느웨 사람들의 본보기에 비추어 회개하지 않는 유대인들의 각성을 촉구하신다. 우리는 늘 우리가 받은 구원에 합당한 삶을 살고 있는지 돌아보고 그렇지 못할 때에 회개해야 한다. 그리고 불신자들에 대한 하나님의 마음을 느끼면서 우리에게 주어진 축복의 통로로서의 사명을 기쁨으로 감당해야 한다.

미가

저자는 '여호와와 같은 자가 누구인가'라는 뜻을 가진[1] 미가이다. 미가는 요담(주전 750-731), 아하스(주전 735-715), 히스기야(주전 715-686년)가 통치하던 주전 750년에서 686년 사이의 어느 기간에 예언했다. 아마도 아모스나 호세아보다는 후대에 활동한 것으로 보이며 이사야보다도 나이가 어린 것으로 보인다.[2] 사마리아의 멸망에 대한 예언을 볼 때 미가의 사역이 722년 이전에 시작되었음을 알 수 있다.[3] 이사야가 궁중에 거하면서 활동했다면 미가는 예루살렘 남서쪽으로 약 40킬로미터 지점에 위치한 모레셋이란 마을 출신이다. 이사야와 미가는 종교적인 죄에 대해서도 지적하지만 둘 다 지도층의 사회적 불의에 대해 비판한다(2:1-2, 8-11; 3:1-3, 9-11; 6:10-12; 7:2-3).[4] 그런 의미에서 미가는 '작은 이사야' 혹은 '유다의 아모스'라 부를 수 있다. 미가는 이스라엘과 유다가 경제적으로는 풍요롭게 살면서도 영적으로 타락한 시대에 등장하여, 여호와 하나님과 맺은 언약을 어기고 우상을 숭배하고 사회적 불의를 저지른 (이스라엘과) 유다의 심판(멸망)에 대해 예언한다(구조 참조). 그러면서도 교차적으로 다윗 계열의 왕을 통한 예루살렘의 회복과 모든 민족들의 구원을 예언하고 있다. 미가의 사역은 히스기야 왕의 중대한 개혁 정치를 후원했다고 볼 수 있을 것이다.

	아람-북 이스라엘 유다 침략	아람-북 이스라엘 멸망	앗수르의 예루살렘 포위	
	요담/아하스 왕	아하스/히스기야 왕	히스기야	히스기야의 죽음
BC 750	BC 734	BC 732, 722	BC 701	BC 686

구조[5]

1-3장 심판 예언	남북 이스라엘의 불의에 대한 고발과 심판 예언(1장), 지도층의 불의와 거짓 선지자들에 대한 고발과 심판 예언, 시온의 멸망 예언(2-3장)
4-5장 구원 예언	남은 자들의 구원과 민족들의 시온 순례 예언, 메시아 예언
6:1-7:7 심판 예언	불의한 성읍 예루살렘에 대한 하나님의 소송, 심판 선언, 선지자의 탄식(7:1-7)
7:8-20 구원 예언	용서와 구원의 하나님에 대한 신뢰의 고백, 예루살렘의 회복에 대한 예언

내용

남북 이스라엘의 불의에 대한 고발과 심판 예언(1-3장)

1:1 표제	"미가에게 임한 여호와의 말씀 곧 사마리아와 예루살렘에 관한 묵시라"
1:2-3:12 심판 예언	1:2-16 사마리아와 예루살렘에 대한 멸망 예언과 선지자의 애가 2:1-5 "화 있을진저"-지도층의 불의에 대한 고발 2:12-13 내가 이스라엘을 모으리라(구원 예언)
	2:12-13 첫 번째 구원 예언
	3:1-12 이스라엘 지도층에 대한 심판과 시온의 멸망 예언

1장 1절 표제

1:2-16 사마리아와 예루살렘에 대한 멸망 예언과 선지자의 애가

선지자는 열방을 불러 놓고(2절) 우주를 심판하시는 전사이신 하나님께서 당신의 대적인 사마리아와 예루살렘을 심판하러 임하실 것(3-4절)이라고 선언한다. 특별히 유다와 이스라엘 두 왕국의 배교와 우상숭배가 심판의 이유이다(7절). 먼저 사마리아(이스라엘)에 임할 심판을 선언한 후(6-7절), 유다에 임할 심판을 애가의 형식으로 선언한다(8-16절). 여기에 나오는 많은 지명들(가드, 베들레아브라, 사빌, 사아난, 벧에셀, 마롯, 라기스, 가드모레셋, 마레사, 예루살렘)은 대적들이 이런 장소들을 거쳐서 마침내 예루살렘에 이를 것을 보여준다. 유다의 멸망으로 온 성들이 애통해하며 울 것임을 강조하는 것이기도 하다.

2:1-11 지도층의 불의에 대한 고발

이 부분은 '화 있을진저'로 시작되는 심판의 선언이면서 동시에 심판의 이유가 되는 이스라엘(유다)의 지도층의 불의에 대한 고발을 담고 있다. 하나님께서 불의한 방법으로 백성들의 토지와 재산을 빼앗은(8-9절) 지도층들의 땅을 뺏으시고 완전히 망하게 하실 것이라고 선언하신다(1-5절). 이들이 하나님의 선지자들의 예언을 듣기 싫어하고

번영에 대한 거짓 예언만 듣고 싶어 하더라도(6-7, 11절) 가난한 백성들을 압제하는 그들은 반드시 멸망당할 것이라고 하신다(10절)

2:12-13 첫 번째 구원 예언

유다의 지도자들을 향한 심판 예언을 마무리하면서 미가는 먼 미래에 있을 하나님의 남은 자들의 귀환을 예언한다. 하나님께서 양 떼처럼 이들을 친히 예루살렘 성으로 인도하실 것이라고 하신다.

3장 지도층에 대한 심판과 시온의 멸망 예언

3장은 유다의 지도자들이 백성들을 압제하고 착취한 사회적 불의 때문에 성전과 시온(예루살렘)이 멸망당할 것을 예언한 것이다. 이 지도자들의 악행은 2-3절과 9-11절에 고발되고 있는데 이들은 백성들의 '가죽을 벗기는' 자들이고, 정의와 선을 미워하고, 시온을 피와 죄악으로 물들이는 자들이다. 통치자들은 뇌물을 받고 재판하고, 제사장은 삯을 위해 교훈하고, 선지자는 돈을 위해 점을 치고(11절) 거짓된 평화의 예언을 한다(5절). 그러나 하나님의 선지자 미가(8절)의 예언대로 시온은 멸망당할 것이다(12절). 3:12은 예레미야 26:17-19에서 당시의 장로들에 의해서 인용되고 있다. 이들은 이 예언을 듣고 히스기야가 회개함으로써 앗수르에 의해 예루살렘이 멸망당하지 않았다고 말한다.[6)]

남은 자들의 구원, 민족들의 시온 순례, 메시아 예언(4-5장)

4:1-5:14 구원 예언	4:1-5 민족들의 시온 순례(=사 2:2-5), 6-13절 남은 자들의 귀환 예언 5:1-9 메시아를 통한 남은 자들의 구원과 귀환, 10-15절 이방의 무기와 우상을 멸하실 것

4:1-5 시온의 온전한 회복

4장에서 미가의 어투는 완전히 바뀐다. 3:12에서 시온의 멸망을 예언한 반면 4:1-5에서는 종말에 일어날 시온의 온전한 회복을 예언한다. 민족들이 시온에 계신 여호와께 말씀을 배워 하나님께 순종하고 전쟁을 그치고 평화를 이룰 날이 올 것이라고 한다. 이때 시온은 다시 온 세상의 중심이 될 것이다. 1-3절은 미가와 동시대인인 이사야의 예언과 동일하다(사 2:2-5).

4:6-13 남은 자들의 귀환 예언

이 부분에서 미가는 시온을 멸망시킨 나라들의 멸망으로 시온이 다시 회복되고 바벨론에 끌려갔던 남은 자들이 돌아올 것을 예언한다. 시온에서 온 세상을 다스리시는 여호와께서 끌려간 시온의 '딸들'(백성들)을 하나님의 도성 시온으로 모으실 것이다.

5:1-9 메시아를 통한 남은 자들의 구원과 귀환

앞부분이 여호와의 통치와 구원을 예언했다면 이 부분은 여호와께서 세우실 메시아(다윗의 후손)에 의한 구원과 회복을 예언한다. 당시의 강력한 제국이었던 앗수르를 멸망시키고 남은 자들을 통하여 강력한 나라를 이룰 것이라고 한다. 여기서 '앗수르'는 하나님나라를 대적하는 세상 제국을 대표하는 말이다. 왕은 여호와의 권능을 힘입어 목자처럼 자기 백성들을 보살피고 그들을 위해 안전하고 평화로운 환경을 만들 것이다(4-5절).[7] 5:2은 마태복음 2:6에서 인용되어 이 말씀이 예수 그리스도의 탄생에서 성취되었음을 알리고 있다.

5:10-15 이방의 무기와 우상을 멸하실 것

미가는 이전에 이스라엘이 의지하던 전쟁 무기와 우상들을 더 이상 의지하지 않게 될 것이라고 예언한다. 회복된 시온에서 백성들은 스스로 이것들을 제거하게 될 것이고 여호와께서 그 대적들을 멸하실 것이다(15절).

불의한 성읍 예루살렘에 대한 심판 예언과 선지자의 탄식(6:1-7:7)

6:1-7:7 심판 예언	6:1-16 여호와의 변론과 성읍에 대한 심판 선언 7:1-7 불의한 현실에 대한 선지자의 탄식

6장 여호와의 변론과 성읍에 대한 심판 선언

6장에서 선지자는 산들을 증인으로 부르면서 여호와께서 자기 백성들과 변론하시는 것을 알린다(1–2절). 구원 역사를 회고하면서 하나님의 구원과 은혜를 상기시켜 이스라엘에게 하나님께서 잘못하신 것이 없음을 알리신다(3–5절). 그런 다음 선지자는 가상의 백성들과의 대화에서 여호와께서 진정으로 원하시는 것은 많은 제물이 아닌 '정의'와 '인자'(헤세드)와 '겸손하게 하나님과 함께 행하는 것'이라고 강조한다(6–8절). 그런 다음 이스라엘 백성들이 얼마나 '정의'와 '인자'를 버리고 사회적으로 불의와 거짓을 행했는지를 고발하고 그 죄에 대한 하나님의 정확한 심판을 선언한다(9–16절). 그들이 심판을 당하는 것은 제사를 드리지 않아서가 아니라 여호와의 말씀에 불순종하고 불의를 행했기 때문이다.

7:1–7 불의한 현실에 대한 선지자의 탄식

미가는 '재앙이로다'로 이 장을 시작한다. 다시 유다의 현실을 보면서 경건한 자가 끊어지고 불의한 지도자들과 죄악이 판을 치는 상황에 대해서 애통해한다(1–6절). 하나님의 심판을 피할 수 없게 되고 심지어 가족까지도 믿을 수 없는 상황이 도래할 것이라고 한다. 6절은 복음서(마 10:21, 34–36)에서 예수님에 대한 믿음으로 인해 믿지 않는 가족들이 믿는 자를 핍박할 것을 예고하기 위해 인용되고 있다. 그러나 미가는 희망을 잃지 않고 구원하시는 하나님을 바라보겠다고 한다(7절).

예루살렘의 회복에 대한 예언(7:8–20)

미가의 마지막도 구원의 예언으로 마무리된다. 이 부분에서 '시온'은 '나'로 의인화되어서 나오는데 시온은 하나님께서 결국 시온의 대적들을 물리치시고 시온을 회복시킬 것을 확신한다(8–10절). 이 확신에 화답하여 미가는 하나님께서 시온의 대적들을 물리치시고 결국은 시온을 다시 건축하실 것이며, 나라들에 흩어졌던 남은 자들을 돌아오게 하실 것을 예언한다(11–13절). 백성들은 하나님께 다시 자신들을 양 떼처럼 먹이실 것을 간구하고(14절) 이에 대해 하나님은 그렇게 하실 것이라고 응답하신다(15절). 이에 백성들은 열방이 여호와의 하신 일을 보고 하나님께로 돌아올 것을 확신한다(16–17절). 마지막으로 유다는 하나님께서 아브라함과 족장들에게 하신 약속을 기억하셔서(창 12:2–3; 22:15–18; 28:13–15; 35:11–12) 자신들의 죄를 완전히 용서하실 것을 확신하며 하나님의 인애와 자비를 찬양한다(18–20절).[8)]

결론

미가는 아모스의 경우처럼 사회적 약자들을 압제하고 괴롭히는 지도층들의 '불의'를 고발하면서 이들에 대한 심판과 예루살렘의 멸망을 예언했다. 미가의 예언은 바벨론에 의한 예루살렘의 멸망으로 성취되었다. 하지만 미가는 여기서 끝나지 않는다. 비록 백성들은 하나님과의 언약을 어겨서 결국은 심판을 당하겠지만, 하나님은 끝까지 아브라함과 다윗과 맺은 당신의 언약을 지키셔서 다시 다윗의 후손 메시아를 세우시고 시온을 회복시킬 것이라고 예언한다. 5:2은 마태복음 2:5–6에서 예수님의 탄생에 대한 예언으로 인용되고 있다. 이것은 미가의 구원 예언이 예수 그리스도에게서 온전히 이루어졌음을 보여준다. 미가는 신약의 '시온'으로서의 주님의 교회가 얼마나 하나님의 말씀에 신실해야 하는지를 보여준다. 특별히 지도자들이 약자들을 괴롭히기보다는 목자처럼 돌보는 '정의'와 '인애'를 실행해야 함을 강조한다. 그렇게 할 때에 미가서 4장의 말씀처럼 불신자들이 하나님의 말씀을 배우고 순종하기 위해서 교회로 몰려들고, 그리스도께서 진정한 평화의 나라를 완성하실 날이 오게 될 것이다.

나훔

주전 7세기 후반의 선지자 나훔('위로'라는 뜻)이 교만한 니느웨(앗수르)의 압제와 잔인성, 그리고 우상숭배에 대해서 하나님께서 심판하실 것을 선포하고 있다. 니느웨(앗수르)의 멸망에 초점이 맞추어져 있는데 이것은 당시 앗수르에게 압제당하던 유다에게는 구원과 위로가 되었을 것이다.[1] 나훔서에는 유다에 대한 경고의 말씀은 나오지 않는다. 이런 점은 요나서와 대조적이다. 나훔서 3:8 이하에는 앗수르에 의한 테베(노아몬)의 멸망 사건이 나오는데 이 사건은 주전 663년에 일어났다. 그러므로 나훔의 활동 시기는 이때부터 니느웨 함락 해인 주전 612년 사이일 것이다(예레미야, 스바냐 등과 동시대인). 아마도 앗수르의 마지막 번성기를 이룬 앗수르바니팔(주전 669-627) 시대 말기에 활동했을 것이다.[2] 이때(므낫세, 요시야 왕)는 유다가 앗수르의 봉신으로서 많은 압제를 당하고 있었기에(대하 33:11),[3] 나훔의 담대한 예언은 위험할 수도 있었지만 당시 요시야 왕의 개혁을 격려하는 역할을 했을 것이다(왕하 17-23장; 대하 33-34장 참조).[4] 앗수르의 패망에 대한 신탁의 선포는 하나님의 대적의 멸망을 의미하며 하나님의 백성의 구원을 의미한다. 나훔은 독자들로 하여금 하나님을 전적으로 신뢰할 것을 권면한다(1:7).

나훔의 사역

테베의 함락		니느웨 함락
BC 663	유다 왕 므낫세(697-642), 요시야(640-609)	BC 612

구조[5]

1:1-8	대적들을 심판하실 전사이신 여호와
1:9-2:2	대적 니느웨의 심판과 유다의 구원
2:3-3:19	세 번이나 강조된 니느웨의 심판에 대한 선언과 조롱(2:3-13, 3:1-7, 8-19)

내용

표제 + 대적들을 벌하시는 복수의 하나님 여호와[6] (1:1–8)

1:1 표제	"니느웨에 대한 중한 경고… 나훔의 묵시의 글이라"	
1:2–8 심판하실 여호와	1:2–3전	벌하시면서도 은혜로우신 여호와
	1:3후–5	세계를 움직이시는 창조주 여호와
	1:6	그 진노를 아무도 당할 수 없는 여호와
	1:7	자기를 의뢰하는 자들에게는 산성이신 여호와
	1:8	대적들을 진멸하시는 여호와

여기서 하나님은 대적들에게 보복하시기 위해서 무서운 진노로 회오리바람과 광풍과 구름으로 온 우주를 흔드시며 오시는 전사, 심판관으로 묘사되고 있다(2–5절). 이런 하나님의 진노 앞에 설 수 있는 자는 아무도 없다(6절). 그러나 당신께 피하는 자에게는 산성이 되신다(7절). 이것은 하나님의 백성들을 잔인하게 압제한 앗수르 심판에 대한 서언이다(8절).

대적(앗수르)에 대한 심판과 유다의 구원에 대한 예언[7] (1:9–2:2)

1:9–2:2 대적 심판 –유다 구원	1:9–10	유다에게 하는 선지자의 말씀: "그가 멸하시리니"
	1:11	대적들에게 하는 선지자의 말씀
	1:12–13	유다에게 하신 여호와의 말씀: "결박을 끊으리라"
	1:14	대적들에게 하신 여호와의 말씀: "우상을 멸절하며"
	1:15	유다에게 하는 선지자의 말씀
	2:1	대적들에게 하는 선지자의 말씀: "파괴자가 올라왔나니"
	2:2	유다에게 하는 선지자의 말씀: 야곱의 영광 회복

이 부분은 대적들과 유다에게 교차적으로 하는 예언으로서 대적들에게는 심판이 선언되고, 유다에게는 대적의 심판으로 인한 회복이 선언되고 있다. 여기서 교차적으로 나오는 '너희'는 '앗수르(니느웨)' 혹은 '유다'를 의인화한 것이다. 과거에는 여호와께서 앗수르를 통해 유다를 벌하셨지만 이제는 앗수르를 벌하셔서 유다를 그들의 압제에서 구하실 것을 말씀하신다. 이것은 유다에게는 '아름다운 소식'이 되고(1:15) 야곱의 영광의 회복이 되지만(2:2), 니느웨에게는 파멸이 될 것이다(2:1).

니느웨에 대한 심판의 예언(2:3-3:19)[8]

2:3-3:19 니느웨에 대한 심판의 말씀	2:3-13	첫째 말씀	2:3-10 2:11-12 2:13	적군 묘사, 니느웨의 곤경 묘사 조롱의 노래 대적 여호와의 말씀
	3:1-7	둘째 말씀	3:1-4 3:5 3:7	적군 묘사, 니느웨의 곤경 묘사 대적 여호와의 말씀 조롱의 노래
	3:8-19	셋째 말씀	3:8-17 3:18-19	니느웨의 곤경 묘사 앗수르 왕에 대한 조롱의 노래

2:3-13 첫째 말씀-니느웨의 멸망에 대한 말씀과 조롱

나훔은 1절에 나온 '파괴하는 자'가 니느웨를 멸망시키는 장면과 니느웨 사람들이 그로 인해 고통당하며 성이 황폐하게 되는 장면들을 생생하게 묘사한다(3-10절). 니느웨의 군대가 소용이 없을 것이고(5절), 지도자들이 수치를 당할 것이며(7절) 과거의 영광과 부귀를 잃게 될 것이다(8-9절). 11-12절은 '사자의 굴'로 비유되었던 니느웨의 비참한 종말을 조롱하고 있고, 13절은 이 모든 것이 니느웨의 대적이신 여호와께서 하신 일이라고 선언한다. 이러한 나훔의 예언은 주전 612년에 바벨론과 메대 연합군이 두 달 동안의 포위 끝에 니느웨를 정복할 때 성취된다.[9]

3:1-7 둘째 말씀-니느웨의 멸망에 대한 말씀과 조롱

'화 있을진저'로 시작하면서 또 다시 니느웨에 대한 재앙을 선언한다. 1-4절은 그 동안 앗수르가 자행했던 잔인한 정복과 거짓과 포악과 탈취에 대한 바벨론 군대의[10] 무시무시한 정복을 묘사한다. '피의 성'에 대한 심판이다. 5-6절은 니느웨의 대적이신 여호와의 말씀으로 많은 재물과 힘으로 열국을 미혹한 '음녀' 같은 니느웨가 벌거벗겨 수치를 당하게 될 것을 선포한다. 7절은 2:10처럼 니느웨의 황폐함을 선언하며 니느웨를 위해 애곡할 자가 없음을 조롱하고 있다.

3:8-19 셋째 말씀–테베(노아몬)의 멸망에 비유된 니느웨의 멸망에 대한 말씀

8-17절은 앗수르에 의해 주전 663년에 멸망당한 이집트 남부의 수도요 거대한 도시였던 테베(노아몬 '아몬 신의 도시')의 멸망에 비유해서(8-10절)[11] 니느웨의 비참한 멸망을 다룬다. 성이 함락되고, 철저하게 약탈되고, 완전히 파괴될 것이라고 한다(11-17절). 그리고 앗수르 왕에게 니느웨의 멸망에 대해 조롱하는 말로 끝난다(18-19절).

결론

예수 그리스도께서 오신 것은 '마귀의 일을 멸하시기 위함'이다. 악랄하고 잔인한 앗수르처럼 하나님의 교회와 하나님의 세상을 파괴하고, 불의를 자행하는 악의 세력들에 대해서 하나님은 보복하실 것이다. 니느웨가 철저하게 멸망당하여 수치와 조롱을 당하는 것처럼, 주님께서 다시 오실 때 마귀와 그에 동조했던 모든 자들은 영원히 멸망당하게 될 것이다(계 17-18장; 20장). 그리고 그날에 주님나라가 온전히 회복될 것이다.

하박국

하박국은 신 바벨론 제국이 국제무대를 지배하기 시작하였지만 아직은 유다를 침공하기 전(주전 605년 전)인 7세기말 경에 활동한 것으로 보인다.[1] 바벨론 제국은 니느웨를 함락시키고(주전 612년), 갈그미스에서 앗수르와 이집트 연합군을 물리친 후(주전 605년)에 이스라엘을 본격적으로 압박하게 되었다(왕하 22-23장; 대하 34:1-36:4 참조). 그렇게 보면 하박국은 스바냐, 나훔, 예레미야와 비슷한 시대에 사역했다고 볼 수 있다.

하바국은 요시야 왕의 갑작스런 죽음(주전 609년) 이후에 점증하는 유다 사회의 불의함에 대해[2] 하나님께 부르짖고 하나님의 정의 문제를 질문한 것으로 보인다. 이에 대한 여호와 하나님의 대답은 유다 심판이 바벨론 군대를 통해서 이루어진다는 것이었다. 이 대답을 들은 하박국 선지자는 더 불의한 자를 통해서 덜 불의한 유다를 심판하시는 하나님의 심판에 대해서 불평한다. 여호와 하나님은 하박국에게 믿음으로 하나님께서 행하실 일을 기다릴 것을 권면하면서, 자신이 결국 악한 바벨론을 멸하시고 당신의 백성을 구원하실 것을 말씀하신다. 이에 대해서 하박국은 하나님을 찬양한다. 선지자의 질문에 대해서 상세하게 대답하시는 하나님의 모습을 통해서 선지자들의 예언은 그들이 하나님과 가진 교제 속에서 하나님께서 그 시대에 주신 말씀임을 보여준다.

하박국의 활동

갈그미스 전투(BC 605)	느부갓네살의 2차 침공	유다의 멸망
요시야(640-609) 여호야김(609-598)	여호야긴(598-597) BC 597	BC 586

구조[3]

1-2장은 대화의 형식을 취하고 3장은 기도를 담은 노래(시)의 형식을 취한다. 이 두 부분의 문학 형태는 다르지만 그 주제에 있어서는 공통점이 있다. 즉 현 상황의 패역과 압제에도 불구하고 하나님의 주권과 정의에 대한 절대적 신뢰를 다룬다(2:14, 20;

3:16-19).

1:1-2:20 하박국의 질문과 여호와의 답변	1:2-4 불의한 유다에 대한 선지자의 탄원 1:5-11 갈대아 사람을 통하여 심판하실 것이란 여호와의 답변
	1:12-2:1 바벨론이 어떻게 자기보다 의로운 유다를 치게 하시느냐는 선지자의 탄원 2:2-20 바벨론도 심판하실 하나님을 믿는 의인은 살 것이라는 여호와의 답변
3:1-19 하박국의 기도	세계를 심판하시고 자기 백성을 구원하려 나타나실 하나님을 믿고 자비를 구함

내용

하박국과 여호와의 대화(1-2장)[4]

1:1-2:20 하박국과 여호와의 대화	1:1 표제 "선지자 하박국이 묵시로 받은 경고라"
	1:2-4 선지자의 탄원(1): 악인의 강포가 가득하고 공의가 없는 유다의 현실 1:5-11 여호와의 답변(1): 갈대아 사람(6)을 통해 심판할 것 1:12-2:1 선지자의 탄원(2): "악인이 자기보다 의로운 사람을 삼키는데도 잠잠하시나이까" 2:2-20 여호와의 답변(2): "악인은 망하리라", "의인은 믿음으로 살리라" 2:6-20 압제자들(바벨론)을 조롱하는 시(다섯 번의 저주) 2:6-8 "화 있을진저" 말씀(1) - 소유 2:9-11 "화 있을진저" 말씀(2) - 집 건축 2:12-13 "화 있을진저" 말씀(3) - 성읍 건축 2:14 세상에 가득할 여호와의 영광 인정 2:15-17 "화 있을진저" 말씀(4) - 강포 2:18-19 "화 있을진저" 말씀(5) - 우상 2:20 "여호와는 그 성전에 계시니…"

1:1 표제

하박국에 대한 자세한 정보를 밝히지 않고 그가 하나님께 받은 말씀을 선언한 것임을 분명히 말한다.

1:2-4 하박국의 첫 번째 질문

하박국은 강포, 죄악, 패역, 겁탈, 강포, 변론, 분쟁, 율법의 해이, 정의의 왜곡 등의 강력한 단어들을 사용하면서 현재 유다 사회에서 일어나고 있는 불의를 하나님께 고발하면서, 의로우신 하나님께서 왜 이 문제를 방관하시는지 탄식하면서 질문한다. 아마도 요시야의 죽음 이후에 개혁이 멈춰지면서 일어난 유다 사회의 모습에 대한 개탄일 것이다.[5)]

1:5-11 여호와의 첫 번째 답변

하박국의 질문에 대한 여호와의 응답은 하박국이 전혀 예상치 못한 것이었다. 하나님은 바벨론('갈대아 사람')의 군대를 동원하셔서 유다의 불의를 심판하실 것이라고 하신다. 바벨론의 군대는 참으로 강하며 그들의 공격은 가혹하여 닥치는 대로 여러 나라들을 정복할 것이라고 하신다.

1:12-2:1 하박국의 두 번째 질문

하나님의 답변이 너무나 충격적이어서 하박국은 다시 하나님께 탄식어린 질문을 한다. 어떻게 의로우신 하나님께서 유다보다 더 악한 바벨론을 통해서 유다를 심판하실 수 있느냐는 것이다(12-13절). 그러면서 14-17절에서는 이미 하나님께서 앞에서 말씀하신 것처럼 자기 신들을 의지하고 여러 나라를 무자비하게 멸망시키는 바벨론의 악행을 낚시와 그물 비유로 고발한다. 그러면서 하나님의 대답을 기다리며 파수꾼처럼 성루에 선다(2:1).

2:2-5 여호와의 두 번째 답변

하박국의 항변에 대한 여호와의 두 번째 답변은 판에 기록하여 새겨야 하는 공개적인 묵시로 주어진다(2절). 그것은 비록 시간이 오래 걸리겠지만 반드시 이루어질 것이다(3절). 이 묵시의 내용은 악한 바벨론에 의해서 유다가 심판을 당하겠지만 그럼에도 불구하고 하나님을 믿고 의지하는 의인들은 결국 살게 될 것이라는 것이다(4절). 이것은 1:13의 하박국의 탄원에 대한 응답인 셈이다. 이 예언은 하박국의 시대로부터 60-70년 후인 주전 539년에 바벨론의 멸망 때에 이루어질 것이다. 4절은 하박국서의 핵심적인 교훈으로 바벨론(혹은 바벨론의 왕[6])이 교만하며 바르지 못하여 멸망을 당하겠지만 여호와께 신실하여 의를 행하는 남은 자는 구원받을 것을 선언하는 것이다. 이 구절은 로마서 1:17, 갈라디아서 3:11, 히브리서 10:38에 인용되고 있다.

2:6-20 바벨론에 대한 심판의 말씀-다섯 번의 '화 있을진저'

다섯 번에 걸친 '화 있을진저'가 나오는 바벨론에 대한 심판과 조롱의 노래(2:6-20)는 바벨론이나 그들의 신이 역사를 움직이는 것이 아니라 여호와 하나님이 진정한 세상의 왕이심을 선포하고 있다(14, 20절). 하나님의 심판은 바벨론이 행한 죄에 상응하는 동일한 방식으로 일어날 것이다.[7] 바벨론이 강력한 군사력과 폭력으로 성들을 치고, 사람들의 피를 흘리고, 노략한 것처럼 그들도 노략을 당할 것이며(6-8절), 약탈한 것들로 지은 높은 집들이 무너질 것이며(9-11절), 그들이 건축한 성들이 불에 탈 것이며(12-13절), 피정복민들을 조롱했던 대로 그들도 수치를 당하게 될 것이며(15-17절), 그들이 의지했던 우상들은 그들에게 아무런 도움도 되지 못할 것이다(18-19절). 왜냐하면 성전에 계신 여호와만이 온 땅을 다스리시는 참된 왕이시기 때문이다(20절). 결국은 바벨론이 아니라 여호와의 영광이 온 세상을 덮게 될 것이다(14절).

하박국의 기도(3장)[8]

3:1-19 하박국의 기도	3:1 표제
	3:2 선지자의 기도: "부흥하게 하옵소서", "긍휼을 잊지 마옵소서" 3:3-15 과거의 하나님의 대적 심판과 자기 백성 구원에 대한 찬양 3:16-19상 하나님에 대한 신뢰의 고백
	3:19하 맺음말

3:1-15 과거의 하나님의 대적 심판과 자기 백성 구원에 대한 찬양

하박국은 '시기오놋'이라는 성전 노래의 곡조에 맞추어서 하나님께 기도를 드린다(1절). 그의 기도는 그가 여호와께 들은 '소문,' 즉 과거에 이스라엘 역사에서 행하신 대적 심판과 자기 백성 구원의 역사를 자신의 시대에도 행하시길 구하는 것이다(2절). 3-15절에서 그 '소문'을 회상하면서 노래한다. 하나님은 여기서 온 우주의 창조주로서 온 땅을 영광으로 가득 채우시고, 온 세계를 뒤흔드시면서 대적들을 심판하시기 위해 오시는 전사로 묘사된다. 과거 출애굽 시의 모습이나 가나안 정복 시의 상황을 비유적으로 표현한 것 같다. 13절이 그 핵심을 노래한다. 여호와께서는 당신의 기름부음 받은 자인 이스라엘 백성을 구원하시기 위해서 오셔서 그 대적들을 멸하신다는 것이다. 이런 찬양은 곧 닥쳐올 바벨론의 환란 가운데서도 동일한 싸움을 싸워주실 것을 기도하는 것에 다름 아니다.

3:16-19 하나님에 대한 신뢰의 고백

하박국은 앞에서 했던 찬양을 현재에 적용하며 하나님을 신뢰하는 노래를 부른다. 비록 닥쳐올 환난 날을 생각하면 몸이 떨리지만(16절), 바벨론에 의해서 온 나라가 황폐화될 수도 있지만(17절), 2:4에 주신 여호와의 말씀대로 오직 구원의 하나님을 의지하여 기뻐할 것이라고 한다(18절). 힘이신 여호와께서 반드시 그 고난을 이겨내게 하실 것이기 때문이다(19절).

결론

하박국서는 온 세상을 다스리시는 하나님의 의로운 통치를 보여준다. 비록 우리 눈에 보기에는 악인이 잘 되는 것 같고 불의한 세상에 의로운 교회가 고통을 당하는 시간이 길어지는 것 같지만, 결국은 하나님께서 당신을 의지하는 신실한 '의인들'을 구원하실 것이다. 바벨론처럼 교만하고 악하며 자신의 욕망을 채우기에 급급한 세상 나라는 하나님의 무서운 심판을 받아 멸망당하고 말 것이다(계 17-18장). 로마서 1:17, 갈라디아서 3:11에서처럼 우리를 죄에서 구원하신 예수님을 하나님의 아들로 믿는 의인은, 히브리서 10:38에서처럼 끝까지 하나님을 신뢰하고 그분의 말씀대로 살아서 결국은 영원히 하나님나라에서 '살게' 될 것이다.

스바냐

요시야 시대(주전 640-609년), 즉 주전 7세기 후반에 예언한 것으로 보이는 스바냐 선지자는 임박한 여호와의 날에 대해서 선포하면서 그날이 세계(유다 주변 국가들)와 유다와 예루살렘에 대한 심판의 날이 될 것을 경고한다. 경고와 더불어 회개를 촉구하고 남은 자들을 격려한다(2:1-3; 3:9-20). 유다의 죄는 우상을 숭배하고 여호와의 계명을 어긴 것인데 특별히 지도층의 죄악이 크다(1:8-9; 3:1-5). 하지만 심판이 끝난 후에 여호와께서는 예루살렘을 구원하실 것이며 열국도 여호와를 경배할 것을 스바냐는 예언하고 있다(3:9-20). 1:7-2:3에 여러 번 나오는 '여호와의 날' 혹은 '그 날'이라는 표현은 하나님의 백성이 벌을 받는 날이다. 하지만 심판이 끝난 후에(3:8) '그 날'은 여호와께서 남은 자와 예루살렘을 구원하시는 날이 될 것이다.[1] 이방인들을 심판하실 뿐만 아니라 그들을 구원하실 하나님에 대한 묘사는 하나님만이 역사의 주권자이심을 선포하는 것이다.

1:1의 표제에 의하면 스바냐는 히스기야의 4대손으로서 왕실에 있으면서 이사야와 같은 8세기 선지자들의 예언을 잘 알고 자신의 시대를 향해서 예언을 했을 것이다. 아마도 그는 므낫세와 아몬 왕의 통치 기간 중에 유다에 팽배했던 배교와 불의를 경험했을 것이며(왕하 22-23장; 대하 34-35장 참조), 요시야의 개혁이 시작되던 621년 이전에 예언 활동을 시작했을 것이다.[2] 그는 2:13-15에서 주전 612년에 일어난 니느웨의 멸망을 예언하고 있다.[3] 스바냐는 나훔이나 하박국과 비슷한 시대에 활동했고, 젊은 예레미야의 선구자가 되었다.

스바냐의 활동

요시야의 개혁(621-)	유다의 멸망
요시야 왕의 통치(640-609)	BC 586

구조[4)]

1:1-18	여호와의 날에 있을 세계와 유다와 예루살렘 심판 선언
2:1-3:8	이스라엘 주변 나라들과 예루살렘에 대한 심판 선언
3:9-20	하나님을 구하는 열방과 남은 자의 회복(9-13), 시온의 회복(14-20)

전체적으로 1장에서는 주로 예루살렘에 대한 심판이 선언되고, 2:1-3:8에서는 세계에 대한 심판이 선언되는 반면에, 3:9-20에서는 예루살렘과 세계의 구원을 함께 다룬다.

내용

온 세상과 예루살렘에 임할 여호와의 심판의 날('여호와의 날'1:1-18)[5)]

1:1	표제			
1:2-18	1:2-3	온 누리에 대한 여호와의 심판 선포: "내가 멸절하리라"	세계 심판	
	1:4-6 1:7 1:8-9 1:10-11 1:12-13 1:14-16	유다와 예루살렘의 우상 숭배자들에 대한 심판 선포 "여호와의 날이 가까웠도다" 지도층 심판 선포(8: 여호와의 희생의 날) '그날'에 있을 애곡, 애곡 촉구 안일한 예루살렘 사람들 심판 선포 "여호와의 큰 날이 가깝도다"		유다, 예루살렘 심판
	1:17-18	모든 거민 심판 선포: "내가 멸절하리라"	세계 심판	

1:1 표제

스바냐의 예언 활동이 이루어진 시대를 아몬의 아들 요시야 왕 때라고 밝히면서 그가 히스기야의 4대 손이라는 점을 강조해서 밝힌다.

1:2-18 세계 심판과 유다와 예루살렘에게 임할 심판의 날로서의 '여호와의 날'

이 부분에서는 노아의 홍수에서와 같은 온 세상의 심판에 대한 선언이 바깥 틀을 이루고(2-3, 17-18절) 그 사이에 유다와 예루살렘에 대한 심판의 날로서의 '여호와의 날'에 대한 말씀(4-16절)이 등장한다. 2-3절과 17-18절은 여호와의 날에 죄를 범하는 악인들로 인해서 온 땅에 있는 모든 것(사람, 짐승, 새, 바다의 고기, 재물)을 진멸하실 것이라고 하신다.

4-16절은 이처럼 세계적인 심판의 일부로서 예외 없이 하나님의 백성인 유다와 예루살렘도 동일한 심판을 받게 될 것을 선언한다. 3-6절은 유다와 예루살렘에서 행해지는 온갖 이방신 숭배와 우상숭배에 대한 심판의 선언이다. 요시야는 종교개혁을 통해서 이런 부분을 제거하려고 하였다(왕하 23:4-5, 10, 13 참조).[6] 7-13절에서는 이방신 숭배뿐만 아니라 주로 지도층에 의해 자행된 포악과 거짓을 행하는 불의에 대한 심판이 예루살렘의 멸망을 초래할 것이고, 이로 인해서 집과 모든 재산을 잃게 될 백성들의 통곡이 뒤따를 것을 예언한다. 14-16절은 '그 날' 곧 불의한 자들에 대한 심판의 날로서의 '여호와의 날'이 가깝고, 그날이 분노와 환난과 고통과 황폐와 패망의 날임을 선언하고 경고한다.

열방과 예루살렘에 대한 심판 예언(2:1-3:8)[7]

2:1-3:8	2:1-3	겸손한 자들에게 하는, 여호와를 찾으라는 권고		
	2:4-7 2:8-10	블레셋(서쪽 이웃)에 대한 심판 선포 모압과 암몬(동쪽)에 대한 심판 선포	이방 심판	
	2:11	세상신들의 쇠진, 이방 모든 해변 사람들의 여호와 경배	이방 구원	
	2:12 2:13-15	구스(남쪽 이웃)에 대한 심판 선포 앗수르(북쪽 이웃)에 대한 심판 선포	이방 심판	
	3:1-8	회개하지 않는 성읍 지도층에 대한 심판 선포		예루살렘의 심판

이 부분은 유다에게 회개를 요청하는 부분(2:1-3)으로 시작하고 그것을 거부한 예루살렘에 대한 심판 선언(3:6-8)으로 끝난다. 이 두 부분 사이에 유다의 주변 나라들에

대한 심판 선언이 들어 있다.

2:1-3 여호와를 찾으라는 회개의 촉구

이 부분은 1장과 2:4 이후의 심판 예언을 이어주는 회개를 촉구하는 부분이다. 즉 심판을 선언하면서 그 심판의 날이 오기 전에 겸손하게 여호와를 찾고 의지할 것을 권면한다. 그 길만이 살 길이기 때문이다.

2:4-15 유다 주변 나라들에 대한 심판 선언

유다의 서쪽(블레셋), 동쪽(롯의 후손 모압/암몬), 남쪽(구스), 북쪽(앗수르)에 대한 네 가지 심판 선언이 들어 있다. 모압과 암몬은 하나님의 백성을 비방하고 교만했기 때문에 심판을 받는다고 하고 앗수르는 교만했기 때문에 심판을 받는다고 한다. 7절과 9절에서는 블레셋과 모압과 암몬이 유다의 남은 자의 영토가 될 것이 예언되어 있는데 이것은 3:9 이후의 회복에 대한 암시를 보여준다.[8)]

3:1-8 회개하지 않는 예루살렘에 대한 심판 선포

이 부분은 하나님의 회개 권고를 듣고도 거부한(6-8절) 예루살렘의 죄악들을 고발하면서 심판을 선언하는 단락이다. 특별히 예루살렘의 지도자들(방백들, 재판장들, 선지자들, 제사장들)의 탐욕과 완악함과 불의를 고발한다(3-5절). 그들은 하나님의 명령을 듣지 않고 하나님을 의지하지 않았을 뿐만 아니라, 다른 나라들을 멸망시키시는 하나님의 심판을 보았고, 회개를 요청하시는 하나님의 말씀을 들었으면서도 그것을 거부했다(2, 6-7절). 그래서 그들은 앞에서 말한 나라들과 함께 하나님의 심판을 받게 될 것이다(8절).

하나님을 경외하는 이방과 남은 자들과 예루살렘의 회복(3:9–20)[9)]

3:9–20	3:9–10	"여러 백성이 여호와의 이름을 부르리라"	이방 구원	
	3:11 3:12–13 3:14–20	교만한 자를 제하리라 곤고하고 가난한 백성이 여호와의 이름을 의탁할 것 예루살렘과 이스라엘이 누릴 영광		예루살렘의 구원

스바냐서는 여호와의 심판의 날이 끝난 먼 미래에 일어날 구원과 회복에 대한 예언으로 마무리된다. 먼저 심판의 대상이었던 '여러 백성' 중에서 여호와께 구원받은 자들이 여호와를 예배할 것을 예언한다(9–10절). 그리고 여호와께서 예루살렘에 교만한 자들을 제거하고 여호와를 의지하며 거짓을 말하지 않는 남은 자들이 거주하게 하실 것이라고 한다(11–13절). 그래서 예루살렘의 주민들은 진심으로 기뻐하고 즐거워할 것을 요청받는다(14절). 더 이상 두려워하지 말라고 권면한다(16절). 왜냐하면 여호와께서 형벌을 제하시고 예루살렘 가운데 거하시면서 그들에게 구원을 베푸시고, 그들을 사랑하시고 기뻐하실 것이기 때문이다(15, 17절). 하나님은 수치를 당하던 사로잡힌 자들을 돌아오게 하셔서 치욕을 제거하고 칭찬과 명성을 얻게 하실 것이라고 하신다(18–20절). 이러한 기쁨의 분위기는 1장의 '애곡'의 분위기와 대조적이다.[10)]

결론

스바냐서의 교훈은 오늘날의 교회에도 적용이 된다. 온 세계를 다스리시고 심판하시는 하나님께서는 교회의 불의에 대해서도 경고하신다. 성령께서는 불의에서 돌이켜 하나님을 의지하고 하나님의 말씀을 회복하라고 우리를 권면하신다. 끝까지 그것을 거역하는 세상과 사람들은 하나님의 무서운 진노의 날을 경험하게 될 것이지만 하나님을 의지하는 경건한 자들은 구원을 받을 것이다. 그날이 가깝다. 더욱 더 영적으로 깨어 있어야 할 것이다(마 24–25장). '여호와의 날' '그리스도의 날'에 우주적 심판이 이루어질 것이다(롬 2:16; 고전 1:8; 빌 1:6, 10; 딤후 4:8; 계 19장).[11)] 그날을 기다리며 우리는 교회 안에 거하시면서 우리에게 구원을 베푸시고, 우리를 사랑하시고 기뻐하시는 삼위 하나님을 날마다 누리고 의지해야 할 것이다(3:17; 빌 2:9-11).

학개

학개서는, 포로지에서 돌아온 하나님 백성들에게 경제 사정이 어려운 가운데서라도 예루살렘에서 성전을 재건축하도록 독려하는 학개 선지자가 받은 네 번의 말씀들로 구성되어 있다.[1] 여기서 성전의 재건은 종교와 삶의 중심을 회복하는 것을 뜻할 뿐만 아니라 여호와께서 이방을 물리치시고 시온을 영화롭게 하실 새로운 구원의 때가 동트는 조건으로 간주된다. 유다 총독으로 세움 받은 다윗의 후손 스룹바벨과 대제사장 여호수아는 포로 후기 유다 공동체에서 다윗 왕국과 레위 제사장직의 연속성을 드러내는 중요한 인물로 등장한다.[2] 1:1, 2:1, 10, 20에 적힌 날짜로 보면 학개는 모두 같은 해, 곧 페르시아 왕 다리오 2년(주전 520년)에 4개월(8월 29일부터 12월 18일까지) 동안 네 번에 걸쳐 예언한 것으로 나타난다.[3] 학개서는 전형적인 예언형식을 따라 기록하고 있기보다는 운율이 있는 산문형식/서사체의 글이며 학개를 3인칭으로 쓰고 있다. 이것은 아마도 메시지의 객관성을 강조하는 것으로 보인다. 질문 형식으로 말씀들이 전달되고(1:4, 9; 2:3,12-13, 19), "너희는 너희의 행위를 살필지니라"(1:5, 7; 2:15, 18), "내가 너희와 함께 하노라"(1:13; 2:4), "하늘과 땅을 진동시킬 것"(2:6, 21), "스스로 굳세게 할지어다"(2:4에 세 번, 수 1:6-7, 9, 19)라는 표현이 반복적으로 등장한다.[4]

학개('축제'라는 의미)는 2:3로 미루어보아 솔로몬 성전의 파괴를 목격한 70대의 노인으로서 구시대와 새 시대를 연결하는 인물로 보인다.[5] 주전 538년경에 학개와 함께 귀환한 이스라엘은 성전의 기초를 놓았지만(주전 536년) 주위 이방 세력들(특히 사마리아인들)의 방해로 주전 520년까지 건축을 중단하고 생계를 위해 집 건축과 농사에만 집중하게 된다. 이로 인해 이스라엘에 가뭄과 흉년의 재앙이 닥쳤다. 다리오 왕 제2년(주전 520년)에 하나님의 말씀을 받은 학개와 스가랴 선지자의 설교와 스룹바벨 총독과 제사장 여호수아의 지도력으로 주전 516년에 성전은 완공된다(에스라 1-6장 참조).

학개의 활동

구조

1:1–15 첫 번째 임한 말씀	성전을 건축하라(1–11) → 스룹바벨과 여호수아와 백성들의 순종(12–15)
2:1–9 두 번째 임한 말씀	새 성전의 영광
2:10–19 세 번째 임한 말씀	성전 재건의 순종으로 그 동안의 불순종으로 인한 흉년이 사라질 것
2:20–23 네 번째 임한 말씀	열국을 심판하고 스룹바벨을 세우실 것

위의 구조에서 첫 번째 말씀에서 말한 언약적 저주였던 흉년이 백성들의 순종으로 세 번째 말씀에서 사라질 것이라고 한 것은 두 말씀이 서로 밀접하게 연결됨을 보여준다. 그리고 두 번째 말씀과 네 번째 말씀도 스룹바벨을 격려한다는 면에서 서로 연결된다(ABAB구조).

내용

첫 번째 임한 말씀: 성전을 건축하라[6] (1:1–15)

1:1–11	1:1	다리오 2년 6월 1일 여호와의 말씀이 학개로 말미암아 스룹바벨과 여호수아에게 임하니라
	1:2–11	성전 건축을 둘러싼 논쟁과 여호와의 건축 명령
1:12–15	1:12–15	다리오 2년 6월 24일 백성의 순종, 학개의 격려, 건축 시작

다리오 2년 6월 1일은 8월 29일이다. 1–11절은 학개가 받은 말씀이고 12–15절은 이후에 백성들이 그 말씀에 긍정적으로 반응한 이야기다. 1절은 하나님의 말씀이 특별히 백성들의 지도자인 '스룹바벨과 여호수아'에게 임했음을 강조하고, 1장에는 이 두 사람의 이름이 자주 등장한다(1, 12, 14절). 학개는 백성들이 성전을 건축할 때가 아니라고 핑계하면서 성전 재건은 미루면서도 자신들의 집은 건축한 것을 비판한다(3–4절). 그리고 현재 백성들에게 닥친 기근이 그들이 성전 재건을 미뤘기 때문임을 지적하면서(신 28:38–40) "너희는 너희의 행위를 살필지니라"(5, 7절)고 한다(5–11절). 그러나

핵심 구절은 '성전을 건축하라'는 8절의 말씀이다. 성전을 건축하면 하나님께서 기뻐하시고 영광을 얻으실 것이라고 한다.

12-15절은 학개가 전한 말씀의 결과를 보도한다. 스룹바벨과 여호수아를 비롯한 백성들은 학개를 통해 전달된 하나님의 말씀을 듣고 적극적으로 호응하여 6월 24일에 성전 건축을 시작하게 된다.

두 번째 임한 말씀: 새 성전의 영광[7] (2:1-9)

2:1-9	2:1 2:2-5 2:6-9	다리오 제 7월 21일 여호와의 말씀이 학개에게 임하니라 초라한 성전의 모습에도 낙심치 말고 굳세게 할 것을 격려함 새 성전의 영광: "만군의 여호와가 이같이 말하노라 조금 있으면 내가 하늘과 땅과 바다와 육지를 진동시킬 것이요 또한 모든 나라를 진동시킬 것이며 모든 나라의 보배가 이르리니 내가 이 성전에 영광이 충만하게 하리라 만군의 여호와의 말이니라"

다리오 제 7월 21일은 10월 17일로 장막절의 마지막 날이다.[8] 두 번째 말씀은 첫 번째 성전과 비교해서 두 번째 성전이 초라한 것 때문에 실망하는 백성들(3절, 스 3:12 참조)을 격려하는 말씀이다. 먼저 하나님은 당신의 영을 통해서 그들과 함께 하실 것이라고 약속하시면서 '스스로 굳세게 하라'고 세 번이나 격려하신다(4-5절). 그런 다음 두 번째 성전이 상징하는 하나님의 영광스러운 미래를 예언하신다. 하나님께서 이 성전에 영광이 충만하게 하시고 온 세상을 뒤흔들면서 이 성전을 중심으로 통치하실 것이기에, 모든 나라들이 여호와께 예물을 바치게 될 것이라고 한다(6-9절). 이것은 참 성전 되시는 예수 그리스도를 통해서 이루어졌고(요 2:13-14), 교회를 통해 이뤄지고 있다.

세 번째 임한 말씀: 성전 건축이 축복을 가져다 줄 것[9] (2:10-19)

2:10-19	2:10 2:11-14 2:15-19	다리오 2년 9월 24일에 여호와의 말씀이 학개에게 임하니라 성물과 부정에 대한 제사장과 학개의 문답 건축 공사 시작으로 저주가 축복으로 바뀔 것

다리오 제 9월 24일은 12월 18일이며, 이때는 겨울 작물을 심는 때로 성전 재건을 시작한 지 약 3개월이 지난 때이다.[10] 세 번째 말씀은 첫 번째 말씀의 반복이면서 발전

이다. 하나님께서는 학개를 통해 제사장과의 문답을 하게 하시면서 성전 건축을 미루는 이스라엘 백성들은 부정한 성물과 같다고 지적하신다(11-14절). 그러면서 성전을 건축하는 일은 이전에 임한 재앙과 기근이 언약적인 복으로 바뀌는 계기가 될 것이라고 하신다(15-19절; 신 28:22 참조).

네 번째 임한 말씀: 스룹바벨에게 주는 미래의 영광에 대한 말씀[11] (2:20-23)

2:20-23	2:20 2:21-22 2:23	그달(9월) 24일에 여호와의 말씀이 다시 학개에게 임하니라 스룹바벨에게 고하여 이르라 내가 하늘과 땅을 진동시킬 것이요 (…) 열국의 보좌를 엎을 것이요 너로 인을 삼으리니

세 번째 말씀과 동일한 날에 임한 말씀으로 특별히 스룹바벨에게 주는 말씀이다. 두 번째 말씀처럼 하나님께서 하늘과 땅을 진동시키시며 이방 나라들을 심판하실 영광스러운 미래를 예언한다(21-22절). 다윗의 후손이자 총독인 스룹바벨은 하나님께 버림받은 하나님의 인장(옥새 반지, 렘 22:24-25)이 회복될 것을 보여주는 예표가 될 것이라고 하신다(23절). 비록 그는 왕이 아니지만 다윗과 솔로몬처럼 성전을 재건하는 지도자이기에 미래에 예수 그리스도에게서 온전히 회복될 다윗 왕권을 예표한다.

결론

성전의 재건은 삶의 우선순위가 하나님께 두어져야 함을 의미한다. 하나님을 예배하는 일, 하나님의 말씀을 듣고 순종하는 일에 우선순위를 두어야 하나님나라가 진정으로 회복되고 우리의 삶도 하나님의 복을 누릴 수 있기 때문이다. 한편 성전 재건을 통한 영광의 회복을 말하는 학개의 예언은 예수 그리스도와 그분의 교회에서 성취되었고 또한 성취되고 있다. 하나님께서 임재하셔서 온 세상을 다스리시는 '성전'인 그리스도와 그의 몸인 교회는 온 세상에 하나님의 통치를 펼치시는 세상의 중심이다(눅 2:27, 32; 요 1:14; 2:21; 히 1:3; 고전 3:16-17; 엡 1:23; 2:20-22; 벧전 2:4-10).[12] 마지막 날에는 하나님과 어린 양이 성전이 되셔서 새 예루살렘에서 영광을 나타내실 것이다(계 21:22).

스가랴

스가랴는 학개와 함께 포로 귀환 공동체가 제2성전을 재건하는 일과 하나님 중심의 삶을 회복하는 일을 격려하였다. 스가랴서의 중심 주제는 성전 재건이 예표 하고 미래의 메시아에 의해서 완성될 시온의 구원과 회복(1:18–2:13; 9:9–17; 12:1–9; 14:3–11)이라고 할 수 있다.[1] 이방 민족의 멸망이 시온 회복의 조건 중의 하나이다. 이러한 흐름은 후반부에서 더 강하게 나타나는데 시온은 온 세상을 다스리시는 여호와께서 좌정하신 왕도로 회복이 되고, 생수가 흘러나오는 온 세상의 중심이 된다(14:8–9). 그 과정에서 고난당하는 겸손한 왕의 역할이 예언되는데, 나귀를 타고 시온에 입성하는 평화의 왕에 대한 예언(9:9–10)은 마태복음 21:5에서, 온 예루살렘이 고난당한 왕을 위해 애통한다는 본문(12:10–14)은 요한복음 19:37에서 각각 예수 그리스도에게 적용된다.[2] 스가랴서는 소선지서 가운데서 가장 긴 책이다. 스가랴 9–14장은 에스겔서와 더불어 신약의 계시록의 내용과 깊은 연관을 가지고 있을 뿐만 아니라 많은 구절들이 그리스도의 수난 기사에 인용되고 있다.[3] 묵시 형식의 예언들은 해석하기 매우 어려운 부분이기도 하다.

스가랴('여호와께서 기억하신다'는 의미)는 "잇도의 손자 베레갸의 아들"(1:1)로 소개되고 있다. 그의 조부 잇도를 느헤미야의 계보(느 12:16; 스 5:1; 6:14)에 나오는 제사장계열의 사람으로 본다면 스가랴는 포로 귀환 후 제사장으로 사역한 것으로 추정할 수 있다.[4] 그는 학개보다 몇 달 늦은 520년 10–11월(1:1)부터 사역을 시작해서 518년 12월까지(7:1) 1–8장까지의 말씀을 전한다. 이 부분에서는 학개처럼 주로 성전 건축을 격려하고 영광스러운 미래를 다룬다. 9–14장은 그보다 훨씬 늦은 시기(주전 480년?, 아닥사스다 초기?)까지 전한 말씀으로 보이는데[5] 먼 미래의 시온의 온전한 회복을 예언한다(아래의 구조 부분 참조).

스가랴의 활동

성전 기초 놓음	성전 건축 시작	성전 완공	
BC 538년	BC 520	BC 516	
	다리오(BC 522–486)	아닥사스다(BC 465–424)	

구조[6)]

1–8장 성전 재건을 중심으로 한 가까운 미래 예언	1:1–6 조상들을 본받지 말고 회개하라
	1:7–6:15 하룻 밤에 본 여덟 가지 환상–열국의 심판, 예루살렘의 회복, 스룹바벨과 여호수아의 지도력을 통한 성전의 재건 7:1–8:23 예루살렘과 성전의 회복으로 금식일들이 기쁨의 절기로 변할 것
9–14장 메시아, 시온의 회복과 관련된 먼 미래 예언	9–11장 이방 심판(9:1–8), 시온의 왕을 통한 구원(9:9–17), 거짓 목자들에 대한 심판과 백성들의 회복(10장), 참 목자를 배척하는 거짓 목자들 심판(11장) 12–14장 열국의 예루살렘 공격, 죽임 당할 왕, 열국의 심판, 정결케 되고 완전히 회복될 예루살렘

내용

서론적 메시지 + 하룻밤에 본 여덟 가지 환상(1–6장)[7)]

1:1–6 들어가는 말	1:1 1:2–6	표제: "다리오 왕 제이 년 여덟째 달에 여호와의 말씀이…스가랴에게 임하니라" 회개 촉구: 조상들을 본받지 말고 돌아오라!
1:7–6:15 환상	1:7 1:8–17 1:18–21 2:1–13	표제: 다리오 왕 2년 11월 24일에 여호와의 말씀이 스가랴에게 임하니라 환상(1): 말탄 사람들–조용한 땅에 대한 환상 1:16–17 예루살렘 구원의 말씀 환상(2): 네 뿔, 네 대장장이–열국의 심판에 대한 환상 환상(3): 측량줄 잡은 사람–새 예루살렘에 대한 환상 2:6–13 시온 회복의 말씀
	3:1–10 4:1–14	환상(4): 여호와 앞에 선 여호수아–새 시대에 대한 환상 3:8–10 여호수아에 대한 구원의 말씀 환상(5): 등잔대와 두 감람나무–새 시대에 대한 환상 4:6–10 스룹바벨에 대한 구원의 말씀
	5:1–4 5:5–11 6:1–15	환상(6): 날아가는 두루마리–온 땅에 내리는 저주에 대한 환상 환상(7): 에바 안의 여인–악의 제거에 대한 환상 환상(8): 네 병거–조용한 성령에 대한 환상 6:9–15 여호수아에게 면류관을 씌우라는 명령

1:1-6 서론적인 회개 촉구

스가랴는 학개보다 약 두 달 늦게 활동을 시작하였다(1:1). 스가랴는 포로기 이전의 조상들이 '옛적 선지자들'(4절)의 경고를 무시하고 멸망당하여 포로로 잡혀간 것을 상기시키면서, 그들을 본받지 말고 여호와께로 돌아올 것을 요청한다. 이것은 성전 건축을 시작한 백성들을 격려하는 역할을 했을 것이다.

1:7-6:15 하룻밤에 본 여덟 가지 환상

다리오 왕 제2년 열한째 달 24일(주전 519년 2월 15일)에 임한 환상을 통한 하나님의 말씀이다. 주로 성전 건축과 관련된 환상들로서 하나님께서 대적하는 열방을 심판하시고, 지도자들(스룹바벨과 여호수아)을 정결케 하셔서 예루살렘 성전을 재건케 하시고, 결국은 예루살렘을 정결케 하시고 회복시키실 것을 예언하는 내용들을 담고 있다. 첫 번째와 여덟 번째 환상이 말이 이끄는 '병거'와 관련되어 전체의 틀을 이룬다면, 두 번째와 세 번째는 여섯 번째와 일곱 번째와 관련되어 회복된 공동체의 대적 멸망과 죄의 제거를 다루고, 가운데 있는 네 번째와 다섯 번째 환상은 성전을 건축하고 백성들을 지도하는 여호수아와 스룹바벨의 지도력을 다루고 있다. 그래서 이 환상들은 교차대구적인 구조를 갖는다.[8] 이 환상들은 유사한 형식을 갖는데 스가랴가 자신이 본 것을 기술하고 그 환상의 의미에 대해 질문하면 해석하는 천사가 그것을 설명하는 순서가 그것이다.[9]

첫 번째 환상(1:8-17)은 말 탄 사람들이 세계에 대해 정찰한 것을 보고하는 것으로 온 땅이 평안하고 조용하다는 것이다. 이에 대해 스가랴는 언제 예루살렘이 다시 회복될 것인지를 천사에게 묻는다. 이에 여호와께서는 천사를 통해서 이스라엘을 침략한 나라들을 심판하시고 예루살렘을 온전히 회복시키셔서 거기에 임재하실 것이라고 약속하신다. 이것은 바벨론에 대한 심판으로 이스라엘이 돌아온 것을 상기시키면서 앞으로 회복을 완성하실 것을 천명하시는 것이라 볼 수 있다.

두 번째 환상(1:18-21)은 '네 뿔'과 '네 대장장이'에 대한 환상으로 이스라엘을 심판한 열국(뿔들)을 새로운 나라들(네 대장장이)을 통해 심판하실 것을 예언하는 것이다.[10]

세 번째 환상(2:1-13)은 '측량줄 잡은 사람'에 대한 환상으로 성벽이 없어도 하나님께서 불로 둘러싸는 안전한 성이 될 예루살렘의 회복을 보여준다(1-5절). 6-13절은 첨부된 여호와의 말씀으로 첫 번째부터 세 번째까지의 환상의 내용을 함께 보여준다. 여호와께서는 당신의 '눈동자'와 같이 귀한 이스라엘의 백성들을 압제했던 나라들을 심판하시고 포로민들과 이방인들까지 예루살렘으로 돌아오게 하셔서 예루살렘에 좌정하시면서 영광스러운 나라를 회복시킬 것을 말씀하신다.

네 번째 환상(3:1-10)은 여호와 앞에 선 대제사장 여호수아를 정결케 하는 환상이다. 이 환상은 포로 귀환 공동체를 대표하는 여호수아가 '사탄'의 정죄와 고발을 받지만 하나님께서 그의 죄를 용서하시고 정결케 하셔서(아름다운 옷, 정결한 관) 제사장직(제사장나라)을 회복시킬 것을 보여준다(1-7절). 8-10절에는 여호와의 말씀이 첨가된다. 여호수아와 동료 백성들의 성전 재건이, 그 성전(9절의 일곱 눈이 있는 한 돌이 상징함[11])과 '내 종 싹'으로 불리는 다윗 가문의 메시아(스룹바벨이 상징하는 미래의 메시아, 사 11:1; 53:2; 렘 23:5참조)를 통한[12] 하나님의 용서와 하나님나라의 온전한 회복(9-10절)을 예표하는 것이라고 하신다.

다섯 번째 환상(4:1-14)은 네 번째와 밀접하게 관련되며, 등잔대와 등잔대 좌우에서 등잔에 기름을 공급하는 두 감람나무(11-12절) 환상이다. 두 감람나무(3절)가 상징하는 스룹바벨과 여호수아(14절 "기름부음 받은 자 둘")는 사람의 힘이 아닌 하나님의 영의 도우심으로(일곱 등잔이 있는 등잔대가 상징, 2절) 성전을 재건할 것이다(6-10절). 6-10절은 특별히 스룹바벨에게 주신 하나님의 말씀이다. 여호와께서는 일곱 등잔대가 있는 성전에 좌정하시면서 '일곱 눈'으로 온 세상을 다스리실 것이다(3:9; 4:10). 한편 여호수아와 스룹바벨은 제자상-왕인 예수 그리스도를 예표한다.

여섯 번째 환상(5:1-4)은 '날아가는 두루마리' 환상으로 '온 땅에 내리는 저주'를 상징한다(3절). 포로 귀환 공동체가 율법대로 살지 않으면 신명기 28장에서 말한 저주를 받게 될 것을 경고한다. 이것은 하나님나라를 죄악으로부터 정결케 하는 작업이다.

일곱 번째 환상(5:5-11)은 '에바(광주리) 속의 여인' 환상으로 여섯 번째와 같이 회복된 공동체로부터 악을 제거하여 죄악의 장소인 바벨론(시날 땅)으로 옮기는 것을 의미한다.

여덟 번째 환상(6:1-15)은 '네 병거'에 관한 것으로 첫 번째 환상처럼 온 땅(특별히 바벨론이 있는 북쪽)이 평온하기에(8절) 성전을 건축할 때가 되었음을 보여준다(1-8절). 추가된 9-15절의 말씀은 네 번째 환상의 의미를 강화시키면서 전체 환상들을 마무리하는 역할을 한다. 금은으로 만든 대제사장의 왕관은 백성들의 헌신으로 지어질 영광스러운 성전을 상징한다. '싹'은 총독 스룹바벨과 왕적 통치를 상징한다.[13] 13절에서 "이 둘 사이에 평화의 의논이 있으리라"는 말씀은 스룹바벨의 행정적 지도력으로 성전이 완공되어(4장 참조) 대제사장이 사역을 하게 될 것을 의미한다. 이것은 미래의 제사장-왕이신 예수 그리스도의 사역에 대한 예표이다.

금식에 관한 질문과 대답-금식일이 기쁨의 날로 바뀔 것에 대한 예언(7-8장)[14]

7:1-8:23 금식에 대한 질문과 대답 -금식일이 기쁨의 날로 변할 것		
	7:1	"다리오 왕 4년 9월 4일에 여호와의 말씀이 스가랴에게 임하니라"
	7:2-3	a 금식에 대한 사람들의 물음
	7:4-14	b 여호와의 대답-순종 없는 금식 비판(8-14 불순종한 역사 회고)
	8:1-8	c 예루살렘과 유다의 회복 예언
	8:9-13	c' 성전 재건 격려
	8:14-17	b' 하나님의 말씀에 순종할 것
	8:18-19	a' 금식 문제에 대한 여호와의 대답-금식일이 기쁨의 날이 될 것
	8:20-23	구원의 말씀: 만국의 중심이 될 예루살렘

위의 도표가 보여주듯이 7:2부터 8:19은 금식 문제를 중심으로 교차대구적인 구조로 되어 있다. 다리오 왕 제4년 9월 4일(주전 518년 12월 7일)에 임한 하나님의 말씀이다. 예루살렘이 멸망당한 5월에 지켜왔던 금식일을 지속할 필요가 있느냐는 벧엘 사람들의 질문(2-3절)에 대한 선지자의 대답으로 예언이 구성된다.

예루살렘이 회복되었기에 금식하지 않아도 되지 않느냐는 그들의 질문에 대해서 여호와께서는 먼저 예루살렘 멸망의 원인이 되었던 하나님의 율법에 대한 불순종을 회복해야 할 것이라고 하신다(7:4-14). 불순종이 지속되는 한 형식적 금식도 의미가 없고, 금식을 그치는 것도 의미가 없다는 말이다.

그러면서도 여호와께서는 온전한 예루살렘의 회복을 약속하신다(8:1-8). 예루살렘을 다시 '진리의 성읍'으로 불리게 하시며 온 성에 돌아온 남은 자들로 가득하게 하시겠다고 하신다. 그리고 '진리와 공의로' 그들 가운데 함께하실 것을 약속하신다. 성전을 건축하는 것을 격려하시면서 이 건축은 회복될 예루살렘을 예표할 것을 말씀하신다(8:9-13).

하나님은 다시 이전 주제로 돌아가서 회복된 공동체에게 하나님의 말씀대로 행할 것을 요청한다(8:14-17). 왜냐하면 이것이 참된 금식의 의미이기 때문이다. 그러면서 이 금식의 날들이 여호와의 구원과 회복으로 인해 참된 '기쁨의 절기들'로 변화될 것이라고 약속하신다(8:18-19).

8:20-23은 예루살렘의 회복을 다시 언급하면서 이스라엘 백성들뿐만 아니라 이방 백성들도 예루살렘에 와서 살게 될 것을 약속하는 여호와의 말씀을 담고 있다. 세 번째 환상의 부연 설명이다.

대적들 심판과 겸손한 목자-왕을 통한 예루살렘의 회복 예언(9-11장)[15]

9-11장 이방 심판 시온 회복	9:1-8	아람, 다메섹, 두로, 시돈, 블레셋에 대한 심판 선언
	9:9-17	시온을 회복시키시는 하나님 9:9-10 시온의 왕이 임하리라 9:11-12 하나님의 백성이 돌아오리라 9:13-15 헬라를 치게 하시리라 9:16-17 자기 백성을 구원하실 여호와, 생산의 회복
	10:1-12	자기 백성을 이끌고 돌아오시는 하나님 10:1 생산의 회복 10:2-3a 거짓 목자들과 숫염소 심판 10:3b-5 적과 싸워 이기게 하리라 10:6-12 하나님 백성을 돌아오게 하시리라
	11:1-3	멸망당한 자들은 고하라(3: 목자들)
	11:4-17	못된 목자들에게 "화 있을진저"(17)

9-11장은 이전 장들보다는 먼 미래의 예루살렘의 회복에 초점을 맞추고 있고 '왕'(메시아)의 강림에 대한 관심을 많이 보인다. 예루살렘 회복의 전제 조건은 그들을 침략했던 주변 나라들을 심판하시고 예루살렘을 안전하게 지키는 일이기에 9:1-8은 그것을 먼저 예언한다. 이어서 겸손한 왕(다윗의 후손)이 예루살렘에 임하여 공의를 회복하고 구원을

베푸시고 온 세상을 평화롭게 통치하실 것이 예언된다(9:9-10). 이 예언은 복음서들(마 21:1-11; 막 11:1-11; 눅 19:28-38; 요 12:12-15)에 인용되고 있는데, 복음서 기자들은 예수님의 예루살렘 입성에서 이 예언이 성취되었다고 본다. 하지만, 열방에 대한 통치는 그의 재림에 적용될 것이기에 성취를 기다리고 있다.[16] 왕의 승리는 포로 되었던 남은 자들의 귀환으로 이어지고(11-12절), 먼 나라의 대표인 '헬라'(야완, 창 10:2, 4; 사 66:19; 겔 27:13)[17]를 치는 하나님의 백성들의 승리로 이어지며(13-15절), 나라의 평안과 풍요로운 복으로 연결된다(16-17절).

10:1-3에서는 이방신들이나 거짓 목자들(숫염소, 3절) 아니라 여호와께서 이스라엘을 돌보시는 참 목자이시기에 여호와께 비를 구하라고 요청한다. 여호와께서는 거짓 목자들(이방인 통치자들? 이스라엘 지도자들?[18])을 벌하시고 자기 백성들을 용사로 만드셔서 원수들에게 승리하게 하시고 그들이 돌아오게 하실 것이라고 하신다(4-7절). 여호와께서 대적들을 심판하실 것이기에(11절) 흩어졌던 여러 나라들로부터 돌아오게 하실 것이라고 하신다(8-11절).

11장은 악한 목자들에 대한 심판 예언을 담고 있다. 1-3절은 10:11처럼 대적하는 이방 나라들의 심판을 상징하는 것일 수도 있고, 악한 목자들이 다스리던 이스라엘의 멸망을 예언하는 것일 수도 있다. 4-17절에 나오는 악한 목자들에 대한 심판 예언은 이스라엘이 포로가 되는 과정에 대한 회고일 수도 있고, 스가랴 시대의 악한 통치자들이나 로마 시대와 같이 먼 미래에 일어날 이방 통치자들에 의한 이스라엘 심판을 예언한 것일 수도 있다.[19] 이스라엘은 이방 왕들과 자신들의 왕들에게 버림받는다(4-6절). 그래서 여호와 혹은 그가 세우신 왕을 상징하는 스가랴가 두 양 떼('연합'과 '은총'이라는 남북 이스라엘)를 돌보게 되지만 백성들 또한 그의 돌봄을 외면한다(4-14절). 그들은 외면의 표시로 스가랴에게 겨우 '은 삼십 개'를 품삯으로 주지만 스가랴는 그것을 토기장이에게 던지고 이스라엘의 멸망을 상징하기 위해 두 막대기를 꺾는다(12-14절). 그래서 이스라엘은 어리석은 목자에게 넘겨져 약탈당할 것이지만 양 떼를 버린 못된 목자는 하나님의 심판을 받을 것이다(15-17절). 이스라엘은 자신들의 참 목자이신 예수님을 외면하고 은 삼십 개를 받고 거짓 목자들(제사장들)에게 팔겠지만 결국 그 거짓 목자들은 심판을 받고 말 것이다(마 26:14-15; 27:3-10 참조).

고난당할 목자-왕을 통한 거룩한 예루살렘의 회복 예언(12-14장)[20]

12-14장 예루살렘의 온전한 회복	12:1-9	열국의 공격에서 예루살렘을 지키실 여호와
	12:10-14	'찌른 바 그'를 위한 통곡
	13:1-9	깨끗해질 하나님 백성: 죄와 더러움을 씻는 샘, 우상 제거, 거짓 예언자 제거, 불 가운데서 연단 받을 자
	14:1-21	예루살렘의 고난과 회복: 열국의 예루살렘 약탈, 여호와의 열국 심판, 예루살렘의 구원, 왕이신 여호와의 대적 심판과 예루살렘 보호, 이방 백성들의 시온 순례, 예루살렘의 성결

12-14장은 앞의 '목자'의 주제를 이어 받아서 하나님께서 세우신 참 목자인 왕의 고난을 통한 하나님나라의 회복에 대해서 예언한다. 그리고 이 부분은 '여호와의 날'에 이루어질 하나님의 종말론적인 구원과 심판을 다룬다. 이 날은 먼저 예루살렘을 공격하던 나라들에 대한 심판의 날이 될 것이다(12:1-9). 하나님께서 예루살렘 백성들과 다윗 왕가를 강력하게 회복시키실 것이다. 그때 그들은 자신들이 자신들의 참 목자(하나님, 그가 세우신 왕)를 찌른 것에 대해서 애통하게 될 것이다(12:10-14). "그 찌른 바 그를 바라보고"라는 10절의 말씀은 요한복음 19:37에 인용되어서 십자가에서 창에 찔린 예수 그리스도에게 적용되고 있다. 참 목자이신 하나님을 배반한 이스라엘의 죄악의 절정이 예수 그리스도의 십자가에서 이루어진 것이다.[21]

13:1-6은 백성들의 애통함과 회개에 뒤 따르는 예루살렘과 그 백성들의 정화로 이어진다. 특별히 우상들과 거짓 예언자들이 제거될 것이다. 13:7-9은 12:10의 사건을 다시 말할 수도 있고 거짓된 목자에 대한 하나님의 심판을 가리킬 수도 있는데 전자를 가리키는 것으로 보인다. 목자를 치셔서 양들을 흩어지게 하지만 삼분의 일은 연단을 받아 하나님의 참 백성이 될 것이라고 하신다. 예수님이 포로로 잡히실 때에 제자들이 예수님을 배반하고 도망간 것이 이 예언의 성취라고 복음서 기자는 설명한다(마 26:31, 56; 막 14:27, 49-50). 제자들은 믿음의 시련으로 정화되어 하나님의 교회를 세우기에 이른다.

14장은 여호와의 날에 예루살렘이 정결하게 되고 거룩한 도성으로 온전히 회복되어 온 세상의 중심이 될 것을 예언한다. 비록 처음에는 예루살렘이 열방에 함락되지만(1-2절), 여호와께서 친히 나가셔서 열방과 싸워 물리치시고 예루살렘을 구원하실 것이다(3-7절). 회복된 예루살렘에서 생명수가 흘러나가게 되고(8절), 여호와께서 예루살렘에서 온 세상의 왕으로 좌정하셔서 예루살렘을 위해 싸워 보호하실 것이다(9-15절). 그래서 살아남은 이방인들도 여호와를 경배하고 초막절을 지키려고 예루살렘에 올라오게 되고(16-19절), 예루살렘의 모든 것, 심지어는 '말방울'까지 '성결'하고 거룩하게 될 것이다(20-21절; 13:1-7 참조).

결론

스가랴는 여호수아와 스룹바벨에 의한 성전 건축을 미래에 이루어질 이스라엘의 참 목자이신 예수 그리스도에 의한 온전한 하나님나라 회복의 예표로 삼는다. 참 목자이자 왕이신 예수 그리스도는 비록 백성들에게 버림받고 이방 통치자들에게 멸시를 당하겠지만, 결국 참 이스라엘은 자신들의 죄를 애통해 하며 자신들이 찌른 목자 예수 그리스도를 왕으로 모시게 될 것이다. 이렇게 회복된 거룩한 예루살렘(성전)은 예수 그리스도의 피로 거룩하게 된 그의 교회를 상징한다. 메시아에 의해 회복된 거룩한 교회를 통해서 온 세상이 하나님께로 돌아오게 되고 마지막 날에 거룩한 하나님나라가 완성될 것이다. 생명수가 흐르는 새 예루살렘의 회복은 요한계시록 21-22장에서 그 완성을 보여준다.

말라기

말라기('나의 사자'라는 의미)는 성전이 건축된 후의 에스라와 느헤미야의 개혁 직전에 활동했을 수도 있고,[1] 성전과 성벽이 재건된 후 느헤미야가 페르시아로 돌아갔을 때(주전 433년경) 활동했을 가능성도 있다(1:8의 '총독'이란 말).[2] 후자가 가능성이 높다. 말라기에서 일어난 문제들(통혼, 십일조, 제사장들의 부패, 사회적 불의)은 느헤미야의 상황과 유사하기 때문이다(스 9-10장; 느 5장; 13:7-31 참조).[3] 그렇다면 말라기는 제일 늦게 활동한 선지자가 된다. 말라기에는 특이하게도 '만군의 여호와'란 표현이 20회 이상 사용되었다.[4]

바벨론에서 귀환한 유대인들은 성전과 예루살렘 성벽을 재건한 후에도 그들의 존재가 페르시아 제국의 한 작은 속국에 불과하고, 영광스러운 미래도 아직 실현되지 않고 있음에 실망하고, 하나님의 사랑을 의심하여 예배를 형식화시키고 율법을 어겼다(십일조의 중단, 불결한 제물을 드림, 사회 정의에 대한 무관심). 이에 대해 말라기 선지자는 하나님과의 관계에 있어서 백성들이 신실하지 못한 것과 윤리적 타락을 책망하고, 하나님의 사랑을 확인시키고, 성실한 예배를 촉구하고, 주의 날이 임함을 경고하고 있다.[5] 말라기는 구약의 내용(모세 율법)을 정리하며 신약으로의 길을 예비한다(엘리야 → 세례요한).

성전 재건	말라기의 활동? 2차 귀환	3차 귀환	말라기의 활동?
	에스라	느헤미야	느헤미야 귀환
BC 516	BC 458	BC 445	BC 433
다리오	(아하수에로) 아닥사스다		아닥사스다

구조[6]

1:1	표제
1:2-5 첫째 논쟁	이스라엘을 향한 하나님의 언약적 사랑 재확인
1:6-2:9 둘째 논쟁	제사장들의 불성실(무성의한 제사, 율법을 가르치지 않음)

2:10-16 셋째 논쟁	백성들의 불성실(통혼과 이혼)
2:17-3:5 넷째 논쟁	하나님의 정의를 의심하고 불평하는 백성들을 심판하러 오실 하나님
3:6-12 다섯째 논쟁	헌물과 십일조에 대한 불성실
3:13-4:3 여섯째 논쟁	악인들 번영과 의인들 불행에 대한 불평-여호와의 날(악인 심판, 의인 축복)
4:4-6 맺음말	율법 순종에 대한 명령과 엘리야를 보내실 것에 대한 약속(모세와 엘리야)

말라기는 위에서 보듯이 표제와 맺음말 사이에 있는 여섯 단락의 논쟁으로 구성되어 있다. 논쟁은 보통 1) 하나님 혹은 선지자의 선언이나 백성들에 대한 문제 제기, 2) 질문을 통한 백성들의 이의 제기, 3) 하나님 혹은 선지자의 백성들의 잘못 고발과 재난 선포의 순서로 구성되어 있다.[7] 이러한 논쟁 형식은 이사야 40-55장에서는 여호와의 유일성과 독특성과 탁월성을 강조하기 위해 사용되었고, 학개서에는 성전 건축을 격려하기 위해 사용되었다.[8]

내용

표제(1:1)

선지자에 대한 정보가 주어져 있지 않다. 이스라엘에 주신 경고로 전한 말씀이다.

여섯 번의 논쟁(1:2-4:3)[9]

	진술, 물음, 요구	백성들의 반응	하나님의 대답	주제 또는 동기
1:2-5 첫째 논쟁	"내(여호와)가 너희(이스라엘)를 사랑하였노라"(2절)	"주께서 어떻게 우리를 사랑하셨나이까"(2절)	야곱 택하심(2절), 에돔에 대한 심판 선포(3-4절)	이스라엘을 향한 하나님의 언약적 사랑 재확인

이것은 첫 번째 논쟁(1:2-5)이자 근본적인 것이다. 포로 귀환 공동체는 자신들의 초라한 모습 때문에 하나님의 사랑을 의심했다. 그러나 이스라엘은 회복된 데 비해 에

돔은 회복되지 못하고 있는 모습은 자기 백성에 대한 하나님의 언약적 사랑을 잘 보여 주는 증거이다.

	진술, 물음, 요구	백성들의 반응	하나님의 대답	주제 또는 동기
1:6-2:9 둘째 논쟁	"…제사장들아 …나를 공경함이 어디 있느냐"(1:6)	"우리가 어떻게 주의 이름을 멸시하였나이까"(1:6)	흠 있는 제물 (1:7,8-14절), 뻔뻔스런 말(1:7,12), 심판 선포(2:1-9)	제사장들의 불성실 (무성의한 제사, 율법을 지키지 않음)

두 번째 논쟁은 제사장들의 타락에 대한 논쟁이다. 그들은 흠 있는 제물을 여호와께 드림으로써 여호와의 식탁을 더럽혔다. 하지만 그들은 그런 적이 없다고 뻔뻔스럽게 부인한다. 이에 대해 2:1-9에서는 회개하지 않으면 제사장들에 대한 저주가 있을 것을 선포한다. 이들의 행위는 처음 하나님께서 "레위와 세운" "생명과 평화의 언약"(5절; 민 25:10-13)을 어기는 것으로 하나님께 신실하고 하나님의 말씀을 지켰던 초기 레위인들의 모습과는 너무 거리가 멀다고 한다. 이것은 포로기 이후의 타락한 제사 제도를 반영한다.

	진술, 물음, 요구	백성들의 반응	하나님의 대답	주제 또는 동기
2:10-16 셋째 논쟁	"우리 조상들의 언약을 욕되게 하느냐"(10절) "여호와께서…너희의 봉헌물을…받지도 아니하시거늘"(13절)	"어찌 됨이니이까" (14절)	이방 혼인한 자들에 대한 심판 선포 (11-12절) 불성실한 혼인생활 (14-16절)	백성들의 불성실

세 번째 논쟁은 포로 후기 공동체가 범한 이방 여인과의 통혼에 대한 것이다(스 9-10장). 이것은 이방신 숭배에 이르는 지름길이었기에 하나님과의 언약을 깨뜨리는 것이었다. 심지어 이들은 이방 여인들과 결혼하기 위해서 조강지처와 이혼을 했던 것 같다(14-16절). 말라기는 이러한 죄 때문에 하나님께서 그들의 눈물어린 기도도 들어 주시지 않는다고 하신다(13절).

	진술, 물음, 요구	백성들의 반응	하나님의 대답	주제 또는 동기
2:17-3:5 넷째 논쟁	"너희(낙심한 의인들)가 말로 여호와를 괴롭게 하고" (2:17, 선지자)	"우리가 어떻게 여호와를 괴롭혀 드렸나이까"(2:17)	잘못된 말: "모든 악을 행하는 자는 여호와의 눈에 좋게 보이며……", "정의의 하나님이 어디 계시냐"(2:17) 심판의 날 예고(3:1-5)	주께서 제사장들을 정결케 하시고, 백성들을 심판하러 오신다.

넷째 논쟁은 자신들의 불의한 상황을 보면서 하나님께서 악을 행하는 자는 오히려 잘 되게 한다고 하면서 정의의 하나님이 어디 계시냐고 불평하는 것에 대한 것이다. 이에 대해서 하나님은 '여호와의 날'에 성전에 임하셔서 레위 자손을 정결케 하고 악인들을 심판하실 것이라고 하신다. 하나님은 분명히 죄를 심판하셔서 성전과 세상을 정결케 하시는 분이심에 대한 변증이다.

	진술, 물음, 요구	백성들의 반응	하나님의 대답	주제 또는 동기
3:6-12 다섯째 논쟁	"야곱의 자손들아…… 내게로 돌아오라" (6-7절)	"우리가 어떻게 하여야 돌아가리이까" (7절)		성실하게 십일조와 봉헌물 바칠 것을 권고함
	"사람이 어찌 하나님의 것을 도둑질하겠느냐"(8절)	"우리가 어떻게 주의 것을 도둑질하였나이까"(8절)	"십일조와 봉헌물이라"(8절) 조건부 약속(10절)	

다섯째 논쟁은 십일조와 봉헌물을 제대로 드리지 않는 것에 대한 것이다. 하나님은 이것을 하나님의 것을 '도둑질 한 것'으로 보신다(8-9절). 그러면서 온전한 십일조를 드리면 다시금 온전한 복을 주실 것이라고 하신다. 이것은 당시의 경제적 어려움으로 인해 백성들이 레위인들과 가난한 자들을 돕는 헌금에 불충실했던 상황을 반영한다. 그러므로 '십일조'는 예배와 말씀 순종에 대한 대표적인 예로 사용되었다.

	진술, 물음, 요구	백성들의 반응	하나님의 대답	주제 또는 동기
3:13-4:3 여섯째 논쟁	"너희(낙심한 의인들)가 완악한 말로 나를 대적하고도" (3:13)	"우리가 무슨 말로 주를 대적하였나이까" (3:13)	잘못된 말: "하나님 섬겨봤자 헛되고, 교만한 자가 복되다" (3:14-15) 심판의 날 예고 (3:17-4:3)	악인의 번영과 의인의 불행 '나의 정한 날' (3:16; 4:3)

여섯째 논쟁은 네 번째 논쟁 주제와 유사하다. 악인들이 더 잘되는 불공평한 세상이기에 여호와를 경외하고 섬기는 것이 헛되다고 주장하는 백성들의 불평에 대한 반박이다. 하나님은 '여호와의 날'에 임하셔서 당신을 '경외하는 자'들은 확실하게 구원하셔서 당신의 '특별한 소유'로 삼으시고 치료하는 광선을 비추실 것이지만(3:16-17; 4:2), 악인은 철저하게 심판하실 것이라고 하신다(3:18; 4:1, 3).

맺음말(4:4-6)[10]

4:4-6 맺음말	4:4 "모세에게 명령한 법…을 기억하라"(수 1:7, 13; 시 1:2 참조) 4:5-6 "여호와의 크고 두려운 날이 이르기 전에…엘리야를 보내리라" (왕상 19; 마 17:10-13 참조) 아버지와 자녀 사이에 서로 마음을 돌이키게 하리라

말라기는 포로기 이후의 공동체에게 궁극적인 교훈을 한다. 그것은 모세의 율법을 기억하라는 것이다. 이것은 이전의 모든 교훈을 요약하는 것이며 여호와의 날을 대비하는 길이다. 그리고 여호와의 날이 이르기 전에 여호와의 선지자(3:1 '사자') 엘리야를 보내셔서 백성들의 마음을 율법으로 돌이키게 할 것이라고 예언한다(5-6절). '율법'과 '선지자'는 구약성경 전체의 교훈을 대표하면서 이 말씀으로 돌아가게 하는 시대의 도래를 예언한다. 실제로 이 예언은 예수 그리스도의 사자인 세례 요한에 의해서 이루어졌다(마 11:10-14; 17:12-13; 눅 1:17, 76; 7:27). 변화산 상에서는 모세와 엘리야가 예수 그리스도와 만나는 장면(마 17:10-13)은 예수 그리스도께서 모든 구약 예언의 궁극적 성취자임을 보여준다.

결론

말라기의 예언은 세례 요한과 예수 그리스도의 오심에 의해서 성취되었다. 이들의 사역은 말라기의 청중들이 의심했던 하나님의 사랑의 완성이며, 하나님의 정의와 율법의 완성이며, 이들이 실패했던 예배의 회복이다. 불의가 판을 치고 교회의 상황이 힘들다고 하더라도, 하나님의 사랑을 의심치 않고 의를 행하며, 하나님을 예배하는 일과 교회를 섬기는 일에 최선을 다해야 한다. 이처럼 여호와를 경외하는 의인들은 영생에, 악인들은 영벌에 이르게 될 것이다.

Old Testament Key

각주

7

서론

1) 박동현, 『구약성경개관』(서울: 장로회신학대학교출판부, 2003), 3.

2) 앤손 레이니, 시트븐 나틀리, 『포이에마 성서지도』, 이미숙 역(서울: 포이에마, 2012), 23 참조.

3) 앤손 레이니, 『포이에마 성서지도』, 28-38; 박동현, 『구약성경과 구약학』 (서울: 장로회신학대학교 출판부, 1999), 140-141; 신득일, 『구약정경론』(서울: 생명의 양식, 2011), 165-169 참조.

4) 박동현, 『구약성경과 구약학』, 141.

5) 앤손 레이니, 『포이에마 성서지도』, 38.

6) 앤손 레이니, 『포이에마 성서지도』, 28.

7) 앤손 레이니, 『포이에마 성서지도』, 34.

8) 앤손 레이니, 『포이에마 성서지도』, 38.

9) 테리 홀, 『성경 파노라마』, 배웅준 역(서울: 규장, 2008), 65 참조.

10) 박동현, 『구약성경개관』, 4-8 참조.

11) 신득일, 『구약정경론』, 34.

12) 테리 홀, 『성경 파노라마』, 48쪽의 도표를 참조하였다.

13) 테리 홀, 『성경 파노라마』, 55쪽의 도표를 참조하여 내용을 바꾸었다.

창세기

1) 박동현, 『구약성경개관』, 22에 있는 도표를 요약했다.

2) 이 도표에 대한 아이디어는 그레엄 골즈워디, 『복음과 하나님의 계획』, 김영철 역(서울: 성서유니온선교회, 1994)에서(예: 142쪽) 얻은 것이지만 세부적인 모든 것은 필자의 것이다.

3) David J. A. Clines, *The Theme of the Pentateuch*, (Sheffield: Sheffield Academic Press, 1997), 65.

4) 위의 책 73-76쪽 에서 클라인즈는 반창조(Uncreation), 재창조(Recreation) 이라는 말을 사용하고 있다.

5) 레이몬드 딜라드, 트렘퍼 롱맨, 『최신구약개론』, 박철현 역(경기 고양: 크리스찬 다이제스트, 1997), 81-82 참조.

6) 레이몬드 딜라드, 『최신구약개론』, 83.

출애굽기

1) 이 구조에 대한 기본적인 아이디어는 박동현, 『구약성경개관』, 29에서 가져왔다.

2) 이 도표는 박동현, 『구약성경개관』, 29을 참조한 것이다.

레위기

1) 박동현, 『구약성경개관』, 35 참조.

2) Kenneth L. Barker, ed., *NIV Study Bible* (Grand Rapids: Zondervan, 2002), 151 참조.

3) 고든 D. 피, 더글라스 스튜어트, 『책별로 성경을 어떻게 읽을 것인가』, 길성남 역(서울: 성서유니온선교회, 2010), 58.

4) 앤손 레이니, 『포이에마 성서지도』, 67 참조.

5) *NIV Study Bible*, 176-177.

민수기

1) 박동현, 『구약성경개관』, 37 참조.

2) 더글라스 스튜어트, 『책별로 성경을 어떻게 읽을 것인가』, 63 참조.

3) 박동현, 『구약성경개관』, 36.

신명기

1) *NIV Study Bible*, 243.

2) 김회권, 『하나님나라 신학의 관점에서 읽은 모세오경2』(서울: 대한기독교서회, 2006), 354.

3) 레이몬드 딜라드, 『최신구약개론』, 159-161.

여호수아

1) 이 도표는 John H. Stek, *The Former Prophets: A Syllabus* (미출간, Grand Rap-

ids: Calvin Theological Seminary, 1998), 4쪽의 구조를 참조하였다.

2) John H. Stek, *The Former Prophets*, 2쪽 이하의 내용 분해에 보면 여호수아서에 규칙적으로 '기념물'에 대한 언급이 나온다는 것을 명시하고 있다.

3) John H. Stek, *The Former Prophets*, 2.

4) 김회권, 『여호수아 · 사사기 · 룻기』(서울: 복있는 사람, 2007), 49.

5) John H. Stek, *The Former Prophets*, 3.

6) 김회권, 『여호수아 · 사사기 · 룻기』, 85.

사사기

1) 박동현, 『구약성경개관』, 56.

2) 아래의 구조와 내용 부분에 도입한 도표는 John H. Stek, *The Former Prophets*, 8에 있는 도표를 인용하고 보완한 것이다. 더글라스 스튜어트, 『책별로 성경을 어떻게 읽을 것인가』, 88-90에도 이와 동일한 구조를 보여준다.

3) John H. Stek, *The Former Prophets*, 8.

4) John H. Stek, *The Former Prophets*, 8에서 이 도표를 인용하였다.

5) David M. Howard Jr., 『구약역사서 개론』, 류근상 역(고양: 크리스찬 출판사, 2001), 123-124.

6) 존 H. 월턴, 『차트 구약-구약연대표 및 배경사』, 김명호 편역(서울: 기독교문서선교회, 1999), 87 참조.

7) John H. Stek, *The Former Prophets*, 8에서 아래의 도표를 인용하였다.

룻기

1) *NIV Study Bible*, 364.

2) 박동현, 『구약성경개관』, 158, John H. Stek, *The Former Prophets*, 33 참조.

3) 아래의 도표는 박동현, 『구약성경개관』, 158, John H. Stek, *The Former Prophets*, 33을 참조했다.

4) *NIV Study Bible*, 364.

5) David M. Howard Jr., 『구약역사서 개론』, 166-67 참조.

사무엘상하

1) 박동현, 『구약성경개관』, 60.

2) John H. Stek, *The Former Prophets*, 42.

3) John H. Stek, *The Former Prophets*, 55–56 참조.

4) John H. Stek, *The Former Prophets*, 54 참조.

5) John H. Stek, *The Former Prophets*, 63 참조.

6) John H. Stek, *The Former Prophets*, 66 참조.

7) 많은 주석들이나 사무엘서 해설서들이 이러한 구조에 동의한다. 김지찬, 『요단 강에서 바벨론 물가까지: 구약역사서의 문예적–신학적 서론』(서울: 생명의 말씀사, 1999), 350–351; 박동현, 『구약성경개관』, 63; John H. Stek, *The Former Prophets*, 71–75 등 참조.

열왕기상하

1) John H. Stek, *The Former Prophets*, 79.

2) 이러한 삼부 구조는 김지찬, 『요단 강에서 바벨론 물가까지』, 376에서 확인할 수 있다.

3) John H. Stek, *The Former Prophets*, 86.

4) Howard, 『구약역사서 개론』, 245; 존 월턴, 『차트 구약』, 87–99 참조.

5) John H. Stek, *The Former Prophets*, 86–87 참조.

6) John H. Stek, *The Former Prophets*, 92–93 요약.

7) John H. Stek, *The Former Prophets*, 92.

8) John H. Stek, *The Former Prophets*, 96.

역대상하

1) John H. Stek, *The Former Prophets*, 112.

2) John H. Stek, *The Former Prophets*, 112.

3) 박동현, 『구약성경개관』, 176–177 참조.

4) 레이몬드 딜라드, 『최신구약개론』, 257–58 참조.

5) David M. Howard Jr., 『구약역사서 개론』, 342–347 참조할 것.

6) 박동현, 『구약성경개관』, 177.

7) 김지찬, 『요단 강에서 바벨론 물가까지』, 560 이하에서 잘 다루고 있다.

8) 레이몬드 딜라드, 『최신구약개론』, 262–64 참조.

9) "페르시아 제국," 『두산백과 doopedia』, http://terms.naver.com/entry.nhn?docId=1157730&cid=40942&categoryId=33431 (2015. 7. 30 접속).

에스라 • 느헤미야

1) David M. Howard Jr., 『구약역사서 개론』, 390–91.

2) David M. Howard Jr., 『구약역사서 개론』, 391.

3) 아래의 도표는 John H. Stek, *The Former Prophets*, 120의 것을 번역한 것이다.

4) John H. Stek, *The Former Prophets*, 106.

5) John H. Stek, *The Former Prophets*, 106.

6) John H. Stek, *The Former Prophets*, 106–107.

7) John H. Stek, *The Former Prophets*, 107.

8) John H. Stek, *The Former Prophets*, 109.

9) John H. Stek, *The Former Prophets*, 109.

10) 이상의 신학적인 주제와 의미에 대해서는 John H. Stek, *The Former Prophets*, 109–110에 잘 정리되어 있다.

에스더

1) John H. Stek, *The Former Prophets*, 121 참조.

2) John H. Stek, *The Former Prophets*, 123 참조.

3) 잔치에 해당하는 히브리어 미쉬테는 특별히 술이 많이 소비되는 잔치를 의미한다. 이 단어가 전체 구약성경에서 46번 사용되고 있는데, 에스더서에서 거의 절반에 가까운 20번이 사용되었다는 것은 에스더서에서의 잔치의 중요성을 보여주는 것이다, 김지찬, 『요단 강에서 바벨론 물가까지』, 654.

4) John H. Stek, *The Former Prophets*, 123에 있는 도표를 번역하고 보충하였다. 레이몬드 딜라드, 『최신구약개론』, 280 참조.

5) John H. Stek, *The Former Prophets*, 121–122에 있는 설명 참조.

6) 김지찬, 『요단 강에서 바벨론 물가까지』, 673 참조.

7) 레이몬드 딜라드, 『최신구약개론』, 281.

욥기

1) 이런 보편성에 대한 언급은 헤슬 벌럭, 『시가서개론』, 임용섭 역(서울: 은성, 1999), 16을 참조하라.

2) 존 스택, "욥기: 서론적 고찰," 『구약신학』, 류호준 역(서울: 솔로몬, 2000), 538.

3) *NIV Study Bible*, 726.

4) 존 스택, "욥기: 서론적 고찰," 539.

5) 존 스택, "욥기: 서론적 고찰," 540.

6) 이 구조는 존 스택, "욥기: 서론적 고찰," 545-548에 있는 내용을 요약적으로 정리한 것이다.

7) N. C. Habel, *The Book of Job*(Old Testament Library series, Philadelphia: Westminster Press, 1985), 27.

8) 존 스택, "욥기: 서론적 고찰," 552.

9) 존 스택, "욥기: 서론적 고찰," 554.

10) 아래의 도표는 존 스택, "욥기: 서론적 고찰," 547-548을 참조한 것이다.

11) 존 스택, "욥기: 서론적 고찰," 554.

12) 존 스택, "욥기: 서론적 고찰," 556.

13) 존 스택, "욥기: 서론적 고찰," 556-560.

14) F. I. Andersen, *Job*(Tyndale Old Testament Commentaries, Downers Grove: Inter-Varsity Press, 1967) 224; Habel, *The Book of Job*, 392.

15) 존 스택, "욥기: 서론적 고찰," 561.

16) N. Habel, *The Book of Job*, 526 이하 참조.

17) 하벨은 욥이 원고로서 자신의 무죄함을 맹세하면서 하나님에게 답변을 요청하는 소송장을 하나님께 제출하고 있다고 이해한다. Habel, *The Book of Job*, 30-31

18) 존 스택, "욥기: 서론적 고찰," 546 참조. 엘리후에 대한 학자들의 평가는 조금씩 다르다. 하벨은 엘리후가 욥에게 하나님을 변호하기 위해 나섰지만 하나님께서 직접 변론하러 나오심으로써 엘리후는 실패하고 있다고 보고(N. Habel, *The Book of Job*, 64), 차일즈

는 엘리후의 변론 부분은 다음에 나올 하나님의 변론에 대한 보충과 주석의 역할을 하고 인간의 지혜의 긍정적인 면을 말한다고 주장한다(B. S. Childs, *Introduction to the Old Testament as Scripture*[Philadelphia: Fortress Press, 1979], 541). 키드너(Derek Kidner)는 엘리후의 말이 완전히 무시되어 42장 7-9절에 나오는 하나님의 판결에 언급될 가치조차 없는 것이라고 본다(데릭 키드너, 『지혜서를 어떻게 읽을 것인가?』[서울: IVP, 2000], 98-99).

19) 존 스택, "욥기: 서론적 고찰," 562.

20) 존 스택, "욥기: 서론적 고찰," 563.

21) 존 스택, "욥기: 서론적 고찰," 565.

22) 존 스택, "욥기: 서론적 고찰," 566-567.

23) 존 스택, "욥기: 서론적 고찰," 567.

시편

1) 김성수, 『구약시가서개론』(양평: 아세아연합신학대학교 출판부, 2006), 46 참조. 사실 구체적인 수집과 편집의 과정에 대해서는 학자들마다 조금씩 다른 견해를 가지고 있다. 자세한 논의를 위해서는 C. Westermann, "The Formation of the Psalter," in *Praise and Lament in the Psalms* (Atlanta: John Knox Press, 1981) 150-158과 K. 사이볼트, 『시편입문』, 이군호 역(서울: 대한기독교서회, 1995), 23-38; J. Clinton McCann Jr. ed., *The Shape and Shaping of the Psalter* (Sheffield: Sheffield Academic, 1993); 하젤 불록, 『시편총론: 문학과 신학적 개론』, 류근상 역 (서울: 크리스찬 출판사, 2003) 69-98 등을 참조하면 도움이 된다.

2) 이것은 J. H. Walton과 G. H. Wilson의 견해로서 S. E. Gillingham, "The Interpretation of the Psalter," in *The Poems and Psalms of the Hebrew Bible* (Oxford: Oxford University Press, 1994): 274을 참조하였다.

3) 이 부분은 John Stek이 *NIV Study Bible*의 서론에 붙인 시편 구성과 배열(784-787쪽)을 참조한 것이다.

4) 존 스택, "시편," 『구약신학』, 류호준 역(서울: 솔로몬, 2000), 571.

5) 아래의 도표는 존 스택, "시편," 574-576와 그의 Calvin Seminary 강의안, 그리고 K. 사

이볼트, 『시편입문』, 130-136을 참조했다.

6) 트렘퍼 롱맨 III, 『어떻게 시편을 읽을 것인가?』, 한화룡 역(서울: IVP, 1989), 33.

7) 이 도표와 도표의 내용 설명을 위해서 김성수, 『구약시가서개론』, 78-79 참조하라. 그리고 신학적인 정리를 위해서 John Stek이 *NIV Studay Bible*에 쓴 시편 서론 중에서 781-783 쪽에 나오는 시편의 신학 부분을 참조하였다.

8) 시편과 그리스도의 관계에 대한 설명은 존 스텍, "시편," 586-88와 J. 클린튼 맥칸(J. Clinton McCann Jr.), 『새로운 시편여행』, 김영일 역(서울: 은성, 2000), 251-271)을 참조하였다.

잠언

1) *NIV Study Bible*, 954에서 논의된 것을 요약하였다.

2) 트렘퍼 롱맨, 『어떻게 잠언을 읽을 것인가?』, 전의우 역(서울: IVP, 2005), 67-68 참조.

3) 헤슬 벌럭, 『시가서 개론』, 246에 있는 도표 참조.

4) 이 부분은 필자가 미국의 Calvin Theological Seminary의 John H. Stek의 시가서 강의 노트를 참조하여 요약하고 정리한 것이다.

5) John H. Stek, "Proverbs: An Introduction," *Calvin Theological Journal* 36 (2001): 366.

6) John H. Stek, "Proverbs: An Introduction," 366.

7) 이상에서 나오는 목록은 김성수, "지혜가 교회를 세운다: 잠언의 지혜," 『주의 나라는 영원한 나라이니』, 한정건 교수 은퇴기념논총, 『개혁신학과 교회』 제28호(2014) 70-71쪽을 참조했다.

8) 트렘퍼 롱맨 3세, 『어떻게 잠언을 읽을 것인가?』, 제 3장 참조.

9) 김성수, "잠언의 지혜," 67-69 참조.

10) *NIV Study Bible*, 956 참조.

11) *NIV Study Bible*, 955.

12) 김성수, "잠언의 지혜," 72-73 참조.

13) 여기부터 31:9까지에 대한 설명은 John H. Stek, "Proverbs: An Introduction," 369-371을 요약한 것이다.

14) John H. Stek, "Proverbs: An Introduction," 371; R. E. Murphy, *Proverbs: Word Biblical Commentary* (Nashville: Thomas Nelson Publishers, 1998) 245-246, 249; P. E. Koptak, *Proverbs*, 681.

15) *NIV Study Bible*, 956.

전도서

1) *NIV Study Bible*, 1006.

2) *NIV Study Bible*, 1006을 참조하여 보충하였다.

3) *NIV Study Bible*, 1006 참조.

4) NIV Study Bible, 1006-1007에 있는 개요를 요약적으로 정리한 것이다.

5) NIV Study Bible, 1006-1007에 있는 개요에 '주제' 부분을 보충하여 정리한 것이다.

6) NIV Study Bible, 1005-1006을 참조하여 내용을 보완하고 수정하였다. W. 침멀리, 『잠언 · 전도서』, 국제성서주석, 박영옥 역(서울: 한국신학연구소, 1992), 209-214 참조.

7) *NIV Study Bible*, 1006.

아가

1) "노래들의 노래"는 노래들 중의 '최고의 노래' 혹은 '가장 아름다운 노래'라는 의미를 가질 수도 있고 트렘퍼 롱맨이 주장하는 것처럼 '많은 노래들로 구성된 하나의 노래'라는 의미도 가능하다. 후자의 해석은 아가서가 여러 가지 사랑의 노래들로 구성된 하나의 사랑의 노래 모음집이라고 생각하는 롱맨의 주장을 뒷받침해주는 번역이다. 아가서는 영어 번역본들에서는 "Song of Songs," "Song of Solomon," "Canticles"(라틴어에서 온 이름) 등의 제목을 갖는다. Tremper Longman III, *Song of Songs*, New International Commentary of the Old Testament (Grand Rapids: Eerdmans, 2001), 1-2, 88.

2) 아가서의 해석 역사에 대해서는 레이몬드 딜라드, 『최신구약개론』, 386이하를 참조하라.

3) Tremper Longman III, *Song of Songs*, New International Commentary of the Old Testament (Grand Rapids: Eerdmans, 2001), 48-49.

4) 아래의 구조는 NIV Study Bible, 1021에 있는 스텍(John H. Stek)의 견해를 따르면서도 문학적 특징과 관련해서는 카의 견해를 참고한 것이다. G. LLoyd Carr, *The Song*

of Solomon: Tyndale Old Testament Commentaries, (Leicester: Inter-Varsity Press, 1984, reprinted in 2003) 44-45.

5) *NIV Study Bible*, 1021.

6) G. LLoyd Carr, *The Song of Solomon*, 45.

7) 이 부분에 대한 해설은 Tremper Longman III, *Song of Songs*, 15-17을 참조하였다.

8) *NIV Study Bible*, 1020-21.

9) *NIV Study Bible*, 1020.

10) *NIV Study Bible*, 1021.

11) 필리스 트리블(Phyllis Trible)의 책, God and the Rhetoric of Sexuality(Philadelphia: Frotress, 1978), 513-528에 의하면 아가서는 구속받은 성에 대한 이야기이다.

12) Tremper Longman III, *Song of Songs*, 115-116; G. L. Carr, *Song of Solomon*, 94-95.

13) *NIV Study Bible*, 1021.

14) G. LLoyd Carr, *The Song of Solomon*, 35-36.

15) Tremper Longman III, *Song of Songs*, 58-62 참조.

이사야

1) 존 스택, "하나님을 위한 대변자들: 그때와 지금,"『구약신학』, 420.

2) 레이몬드 딜라드,『최신구약개론』, 414-15; *NIV Study Bible*, 1030, 1031 참조.

3) *NIV Study Bible*, 1030.

4) 레이몬드 딜라드,『최신구약개론』, 414-416 참조.

5) 박동현,『구약성경개관』, 86 참조.

6) 더글라스 스튜어트,『책별로 성경을 어떻게 읽을 것인가』, 222.

7) 박동현,『구약성경개관』, 86-87 참조.

8) 아래의 도표는 필자가 Calvin Theological Seminary에서 수학할 때 John H. Stek 교수가 사용한 것을 번역한 것이다.

9) 박동현,『구약성경개관』, 80 참조.

10) 박동현,『구약성경개관』, 80의 도표를 인용하였다.

11) 박동현, 『구약성경개관』, 80 참조하되 내용을 조금 수정하였다.

12) 박동현, 『구약성경개관』, 81 참조하되 내용을 조금 수정하였다.

13) 박동현, 『구약성경개관』, 81.

14) 박동현, 『구약성경개관』, 82.

15) 박동현, 『구약성경개관』, 83.

16) 로버트 치즈홀름, 『예언서 개론』, 강성열 역(고양: 크리스찬다이제스트, 2006), 191.

17) 박동현, 『구약성경개관』, 85-86.

18) 레이몬드 딜라드, 『최신구약개론』, 428 참조.

예레미야

1) 로버트 치즈홀름, 『예언서 개론』, 227; 레이몬드 딜라드, 『최신구약개론』, 431.

2) 레이몬드 딜라드, 『최신구약개론』, 434.

3) 레이몬드 딜라드, 『최신구약개론』, 432.

4) 로버트 치즈홀름, 『예언서 개론』, 278-79; *NIV Study Bible*, 1181 참조.

5) 박동현, 『구약성경개관』, 88.

6) 박동현, 『구약성경개관』, 88.

7) 로버트 치즈홀름, 『예언서 개론』, 275.

8) 로버트 치즈홀름, 『예언서 개론』, 276-77.

9) 로버트 치즈홀름, 『예언서 개론』, 278.

10) 로버트 치즈홀름, 『예언서 개론』, 290.

11) 로버트 치즈홀름, 『예언서 개론』, 290-91.

12) 『홀리원 주석 성경』(NIV Studay Bible, 서울: 예장출판사, 2008), 1238.

13) 로버트 치즈홀름, 『예언서 개론』, 293.

14) 로버트 치즈홀름, 『예언서 개론』, 293-94.

15) 로버트 치즈홀름, 『예언서 개론』, 294.

16) 로버트 치즈홀름, 『예언서 개론』, 294.

17) 로버트 치즈홀름, 『예언서 개론』, 304.

18) 로버트 치즈홀름, 『예언서 개론』, 307-308.

19) 로버트 치즈홀름, 『예언서 개론』, 310.

20) 로버트 치즈홀름, 『예언서 개론』, 312.

21) 로버트 치즈홀름, 『예언서 개론』, 319.

22) 로버트 치즈홀름, 『예언서 개론』, 320-21.

23) 레이몬드 딜라드, 『최신구약개론』, 456 참조.

예레미야 애가

1) 박동현, 『구약성경개관』, 165 참조.

2) 박동현, 『구약성경개관』, 165 참조.

3) 로버트 치즈홀름, 『예언서 개론』, 330.

에스겔

1) 더글라스 스튜어트, 『책별로 성경을 어떻게 읽을 것인가』, 246; 박동현, 『구약성경개관』, 95 참조.

2) 박동현, 『구약성경개관』, 96 참조.

3) 박동현, 『구약성경개관』, 96-97.

4) 박동현, 『구약성경개관』, 97.

5) 박동현, 『구약성경개관』, 97, 99.

6) 박동현, 『구약성경개관』, 97, 99.

7) 박동현, 『구약성경개관』, 95.

8) 박동현, 『구약성경개관』, 95-96 참조.

9) 박동현, 『구약성경개관』, 96 참조.

10) 이 부분은 아세아연합신학대학교의 조휘 교수의 강의안을 참고하였다.

11) 로버트 치즈홀름, 『예언서 개론』, 349.

12) 『홀리원 주석 성경』, 1153.

13) 로버트 치즈홀름, 『예언서 개론』, 352.

14) 로버트 치즈홀름, 『예언서 개론』, 352-53.

15) 로버트 치즈홀름, 『예언서 개론』, 353.

16) 로버트 치즈홀름, 『예언서 개론』, 378-379; 『홀리원 주석 성경』, 1173 참조.

17) 로버트 치즈홀름, 『예언서 개론』, 383-384 참조.

18) 로버트 치즈홀름, 『예언서 개론』, 389.

19) 로버트 치즈홀름, 『예언서 개론』, 398.

20) 로버트 치즈홀름, 『예언서 개론』, 399.

21) 로버트 치즈홀름, 『예언서 개론』, 423-426 참조.

22) 조휘 교수 강의안 참조.

23) 아래의 내용 개괄은 조휘 교수의 강의안을 참조한 것이다.

24) 로버트 치즈홀름, 『예언서 개론』, 427-428.

다니엘

1) 더글라스 스튜어트, 『책별로 성경을 어떻게 읽을 것인가』, 259.

2) 더글라스 스튜어트, 『책별로 성경을 어떻게 읽을 것인가』, 260.

3) 더글라스 스튜어트, 『책별로 성경을 어떻게 읽을 것인가』, 258; 레이몬드 딜라드, 『최신구약개론』, 501-502, 514 참조.

4) 레이몬드 딜라드, 『최신구약개론』, 514.

5) 레이몬드 딜라드, 『최신구약개론』, 506.

6) 레이몬드 딜라드, 『최신구약개론』, 508-512에 있는 내용을 참조할 것.

7) 더글라스 스튜어트, 『책별로 성경을 어떻게 읽을 것인가』, 261; 레이몬드 딜라드, 『최신구약개론』, 518-520 참조.

8) 더글라스 스튜어트, 『책별로 성경을 어떻게 읽을 것인가』, 258; 레이몬드 딜라드, 『최신구약개론』, 520; 박동현, 『구약성경개관』, 169 참조.

9) 박동현, 『구약성경개관』, 170.

10) 박동현, 『구약성경개관』, 170의 도표를 참조하였다.

11) 로버트 치즈홀름, 『예언서 개론』, 444.

12) 로버트 치즈홀름, 『예언서 개론』, 446.

13) 로버트 치즈홀름, 『예언서 개론』, 447-448.

14) 로버트 치즈홀름, 『예언서 개론』, 452-53.

15) 로버트 치즈홀름, 『예언서 개론』, 453.

16) 로버트 치즈홀름, 『예언서 개론』, 453.

17) 로버트 치즈홀름, 『예언서 개론』, 454.

18) 아래의 도표는 박동현, 『구약성경개관』, 170의 도표에 기초한 것이다.

19) 이상의 논의들은 로버트 치즈홀름, 『예언서 개론』, 460-63에 있는 것을 요약적으로 정리한 것이다.

20) 이상의 논의들은 로버트 치즈홀름, 『예언서 개론』, 464-66의 내용을 요약적으로 정리한 것이다.

21) 로버트 치즈홀름, 『예언서 개론』, 467.

22) 로버트 치즈홀름, 『예언서 개론』, 468.

23) 『홀리원 주석성경』 1380 쪽에 있는 그림과 도표를 참조하여 작성하였다.

24) 로버트 치즈홀름, 『예언서 개론』, 476.

25) 로버트 치즈홀름, 『예언서 개론』, 480-81 참조.

26) 로버트 치즈홀름, 『예언서 개론』, 492.

27) 로버트 치즈홀름, 『예언서 개론』, 482.

28) "알렉산드로스 대왕," 『두산백과 doopedia』, http://terms.naver.com/entry.nhn?docId=1122816&cid=40942&categoryId=34317 (2015. 8. 11 접속).

29) 로버트 치즈홀름, 『예언서 개론』, 494.

30) 로버트 치즈홀름, 『예언서 개론』, 496 참조.

호세아

1) 박동현, 『구약성경개관』, 103.

2) 로버트 치즈홀름, 『예언서 개론』, 504.

3) 로버트 치즈홀름, 『예언서 개론』, 504.

4) 박동현, 『구약성경개관』, 107.

5) 로버트 치즈홀름, 『예언서 개론』, 541; 더글라스 스튜어트, 『책별로 성경을 어떻게 읽을 것인가』, 267 등 참조.

6) 이 구조는 박동현, 『구약성경개관』, 107에 따른 것이다.

7) 위의 도표는 박동현, 『구약성경개관』, 107의 도표를 기초로 한 것이다.

8) 더글라스 스튜어트, 『책별로 성경을 어떻게 읽을 것인가』, 270 참조.

9) 로버트 치즈홀름, 『예언서 개론』, 505-506.

10) 로버트 치즈홀름, 『예언서 개론』, 519-20.

11) 위의 도표는 박동현, 『구약성경개관』, 107의 도표를 기초로 삼고 수정한 것이다.

12) 로버트 치즈홀름, 『예언서 개론』, 527.

13) 더글라스 스튜어트, 『책별로 성경을 어떻게 읽을 것인가』, 272; 『홀리원 주석성경』, 1401 참조.

14) 로버트 치즈홀름, 『예언서 개론』, 533이 그 대표적인 경우로 1-3절은 심판 이후의 미래 세대를 위한 기도문으로 삽입된 것이고 4-5절이 앞의 비난을 재개하는 것으로 본다.

15) 로버트 치즈홀름, 『예언서 개론』, 536.

16) 로버트 치즈홀름, 『예언서 개론』, 541-42.

17) 박동현, 『구약성경개관』, 107의 도표 참조.

18) 로버트 치즈홀름, 『예언서 개론』, 548.

19) 로버트 치즈홀름, 『예언서 개론』, 554.

20) 박동현, 『구약성경개관』, 108.

21) 박동현, 『구약성경개관』, 108.

요엘

1) 더글라스 스튜어트, 『책별로 성경을 어떻게 읽을 것인가』, 275, 276 참조.

2) 로버트 치즈홀름, 『예언서 개론』, 556 참조.

3) 로버트 치즈홀름, 『예언서 개론』, 504 참조.

4) 박동현, 『구약성경개관』, 110; 더글라스 스튜어트, 『책별로 성경을 어떻게 읽을 것인가』, 274-275 참조.

5) 박동현, 『구약성경개관』, 110.

6) 아래의 도표는 박동현, 『구약성경개관』, 110에 있는 것을 인용하되 약간 수정한 것이다.

7) 로버트 치즈홀름, 『예언서 개론』, 560-61 참조.

8) 더글라스 스튜어트, 『책별로 성경을 어떻게 읽을 것인가』, 279.

9) 로버트 치즈홀름, 『예언서 개론』, 565 참조.

아모스

1) 더글라스 스튜어트, 『책별로 성경을 어떻게 읽을 것인가』, 281-82.

2) 더글라스 스튜어트, 『책별로 성경을 어떻게 읽을 것인가』, 283.

3) 박동현, 『구약성경개관』, 112.

4) 박동현, 『구약성경개관』, 114.

5) 이 구조는 박동현, 『구약성경개관』, 113의 도표와 레이몬드 딜라드, 『최신구약개론』, 579 이하를 참조하였다.

6) 레이몬드 딜라드, 『최신구약개론』, 579 참조.

7) 로버트 치즈홀름, 『예언서 개론』, 571-72.

8) 레이몬드 딜라드, 『최신구약개론』, 572.

9) 로버트 치즈홀름, 『예언서 개론』, 572.

10) 아래의 도표는 박동현, 『구약성경개관』, 113의 것을 인용하여 약간 수정한 것이다.

11) 이러한 구조 분석에 대해서는 더글라스 스튜어트, 『책별로 성경을 어떻게 읽을 것인가』, 282를 참조하였다.

12) 로버트 치즈홀름, 『예언서 개론』, 589.

13) 더글라스 스튜어트, 『책별로 성경을 어떻게 읽을 것인가』, 286.

14) 아래의 도표는 박동현, 『구약성경개관』, 113과 더글라스 스튜어트, 『책별로 성경을 어떻게 읽을 것인가』, 282 참조.

15) 로버트 치즈홀름, 『예언서 개론』, 604.

16) 더글라스 스튜어트, 『책별로 성경을 어떻게 읽을 것인가』, 287 참조.

17) 레이몬드 딜라드, 『최신구약개론』, 588.

오바댜

1) 더글라스 스튜어트, 『책별로 성경을 어떻게 읽을 것인가』, 291.

2) 더글라스 스튜어트, 『책별로 성경을 어떻게 읽을 것인가』, 290 참조.

3) 더글라스 스튜어트, 『책별로 성경을 어떻게 읽을 것인가』, 289, 290 참조.

4) 더글라스 스튜어트, 『책별로 성경을 어떻게 읽을 것인가』, 291-92 참조.

요나

1) 박동현, 『구약성경개관』, 118.

2) 존 스택, "요나서의 메시지," 『구약신학』, 439에서는 요나가 자신의 이야기를 통해 해석을 제시하고 그 내적인 의미를 드러내는 '해석된 역사'로 본다.

3) 로버트 치즈홀름, 『예언서 개론』, 618.

4) 『홀리원 주석 성경』, 1439와 로버트 치즈홀름, 『예언서 개론』, 621-22 참조.

5) 아래의 도표는 『홀리원 주석 성경』, 1439와 박동현, 『구약성경개관』, 119를 참조한 것이다.

6) 로버트 치즈홀름, 『예언서 개론』, 624.

7) 로버트 치즈홀름, 『예언서 개론』, 627.

8) 아래의 도표는 『홀리원 주석 성경』, 1439와 박동현, 『구약성경개관』, 119를 참조한 것이다.

9) 존 스택, "요나서의 메시지," 446-450 참조 요약.

미가

1) 레이몬드 딜라드, 『최신구약개론』, 610.

2) 더글라스 스튜어트, 『책별로 성경을 어떻게 읽을 것인가』, 298, 299 참조.

3) 『홀리원 주석 성경』, 1445.

4) 더글라스 스튜어트, 『책별로 성경을 어떻게 읽을 것인가』, 300.

5) 박동현, 『구약성경개관』, 121 참조.

6) 로버트 치즈홀름, 『예언서 개론』, 642.

7) 로버트 치즈홀름, 『예언서 개론』, 646.

8) 마지막 부분의 이러한 구성에 대해서는 로버트 치즈홀름, 『예언서 개론』, 650에 잘 정리되어 있다.

나훔

1) 더글라스 스튜어트, 『책별로 성경을 어떻게 읽을 것인가』, 304.

2) 『홀리원 주석 성경』, 1455 참조.

3) 더글라스 스튜어트, 『책별로 성경을 어떻게 읽을 것인가』, 306.

4) 반 게메렌, 『예언서 연구』, 김의원, 이명철 역(서울: 엠마오, 1993), 280-281 참조.

5) 더글라스 스튜어트, 『책별로 성경을 어떻게 읽을 것인가』, 306-307; 박동현, 『구약성경개관』, 124 참조.

6) 박동현, 『구약성경개관』, 124.

7) 박동현, 『구약성경개관』, 124의 도표를 약간 수정하였다.

8) 박동현, 『구약성경개관』, 124.

9) 로버트 치즈홀름, 『예언서 개론』, 658 참조.

10) 더글라스 스튜어트, 『책별로 성경을 어떻게 읽을 것인가』, 307.

11) 『홀리원 주석 성경』, 1459.

하박국

1) 반 게메렌, 『예언서 연구』, 290 참조.

2) 반 게메렌, 『예언서 연구』, 290.

3) 박동현, 『구약성경개관』, 125, 127; 더글라스 스튜어트, 『책별로 성경을 어떻게 읽을 것인가』, 309 참조.

4) 박동현, 『구약성경개관』, 127의 도표를 인용하여 약간 수정하였다.

5) 반 게메렌, 『예언서 연구』, 290.

6) 『홀리원 주석 성경』, 1464.

7) 더글라스 스튜어트, 『책별로 성경을 어떻게 읽을 것인가』, 312 참조.

8) 박동현, 『구약성경개관』, 127의 도표를 인용하여 약간 수정하였다.

스바냐

1) 박동현, 『구약성경개관』, 129.

2) 로버트 치즈홀름, 『예언서 개론』, 678; 레이몬드 딜라드, 『최신구약개론』, 637; 『홀리원 주석 성경』, 1468 참조.

3) 로버트 치즈홀름, 『예언서 개론』, 678.

4) 더글라스 스튜어트, 『책별로 성경을 어떻게 읽을 것인가』, 315 참조.
5) 아래의 도표는 박동현, 『구약성경개관』, 130의 것을 인용하여 수정한 것이다.
6) 로버트 치즈홀름, 『예언서 개론』, 682 참조.
7) 아래의 도표는 박동현, 『구약성경개관』, 130의 것을 인용하여 수정한 것이다.
8) 더글라스 스튜어트, 『책별로 성경을 어떻게 읽을 것인가』, 318.
9) 아래의 도표는 박동현, 『구약성경개관』, 130의 것을 인용하여 수정한 것이다.
10) 더글라스 스튜어트, 『책별로 성경을 어떻게 읽을 것인가』, 318.
11) 레이몬드 딜라드, 『최신구약개론』, 643.

학개

1) 로버트 치즈홀름, 『예언서 개론』, 689에서는 1장 13절을 별개의 메시지로 보고 다섯 번으로 파악하지만 다른 책들은 네 번의 메시지로 이해한다. 박동현, 『구약성경개관』, 131이나 더글라스 스튜어트, 『책별로 성경을 어떻게 읽을 것인가』, 319 참조할 것.
2) 박동현, 『구약성경개관』, 131, 132.
3) 로버트 치즈홀름, 『예언서 개론』, 689; 더글라스 스튜어트, 『책별로 성경을 어떻게 읽을 것인가』, 321.
4) 더글라스 스튜어트, 『책별로 성경을 어떻게 읽을 것인가』, 320.
5) 『홀리원 주석 성경』, 1474.
6) 박동현, 『구약성경개관』, 132의 도표를 인용하여 수정하였다.
7) 박동현, 『구약성경개관』, 132의 도표를 인용하여 수정하였다.
8) 『홀리원 주석 성경』, 1477.
9) 박동현, 『구약성경개관』, 132의 도표를 인용하여 수정하였다.
10) 『홀리원 주석 성경』, 1477와 로버트 치즈홀름, 『예언서 개론』, 694 참조.
11) 박동현, 『구약성경개관』, 132의 도표를 인용하였다.
12) 레이몬드 딜라드, 『최신구약개론』, 651 참조.

스가랴

1) 박동현, 『구약성경개관』, 136.

2) 박동현, 『구약성경개관』, 136.

3) 레이몬드 딜라드, 『최신구약개론』, 653.

4) 레이몬드 딜라드, 『최신구약개론』, 653.

5) 스가랴의 활동 연대에 대해서는 『홀리원 주석 성경』, 1479를 참조하였다.

6) 더글라스 스튜어트, 『책별로 성경을 어떻게 읽을 것인가』, 325와 박동현, 『구약성경개관』, 135 참조.

7) 아래의 도표는 박동현, 『구약성경개관』, 135의 도표를 참조하여 수정한 것이다.

8) 더글라스 스튜어트, 『책별로 성경을 어떻게 읽을 것인가』, 326 참조.

9) 더글라스 스튜어트, 『책별로 성경을 어떻게 읽을 것인가』, 326.

10) 로버트 치즈홀름, 『예언서 개론』, 700-701 참조.

11) 로버트 치즈홀름, 『예언서 개론』, 705에서는 '일곱 눈'을 가진 돌은 하나님의 지켜주심과 돌보심을 상징하는 재건된 성전의 머릿돌을 가리킨다고 해석한다.

12) 더글라스 스튜어트, 『책별로 성경을 어떻게 읽을 것인가』, 328 참조.

13) 로버트 치즈홀름, 『예언서 개론』, 710-11 참조.

14) 더글라스 스튜어트, 『책별로 성경을 어떻게 읽을 것인가』, 329-330에 있는 교차대구적인 구조를 참조하였고, 박동현, 『구약성경개관』, 135의 도표도 참조하였다.

15) 박동현, 『구약성경개관』, 135의 도표를 인용하여 약간 수정하였다.

16) 로버트 치즈홀름, 『예언서 개론』, 717 참조.

17) 로버트 치즈홀름, 『예언서 개론』, 719.

18) 로버트 치즈홀름, 『예언서 개론』, 720의 논의를 참조할 것.

19) 로버트 치즈홀름, 『예언서 개론』, 723-24와 『홀리원 주석 성경』, 1493의 해설을 참조할 것.

20) 박동현, 『구약성경개관』, 135의 도표를 인용하여 약간 수정하였다.

21) 로버트 치즈홀름, 『예언서 개론』, 726 참조.

말라기

1) 더글라스 스튜어트, 『책별로 성경을 어떻게 읽을 것인가』, 331과 반 게메렌, 『예언서 연구』, 347-48이 이 견해를 지지한다.

2) 『홀리원 주석 성경』, 1498과 로버트 치즈홀름, 『예언서 개론』, 730은 이 견해를 지지한다.

3) 더글라스 스튜어트, 『책별로 성경을 어떻게 읽을 것인가』, 332 참조.

4) 『홀리원 주석 성경』, 1499 참조.

5) 『홀리원 주석 성경』, 1499-99 "주제와 신학" 부분 참조.

6) 더글라스 스튜어트, 『책별로 성경을 어떻게 읽을 것인가』, 333-35와 박동현, 『구약성경개관』, 138 참조.

7) 더글라스 스튜어트, 『책별로 성경을 어떻게 읽을 것인가』, 332와 박동현, 『구약성경개관』, 137 참조.

8) 박동현, 『구약성경개관』, 137.

9) 아래의 여섯 개의 도표들은 박동현, 『구약성경개관』, 138의 도표를 인용하여 약간 수정한 것이다.

10) 박동현, 『구약성경개관』, 138의 도표를 인용하여 약간 수정하였다.

Old Testament Key

Old Testament Key

구약탐구 스케줄 표

8

Old Testament Key

바이블 키 성경대학 구약탐구 스케줄 표

구약탐구 1(17주)

모세오경(8주)

주차	범위	성경	과수
1주	창세기 1과 - 7과	창 1장 - 25장 18절	7
2주	창세기 8과 - 15과	창 25장 19절 - 50장	8
3주	출애굽기 1과 - 6과	출 1장 - 18장	6
4주	출애굽기 7과 - 13과	출 19장 - 40장	7
5주	레위기 1과 - 8과	레 1장 - 27장	8
6주	민수기 1과 - 7과	민 1장 - 24장	7
7주	민수기 8과 - 신명기 3과	민 25장 - 신 11장	6
8주	신명기 4과 - 10과	신 12장 - 34장	7

역사서(9주)

주차	범위	성경	과수
9주	여호수아 1과 - 7과	수 1장 – 24장	7
10주	사사기 1과 - 6과, 룻기 1과	삿 1장 - 21장, 룻 1장 – 4장	7
11주	사무엘상 1과 - 7과	삼상 1장 – 31장	7
12주	사무엘하 1과 - 6과	삼하 1장 – 24장	6
13주	열왕기상 1과 - 7과	왕상 1장 – 22장	7
14주	열왕기하 1과 - 7과	왕하 1장 – 25장	7
15주	역대상 1과 – 8과	대상 1장 – 29장	8
16주	역대하 1과 – 8과	대하 1장 – 36장	8
17주	에스라 1과 – 3과, 느헤미야 1과 – 4과, 에스더 1과 – 3과	스 1장 - 10장, 느 1장 - 13장 에 1장 – 10장	10

구약탐구 2(15주)

시가서(6주)

주차	범위	성경	과수
1주	욥기 1과 - 8과	욥 1장 - 42장	8
2주	시편 1과 - 7과	시 1편 - 41편	7
3주	시편 8과 - 15과	시 42편 - 89편	8
4주	시편 16과 - 24과	시 90편 - 150편	9
5주	잠언 1과 - 7과	잠 1장 - 31장	7
6주	전도서, 아가서	전 1장 - 12장, 아 1장 - 8장	7

선지서(9주)

주차	범위	성경	과수
7주	이사야 1과 - 7과	사 1장 - 35장	7
8주	이사야 8과 - 14과	사 36장 - 66장	7
9주	예레미야 1과 - 8과	렘 1장 - 29장	7
10주	예레미야 9과 - 14과, 애가 1과	렘 30장 - 52장, 애 1장 - 5장	8
11주	에스겔 1과 - 7과	겔 1장 - 32장	7
12주	에스겔 8 - 13과	겔 33장 - 48장	6
13주	다니엘 1과 - 4과, 호세아 1과 - 3과	단 1장 - 12장, 호 1장 - 14장	7
14주	요엘 1과, 아모스 1과 - 2과, 오바댜 1과, 요나 1과, 미가 1과 - 2과, 나훔 1과	욜 1장 - 3장, 암 1장 - 9장, 옵 1장, 욘 1장 - 4장, 미 1 - 7장, 나 1장 - 3장	8
15주	하바국 1과, 스바냐 1과, 학개 1과, 스가랴 3과, 말라기 1과	합 1장 - 3장, 습 1장 - 3장, 학 1장 - 2장, 슥 1장 - 14장, 말 1장 - 4장	7